CÓDIGO DE PROCESSO CIVIL COMENTADO

V. 2
Arts. 70 a 118

LÚCIO DELFINO

Prefácio
Glauco Gumerato Ramos

CÓDIGO DE PROCESSO CIVIL COMENTADO

V. 2

Arts. 70 a 118

Belo Horizonte

FÓRUM
CONHECIMENTO JURÍDICO

2021

© 2021 Editora Fórum Ltda.

É proibida a reprodução total ou parcial desta obra, por qualquer meio eletrônico, inclusive por processos xerográficos, sem autorização expressa do Editor.

Conselho Editorial

Adilson Abreu Dallari
Alécia Paolucci Nogueira Bicalho
Alexandre Coutinho Pagliarini
André Ramos Tavares
Carlos Ayres Britto
Carlos Mário da Silva Velloso
Cármen Lúcia Antunes Rocha
Cesar Augusto Guimarães Pereira
Clovis Beznos
Cristiana Fortini
Dinorá Adelaide Musetti Grotti
Diogo de Figueiredo Moreira Neto (*in memoriam*)
Egon Bockmann Moreira
Emerson Gabardo
Fabrício Motta
Fernando Rossi
Flávio Henrique Unes Pereira

Floriano de Azevedo Marques Neto
Gustavo Justino de Oliveira
Inês Virgínia Prado Soares
Jorge Ulisses Jacoby Fernandes
Juarez Freitas
Luciano Ferraz
Lúcio Delfino
Marcia Carla Pereira Ribeiro
Márcio Cammarosano
Marcos Ehrhardt Jr.
Maria Sylvia Zanella Di Pietro
Ney José de Freitas
Oswaldo Othon de Pontes Saraiva Filho
Paulo Modesto
Romeu Felipe Bacellar Filho
Sérgio Guerra
Walber de Moura Agra

FÓRUM
CONHECIMENTO JURÍDICO

Luís Cláudio Rodrigues Ferreira
Presidente e Editor

Coordenação editorial: Leonardo Eustáquio Siqueira Araújo
Aline Sobreira de Oliveira

Av. Afonso Pena, 2770 – 15º andar – Savassi – CEP 30130-012
Belo Horizonte – Minas Gerais – Tel.: (31) 2121.4900 / 2121.4949
www.editoraforum.com.br – editoraforum@editoraforum.com.br

Técnica. Empenho. Zelo. Esses foram alguns dos cuidados aplicados na edição desta obra. No entanto, podem ocorrer erros de impressão, digitação ou mesmo restar alguma dúvida conceitual. Caso se constate algo assim, solicitamos a gentileza de nos comunicar através do *e-mail* editorial@editoraforum.com.br para que possamos esclarecer, no que couber. A sua contribuição é muito importante para mantermos a excelência editorial. A Editora Fórum agradece a sua contribuição.

Dados Internacionais de Catalogação na Publicação (CIP) de acordo com a AACR2

D313c	Delfino, Lúcio
	Código de Processo Civil comentado/ Lúcio Delfino.– Belo Horizonte : Fórum, 2021.
	354 p.; 14,5x21,5cm
	v. 2. Arts. 70 a 118
	ISBN: 978-65-5518-221-7
	1. Direito Processual Civil. 2. Direito Constitucional. 3. Direito Público. 4. Direito Civil. I. Título.
	CDD 341.46
	CDU 347

Elaborado por Daniela Lopes Duarte - CRB-6/3500

Informação bibliográfica deste livro, conforme a NBR 6023:2018 da Associação Brasileira de Normas Técnicas (ABNT):

DELFINO, Lúcio. *Código de Processo Civil comentado*. Belo Horizonte: Fórum, 2021. 354 p. (v. 2: Arts. 70 a 118). ISBN 978-65-5518-221-7.

A meu tio-avô, Dr. João Delfino, com quem tenho o privilégio de conviver, trabalhar e aprender.

*O estudo das instituições humanas é sempre uma busca
para as imperfeições mais toleráveis.*

(Richard A. Epstein)

*É apenas a sabedoria e a experiência acumulada que
nos ensinam a sermos incrédulos e elas raramente nos
ensinam o suficiente.*

(Adam Smith)

*Em todas as épocas homens e mulheres são tentados
a derrubar as limitações impostas ao poder por causa
de alguma imaginada vantagem provisória. É uma
característica do radical pensar no poder como uma força
para o bem – desde que o poder recaia em suas mãos.*

(Russell Kirk)

LISTA DE ABREVIATURAS E SIGLAS

ABDPro	Associação Brasileira de Direito Processual
AC	Apelação cível
ADC	Ação Declaratória de Constitucionalidade
ADCT	Ato das Disposições Constitucionais Transitórias
ADI	Ação Direta de Inconstitucionalidade
ADPF	Arguição de Descumprimento de Preceito Fundamental
Ag	Agravo
AgIn no REsp	Agravo interno no recurso especial
AgRg no Ag	Agravo regimental no agravo de instrumento
AgRg no AREsp	Agravo regimental no agravo em recurso especial
AgRg nos EREsp	Agravo regimental nos embargos de divergência em recurso especial
AgRg no RE	Agravo regimental em recurso extraordinário
AGU	Advocacia-Geral da União
art.	artigo
arts.	artigos
CADH	Convenção Americana de Direitos Humanos
CC	Conflito de Competência
CF/88	Constituição Federal de 1988
c/c	combinado com
cf.	conforme
CDC	Código de Defesa do Consumidor
CEMN	Código de Ética da Magistratura Nacional
CEDOAB	Código de Ética e Disciplina da Ordem dos Advogados do Brasil
CEPAJ	Centro de Estudos e Promoção ao Acesso à Justiça
CLT	Consolidação das Leis do Trabalho
CNJ	Conselho Nacional de Justiça
CNMP	Conselho Nacional do Ministério Público
CPC/1939	Código de Processo Civil de 1939
CPC/1973	Código de Processo Civil de 1973
CPC/2015	Código de Processo Civil de 2015
CP	Código Penal
CPP	Código de Processo Penal
Des.	Desembargador
DJe	Diário do Judiciário Eletrônico
EAOAB	Estatuto da Advocacia e a Ordem dos Advogados do Brasil
EDcl	Embargos de Declaração
EI	Embargos Infringentes
EId	Estatuto do Idoso
ENFAM	Escola Nacional de Formação e Aperfeiçoamento de Magistrados
FUNAI	Fundação Nacional do Índio
HC	*Habeas Corpus*
HD	*Habeas Data*
IAB	Instituto dos Advogados Brasileiros

IAMG	Instituto dos Advogados de Minas Gerais
IIDP	*Instituto Iberoamericano de Derecho Procesal*
Inf. STF	Informativo STF
Inf. STJ	Informativo STJ
IPDP	*Instituto Panamericano de Derecho Procesal*
IRDR	Incidente de Resolução de Demandas Repetitivas
IUJur	Incidente de Uniformização de Jurisprudência
LAP	Lei de Ação Popular
LACP	Lei de Ação Civil Pública
LC	Lei Complementar
LINDB	Lei de Introdução às Normas do Direito Brasileiro
LOMAN	Lei Orgânica da Magistratura Nacional
Min.	Ministro
MP	Ministério Público
MS	Mandado de Segurança
n.	Número
PIDCP	Pacto Internacional sobre Direitos Civis e Políticos
p.	página
pp.	páginas
p. ex.	por exemplo
RAM	Revista de Arbitragem e Mediação
RBDF	Revista Brasileira de Direito de Família
RBDFS	Revista Brasileira de Direito das Famílias e Sucessões
RBDPro	Revista Brasileira de Direito Processual
Rcl	Reclamação
RDDP	Revista Dialética de Direito Processual
RDP	Revista de Direito Público
RDL	Revista Direito e Liberdade
RE	Recurso extraordinário
REDP	Revista Eletrônica de Direito Processual
rel.	Relator
RDFJ	Revista Direitos Fundamentais & Justiça
RePro	Revista de Processo
REPC	Revista Eletrônica de Processo Coletivo
REsp	Recurso especial
RHC	Recurso Ordinário em *Habeas Corpus*
RISTJ	Regimento Interno do STJ
RISTF	Regimento Interno do STF
RJ	Revista Jurídica (Ed. Notadez)
RLDP	*Revista Latinoamericana de Derecho Procesal*
RMDCPC	Revista Magister de Direito Civil e Processual Civil
RMS	Recurso em Mandado de Segurança
RO	Recurso Ordinário
ROHD	Recurso Ordinário em *Habeas Data*
SEC	Sentença Estrangeira Contestada
segs.	seguintes
STF	Supremo Tribunal Federal
STJ	Superior Tribunal de Justiça
TJDF	Tribunal de Justiça do Distrito Federal
TJMG	Tribunal de Justiça de Minas Gerais
TJPR	Tribunal de Justiça do Paraná

TJRJ	Tribunal de Justiça do Rio de Janeiro
TJSC	Tribunal de Justiça de Santa Catarina
TRF	Tribunal Regional Federal
TST	Tribunal Superior do Trabalho
v.	veja
v.g.	*verbi gratia*
vide	verificar

SUMÁRIO

PREFÁCIO
Glauco Gumerato Ramos 21

APRESENTAÇÃO 27

Livro III
DOS SUJEITOS DO PROCESSO 29

Título I
DAS PARTES E DOS PROCURADORES 29

Capítulo I
DA CAPACIDADE PROCESSUAL 29

Art. 70. Toda pessoa que se encontre no exercício de seus direitos
tem capacidade para estar em juízo. 29

Art. 71. O incapaz será representado ou assistido por seus pais, por
tutor ou por curador, na forma da lei. 40

Art. 72. O juiz nomeará curador especial ao: 43

Art. 73. O cônjuge necessitará do consentimento do outro para
propor ação que verse sobre direito real imobiliário, salvo quando
casados sob o regime de separação absoluta de bens. 55

Art. 74. O consentimento previsto no art. 73 pode ser suprido
judicialmente quando for negado por um dos cônjuges sem justo
motivo, ou quando lhe seja impossível concedê-lo 63

Art. 75. Serão representados em juízo, ativa e passivamente: respectivas procuradorias. 66

Art. 76. Verificada a incapacidade processual ou a irregularidade da representação da parte, o juiz suspenderá o processo e designará prazo razoável para que seja sanado o vício. 72

Capítulo II
DOS DEVERES DAS PARTES E DE SEUS PROCURADORES 75

Seção I
DOS DEVERES 75

Art. 77. Além de outros previstos neste Código, são deveres das partes, de seus procuradores e de todos aqueles que de qualquer forma participem do processo: 75

Art. 78. É vedado às partes, a seus procuradores, aos juízes, aos membros do Ministério Público e da Defensoria Pública e a qualquer pessoa que participe do processo empregar expressões ofensivas nos escritos apresentados. 110

Seção II
DA RESPONSABILIDADE DAS PARTES POR DANO PROCESSUAL 114

Art. 79. Responde por perdas e danos aquele que litigar de má-fé como autor, réu ou interveniente 114

Art. 80. Considera-se litigante de má-fé aquele que: 116

Art. 81. De ofício ou a requerimento, o juiz condenará o litigante de má-fé a pagar multa, que deverá ser superior a um por cento e inferior a dez por cento do valor corrigido da causa, a indenizar a parte contrária pelos prejuízos que esta sofreu e a arcar com os honorários advocatícios e com todas as despesas que efetuou. 124

Seção III
DAS DESPESAS, DOS HONORÁRIOS
ADVOCATÍCIOS E DAS MULTAS 132

Art. 82. Salvo as disposições concernentes à gratuidade da justiça, incumbe às partes prover as despesas dos atos que realizarem ou requererem no processo, antecipando-lhes o pagamento, desde o início até a sentença final ou, na execução, até a plena satisfação do direito reconhecido no título. 132

Art. 83. O autor, brasileiro ou estrangeiro, que residir fora do Brasil ou deixar de residir no país ao longo da tramitação de processo prestará caução suficiente ao pagamento das custas e dos honorários de advogado da parte contrária nas ações que propuser, se não tiver no Brasil bens imóveis que lhes assegurem o pagamento. 139

Art. 84. As despesas abrangem as custas dos atos do processo, a indenização de viagem, a remuneração do assistente técnico e a diária de testemunha. 142

Art. 85. A sentença condenará o vencido a pagar honorários ao advogado do vencedor. 146

Art. 86. Se cada litigante for, em parte, vencedor e vencido, serão proporcionalmente distribuídas entre eles as despesas. 202

Art. 87. Concorrendo diversos autores ou diversos réus, os vencidos respondem proporcionalmente pelas despesas e pelos honorários. ... 208

Art. 88. Nos procedimentos de jurisdição voluntária, as despesas serão adiantadas pelo requerente e rateadas entre os interessados. 211

Art. 89. Nos juízos divisórios, não havendo litígio, os interessados pagarão as despesas proporcionalmente a seus quinhões. 213

Art. 90. Proferida sentença com fundamento em desistência, em renúncia ou em reconhecimento do pedido, as despesas e os honorários serão pagos pela parte que desistiu, renunciou ou reconheceu. 214

LÚCIO DELFINO
CÓDIGO DE PROCESSO CIVIL COMENTADO

Art. 91. As despesas dos atos processuais praticados a requerimento da Fazenda Pública, do Ministério Público ou da Defensoria Pública serão pagas ao final pelo vencido. 219

Art. 92. Quando, a requerimento do réu, o juiz proferir sentença sem resolver o mérito, o autor não poderá propor novamente a ação sem pagar ou depositar em cartório as despesas e os honorários a que foi condenado. 222

Art. 93. As despesas de atos adiados ou cuja repetição for necessária ficarão a cargo da parte, do auxiliar da justiça, do órgão do Ministério Público ou da Defensoria Pública ou do juiz que, sem justo motivo, houver dado causa ao adiamento ou à repetição. 225

Art. 94. Se o assistido for vencido, o assistente será condenado ao pagamento das custas em proporção à atividade que houver exercido no processo. 230

Art. 95. Cada parte adiantará a remuneração do assistente técnico que houver indicado, sendo a do perito adiantada pela parte que houver requerido a perícia ou rateada quando a perícia for determinada de ofício ou requerida por ambas as partes. 233

Art. 96. O valor das sanções impostas ao litigante de má-fé reverterá em benefício da parte contrária, e o valor das sanções impostas aos serventuários pertencerá ao Estado ou à União. 237

Art. 97. A União e os Estados podem criar fundos de modernização do Poder Judiciário, aos quais serão revertidos os valores das sanções pecuniárias processuais destinadas à União e aos Estados, e outras verbas previstas em lei. 239

Seção IV
DA GRATUIDADE DA JUSTIÇA 240

Art. 98. A pessoa natural ou jurídica, brasileira ou estrangeira, com insuficiência de recursos para pagar as custas, as despesas processuais e os honorários advocatícios tem direito à gratuidade da justiça, na forma da lei. 240

Art. 99. O pedido de gratuidade da justiça pode ser formulado na petição inicial, na contestação, na petição para ingresso de terceiro no processo ou em recurso. 248

Art. 100. Deferido o pedido, a parte contrária poderá oferecer impugnação na contestação, na réplica, nas contrarrazões de recurso ou, nos casos de pedido superveniente ou formulado por terceiro, por meio de petição simples, a ser apresentada no prazo de 15 (quinze) dias, nos autos do próprio processo, sem suspensão de seu curso. 254

Art. 101. Contra a decisão que indeferir a gratuidade ou a que acolher pedido de sua revogação caberá agravo de instrumento, exceto quando a questão for resolvida na sentença, contra a qual caberá apelação. 256

Art. 102. Sobrevindo o trânsito em julgado de decisão que revoga a gratuidade, a parte deverá efetuar o recolhimento de todas as despesas de cujo adiantamento foi dispensada, inclusive as relativas ao recurso interposto, se houver, no prazo fixado pelo juiz, sem prejuízo de aplicação das sanções previstas em lei. 258

Capítulo III
DOS PROCURADORES 260

Art. 103. A parte será representada em juízo por advogado regularmente inscrito na Ordem dos Advogados do Brasil. 260

Art. 104. O advogado não será admitido a postular em juízo sem procuração, salvo para evitar preclusão, decadência ou prescrição, ou para praticar ato considerado urgente. 266

Art. 105. A procuração geral para o foro, outorgada por instrumento público ou particular assinado pela parte, habilita o advogado a praticar todos os atos do processo, exceto receber citação, confessar, reconhecer a procedência do pedido, transigir, desistir, renunciar ao direito sobre o qual se funda a ação, receber, dar quitação, firmar compromisso e assinar declaração de hipossuficiência econômica, que devem constar de cláusula específica. 270

Art. 106. Quando postular em causa própria, incumbe ao advogado: 275

Art. 107. O advogado tem direito a: 278

Capítulo IV
DA SUCESSÃO DAS PARTES E DOS
PROCURADORES 282

Art. 108. No curso do processo, somente é lícita a sucessão voluntária das partes nos casos expressos em lei. 282

Art. 109. A alienação da coisa ou do direito litigioso por ato entre vivos, a título particular, não altera a legitimidade das partes. 284

Art. 110. Ocorrendo a morte de qualquer das partes, dar-se-á a sucessão pelo seu espólio ou pelos seus sucessores, observado o disposto no art. 313, §§1º e 2º. 291

Art. 111. A parte que revogar o mandato outorgado a seu advogado constituirá, no mesmo ato, outro que assuma o patrocínio da causa. 293

Art. 112. O advogado poderá renunciar ao mandato a qualquer tempo, provando, na forma prevista neste Código, que comunicou a renúncia ao mandante, a fim de que este nomeie sucessor. 295

Título II
DO LITISCONSÓRCIO 299

Art. 113. Duas ou mais pessoas podem litigar, no mesmo processo, em conjunto, ativa ou passivamente, quando: 299

Art. 114. O litisconsórcio será necessário por disposição de lei ou quando, pela natureza da relação jurídica controvertida, a eficácia da sentença depender da citação de todos que devam ser litisconsortes. 315

SUMÁRIO | 19

Art. 115. A sentença de mérito, quando proferida sem a integração do contraditório, será:.. 322

Art. 116. O litisconsórcio será unitário quando, pela natureza da relação jurídica, o juiz tiver de decidir o mérito de modo uniforme para todos os litisconsortes... 327

Art. 117. Os litisconsortes serão considerados, em suas relações com a parte adversa, como litigantes distintos, exceto no litisconsórcio unitário, caso em que os atos e as omissões de um não prejudicarão os outros, mas os poderão beneficiar. 332

Art. 118. Cada litisconsorte tem o direito de promover o andamento do processo, e todos devem ser intimados dos respectivos atos. ... 335

REFERÊNCIAS 337

PREFÁCIO

O CPC Comentado de LÚCIO DELFINO chega ao volume 2. Traz o exame analítico dos artigos 70 a 118 do principal diploma legal que versa o *procedimento civil* no país. Tendo o CPC-2015 exatos 1.072 artigos, vê-se que a jornada intelectual do invulgar comentarista do Triângulo Mineiro está apenas começando.

Conhecendo, como bem conheço, o autor do *CPC-Delfino*, sei que a *caminhada* muito o anima, *talvez mais do que a própria chegada*, conforme a proposta poética de KAVÁFIS, em *Ítaca*. Quem o conhece sabe tratar-se de um *empreendedor* das coisas próprias do saber jurídico. Significa dizer que o desafio intelectual que desta vez se impôs LÚCIO, de comentar integralmente um código, será metodicamente desincumbido por ele, até mesmo como estratégia de "adiar" a *própria chegada* (= conclusão da obra) em prol da *caminhada* que a ela levará.

LÚCIO DELFINO é um proeminente integrante do movimento que vem sendo chamado de *Escola Brasileira de Garantismo Processual*, que reúne estudiosos que pensam, escrevem e *praticam* o PROCESSO – em maiúscula! – a partir daquilo que ele é: um *macrofenômeno jurídico-constitucional* a serviço da LIBERDADE, e não do Estado-juiz. Com isso esvazia-se a ideologia subjacente à *instrumentalidade*, por exemplo, que conduz à compreensão de que o processo – em minúscula! – seria um "instrumento" a serviço do Poder (= *jurisdição*), ao invés de uma GARANTIA constitucional contra ele (CR, art. 5º, LIV e LV; CADH, art. 8º). Daí a *ideia-síntese*, já bem conhecida entre nós, representada no sintagma que afirma ser o PROCESSO – novamente em maiúscula! – uma *instituição de garantia "contrajurisdicional"*, em sua dimensão fenomênica diante do Judiciário.

Sabendo que ao comentarista do *CPC-Delfino* são caros os fundamentos epistemológicos nos quais o Garantismo Processual está radicado, desci os olhos neste segundo volume para localizar passagens onde a respectiva matriz de pensamento pudesse ser observada. Encontrei-a em vários pontos, naturalmente.

Destacarei – *apenas* – três, mesmo número da *magia* contida nas *três* categorias constitucionais que, na relação entre *antecedente* e *consequente*, constituem a estrutura axial do *macrofenômeno* PROCESSO. A saber: *ação* (= Liberdade), *processo* (= Garantia), *jurisdição* (= Poder), ordem lógica de acontecimentos jurídico-constitucionais onde o *consequente* pressupõe a ocorrência do *antecedente*.

Assim deve ser para que se mantenha o equilíbrio das forças existentes na infinita tensão havida nas relações *internas da sociedade* (= pessoa[s] *versus* pessoa[s]), e nas relações desta com o *Estado* (= pessoa[s] *versus* Estado; Estado *versus* pessoa[s]). Se assim não for, a onipotência do *Leviatã* reduzirá a pó as liberdades positiva e negativa [ISAIAH BERLIN] que a *Supremacia da Constituição* existe para nos salvaguardar.

Estes são os meus três destaques: i) os comentários [*críticos*] à estrutura normativa do art. 77 e §§, ii) os comentários [*tb. críticos*] a certos aspectos da estrutura normativa do art. 81 e §§, iii) a citação de doutrina estrangeira propulsora do *Garantismo Processual* na Ibero-América.

PRIMEIRO destaque: *os comentários [críticos] à estrutura normativa do art. 77 e §§.*

A estrutura do art. 77 e §§ do CPC revela a inescondível vocação autoritária que historicamente impregna nossa legislação *civil-procedimental*. O dispositivo legal institui deveres "moralizantes" às partes e aos seus procuradores, cuja observância está a cargo da atuação verticalizada da autoridade judicial por sobre o proceder destes sujeitos processuais. Essa situação [i] coloca o juiz em posição hierarquicamente superior, outorgando-lhe um patrulhamento sancionatório combinado com uma espécie de censura prévia, [ii] segue apostando na crença autoritária de que o juiz seria um agente estatal dotado de certa sensibilidade etérea a fazer-lhe "senhor" de uma *justa-sabedoria-corretiva*.

O *CPC-Delfino* nos evidencia que a gramática do art. 77 está permeada pela – também autoritária – ideologia da boa-fé processual. Esta, vale dizer, é uma investida legislativa que pretende "domesticar" o proceder das partes, e respectivos procuradores, que comparecem perante o Poder Judiciário para fazer valer os interesses jurídicos de que se entendem titulares. Note-se! O "patrulhamento" judicial viabilizado pelo art. 77 amesquinha a garantia da *ampla defesa* (CR, art. 5º, LV), convertendo-a em "defesa patrulhada".

Afirmo uma obviedade: a tarefa de "controlar" eventuais excessos da parte é um ônus voltado ao respectivo adversário processual. Ambos, autor e réu, são postos em pé de igualdade pelas regras do devido processo legal. Quando se outorga ao juiz a possibilidade "legal" – e não *constitucional*, frise-se! – de atuar como se fosse um tipo mal-acabado de *censor-moralizador-sancionador* das partes e de seus procuradores, vários serão os riscos daí advindos. A *igualdade* (= das partes) e a *imparcialidade* (= dos juízes), para ficarmos apenas nestes dois exemplos, tendem a ficar comprometidas quando as autoridades judiciais atuam no processo nos moldes descritos na estrutura do art. 77 do CPC.

Essa problemática não passou despercebida. Além de apontar criticamente os defeitos dogmáticos contidos no art. 77, LÚCIO DELFINO firma posição de que o juiz NÃO poderá atuar de ofício para sancionar aquele que, eventualmente, pratique alguma das condutas descritas em seus incisos I a VI. Diante da ocorrência de alguma das hipóteses contidas nesses incisos, a solução indicada pelo *CPC-Delfino* é no sentido de que caberá à parte contrária postular, incidentalmente, para que o juiz avalie se houve, ou não, a correlata conduta ímproba, para só então aplicar a consequente sanção.

Vê-se aí, portanto, um argumento com suporte *processual-garantístico*.

SEGUNDO destaque: *os comentários [tb. críticos] a certos aspectos da estrutura normativa do art. 81 e §§.*

O artigo 81 do CPC está sob este tópico: *"Da responsabilidade das Partes por Dano Processual"*. Após o artigo 80 descrever as situações hipotéticas nas quais o legislador entende haver *litigância de má-fé*, comparece o artigo 81, §§, e sem qualquer constrangimento dispõe que o juiz poderá até mesmo *de ofício* [i] impor multa à parte por litigância de má-fé, e [ii] condenar o *improbus litigator* a indenizar a parte contrária. Significa dizer que o código de processo dá ao juiz a possibilidade de exercer o seu poder sem que ninguém lhe tenha pedido tutela. Ou seja, o juiz estaria autorizado a "condenar" alguém pecuniariamente sem que o eventual prejudicado postule pela atuação da atividade jurisdicional.

Apesar de ser algo de uma evidente excentricidade, muitos seguem na "crença" de que a autoridade judicial poderia assim proceder pelo simples fato de a legislação infraconstitucional (= Código de Processo Civil) assim prescrever. Mas, por sorte nossa que operamos o processo, vem o *CPC-Delfino* e afirma (= *ensina*!):

> não é lícito ao órgão judicial embrenhar-se, *ex officio* (= sem a devida provocação), em investigações acerca da eventual ocorrência de improbidade processual, É a jurisdição serviço estatal distinguido pela *letargia* (= princípio da inércia), de modo que suas engrenagens entram em funcionamento só quando estimuladas por quem pretenda a tutela jurisdicional. (...) É lembrar a velha e conhecida dinâmica *adversarial*: i) a parte autora provoca a jurisdição; ii) a contraparte defende-se; iii) ambas exercem sua liberdade de litigância e produzem provas em apoio às teses que advogam; iv) ao final, com os autos do processo já abastecidos pelos elementos oriundos do contraditório, o juiz decide. Não há porque ser diferente quando está em jogo questão atinente a possível prática de ato processual improbo.
> [cf. tópico "Veto à atuação judicial punitiva-oficiosa", nos comentários ao art. 81, §§]

Num só golpe LÚCIO revela dois aspectos da dogmática do Garantismo Processual que estão à base de seu argumento: [i] juiz NÃO age de ofício, [ii] e não age porque a estrutura do *macrofenômeno* PROCESSO é *adversarial* (= alguém *pede*; outro alguém se *defende*; um terceiro imparcial, impartial e independente *julga*). Ao ancorar na *adversarialidade* o porquê de o juiz NÃO poder atuar de ofício, o *CPC-Delfino* mostra a preocupação *processual-garantística* de seu ilustre autor.

TERCEIRO destaque: *a citação de doutrina estrangeira propulsora do Garantismo Processual na Ibero-América.*

O desenvolvimento dos saberes humanos sempre parte de algo já estabelecido. Seja fundado na doxologia ou na epistemologia, aquilo que se sabe é o produto de algo sabido. Aprendemos algo, refletimos sobre o aprendido, compreendemos seu funcionamento, formamos conhecimento. Passa o mesmo em relação aos saberes jurídicos, em qualquer de seus ramos dogmáticos. Quando nossa percepção permite-nos alcançar percepções outras, é porque aprendemos com base nas reflexões já feitas pelos que nos antecederam. Não foi diferente com os postulados da *Escola Brasileira de Garantismo Processual*, da qual LÚCIO DELFINO, como já dito, é um proeminente representante.

O impulsionar do Garantismo Processual e de suas implicações no PROCESSO, em geral, e no *procedimento civil*, em particular, deve-se a alguns ilustres processualistas estrangeiros. Há dois de raiz linguística *hispano-parlante* que notadamente exerceram e exercem importante influência no pensamento *processual-garantístico* na Ibero-América: ADOLFO ALVARADO VELLOSO [*Rosario, Argentina*] e JUAN MONTERO AROCA [*Valencia, Espanha*], ambos citados e referenciados aqui no *CPC-Delfino*.

Ao invocar a doutrina destes dois Mestres estrangeiros, para alicerçar parte de suas críticas aos deslizes autoritários da legislação que rege o *procedimento civil* entre nós, LÚCIO DELFINO coloca a sua obra no movimento das coisas próprias do Garantismo Processual. A farta referência à literatura jurídica estrangeira contida nos comentários do *CPC-Delfino* não se esgota em ALVARADO VELLOSO e MONTERO AROCA. Mas o fato é que, ao valer-se da doutrina de ambos, o comentarista da obra prefaciada corajosamente toma partido por um direito processual organizado a partir da cimeira onde repousam as *GARANTIAS* constitucionais (= plano interno) e convencionais (= plano internacional) que a ordem jurídica nos estabelece. LÚCIO dogmatiza a partir do mais elementar juízo *a priori* existente no saber jurídico: a *Supremacia da Constituição*.

Eis aí os *três* destaques que me autorizam afirmar que o *CPC-Delfino*, e seu autor, seguem fazendo a história do movimento que impulsiona o *Garantismo Processual*.

Que LÚCIO siga firme em sua caminhada. Que siga [*re*] explicando aos práticos e teóricos do foro cível como merece ser lido o conteúdo do CPC-2015. Que o *CPC-Delfino* não tarde a se impor como "*A Obra*" de comentários completos ao CPC vigente!

Jundiaí, abril de 2021.

Glauco Gumerato Ramos

Professor de Direito Processual Civil da Faculdade de Direito Padre Anchieta de Jundiaí (FADIPA). Presidente para o Brasil do Instituto Pan-americano de Direito Processual (IPDP). Diretor de Relações Internacionais da Associação Brasileira de Direito Processual (ABDPro). Advogado em Jundiaí-SP.

APRESENTAÇÃO

A presente obra dá sequência à série de comentários, que se pretende, de pouco em pouco, ir oferecendo ao leitor, dos dispositivos legais que compõem a Lei nº 13.015, de 16 de março de 2015 – o chamado *Código de Processo Civil.*

Têm-se, aqui, análises e considerações críticas, acrescidas de citações doutrinárias e jurisprudenciais (preferencialmente os julgados dos *tribunais superiores*), dos temas afetos aos arts. 70 a 118, a saber, *capacidade processual, deveres de todos que de qualquer forma participem do processo, responsabilidade das partes por dano processual, despesas, honorários advocatícios e multas, gratuidade da justiça, procuradores, sucessão das partes e dos procuradores* e *litisconsórcio.*

A linha teórica de pesquisa é a *garantística processual.*

É meu desejo sincero poder auxiliar profissionais do direito e alunos em seu trabalho cotidiano!

Uberaba, 11 de março de 2021.

Livro III
DOS SUJEITOS DO PROCESSO

Título I
DAS PARTES E DOS PROCURADORES

Capítulo I
DA CAPACIDADE PROCESSUAL

Art. 70. Toda pessoa que se encontre no exercício de seus direitos tem capacidade para estar em juízo.

Correspondente:
CPC/1973, art. 7º.

Referências:
CF/1988, art. 5º, XXXV e LV; art. 102, I, "r"; art. 232.

CPC/2015, art. 71; art. 75, V, VI, VII, IX e XI; art. 76, §§1º e 2º; art. 110; art. 179, II; art. 337, IX e seu §5º.

CC/2002, art. 1º; art. 2º; art. 3º; art. 4º; art. 5º; art. 6º; art. 542; art. 1.609, parágrafo único; art. 1.782; art. 1.779; art. 1.798; art. 1.799, I.

Lei nº 11.804/2008, art. 1º.

Lei nº 9.099/1995, art. 9º.

EAOAB, art. 4º.

Lei nº 9.099/1995, art. 9º.

LC nº 80/1994, art. 4º, VII, VIII, IX, X, XI, XIV, XV e XVI.

Lei nº 6.001/1973, arts. 7º, 8º e 9º.

Lei nº 5.371/1967, art. 1º, parágrafo único.

CLT, art. 791.

Súmula nº 525 (STJ). A Câmara de Vereadores não possui personalidade jurídica, apenas personalidade judiciária, somente podendo demandar em juízo para defender os seus direitos institucionais.

Dos sujeitos do processo: o Livro III da Parte Geral, CPC/2015, intitulado *Dos Sujeitos do Processo*, que se esparrama entre os arts. 70 e 187, está dividido em sete títulos: *Das Partes e dos Procuradores, Do Litisconsórcio, Da Intervenção de Terceiros, Do Juiz e dos Auxiliares da Justiça, Do Ministério Público, Da Advocacia Pública* e *Da Defensoria Pública*. A expressão *sujeitos do processo* é bastante ampla por compreender todos aqueles que, de um modo ou de outro, participam da arena processual, não possuindo o Livro III pretensão exauriente na medida em que há atores processuais cujo tratamento normativo situa-se em localidade distinta do Código – por exemplo, as testemunhas. Sublinhe-se, por fim, que o Livro III, sobretudo em seu Título I, desce a minúcias e regulamenta uma variedade de assuntos que lhe são conexos: *capacidade processual, deveres e responsabilidade das partes e de seus procuradores, honorários advocatícios sucumbenciais, despesas e multas decorrentes do processo, gratuidade da justiça, atuação dos advogados privados e sucessão das partes e dos procuradores.*

Capacidade de direito e capacidades de exercício: o Código Civil, em sua norma inaugural, estabelece que *toda pessoa é capaz de direitos e deveres na ordem civil* (CC/2002, art. 1º). Tem-se, aí, enfim, a tratativa do que se denomina *capacidade de direito* (= *capacidade jurídica*), atribuída *sem distinções* aos chamados *sujeitos de direito* (seres humanos, pessoas jurídicas e alguns entes despersonalizados) e que lhes confere aptidão para *titularizarem* direitos e deveres no âmbito da sociedade. Há, de outro lado, as chamadas *capacidades específicas*, que autorizam a *prática* ou o *exercício* de determinados atos na vida civil. Guarde-se na mente o seguinte: o fato de alguém possuir *capacidade de direito* não implica que tenha também *capacidades específicas*, embora o contrário seja indubitavelmente verdadeiro. Como resume Marcos Bernardes de Mello: i) "sem capacidade jurídica não há de se falar em sujeito de direito"; ii) além da capacidade jurídica, os ordenamentos jurídicos reconhecem aos sujeitos de direito *outras* capacidades (= capacidades específicas), as quais se referem à possibilidade de exercer direitos e responder por obrigações; iii) a capacidade jurídica é pressuposto de todas as demais capacidades específicas – se as últimas, afinal de contas, dizem respeito ao próprio exercício de direitos, é certo que, por implicação, hão de depender necessariamente da primeira; iv) dentre as mais importantes capacidades específicas estão a *capacidade negocial, a capacidade de praticar ato jurídico stricto sensu, a capacidade de praticar ato ilícito civil, a capacidade de praticar ato-fato jurídico, a capacidade delitual, a capacidade política, a capacidade de ser parte, a capacidade funcional, a capacidade processual e a capacidade postulacional* (MELLO, Marcos Bernardes de. Achegas para uma teoria das capacidades em direito. *Revista de Direito Privado*, São Paulo, v. 1. n. 3. p. 9-34. jul./set. 2000).

Capacidade de ser parte: a *capacidade de ser parte* é reflexo da *capacidade de direito* genericamente considerada, ou seja, diz respeito à possibilidade jurídica de uma pessoa ou ente figurar como parte no processo, não sendo outra coisa que a aptidão para ser titular de direitos e deveres processuais (PALACIO, Lino Enrique. *Manual de Derecho Procesal Civil*. Tomo I. 4. ed. Buenos Aires: Abeledo Perrot, 1976. p. 243). Nas palavras de Enrico Redenti, "a quienquiera (...) que tenga la capacidad de ser titular de derechos y de obligaciones jurídicas y por tanto de acciones o de excepciones (...), hay que reconocerle (...) también la *capacidad subjetiva de ser parte* de um proceso, *ergo* parte *en sentido procesal*" (REDENTI, Enrico. *Derecho Procesal Civil*. Tomo I. Buenos Aires: Ediciones Juridicas Europa-America, 1957. p. 152). Todo aquele, em suma, capaz de adquirir direitos e deveres na ordem civil detém, por consequência, *capacidade de ser parte*, ou seja, está apto a titularizar situações jurídicas processuais. Mas atenção: o fato de alguém possuir *capacidade de ser parte* não implica automaticamente que tenha também a capacidade específica *para atuar em juízo*. Por sua elevada gravidade, a *incapacidade de ser parte* traduz-se em defeito cuja sanação é materialmente impossível – um tatu, por exemplo, nada obstante tratar-se de um animal simpaticíssimo, não tem capacidade jurídica e, portanto, tampouco possui capacidade de ser parte, não havendo providência que se possa tomar para remediar a falta.

Capacidade processual: a *capacidade processual* (= capacidade para estar em juízo, capacidade de atuação processual ou *legitimatio ad processum*) é a aptidão *para agir em juízo* em nome próprio ou alheio. Nas palavras de Enrico Redenti: "Una cosa es, sin embargo, tener *la posición* (procesal) de parte, y outra es *llevar a cabo actividades prácticas* para dar vida al proceso y promover sus eventuales desarrollos. Estas actividades *de fatco* se suelen indicar tradicionalmente por medio de la expresiõn (...) de *estar em juicio* (siempre entendiendo: iudicium-proceso). Por consiguiente, una es la capacidad de ser parte (es decir, de tener, se quiera o no, la posicion de parte), y outra es la *capacidad de estar en juicio*" (REDENTI, Enrico. *Derecho Procesal Civil*. Tomo I. Buenos Aires: Ediciones Juridicas Europa-America, 1957. pp. 152-153). Quem possui *capacidade para estar em juízo* goza indubitavelmente de *capacidade de ser parte* (e, por óbvio, dispõe também de *capacidade jurídica*), mas o contrário nem sempre é verdadeiro – o pródigo, por exemplo, embora tenha capacidade de ser parte, não está apto a atuar em juízo sem a assistência de seu curador (CC/2002, art. 1.782). Detalhamentos: i) a *incapacidade processual* pode ser suscitada por provocação da parte contrária ou mesmo *ex officio* pelo próprio julgador (= questão de *ordem pública*), este que deverá, numa ou em outra circunstância, suspender o processo e designar prazo razoável para a sanação do vício (CPC/2015, art. 337, IX e seu §5º c/c art. 76) – trata-se, portanto, de nulidade *sanável*; ii) da mesma forma como ocorre com a *incapacidade civil*, a sanação da *incapacidade processual* se dá pela *representação* ou *assistência* – exemplo: o incapaz, quando houver de litigar, será representado ou assistido por seus pais, ou por tutor ou curador, na forma da lei (CPC/2015, art. 71); iii) quem representa ou assiste não atua em juízo na condição de parte, sendo erro grosseiro encará-lo a partir dos contornos da substituição processual; e iv) se a parte for civilmente incapaz, malgrado regularmente representada ou assistida, será indispensável a intervenção do Ministério Público no feito, a qual se dará a título de *fiscal da ordem jurídica* (CPC/2015, art. 179, II).

Capacidade postulacional: não se confundem os conceitos de *capacidade de ser parte*, *capacidade de estar em juízo* e *capacidade postulatória*. Enquanto os dois primeiros dizem respeito a situações atinentes à *parte* em si, o último atrela-se a fenômeno diverso. É que determinados atos processuais só podem ser praticados por quem possua *capacidade de postulação*, ou seja, os advogados (públicos e privados), defensores públicos e membros do Ministério Público, cada qual em conformidade com as finalidades que caracterizam suas funções (BUENO, Cássio Scarpinella. *Curso Sistematizado de Direito Processual Civil. Teoria Geral do Processo Civil*. v. 1. 9. ed. São Paulo: Saraiva, 2007. p. 478). Detêm capacidade postulatória, em suma, os profissionais habilitados tecnicamente pela lei para a prática de atos *postulatórios* (exemplos: elaborar petições iniciais, defesas, exceções *stricto sensu*, impugnação à gratuidade da justiça, impugnação ao valor da causa, recursos, etc.). Sobre o tema (= capacidade postulatória), ensina Roberto P. Campos Gouveia Filho: i) é uma capacidade *específica* exigida por lei para a prática válida de atos processuais *postulatórios*, não sendo bastante ter-se apenas a capacidade processual; ii) "o critério para definir quem a tem é técnico", pois é uma capacidade para a prática de atos que exigem do profissional conhecimentos *jurídico-dogmáticos*; iii) não se confundem *capacidade postulatória* e *atividade advocatícia*, já que esta vai muito além da postulação em juízo; e iv) é uma *qualidade jurídica*, a exemplo das demais capacidades específicas, de maneira que há em relação a ela direito subjetivo, sobretudo de tê-la reconhecida – se alguém nega a um advogado capacidade postulatória, tem ele "ação material de natureza declaratória contra o ofensor" (GOUVEIA FILHO, Roberto Pinheiro Campos. *A capacidade postulatória como uma situação jurídica processual simples*: ensaio em defesa de uma teoria das capacidades em direito. Dissertação (Mestrado em Direito) – Universidade Católica de Pernambuco. Recife, 2008. pp. 118-123).

Advocacia: merece destaque o advogado, não só por ter *capacidade postulatória*, mas por tê-la e estar legalmente autorizado a exercê-la *em nome próprio*, particularidade que o inclui numa casta especial e única de indivíduos dotados, salvo exceções pontuais, de *capacidade jurídica processual plena* (= *capacidade de direito* + *capacidade de exercício* + *capacidade de ser parte* + *capacidade de estar em juízo* + *capacidade postulatória*). Tem *capacidade postulatória* o advogado regularmente inscrito na Ordem dos Advogados do Brasil, não podendo atuar profissionalmente aqueles impedidos, suspensos, licenciados ou que exerçam atividade incompatível com a advocacia (EAOAB, art. 4º, parágrafo único). Vale sublinhar, ademais, que eventual inadimplência do advogado no tocante à anuidade devida à Ordem dos Advogados do Brasil não tem força suficiente para suspendê-lo do exercício de suas atividades profissionais (STF, RE nº 647.885, Seção Plenária, rel. Min. Edson Fachin, julgamento: 27.04.2020, disponível em: www.stf.jus.br). Há, por fim, regras especiais *de evidente inconstitucionalidade* que relativizam a essencialidade da defesa técnica e autorizam a postulação em juízo *sem a participação de advogado ou defensor público* – por exemplo: i) a própria parte pode sozinha promover ações cujo valor não ultrapasse vinte salários mínimos perante os juizados especiais cíveis (Lei nº 9.099/1995, art. 9º); ii) os empregados e os empregadores poderão reclamar pessoalmente perante a justiça do trabalho e acompanhar suas reclamações até o final (CLT, art. 791). Sobre a importância da advocacia: FONSECA COSTA, Eduardo José. A Advocacia como garantia de liberdade dos jurisdicionados. *Empório do Direito*. 09 maio 2018. Disponível: www.emporiododireito.com.br. Acesso em: 29 jun. 2020.

Capacidade processual e legitimidade *ad causam*: é a *capacidade processual* pressuposto de validade que se caracteriza pela aptidão para efetivamente atuar em juízo em nome próprio ou alheio. Como mostra a doutrina, apenas os *capazes* são autorizados "a passar procuração *ad judicia* ao advogado que os representará no processo", "a convencionar eleição de foro", "a participar da conciliação ou mediação", "a confessar eficazmente", "a realizar certos atos processuais personalíssimos" (por exemplo, o depoimento pessoal), "a convencionar adequações do procedimento às peculiaridades do caso concreto", "a negociar um calendário para a realização dos atos do processo", "a celebrar negócios jurídico-substanciais no curso do processo" (= a transação, o reconhecimento do direito, a renúncia ao direito), entre outros (DINAMARCO, Cândido Rangel. *Instituições de Direito Processual Civil*. v. II. 7. ed. São Paulo: Malheiros, 2017. p. 336). Ausente a capacidade processual, o órgão judicial estará impedido de dar seguimento ao processo, salvo se o defeito for devidamente sanado. De outra banda, a legitimidade *ad causam* diz respeito à *pertinência subjetiva da demanda* – por todos: BUZAID, Alfredo. *A ação declaratória no direito brasileiro*. 2. ed. São Paulo: Editora Saraiva,

1986. Um determinado procedimento jurisdicional se constitui entre partes legítimas quando as situações jurídicas delas, "sempre consideradas *in status assertionis* – isto é, independentemente da sua efetiva ocorrência, que só no curso próprio do processo se apurará –, coincidem com as respectivas situações legitimantes" [= modelos ideais de situações jurídicas subjetivas criados pela lei] (BARBOSA MOREIRA, José Carlos. Apontamentos para um estudo sistemático da legitimação extraordinária. *Revista dos Tribunais*, São Paulo: Revista dos Tribunais, ano 58, v. 404, pp. 9-18, jun. 1969). Aspectos da legitimidade *ad causam* apontados por Humberto Theodoro Júnior: i) integra a categoria *condições da ação* e, como tal, opera no plano da eficácia da relação processual; ii) "legitimados ao processo são os sujeitos da lide", vale dizer, "os titulares do interesse em conflito"; iii) "para que o provimento de mérito seja alcançado, para que a lide seja efetivamente solucionada, não basta existir um sujeito ativo e um sujeito passivo", ou seja, é preciso "que os sujeitos sejam, de acordo com a lei, partes legítimas, pois se tal não ocorrer o processo se extinguirá sem resolução de mérito"; e iv) tem por característica básica "a coincidência da titularidade processual com a titularidade hipotética dos direitos e das obrigações em disputa no plano do direito material" (THEODORO JÚNIOR, Humberto. *Curso de Direito Processual Civil*. v. I. 56 ed. Rio de Janeiro: Forense, 2015. pp. 156-163). Sobre o tema, com mais profundidade, consultar: ARMELIN, Donaldo. *A legitimidade para agir no direito processual civil brasileiro.* São Paulo: Revista dos Tribunais, 1979.

Entes despersonalizados: o ordenamento jurídico atribui *capacidade processual* a determinados entes e massas patrimoniais, nominados em doutrina de *pessoas formais*. São, sem dúvida, titulares de *capacidade jurídica*, sendo de "um ilogicismo incontornável a afirmativa de que alguém, ou um ente qualquer, possa ter uma posição no mundo do direito, como titular de uma situação jurídica, sem ser juridicamente capaz, porque a própria incapacidade jurídica impediria a titularidade da situação jurídica" (MELLO, Marcos Bernardes de. Achegas para uma teoria das capacidades em direito. *Revista de Direito Privado*, São Paulo, v. 1, n. 3, p. 9-34, jul./set. 2000). Embora desprovidos de personalidade de direito (fala-se em *personalidade judiciária*), apresentam *musculatura* suficiente a lhes permitir titularizar direitos e deveres e atuar em juízo na defesa dos seus interesses. Exemplos: a massa falida, a herança jacente ou vacante, espólio, as instituições financeiras liquidadas extrajudicialmente, sociedades sem personalidade jurídica e os condomínios (CPC/2015, art. 75, V, VI, VII, IX, XI).

Ministério Público: o Ministério Público é *sujeito de direitos* (= capacidade de direito), ainda que não seja dotado de personalidade jurídica. De mais a mais, detém capacidades *processual* e *postulatória* (limitada ao exercício das suas funções institucionais), ou seja, tem aptidão para intervir e atuar em casos nos quais a lei assim o exigir (= fiscal da ordem jurídica), além do que está autorizado a promover ações civis públicas (= legitimidade extraordinária) e ir a juízo na defesa de situações jurídicas por ele titularizadas (= legitimidade ordinária).

Defensoria Pública: a exemplo do Ministério Público, a Defensoria Pública não tem personalidade jurídica, mas é *sujeito de direito*. É dotada de *capacidade processual* e *postulatória*, atua no âmbito judicial em favor dos vulneráveis, conforme o previsto na Constituição e Lei Complementar nº 80/1994. Mais: além de estar autorizada a promover ações civis públicas (= legitimidade extraordinária), pode ir a juízo na defesa de suas funções institucionais (= legitimidade ordinária).

Conselho Nacional de Justiça e Conselho Nacional do Ministério Público: a Emenda Constitucional nº 45/2004, ao incluir a alínea "r" no inciso I do art. 102 da Constituição, conferiu competência originária ao Supremo Tribunal Federal para o processamento e julgamento de ações judiciais contra o Conselho Nacional de Justiça e contra o Conselho Nacional do Ministério Público. O entendimento prevalecente era no sentido de que tal dispositivo deveria ser interpretado de maneira a restringir a *personalidade judiciária* dos aludidos conselhos, ou seja, não poderiam ser alvo, portanto, de *ações ordinárias*, respondendo por seus atos perante o Supremo Tribunal Federal apenas e tão somente pela via das chamadas *ações constitucionais* (mandado de segurança, *habeas corpus, habeas data*) – por todos: SILVA, José Afonso da. *Comentário Contextual à Constituição*. 7. ed. São Paulo: Malheiros, 2010. pp. 563-564. Uma vez que as deliberações do Conselho Nacional de Justiça e do Conselho Nacional do Ministério Público são juridicamente imputadas à União, os dois primeiros integrantes da estrutura institucional da última, é ela que responderia, junto à justiça federal, por eventuais ações ordinárias. O aludido entendimento, todavia, sofreu uma guinada: o Supremo Tribunal Federal atraiu para si a competência para processar e julgar *todas* as ações ordinárias contra decisões e atos administrativos proferidos por ambos os órgãos federais no âmbito de suas atribuições constitucionais – conferir: STF, ADI nº 4.412, Plenário, rel. Min. Luiz Fux, julgamento: 18.11.2020, disponível em: www.stf.jus.br.

Casas legislativas: as casas legislativas (câmaras municipais e assembleias legislativas) detêm *personalidade judiciária* para atuar em juízo unicamente na defesa de seus interesses e prerrogativas institucionais – nesse sentido a Súmula nº 525 (STJ).

Índios: os índios e as comunidades indígenas ainda não integrados à comunhão nacional ficam sujeitos ao regime tutelar estabelecido pela Lei nº 6.001/1973, incumbindo à FUNAI, órgão instituído pelo governo federal, o exercício dos poderes de representação ou assistência jurídica, na forma estabelecida na legislação civil comum ou em leis especiais (Lei nº 5.371/1967, art. 1º, parágrafo único). Ingressando em juízo os índios, as suas comunidades *ou* organizações, deverá o Ministério Público intervir em todos os atos do processo (CF/1988, art. 232).

Nascituro e *nondum conceptus*: embora tenha capacidade de direito, *o nascituro não possui personalidade jurídica*, esta que somente lhe será conferida a partir do seu nascimento com vida (CC/2002, art. 2º, *primeira parte*). Ser humano embrionário que é (= vida intrauterina), dotado de capacidade de direito, possui aptidão para titularizar certas situações jurídicas na ordem civil. Além da legitimidade sucessória (CC/2002, art. 1.798), o nascituro é portador de direitos *a ter curador* (CC/2002, art. 1.779), *a ser reconhecido* (CC/2002, art. 1.609, parágrafo único) e *a receber doações* (CC/2002, art. 542). Por igual, possui direito *à manutenção da própria vida* – a Lei nº 11.804/2008, por exemplo, dedica especial proteção a ele e sua mãe biológica, haja vista a situação de fragilidade na qual ambos se encontram inseridos.

O legislador, aliás, afastando quaisquer dúvidas, *colocou a salvo, desde a concepção, os direitos do nascituro* (CC/2002, art. 2º, *segunda parte*). No plano processual, portanto, é inegável a sua *capacidade de ser parte,* reflexo direto da capacidade de direito. O que não tem o nascituro é *capacidade processual*: a exemplo do que ocorre com os absolutamente incapazes, a sua atuação em juízo condiciona-se à representação, quer pela mãe, quer pelo pai, quer ainda por curador. Também o *nondum conceptus*, quando indicado pelo testador como herdeiro testamentário (CC/2002, art. 1.799, I), tem *capacidade de ser parte*, mas a sua capacidade processual dependerá sempre da representação.

Animais: *animais não humanos* têm *status* de *bem jurídico ambiental*, são protegidos pelo ordenamento jurídico, inclusive pela Constituição (CF/1988, art. 225, §1º, VII). Não possuem *capacidade de direito* (e, por conseguinte, tampouco *capacidade de ser parte*). Confira-se a lição de Daniel Wunder Hachem e Felipe Klein Gussoli: i) o entendimento utilizado pela *doutrina animalista*, com fundamento no Decreto nº 24.645/1934, "não se compatibiliza com a norma constitucional e as leis posteriores"; ii) não obstante o aludido decreto afirmar que os animais serão "assistidos" em juízo, "o que lhes atribuiria indiretamente personalidade jurídica e direitos próprios", a mesma legislação qualifica-os como *propriedade* de seres humanos; iii) interpretar o Decreto nº 24.645/1934 ignorando a qualificação atribuída aos animais por ele próprio, pela Constituição Federal e pela Lei nº 9.605/1998 "é desvirtuar a hierarquia das fontes e o critério cronológico de resolução de antinomias"; iv) dado "que a Lei 9.605/1998 regulamentou o art. 225, §1º, VII [da Constituição], que proíbe a submissão de animais a crueldade, ela substituiu por inteiro o Decreto 24.645/1934 e, além disso, qualificou os animais como bens jurídicos ambientais a serem protegidos com primazia pela atuação do Ministério Público por meio de ações penais públicas incondicionadas", compatibilizando "a legislação ordinária com o restante do texto constitucional, que permite, entre outras práticas, a pecuária como fonte de desenvolvimento do país"; v) não é por acaso que o dispositivo constitucional, que veda a prática de condutas cruéis a animais, está inserido no capítulo que trata *Do Meio Ambiente*, bem jurídico ao qual todos têm direito (CF/1988, art. 225, *caput*) – "é dizer, todos têm direito ao meio ambiente ecologicamente equilibrado, *bem de uso comum do povo* e essencial à sadia qualidade de vida, *nele inseridos os animais não humanos*" (HACHEM, Daniel Wunder; GUSSOLI, Felipe Klein. Animais são sujeitos de direito no ordenamento jurídico brasileiro? *Revista Brasileira de Direito Animal – RBDA*, Salvador, v. 13, n. 03, set./dez. 2017, pp. 141-172). Em sentido contrário, defendendo a capacidade de ser parte de animais não humanos: ALMEIDA SILVA, Tagore Trajano de. Capacidade de ser parte dos animais não-humanos: repensando os institutos da substituição e representação processual. *Revista Brasileira de Direito Animal – RBDA*, Salvador, v. 4, n. 05, jan./dez. 2009, pp. 323-352; GORDILHO, Heron; ATAIDE JUNIOR, Vicente de Paula. A capacidade processual dos animais no Brasil e na América Latina. *Revista Eletrônica do Curso de Direito da UFSM*, Santa Maria, v. 15, n. 2, 2020, pp. 1-19.

Morto: o morto não tem personalidade jurídica, isto é, não pode titularizar direitos e deveres na ordem civil. E, por implicação, não está autorizado a demandar ou ser demandado (= ausência de capacidade de ser parte). Não à toa, aliás, a lei impõe que, *em caso de morte de qualquer das partes*, deve ocorrer a sucessão pelo seu espólio ou pelos seus sucessores (CPC/2015, art. 110, *primeira parte*).

— Θ —

Art. 71. O incapaz será representado ou assistido por seus pais, por tutor ou por curador, na forma da lei.

Correspondente:
CPC/1973, art. 8º.

Referências:
CF/1988, art. 226, §5º.
CPC/2015, art. 70; art. 72, I e II; art. 105.

CC/2002, art. 1º; art. 3º; art. 4º; art. 654; art. 692; art. 1.630; art. 1.631; art. 1.634; art. 1.728, I e II; art. 1.729, parágrafo único; art. 1.731; art. 1.732, I, II e III; art. 1.747, I; art. 1.767, I, II, III, IV e V; art. 1.774; art. 1.781.

Representação e assistência do incapaz: aquele que tem *capacidade de direito* não atrai para si necessariamente *capacidades específicas* a lhe permitir o exercício dos mais variados atos da vida civil. O menor de dezesseis anos, por exemplo, conquanto tenha capacidade de direito, depende de *representação* para contratar compra e venda de imóveis. Transfira-se o raciocínio para o plano processual: os incapazes, a despeito de possuírem *capacidade de ser parte*, carecem de aptidão para atuar em juízo (= ausência de *capacidade processual*) sem que estejam devidamente representados ou assistidos. Vale lembrar, por fim, que "a *representação* importa realização dos atos de parte exclusivamente pelo representante", enquanto "a *assistência* consiste em realização conjunta do ato, com a coparticipação do relativamente incapaz e o genitor, tutor ou curador" (CC/2002, art. 1.747, I c/c arts. 1.774 e 1.781) – exemplos: "a procuração ao advogado será assinada só pelo representante legal em caso de incapacidade absoluta" e "por ele e pelo incapaz quando relativa"; a "citação será feita na pessoa do representante em caso de incapacidade absoluta, ou de ambos se o citando for relativamente incapaz" (DINAMARCO, Cândido Rangel. *Instituições de Direito Processual Civil*. v. II. 7. ed. São Paulo: Malheiros, 2017. p. 337).

Incapacidade absoluta e relativa: são considerados *absolutamente* incapazes para exercer *pessoalmente* os atos da vida civil os menores de dezesseis anos, ao passo que são incapazes, *relativamente a certos atos ou à maneira de os exercer*, os maiores de dezesseis e menores de dezoito anos, os ébrios habituais e os viciados em tóxico, aqueles que, por causa transitória ou permanente, não puderem exprimir sua vontade e os pródigos (CC/2002, arts. 3º e 4º). Aos pais, tutores ou curadores cabem a *representação* dos absolutamente incapazes e a *assistência* dos relativamente incapazes.

Poder familiar: os pais, *qualquer que seja a sua situação conjugal*, concorrem no pleno exercício do *poder familiar* (CF/1988, art. 226, §5º; CC/2002, art. 1.634), a eles se sujeitando os filhos enquanto menores (CC/2002, art. 1.630). Durante o casamento e a união estável, o *poder familiar* compete a ambos, mas, na falta ou em caso de impedimento de um deles, o outro o exercerá com exclusividade (CC/2002, art. 1.631). Havendo divergência quanto ao exercício do poder familiar, qualquer dos pais tem legitimidade para provocar o Judiciário a fim de solucionar o desacordo (CC/2002, art. 1.631, parágrafo único). Agregam-se ao conteúdo do poder familiar: i) a *representação* judicial e extrajudicial dos filhos, nos atos da vida civil, até os seus dezesseis anos; e ii) a *assistência* dos filhos, superados os seus dezesseis anos, nos atos em que forem partes, suprindo-lhes o consentimento (CC/2002, art. 1.634, VII).

Tutela: é a tutela o conjunto de poderes e encargos conferidos por lei a um terceiro para que proteja, zele ou administre bens de um menor que se encontre fora do poder familiar (CARVALHO FILHO, Milton Paulo de. *Código Civil Comentado. Doutrina e Jurisprudência.* Coordenador: Ministro Cezar Peluso. 8. ed. São Paulo: Editora Manole, 2014. p. 1.913). Os filhos menores são postos em tutela com o falecimento dos pais ou sendo estes julgados ausentes e também quando decaírem do poder familiar (CC/2002, art. 1.728, I e II). O direito de nomear tutor compete aos pais, em conjunto, e a nomeação deve constar de testamento ou qualquer outro documento autêntico (CC/2002, art. 1.729, parágrafo único). Na falta de tutor nomeado, a tutela incumbe aos parentes consanguíneos do menor, na ordem estabelecida pelo art. 1.731 do Código Civil. Por fim, cumpre ao juiz nomear tutor idôneo e residente no domicílio do menor: i) na falta de tutor testamentário ou legítimo; ii) quando o tutor testamentário ou legítimo for excluído ou escusado da tutela; e iii) quando o tutor testamentário ou legítimo for removido porque não idôneo (CC/2002, art. 1.732, I, II e III).

Curatela: é a curatela instituto de proteção assemelhado à tutela, todavia destinado a pessoas diferentes, ou seja, a última tem em vista menores de pais falecidos, ausentes ou que decaíram do poder familiar, enquanto à primeira sujeitam-se os que, por causa transitória ou permanente, não puderem exprimir sua vontade, os deficientes mentais, os ébrios habituais e os viciados em tóxico, os excepcionais sem completo desenvolvimento mental e os pródigos (CC/2002, art. 1.767, I, II, III, IV e V).

Mandato *ad judicia*: a procuração *ad judicia* é instrumento idôneo para conferir poderes de representação a advogado, quer o constituinte seja capaz ou incapaz. Merece atenção a lição de Cândido Rangel Dinamarco: i) "serão necessariamente por *instrumento público* as procurações outorgadas pelo *relativamente incapaz* em concurso com seu assistente", até como maneira de resguardar ao primeiro "a plena liberdade de expressão da vontade", já que ali se terá "a participação do notário que lavra a *escritura de procuração*"; e ii) as "procurações do *absolutamente incapaz*, que são passadas por ato exclusivo do representante, são eficazes mesmo quando feitas por *instrumento particular*" (DINAMARCO, Cândido Rangel. *Instituições de Direito Processual Civil*. v. II. 7. ed. São Paulo: Malheiros, 2017. p. 335). Há no entanto quem enxergue, no art. 692 do Código Civil e em regras específicas da legislação processual, o afastamento da obrigatoriedade de procuração *ad judicia* por instrumento público mesmo quando o constituinte é relativamente incapaz.

— Θ —

Art. 72. O juiz nomeará curador especial ao:

I - incapaz, se não tiver representante legal ou se os interesses deste colidirem com os daquele, enquanto durar a incapacidade;

II - réu preso revel, bem como ao réu revel citado por edital ou com hora certa, enquanto não for constituído advogado.

Parágrafo único. A curatela especial será exercida pela Defensoria Pública, nos termos da lei.

Correspondente:
CPC/1973, art. 9º.

Referências:
CF/1988, art. 5º, *caput* e LXXIV; art. 134.

CPC/2015, art. 91; art. 178; art. 256; art. 257, IV; art. 341, parágrafo único; art. 344; art. 513, §2º, IV; art. 671, I e II; art. 752, §2º.

LC nº 80/1994, art. 4º, XVI e XXI.

Súmula nº 196 (STJ). Ao executado que, citado por edital ou por hora certa, permanecer revel, será nomeado curador especial, com legitimidade para apresentação de embargos.

Súmula nº 421 (STJ). Os honorários advocatícios não são devidos à Defensoria Pública quando ela atua contra a pessoa jurídica de direito público à qual pertença.

Justificativa da *curatela especial*: a curatela especial tem por fundamento medular a *garantia fundamental da igualdade*. Nada há, na ordem jurídica, que impeça aquele que se encontre no exercício de seus direitos e deveres de optar pela *inércia* quando chamado a se defender em juízo (= *não querer* defender-se ou contraditar). É algo que está centrado na esfera da sua *autonomia de vontade*, isto é, cabe ao citado, *e a ele somente*, escolher como proceder. Claro que a *indiferença* lhe poderá ser prejudicial, a exemplo da presunção de veracidade das alegações de fato formuladas pelo autor oriunda da revelia (CPC/2015, art. 344); ainda assim, a ordem jurídica preserva a sua *liberdade de decisão*. Em dadas ocasiões, no entanto, pode ocorrer de a parte encontrar-se em posição de *extremada vulnerabilidade* a sugerir as seguintes possibilidades: i) talvez o ato de citação sequer tenha logrado o êxito que dele é esperado (o réu citado por edital ou com hora certa); ii) prejuízo jurídico-processual a indivíduos que a ordem jurídica confere especial proteção (o incapaz, quer porque não tem representante legal, quer quando os interesses de ambos, incapaz e representante, estiverem em colisão); e iii) provável ausência de condições materiais do réu citado para contratar advogado (o réu preso revel). Para corrigir grave e excepcional *desigualação processual*, tem-se a figura do *curador especial*, cuja presença e atuação responsável no processo assegura, na medida do possível, o contraditório e a ampla defesa em favor daqueles que a lei considera *processualmente vulneráveis*. Duas observações: i) também o autor, vez por outra, será representado por curador especial; e ii) o art. 72 não esgota as hipóteses de curatela judicial, havendo outras pontualmente previstas pela ordem jurídica – por exemplo: CPC/2015, art. 513, §2º, IV; art. 671, I e II; e art. 752, §2º.

Curador especial e representação: o curador especial – que, no CPC/1939, era chamado de *curador à lide* – é um tipo peculiar de *representante* cuja atuação, *sempre dependente de específica previsão legal*, busca equalizar (= igualar, equilibrar, nivelar) partes situadas em posição de grave desequilíbrio. Seu papel é sobretudo assegurar àquele que está representando a indispensável observância das garantias fundamentais processuais. A curatela especial, portanto, não guarda similitude com a substituição processual (= legitimação extraordinária) – em sentido diverso: STJ, REsp nº 622.366, 3ª Turma, rel. Min. Nancy Andrighi, julgamento: 21.06.2005, disponível em: www.stj.jus.br.

Perda superveniente da causa justificadora da curatela especial: a presença de curador especial, exercendo atos postulatórios em favor do *réu revel citado fictamente* e *réu preso revel*, é medida sustentável apenas se os últimos não comparecem nos autos. Ao comparecerem, constituindo advogado para atuar em seu benefício, não haverá mais fundamento para a manutenção da curatela especial (CPC/2015, art. 72, II, *parte final*). De igual modo, produzida a prova de que desapareceu o elemento justificador da curatela especial, não fará sentido a permanência do curador especial no feito – exemplo: incapaz que, no curso do processo, tornou-se capaz.

Defensoria Pública e exercício da curatela especial: a curatela especial será exercida pela Defensoria Pública (CPC/2015, art. 72, parágrafo único). Não há nisso qualquer inovação: a Lei Complementar nº 80/1994 já estabelecia *como função institucional da Defensoria Pública* o exercício da curadoria especial nos casos previstos pela ordem jurídica (LC nº 80/1994, art. 4º, XVI). É conveniente que tal atribuição pertença mesmo à Defensoria Pública, instituição independente, hoje bem estruturada em muitas localidades, com seus quadros preenchidos por profissionais tecnicamente preparados. Há quem, no entanto, questione a constitucionalidade de regras que impõem à Defensoria Pública o exercício da curatela especial, sobretudo em atenção à sua vocação constitucional para a tutela dos *economicamente* necessitados. Veja-se o que dispõe a Carta Política: "A Defensoria Pública é instituição permanente, essencial à função jurisdicional do Estado, incumbindo-lhe, como expressão e instrumento do regime democrático, *fundamentalmente*, a orientação jurídica, a promoção dos direitos humanos e a defesa, em todos os graus, judicial e extrajudicial, dos direitos individuais e coletivos, de forma integral e gratuita, aos necessitados, na forma do inciso LXXIV do art. 5º desta Constituição Federal" (CF/1988, art. 134). O advérbio *fundamentalmente*, que se faz presente no dispositivo citado, resolve de modo satisfatório o problema, pois aquilo que é *fundamental* não elimina o *não fundamental*. À Defensoria Pública, em suma, *incumbe* uma atuação *fundamental* (= essencial, precípua, especial, primordial) em favor dos que comprovarem *insuficiência de recursos*, porém a Constituição não obsta que o legislador lhe institua atribuições, por assim dizer, *não essenciais* ou *não prioritárias*. Não à toa, aliás, a doutrina refere-se às funções *típicas* e *atípicas*, na primeira hipótese, pressupondo sempre a hipossuficiência *econômica*, enquanto, na derradeira, o que vai importar é a hipossuficiência *jurídica*. Sobre a relevância da Defensoria Pública: ALVES, Cleber Francisco; PIMENTA, Marilia Gonçalves. *Acesso à justiça em preto* *e branco*: retratos institucionais da Defensoria Pública. Rio de Janeiro: Lumen Juris, 2004; BEGA, Carolina Brambila. *Curadoria especial – tutela da vulnerabilidade processual*: análise da efetividade dessa atuação. Tese (Doutorado em Direito) – Faculdade de Direito da Universidade de São Paulo. São Paulo, 2012; COZZOLINO DE OLIVEIRA, Patrícia Elias. *A legitimidade exclusiva da defensoria pública na prestação de assistência gratuita*. Tese (Doutorado em Direito) – Pontifícia Universidade Católica de São Paulo. São Paulo, 2016; ESTEVES, Diogo; SILVA, Franklyn Roger Alves. A curadoria especial no novo Código de Processo Civil. *In*: SOUSA, José Augusto Garcia de (Coord.). *Defensoria Pública*. Salvador: JusPodivm, 2015. pp. 129-163; ESTEVES, Diogo; SILVA, Franklyn Roger Alves. *Princípios institucionais da Defensoria Pública*. Rio de Janeiro: Forense, 2014; GALLIEZ, Paulo César Ribeiro. *Princípios institucionais da Defensoria Pública*. 2. ed. Rio de Janeiro: Lumen Juris, 2007; KETTERMANN, Patrícia. *Defensoria Pública*. São Paulo: Estúdio Editores, 2015; LIMA, Frederico Rodrigues Viana de. *Defensoria Pública*. 2. ed. Salvador: JusPodivm, 2011; MORAES, Sílvio Roberto Mello. *Princípios institucionais da Defensoria Pública*: Lei complementar 80, de 12/1/1994 anotada. São Paulo: Editora Revista dos Tribunais, 1995; ROCHA, Amélia Soares da. *Defensoria Pública*: fundamentos, organização e funcionamento. São Paulo: Atlas, 2013.

Nomeação **de curador especial**: informa a lei que o juiz "nomeará" curador especial. Há, aí, porém, conforme tem apontado parcela da doutrina, impropriedade técnica. É a *nomeação* ato por meio do qual o juiz incumbe uma pessoa de cumprir ou exercer determinada função. Era o que ocorria até o advento da Lei Complementar nº 80/1994, com juízes nomeando advogados dativos para o exercício da curatela especial. Hoje, contudo, é função privativa-institucional da Defensoria Pública o exercício da curadoria especial nos casos previstos em lei (LC nº 80/1994, art. 4º, XVI c/c CPC/2015, art. 72, parágrafo único). Pedro Gonzáles (com amparo em estudos de Cleber Alves Francisco, Diogo Esteves, Franklyn Roger Alves, Frederico Rodrigues Viana de Lima, Marilia Gonçalves Pimenta, Patrícia Kettermann, Sílvio Roberto Mello Moraes – adiante citados) traz importantes considerações: i) quem atua processualmente na condição de curador especial é a Defensoria Pública, não porque foi "nomeada" pelo juiz, mas em função de expressa determinação legal; ii) defensores públicos não agem em nome próprio, e sim *presentando* a instituição da qual fazem parte; iii) a Defensoria Pública é um todo orgânico, e seus membros podem substituir-se uns aos outros, em nada prejudicando a atuação da instituição e a própria validade do processo; iv) não deve o juiz escolher *a pessoa* do defensor público que exercerá a curatela especial, pois, se o fizer, estará violando a privatividade funcional da Defensoria Pública; e v) cumpre ao juiz apenas determinar a intimação da Defensoria Pública a fim de comunicá-la sobre a incidência da norma que reclama a sua atuação no exercício da curatela especial (MONTES DE OLIVEIRA, Pedro González. Não se deve "nomear" a Defensoria Pública como curador especial. *Consultor Jurídico*, 15 dez. 2015. Disponível em: www.conjur.com.br. Acesso em: 24 nov. 2020). Conferir ainda os seguintes trabalhos: ALVES, Cleber Francisco; PIMENTA, Marilia Gonçalves. *Acesso à justiça em preto e branco*: retratos institucionais da Defensoria Pública. Rio de Janeiro: Lumen Juris, 2004; ESTEVES, Diogo; SILVA, Franklyn Roger Alves. A curadoria especial no novo Código de Processo Civil. *In*: SOUSA, José Augusto Garcia de (Coord.). *Defensoria Pública*. Salvador: JusPodivm, 2015. pp. 129-163; ESTEVES, Diogo; SILVA, Franklyn Roger Alves. *Princípios institucionais da Defensoria Pública*. Rio de Janeiro: Forense, 2014; KETTERMANN, Patrícia. *Defensoria Pública*. São Paulo: Estúdio Editores, 2015; LIMA, Frederico Rodrigues Viana de. *Defensoria Pública*. 2. ed. Salvador: JusPodivm, 2011; MORAES, Sílvio Roberto Mello. *Princípios institucionais da Defensoria Pública*: Lei complementar 80, de 12/1/1994 anotada. São Paulo: Editora Revista dos Tribunais, 1995.

Hipóteses: são quatro as hipóteses contempladas pelo art. 72 do CPC/2015 a exigir a atuação de curador especial: i) inexistência de representante legal do incapaz; ii) conflito de interesses entre representante legal e incapaz; iii) réu preso revel; e iv) réu revel, desde que citado por edital ou hora certa. E vale a lembrança: há outros casos, sempre e devidamente previstos em lei, nos quais a curatela especial faz-se indispensável – por exemplo: exige-se a atuação de curador especial em favor do ausente, se não o tiver (CPC/2015, art. 671, I). Por fim, verificados os elementos de incidência, o art. 72 deve ser aplicado a quaisquer procedimentos, pouco importando qual seja a sua função predominante (cognição, execução ou cautelar) (ASSIS, Araken. *Processo Civil Brasileiro*. v. II. Tomo I. São Paulo: Revista dos Tribunais, 2015. pp. 153-154).

Incapaz sem representação legal: pouco importa se a incapacidade é absoluta ou relativa, pois o art. 72, I, *primeira parte*, do CPC/2015 não faz distinções – em ambas as hipóteses, enfim, a curatela especial é exigida. É claro que a informação sobre a incapacidade deve chegar aos autos por iniciativa de alguém, mesmo que por ato do autor, uma vez que é do interesse deste último evitar futura decretação de nulidade. Sublinhe-se, de outro lado, que o oficial de justiça não fará a citação quando verificar que o citando é mentalmente incapaz ou está impossibilitado de recebê-la, devendo certificar a ocorrência. Em tal circunstância, o juiz nomeará um médico, que apresentará laudo no prazo de cinco dias, dispensada a nomeação se pessoa da família exibir declaração do médico do citando que ateste a sua incapacidade. Reconhecida a impossibilidade, o juiz nomeará curador em atenção ao disposto em lei (CPC/2015, art. 245, §§1º, 2º, 3º, 4º e 5º). Importante: a nomeação de curador especial para o incapaz sem representação é admitida tanto em favor do autor como do réu.

Conflito de interesses entre representante legal e incapaz: havendo colisão de interesses entre representante legal e incapaz, incumbirá ao órgão judicial, de ofício ou por provocação, garantir a curatela especial em prol do último a fim de evitar-lhe prejuízos. A colisão de interesses deve ser avaliada a partir das particularidades do caso concreto, mas é correto afirmar, em linhas gerais, que a sua ocorrência sempre será verificada em circunstâncias nas quais o ganho da causa pelo incapaz conduzir à diminuição, direta ou indiretamente, de qualquer interesse, econômico ou moral, do seu representante legal (pai, tutor ou curador) (GODINHO, Robson Renault. *Comentários ao Novo Código de Processo Civil*. Coordenadores: Antonio do Passo Cabral e Ronaldo Cramer. Rio de Janeiro, Forense: 2015. p. 126). A nomeação de curador especial, também aqui, é admitida tanto em favor do autor como do réu.

Réu preso revel: segundo previa a legislação procedimental revogada, a nomeação de curador especial para o réu preso dispensava a revelia. Com acerto, o CPC/2015 trouxe inovação sobre o ponto, firme no entendimento de que a prisão nem sempre retira da pessoa a capacidade processual. Noutras palavras, o réu preso, devidamente citado, pode ter sucesso em contratar advogado privado para a sua defesa. Se assim for, a curatela especial perde a sua razão, até porque o advogado, por estar em contato direto com seu cliente, terá melhores condições de trabalhar no caso concreto. Aliás, a jurisprudência já vinha manifestando o entendimento de que, se a parte, *mesmo presa*, tem patrono nomeado nos autos, é despicienda a indicação de um curador especial para representá-la (STJ, REsp nº 897.682, Terceira Turma, rel. Min. Nanci Andrighi, julgado: 17.05.2007, disponível em: www.stj.jus.br). Tem-se, aqui, mais uma daquelas idas e vindas da legislação procedimental civil, neste caso retornando-se ao que dispunha o CPC/1939. Observações: i) o suporte fático da regra faz alusão apenas a "réu preso revel", de modo que não importa como a citação foi realizada e tampouco se a prisão é provisória ou definitiva, sendo suficiente a inação do citado preso em não se defender; e ii) a curatela especial tem por força inibir ou bloquear os efeitos oriundos da revelia, afastada sobretudo a presunção de veracidade dos fatos alegados pelo autor – lembre-se que o curador especial é chamado a atuar já para elaborar a defesa do réu preso revel, não se lhe aplicando o ônus da impugnação especificada (CPC/2015, art. 341, parágrafo único).

Réu revel, desde que citado por edital ou hora certa: exige a lei curatela especial *ao réu revel citado por edital ou hora certa* (CPC/2015, art. 72, II, *segunda parte*). A medida se justifica, forte na asseguração da ampla defesa e do contraditório, porque não se pode ignorar a possibilidade de a citação, *quando ficta*, não atingir a sua finalidade. De igual modo que se dá em relação ao réu revel preso, a curatela especial tem por força inibir ou bloquear efeitos oriundos da revelia.

Executado revel citado por edital: é indispensável a nomeação de curador especial também em favor do executado citado por edital ou por hora certa (Súmula nº 169 do STJ).

Curador especial e limites de atuação: na generalidade dos casos, o curador especial operará dentro dos limites do procedimento jurisdicional a que foi chamado a atuar, podendo, no entanto, ir além se assim exigir o efetivo e adequado exercício da sua *função defensiva*. A ele, em suma, cabe a prática, *respeitado rigorosamente o objeto litigioso*, de todos os atos postulatórios indispensáveis à materialização da *ampla defesa* da parte que representa – por exemplo: patrocinar (nas hipóteses do art. 72, I, do CPC/2015) ou contestar uma demanda, requerer e produzir provas, interpor recursos, ofertar embargos monitórios, apresentar impugnação ao cumprimento de sentença, ajuizar embargos à execução (Súmula nº 196 do STJ), impetrar mandado de segurança contra ato judicial e mesmo promover reclamação (CPC/2015, art. 988). Nessa linha, as decisões dos tribunais: "(...) o curador *ad litem* (...) representa com plenitude a parte (quer demandante, quer demandada), considerada merecedora de especial tutela jurídica, cabendo-lhe impugnar decisões judiciais tanto mediante recursos, como utilizando ações autônomas de impugnação, tais como o mandado de segurança contra ato judicial" (STJ, RMS nº 1.768-RJ, Quarta Turma, rel. Min. Athos Carneiro, julgamento: 23.03.1993, disponível em: www.stj.jus. br). É óbvio, por fim, que o curador especial não tem poderes para praticar *atos de disposição de vontade* (reconhecer a procedência do pedido, transigir, renunciar ao direito sobre o qual se funda a ação).

Ônus da impugnação específica: no que diz respeito ao réu representado por curador especial, não se lhe aplica a regra que imputa verdadeiros os fatos alegados pelo autor na petição inicial quando ausente defesa que traga impugnação de modo preciso (CPC/2015, art. 341, *caput*). Não está sujeito, portanto, ao *ônus da impugnação especificada*, de maneira que pode se defender por *negativa geral* (CPC/2015, art. 341, parágrafo único). Duas circunstâncias justificam a orientação normativa: i) a proteção a quem a lei impõe (haja vista sua extremada vulnerabilidade) a curatela especial; e ii) na medida em que frequentemente o curador especial nem tem ou terá contato com a parte representada, nada mais acertado que louvar contraditório e ampla defesa e permitir o sequenciamento procedimental, afastada a agressão na qual traduz a presunção de veracidade, exigindo-se do autor, portanto, que demonstre os fatos alegados como condição para lograr êxito em sua pretensão. Por fim, vale a lembrança: esse efeito material da presunção de veracidade dos fatos, verificado quando materializada a revelia

(CPC, art. 344), já mereceu, em passado remoto, época na qual estava em vigência o CPC/1973, acirrada (e certeira) crítica de J. J. Calmon de Passos: "O revel deixou de ser um ausente para se tornar um delinquente" (PASSOS, José Joaquim Calmon. *Comentários ao Código de Processo Civil*. v. III. Rio de Janeiro: Forense, 1998. p. 335). Mais recentemente, Zulmar Duarte e Lucas de Moraes defenderam a inconstitucionalidade da presunção de veracidade dos fatos por violação do primado constitucional da pressuposição de inocência – conferir: DUARTE, Zulmar; MORAES, Lucas de. "Presunção" de inocência civil e a revelia: necessidade de uma releitura constitucional. *In: Processo e Liberdade: Estudos em Homenagem a Eduardo José da Fonseca Costa*. Organização: Adriana Regina Bercellos Pegini, Daniel Brantes Ferreira, Diego Crevelin de Sousa, Evie Nogueira e Malafaia, Glauco Gumerato Ramos, Lúcio Delfino, Mateus Costa Pereira e Roberto P. Campos Gouveia Filho. Londrina: Editora Thoth, 2019. pp. 851-867. Sobre o tema *pressuposição de inocência*, sugere-se a leitura do artigo seminal: FONSECA COSTA, Eduardo José da. Presunção de inocência civil: algumas reflexões no contexto brasileiro. *Revista Brasileira de Direito Processual – RBDPro*, Belo Horizonte, ano 25, n. 100, pp. 129-144, out./dez. 2017.

Curatela especial e revelia: não tem lugar a *ficta confessio* (CPC/2015, art. 344) em casos nos quais a parte revel é representada por curador especial. Não à toa, aliás, o curador especial atua em favor do *réu preso revel* e do *réu revel citado por edital*, ou seja, é chamado ali justamente porque a revelia teve incidência, estando autorizado a apresentar defesa mesmo que pela via da *negativa geral* (CPC/2015, art. 341, parágrafo único).

Despesas processuais na curatela especial: segundo entendimento firme do Superior Tribunal de Justiça, "se o réu é revel e está sendo assistido pela Defensoria Pública, a exigência de pagamento de custas processuais implica, na prática, impossibilidade de interposição de recurso, pois não se pode esperar, e tampouco exigir, "que o curador especial efetue o pagamento do preparo por sua conta"; "não é essa a sua função", até porque a "Defensoria Pública tão somente tem o múnus público de exercer a curadoria especial nos casos previstos em lei" (STJ, EAREsp nº 978.895, rel. Min. Maria

Thereza de Assis Moura, julgamento: 18.12.2018, disponível em: www.stj.jus.br). Não se pode ver aí, contudo, hipótese de *isenção* e, muito menos, a aplicação mecânica e presuntiva dos benefícios da justiça gratuita – nesta última hipótese, aliás, nunca é demais lembrar que a Constituição impõe, de modo expresso, que o Estado apenas prestará assistência jurídica integral e gratuita *aos que comprovarem insuficiência de recursos* (CF/1988, art. 5º, LXXIV). Importa, porém, o seguinte: a Defensoria Pública está dispensada da *antecipação* das despesas dos atos processuais que requerer e praticar porque incidente a regra do art. 91 do CPC/2015 – "as despesas dos atos processuais praticados a requerimento da Fazenda Pública, do Ministério Público ou da Defensoria Pública *serão pagas ao final pelo vencido*". Se, terminado o procedimento jurisdicional, a parte vulnerável sucumbir no feito, será ela condenada ao pagamento das despesas processuais e dos honorários sucumbenciais, nunca a Defensoria Pública.

Honorários sucumbenciais na curatela especial: o *defensor público* não está legalmente autorizado a receber, em nome próprio, honorários de sucumbência (LC nº 80/1994, art. 130, III). Quando a parte submetida à curatela especial lograr êxito na causa, é a instituição (= *Defensoria Pública*) que se beneficiará da condenação honorária, devendo ela própria executar o crédito e recebê-lo, o qual será direcionado a fundos destinados ao aparelhamento e à capacitação profissional de seus membros e servidores (LC nº 80/1994, art. 4º, XXI).

Nulidade: o desatendimento de regra impositiva da curatela especial implica, por reflexo, atentado às garantias fundamentais da isonomia, da ampla defesa e do contraditório. A consequência desse gravíssimo vício é a nulidade dos atos processuais porque ausente pressuposto de validade – nesse sentido: STJ, REsp nº 1.686.161, 3ª Turma, rel. Min. Nancy Andrighi, julgamento: 12.09.2017, disponível em: www. stj.jus.br. Há julgados, no entanto, que condicionam a nulidade à demonstração de prejuízo, o que soa bastante estranho: afinal de contas, prejuízo haverá pelo simples fato de que a ausência de profissional tecnicamente habilitado, em defesa daquele considerado *vulnerável processual*, levará a cabo atividade jurisdicional marcada pelo desequilíbrio, pelo desrespeito à legalidade e pela falta de participação democrática. De resto, a avaliação precisa e segura *sobre a existência ou não de prejuízo* é tarefa demasiado penosa, *quiçá impossível*, por obrigar a investigação de todo o trabalho *que poderia ter sido realizado* pelo defensor público, exigindo espécie de *devassa especulativa* na própria subjetividade desse profissional. Enfim, nada mais que um *exercício mental de imaginação* destinado a enfrentar perguntas de difícil resposta: i) como teria sido a atuação, no caso concreto, do defensor público? ii) Quais questões suscitadas na demanda tinha ele condições de impugnar de modo específico? iii) Até que ponto e extensão avançaria na caça de elementos para elaborar a defesa? iv) Teria ou não empregado a opção da *negativa geral*? v) Tinha ele ou não condições de avistar-se com o representado para colher informações fáticas detalhadas? Por fim, não tem o curador especial poderes para a prática de atos de disposição de direitos (reconhecer a procedência do pedido, confessar, transigir), de maneira que, se o fizer, extrapolando a sua função defensiva, a consequência será igualmente a nulidade processual.

Atuação do Ministério Público e curatela especial: a participação obrigatória do Ministério Público como *fiscal da ordem jurídica* não supre a eventual ausência do curador especial, pois cada uma dessas figuras desempenha papel diverso no âmbito do procedimento jurisdicional – nesse sentido: STJ, REsp nº 1.686.161, 3ª Turma, rel. Min. Nancy Andrighi, julgamento: 12.09.2017, disponível em: www.stj.jus.br. São valiosas as lições de Robson Renault Godinho: i) não é aceitável, após o advento da Constituição de 1988, que o Ministério Público exerça a função de curador especial; ii) deve o Ministério Público "zelar pela nomeação de curador especial nos procedimentos em que intervier e tal providência for exigida", "mas não pode ele exercer essa função por ser ela incompatível com suas atividades institucionais e finalísticas"; iii) o Ministério Público atua processualmente apenas de três maneiras, a saber, na condição de *legitimado ordinário* (nos casos em que defende situação jurídica própria), de *legitimado extraordinário* e de *fiscal da ordem jurídica*; iv) ainda que ausente na localidade Defensoria Pública aparelhada, não poderá o Ministério Público exercer a curatela especial, a qual deverá recair sobre os ombros de um advogado dativo; v) incidindo a curatela especial nas hipóteses previstas no art. 178 do CPC/2015 (= interesse público ou social, interesse de incapaz e litígios coletivos pela posse de terra rural ou urbana), "haverá necessidade de intervenção do Ministério Público na condição de fiscal da ordem jurídica", o que não afasta a exigência de atuação do curador especial, existindo aí, portanto, "uma dupla tutela do contraditório justificada por questões de política legislativa"; e vi) quando o Ministério Público atua como substituto processual, não faz sentido a curatela especial, até porque "não se nomeia curador especial sob o pretexto de equilibrar um contraditório que está plenamente estabelecido" – "insistir no equívoco é não entender a distinção entre substituição processual e fiscalização da ordem jurídica" (GODINHO, Robson Renault. *Comentários ao Novo Código de Processo Civil*. Coordenadores: Antonio do Passo Cabral e Ronaldo Cramer. Rio de Janeiro: Forense, 2015. pp. 127-128).

— Θ —

Art. 73. O cônjuge necessitará do consentimento do outro para propor ação que verse sobre direito real imobiliário, salvo quando casados sob o regime de separação absoluta de bens.

§1º Ambos os cônjuges serão necessariamente citados para a ação:

I - que verse sobre direito real imobiliário, salvo quando casados sob o regime de separação absoluta de bens;

II - resultante de fato que diga respeito a ambos os cônjuges ou de ato praticado por eles;

III - fundada em dívida contraída por um dos cônjuges a bem da família;

IV - que tenha por objeto o reconhecimento, a constituição ou a extinção de ônus sobre imóvel de um ou de ambos os cônjuges.

§2º Nas ações possessórias, a participação do cônjuge do autor ou do réu somente é indispensável nas hipóteses de composse ou de ato por ambos praticado.

§3º Aplica-se o disposto neste artigo à união estável comprovada nos autos.

Correspondente:
CPC/1973, art. 10.

Referências:
CF/1988, art. 226, §3º.

CPC/2015, art. 74; art. 213; art. 115, parágrafo único; art. 317; art. 485, IV e VI; art. 842.

CC/2002, art. 265; art. 485, VI; art. 942; art. 1.225; art. 1.644; art. 1.645; art. 1.647; art. 1.648; art. 1.649; art. 1.650; art. 1.687.

Provimento nº 37/2014 (CNJ).

Legitimidade *ad causam* **de cônjuges e companheiros**: o art. 73 do CPC/2015, salvo melhor juízo, está fora de lugar. Ou seja, não tem por objetivo tratar da capacidade processual, mas regular a *legitimação para a causa* quando a parte for pessoa casada ou que viva em união estável. Celso Agrícola Barbi é elucidativo: "No sistema que vigorou até 1962, o Código Civil, no art. 6º, incluía a mulher casada entre os relativamente incapazes, de modo que ela só podia propor ações com assistência do marido. Excluíam-se da restrição as ações que ela tivesse de usar para desfazer atos praticados por ele e contrários a direitos dela. (...). A inclusão da mulher casada entre os relativamente incapazes constituía grave erro de técnica, do ponto de vista processual, porque ninguém pode ser considerado, ao mesmo tempo, capaz e incapaz. Isto é o que ocorria, porque a mulher podia praticar atos válidos nos processos em que lhe era conhecida a iniciativa, mas não podia fazer o mesmo em outros processos. Ora, a incapacidade é consequência de menoridade, ou de doença mental, e não de estado civil. O que a lei deveria ter feito é negar-lhe a legitimação para certas causas, isto é, a *legitimatio ad causam*, e não a *legitimatio ad processum*. Aquela se refere a determinada ação, *in concreto*; esta, a qualquer processo. Se a lei reconhecia à mulher o direito de propor ação de desquite e, portanto, *de estar em juízo*, praticando atos válidos no processo dessa ação, não poderia considerá-la incapaz *para estar em juízo* em qualquer outro processo" (BARBI, Celso Agrícola. *Comentários ao Código de Processo Civil*. v. I. Rio de Janeiro: Forense, 1981. pp. 127-128). O dispositivo legal em análise traz, então, suportes fáticos distintos, que dizem respeito à legitimidade *ad causam*, primeiro para autorizar um cônjuge (ou companheiro), em dada hipótese, a demandar sozinho, desde que tenha a autorização do outro, depois para exigir, nas situações ali previstas, a participação conjunta de ambos no processo (= litisconsórcio necessário unitário). Detalhamentos: i) os cônjuges (ou companheiros) devem demandar conjuntamente (= litisconsórcio ativo) em ação que verse sobre direito real imobiliário, salvo se casados sob o regime de separação absoluta de bens, admitindo a lei, porém, a atuação individual em havendo consentimento de um para o outro (CPC/2015, art. 73, *caput*); ii) o consentimento não tem forma especial, podendo ser dado por documento público ou particular (BARBI, Celso Agrícola. *Comentários ao Código de Processo Civil*. v. I. Rio de Janeiro: Forense, 1981. p. 138); iii) os cônjuges (ou companheiros) serão obrigatoriamente citados (= litisconsórcio passivo necessário) em ação que verse sobre direito real imobiliário, exceto quando casados sob regime de separação absoluta de bens (CPC/2015, art. 73, §1º, I); iv) os cônjuges (ou companheiros) serão obrigatoriamente citados (= litisconsórcio passivo necessário) em ação resultante de fato que a eles digam respeito (CPC/2015, art. 73, §1º, II, *primeira parte*); v) os cônjuges (ou companheiros) serão obrigatoriamente citados (= litisconsórcio passivo necessário) em ação resultante de ato praticado por eles (CPC/2015, art. 73, §1º, II, *segunda parte*); vi) os cônjuges (ou companheiros) serão obrigatoriamente citados (= litisconsórcio passivo necessário) em ação fundada em dívida contraída por um deles (ou um dos companheiros) a bem da família (CPC/2015, art. 73, §1º, III); vii) os cônjuges (ou companheiros) serão obrigatoriamente citados (= litisconsórcio passivo necessário) em ação que tenha por objeto o reconhecimento, a constituição ou a extinção de ônus sobre imóvel pertencente a um ou aos dois; e viii) exige-se a participação de ambos os cônjuges (ou companheiros) (= litisconsórcio necessário ativo ou passivo) em ações possessórias fundadas em composse ou ato por ambos praticado.

Consentimento para *propor* ação: estabelece a lei que, para *propor* individualmente ação que verse sobre direito real imobiliário, o cônjuge (ou companheiro) dependerá do consentimento do outro (CPC/2015, art. 73, *caput*). Há, aí, no entanto, equívoco técnico, até porque *qualquer um* tem direito a *propor* ações. O problema, na verdade, situa-se no plano da legitimidade *ad causam*: se um cônjuge (ou companheiro) propõe sem o consentimento do outro demanda sobre tema que envolva direito real imobiliário, o processo será extinto *sem resolução de mérito* (CPC/2015, art. 485, VI), salvo se tiver sucesso em sanar o vício.

Ação que verse sobre direito real imobiliário: em ações que versem sobre *direito real imobiliário*, ou os cônjuges (ou companheiros) demandam juntos (= litisconsórcio ativo), ou um deles o faz sozinho, mas com a aquiescência do outro (CPC/2015, art. 73, *caput*) – por exemplo: havendo contrato preliminar de compra e venda, e surgindo a necessidade de promover ação de adjudicação compulsória, os cônjuges devem atuar em juízo conjuntamente ou, pelo menos, um deve consentir com a demanda individual que será intentada pelo outro. O resultado prático é o mesmo, porque, dado o consentimento, a sentença será eficaz também em relação ao cônjuge (ou companheiro) que meramente concordou, embora não seja ele parte (BARBI, Celso Agrícola. *Comentários ao Código de Processo Civil*. v. I. Rio de Janeiro: Forense, 1981. pp. 129-130). De outra banda, a lei impõe a citação de ambos os cônjuges (ou companheiros) para ação que verse sobre direito real imobiliário (CPC/2015, art. 73, §1º), isto é, tem-se aí, portanto, hipótese de formação obrigatória de litisconsórcio passivo (= litisconsórcio necessário unitário passivo) – a regra do consentimento só faz sentido em se tratando do polo ativo, pois a formação do polo passivo depende da iniciativa exclusiva daquele que promove a demanda. Observações: i) a lei dispensa a formação litisconsorcial ativa ou passiva quando o regime adotado, de forma legal ou convencional, for o da *separação absoluta de bens* (CPC/2015, art. 73, *caput* e §1º, I); ii) a expressão *direito real imobiliário* tem conotação alargada, ou seja, compreende, indistintamente, os direitos de propriedade, superfície, servidões, usufruto, uso, habitação, direito do promitente comprador, penhor, hipoteca, anticrese, concessão de uso especial para fins de moradia, concessão de direito real de uso e laje (CC/2002, art. 1.225); e iii) em execução civil (incluído o cumprimento de sentença) promovida apenas contra um dos cônjuges (ou companheiros), recaindo a penhora sobre bem imóvel ou direito real sobre imóvel, será obrigatoriamente intimado o cônjuge do executado, salvo se casados em regime de separação absoluta de bens (CPC/2015, art. 842).

Casamento em regime de separação absoluta de bens: diz a lei que qualquer dos cônjuges (ou companheiros) precisará do consentimento do outro para propor ação sobre direito real imobiliário (CPC/2015, art. 73, *caput*). Em contrapartida, ambos os cônjuges (ou companheiros) serão necessariamente citados para ação que verse sobre direito real imobiliário (= litisconsórcio passivo necessário) (CPC/2015, art. 73, §1º, I). A lei, contudo, excepciona essas exigências (= consentimento e formação litisconsorcial obrigatória, a depender do polo da demanda) quando o regime adotado pelos cônjuges (ou companheiros) for o da separação absoluta de bens (= separação convencional de bens) (CPC/2015, art. 73, *caput* e §1º, I c/c CC/2002, art. 1.647, *caput*). Recorde-se que, em tal regime, os bens adquiridos antes e durante o casamento não se comunicam, ou seja, cada um dos cônjuges permanece na administração exclusiva de seus próprios bens e, portanto, tem autorização para livremente aliená-los ou gravá-los de ônus real (CC/2002, art. 1.687). Autorizados que estão, na esfera do direito material, a dispor de maneira desembaraçada de seus bens próprios, não há justificativa legal aceitável para impedir um cônjuge (ou companheiro) de demandar ou ser demandado sem a participação do outro.

Ação resultante de fato que diga respeito a ambos os cônjuges ou ato praticado por eles: em ações que resultarem de fato que diga respeito a ambos os cônjuges ou de ato praticado por eles, a lei processual exige a formação de litisconsórcio passivo necessário (CPC/2015, art. 73, §1º, II). São hipóteses atinentes à *responsabilidade comum*, a exemplo de obrigação oriunda de fiança prestada conjuntamente por marido e mulher ou decorrente de ato ilícito praticado por ambos. Perceba-se, aliás, que o "art. 942 do Código Civil prevê a responsabilidade solidária de todos os coautores da ofensa" (= solidariedade passiva por força de lei; CC/2002, art. 265), mas o fato de "serem casados entre si redefine o regime jurídico processual dessa obrigação solidária", a ponto de retirar do credor o benefício do art. 275 do Código Civil e impor o litisconsórcio necessário (DIDIER JR., Fredie. *Curso de Direito Processual Civil. Introdução ao Direito Processual Civil, Parte Geral e Processo de Conhecimento*. v. 1. 18 ed. Salvador: JusPodivm, 2016. pp. 328-329). A aludida regra aplica-se, por imperativo constitucional, à união estável (CPC/2015, art. 73, §3º).

Ação fundada em dívida contraída por um dos cônjuges a bem da família: respondem conjuntamente marido e mulher por ações fundadas em dívida contraída por um deles em benefício da entidade familiar (CPC/2015, art. 73, §1º, III). É hipótese que suscita responsabilidade conjunta dos cônjuges (CPC/2015, art. 73, §3º), não importando o gênero da união e tampouco qual deles contraiu a dívida, cabendo a quem se sentir prejudicado demonstrar que o valor cobrado, ao contrário do afirmado, não favoreceu a economia doméstica (ASSIS, Araken. *Processo Civil Brasileiro*. v. II. Tomo I. São Paulo: Revista dos Tribunais, 2015. p. 161). Embora solidária a dívida contraída a bem da família, nos moldes previstos pelo art.

1.644 do CC/2002, a lei processual exige a formação de litisconsórcio passivo necessário entre os cônjuges para que o patrimônio comum possa ser atingido (DIDIER JR., Fredie. *Curso de Direito Processual Civil. Introdução ao Direito Processual Civil, Parte Geral e Processo de Conhecimento.* v. 1. 18 ed. Salvador: JusPodivm, 2016. p. 327). A aludida regra aplica-se também, por imperativo constitucional, à união estável (CPC/2015, art. 73, §3º).

Ação que tenha por objeto reconhecimento, constituição ou extinção de ônus sobre o imóvel de um ou de ambos os cônjuges: ônus imobiliários são aqueles que constituem obrigação vinculada a um direito real. Não apenas aos direitos reais *em garantia*, muito comuns e estabelecidos contratualmente (por exemplo: a hipoteca), mas também outros, previstos no art. 1.225 do Código Civil, que, pela via judicial, podem vir a onerar a propriedade imobiliária, como ocorre com a instituição de servidão incidente sobre determinado imóvel (SALLES, Carlos Alberto. *Comentários ao Código de Processo Civil.* Coordenador: Cassio Scarpinella Bueno. v. 1. São Paulo: Editora Saraiva, 2017. p. 410). Importa o seguinte: em ação que tenha por objeto o reconhecimento, a constituição ou a extinção de ônus sobre imóvel de um ou de ambos os cônjuges ou companheiros (CPC/2015, art. 73, §3º), exige-se que os dois sejam citados (= litisconsórcio passivo necessário) (CPC/2015, art. 73, §1º, IV). O dispositivo não ressalva o regime da separação absoluta de bens, a exemplo do que faz o inciso I do §1º do art. 73, mas, "em se tratando de bem imóvel de um dos cônjuges, não de ambos, idêntica ressalva decorre dos arts. 1647, *caput* e incisos I e II, e 1687 do Código Civil" (CARRILHO LOPES, Bruno Vasconcelos. *Comentários ao Código de Processo Civil. Das partes e dos procuradores.* v. II. São Paulo: Saraiva, 2017. p. 31).

Ações possessórias: as *ações possessórias* não têm por fundamento direito real e nem se relacionam obrigatoriamente a imóveis. Daí a regra especial de legitimidade *ad causam* no que tange a elas: a participação do cônjuge do autor ou do réu (ou do companheiro do autor ou do réu) somente é indispensável nas hipóteses de *composse* ou de *ato por ambos praticado* (= litisconsórcio necessário). Não se aplica aqui, como é fácil perceber, a regra que autoriza o cônjuge a atuar individualmente no polo ativo quando tiver o consentimento do outro. Exemplos: i) os cônjuges devem promover em conjunto ação de usucapião se a posse foi por ambos exercida; ii) em ação de manutenção de posse deve compor o polo passivo marido e mulher que juntos exercem a posse do bem.

Aplicação à união estável – vício de inconstitucionalidade: o §3º do art. 73 do CPC/2015 está alinhado à Constituição, a qual reconheceu a união estável entre homem e mulher como *entidade familiar* (CF/1988, art. 226, §3º). Havendo união estável, o *consentimento de um companheiro em favor do outro* ou a *litisconsorciação necessária de ambos*, a depender do caso, será exigência da qual não se poderá prescindir sempre que presente uma das hipóteses reguladas no citado art. 73. Importante: a doutrina denunciou *vício de inconstitucionalidade formal* no que tange à expressão "comprovada nos autos", alocada ao final do §3º do art. 73, mas que ali só teria surgido na versão final do texto, pois não há correspondência entre os projetos de lei do Senado e da Câmara (BUENO, Cassio Scarpinella. *Curso Sistematizado de Direito Processual Civil. Teoria Geral do Direito Processual Civil. Parte Geral do Código de Processo Civil.* v. 1. 9. ed. São Paulo: Saraiva, 2018. p. 482). Por isso não se pode aplicar o previsto no art. 73 do CPC/2015 apenas em casos nos quais haja *prova documental pré-constituída* da união estável. Eventual controvérsia quanto à sua existência, enfim, poderá ser superada mediante o manejo de todos os meios de prova admitidos – por exemplo: oitiva de testemunhas. Em sentido contrário: DIDIER JR., Fredie. *Curso de Direito Processual Civil. Introdução ao Direito Processual Civil, Parte Geral e Processo de Conhecimento.* v. 1. 18. ed. Salvador: JusPodivm, 2016. p. 324.

Consequências da não sanação do defeito: é sanável eventual vício que esteja atrelado às regras estabelecidas pelo art. 73 do CPC/2015. Especificamente, pode ocorrer o seguinte: i) cônjuge (ou companheiro) promove ação que verse sobre direito real imobiliário sem a aquiescência do outro; ii) ação fundada em alguma das previsões constantes dos incisos do §1º do art. 73 é promovida apenas contra um dos cônjuges (ou companheiros); e iii) ação possessória que diga respeito à composse ou ato praticado pelos cônjuges (ou companheiros) é promovida sem a formação de litisconsórcio necessário (ativo ou passivo, a depender do caso). Diante de uma dessas hipóteses, o órgão judicial determinará a intimação do autor para que junte aos autos a prova do consentimento até então faltante ou requeira a citação do cônjuge que ali deva necessariamente figurar na condição de litisconsorte. Não sendo o vício suprido em prazo assinado pelo juiz, a consequência é a extinção do processo sem resolução de mérito (CPC/2015, art. 213 c/c art. 74, parágrafo único c/c art. 485, VI). Sobre a problemática que envolve o *litisconsórcio ativo necessário*, consultar comentários ao art. 114.

— Θ —

Art. 74. O consentimento previsto no art. 73 pode ser suprido judicialmente quando for negado por um dos cônjuges sem justo motivo, ou quando lhe seja impossível concedê-lo.

Parágrafo único. A falta de consentimento, quando necessário e não suprido pelo juiz, invalida o processo.

Correspondente:
CPC/1973, art. 11.

Referências:
CPC/2015, art. 73; art. 74, §1º, I; art. 485, IV;
art. 525, §1º, I; art. 725; art. 966, V.

CC/2002, art. 1.650.

Suprimento judicial: a lei autoriza que seja suprido judicialmente o consentimento previsto no art. 73 do CPC/2015 quando um dos cônjuges (ou companheiros) negar-se *sem justo motivo* a fazê-lo, ou mesmo se lhe for impossível concedê-lo – por exemplo: o cônjuge encontrar-se em lugar incerto. É problema que existe somente do ponto de vista do polo ativo, pois, se forem demandados ambos os cônjuges (ou companheiros), *serão necessariamente citados* para as ações elencadas no art. 73, §1º, I a IV, do CPC/2015 (ASSIS, Araken. *Processo Civil Brasileiro.* v. II. Tomo I. São Paulo: Revista dos Tribunais, 2015. p. 162).

Justo motivo: quem pleiteia em juízo supressão judicial do consentimento do cônjuge (ou do companheiro) deve provar a existência de *justo motivo* ou mesmo o fato que tornou a anuência impossível. O *justo motivo* é conceito menos exigente se comparado aos de força maior e caso fortuito (PONTES DE MIRANDA, Francisco Cavalcanti. *Comentários ao Código de Processo Civil.* v. I. Rio de Janeiro: Revista Forense, 1947. p. 265), de modo que a recusa do cônjuge estará justificada quando a propositura da ação puder trazer despesas vultosas para os consortes, criar problemas sérios com familiares e/ou amigos íntimos, entre outras razões (BARBI, Celso Agrícola. *Comentários ao Código de Processo Civil*. v. I. Rio de Janeiro: Forense, 1981. p. 139).

Impossibilidade de fornecer consentimento: é impossível a um cônjuge consentir que o outro promova ação judicial quando, por exemplo, estiver acometido de demência, for considerado ausente ou encontrar-se em lugar distante ou incerto. Logo se vê, portanto, tratar-se de situação objetiva, mais facilmente identificável se comparada às circunstâncias que dizem respeito à falta de justo motivo.

Via procedimental: a outorga judicial do consentimento depende de *ação própria*. Contudo, não há mais, no ordenamento jurídico, uma via procedimental específica para a obtenção de outorga judicial do consentimento, como era previsto no CPC/1939. Ao interessado, então, caberá o manejo de *procedimento inominado de jurisdição voluntária*, cuja competência para processamento e julgamento é do juízo de família (ASSIS, Araken. *Processo Civil Brasileiro*. v. II. Tomo I. São Paulo: Revista dos Tribunais, 2015. pp. 162-163). Observações: i) sendo a demanda promovida sem a vênia do cônjuge ou companheiro, incumbe ao julgador determinar que a parte, em prazo razoável, promova a sanação do vício, sob pena de extinção do feito sem resolução de mérito (CPC/2015, art. 74, parágrafo único); e ii) não é correto, portanto, "impor ao demandado a espera pela conclusão de eventual processo de suprimento" (SALLES, Carlos Alberto. *Comentários ao Código de Processo Civil*. Coordenador: Cassio Scarpinella Bueno. v. 1. São Paulo: Editora Saraiva, 2017. p. 413).

Falta de consentimento: a falta de consentimento, não sanado o defeito no prazo assinado pelo juiz, invalida o processo, ou seja, a consequência é a extinção do feito sem resolução de mérito (CPC/2015, art. 74, parágrafo único c/c art. 76, §1º).

Cônjuge prejudicado: é possível um cenário no qual não se tenha observado a exigência legal de consentimento de um cônjuge em favor do outro, ausente também o suprimento judicial, de modo que o processo foi individualmente instaurado com seguimento da atividade jurisdicional. Numa circunstância tal, poderá o cônjuge prejudicado (= não ouvido; não chamado a participar em contraditório): i) "ingressar no processo e pedir a anulação dos atos até então praticados"; ii) "ajuizar ação rescisória" (CPC/2015, art. 966, V), se a demanda tiver sido promovida "pelo outro cônjuge sem seu consentimento e já houver trânsito em julgado"; e iii) "ajuizar *querela nullitatis*" (CPC/2015, art. 525, §1º, I), se não tiver sido citado em ação real ou possessória imobiliária proposta contra o seu cônjuge" (DIDIER JR., Fredie. *Curso de Direito Processual Civil. Introdução ao Direito Processual Civil, Parte Geral e Processo de Conhecimento.* v. 1. 18. ed. Salvador: JusPodivm, 2016. p. 325) – sobre o cabimento da *querela nullitatis*: STJ, REsp nº 1.677.930, 3ª Turma, rel. Min. Ricardo Villas Bôas Cueva, julgamento: 10.10.2017, disponível em: www.stj.jus.br.

— ʘ —

Art. 75. Serão representados em juízo, ativa e passivamente:

I - a União, pela Advocacia-Geral da União, diretamente ou mediante órgão vinculado;

II - o Estado e o Distrito Federal, por seus procuradores;

III - o Município, por seu prefeito ou procurador;

IV - a autarquia e a fundação de direito público, por quem a lei do ente federado designar;

V - a massa falida, pelo administrador judicial;

VI - a herança jacente ou vacante, por seu curador;

VII - o espólio, pelo inventariante;

VIII - a pessoa jurídica, por quem os respectivos atos constitutivos designarem ou, não havendo essa designação, por seus diretores;

IX - a sociedade e a associação irregulares e outros entes organizados sem personalidade jurídica, pela pessoa a quem couber a administração de seus bens;

X - a pessoa jurídica estrangeira, pelo gerente, representante ou administrador de sua filial, agência ou sucursal aberta ou instalada no Brasil;

XI - o condomínio, pelo administrador ou síndico.

§1º Quando o inventariante for dativo, os sucessores do falecido serão intimados no processo no qual o espólio seja parte.

§2º A sociedade ou associação sem personalidade jurídica não poderá opor a irregularidade de sua constituição quando demandada.

§3º O gerente de filial ou agência presume-se autorizado pela pessoa jurídica estrangeira a receber citação para qualquer processo.

§4º Os Estados e o Distrito Federal poderão ajustar compromisso recíproco para prática de ato processual por seus procuradores em favor de outro ente federado, mediante convênio firmado pelas respectivas procuradorias.

Correspondente:
CPC/1973, art. 12.

Referências:

CF/1988, art. 131, *caput* e §3º.

CPC/2015, art. 75; art. 76; art. 317.

CC/2002, art. 1.314; art. 1.169; art. 1.170; art. 1.171; art. 1.791; art. 1.347; art. 1.348, II; art. 1.819; art. 1.822.

Presentação e representação: conhecida lição de Pontes de Miranda aponta o equívoco do legislador em não se atentar para a diferença entre *presentação* e *representação*. Ensina o mestre: "(...) onde há órgão não há representação, nem procuração, nem mandato, nem qualquer outra outorga de poderes". (...) O "órgão é parte do ser, como acontece às entidades jurídicas, ao próprio homem e aos animais. Coração é órgão, fígado é órgão, olhos são órgãos; o Presidente da República é órgão; o Governador de Estado-membro e o Prefeito são órgãos. Quando uma entidade social, que se constitui, diz qual a pessoa que por ela figura nos negócios jurídicos e nas atividades com a justiça, aponta-a como o seu órgão, que pode *presentá-la* (isto é, estar presente para dar presença à entidade de que é órgão) e, conforme a lei ou os estatutos, outorgar poderes a outrem, que então *representa* a entidade. Quando o art. 12 [atual art. 75] do Código de Processo Civil diz que os seres sociais por ela apontados são representados em juízo, ativa e passivamente, pelas pessoas que menciona, erra, palmarmente, sempre que não houve outorga de poderes e sim função de órgãos. Onde não se trata de órgão, caberia empregar a palavra 'representação', 'representar', 'representante', 'representado', não porém onde a participação processual, ativa ou passiva, é de órgão" (PONTES DE MIRANDA, Francisco Cavalcanti. *Comentários ao Código de Processo Civil.* v. I. Tomo I. Rio de Janeiro: Forense, 1974. pp. 318-319). Ao persistir na orientação normativa de antanho, o CPC/2015 perdeu excelente oportunidade de ganho em clareza e refinamento teórico-científico.

Hipóteses legais de presentação e representação: a exata identificação das hipóteses de *presentação* e *representação* vai exigir sempre uma investigação acerca da existência ou não da figura do *órgão (conferir explicação no item anterior)*. É a partir desse raciocínio que se pode concluir o seguinte: i) são *presentados* em juízo a União, os estados, os municípios, o Distrito Federal, as autarquias e fundações de direito público, as pessoas jurídicas, as sociedades e associações irregulares (sem personalidade jurídica) e a pessoa jurídica estrangeira (CPC/2015, art. 75, I, II, III, IV, VIII, IX, X); e ii) são *representados* em juízo a massa falida, a herança jacente ou vacante, o espólio e o condomínio (CPC/2015, art. 75, V, VI, VII e XI) – nesse sentido: GOUVEIA FILHO, Roberto Pinheiro Campos. *A capacidade postulatória como uma situação jurídica processual simples*: ensaio em defesa de uma teoria das capacidades em direito. Dissertação (Mestrado em Direito) – Universidade Católica de Pernambuco. Recife, 2008).

Amplitude normativa: nos seus muitos incisos, o art. 75 do CPC/2015 identifica genericamente a pessoa natural que *presenta* (= órgão de *presentação* processual) ou *representa* em juízo, ativa e passivamente, pessoas jurídicas e determinados entes sem personalidade. A norma é aplicável a todos os tipos de participação no âmbito processual, valendo para *partes, opoentes, assistentes (simples e litisconsorcial), chamado ao processo, litisdenunciado, terceiro prejudicado, terceiro embargante*, entre outros (NERY JUNIOR, Nelson; ANDRADE NERY, Rosa Maria de. *Código de Processo Civil Comentado*. 17. ed. São Paulo: Revista dos Tribunais, 2018. p. 473). Por fim, o rol trazido pelo aludido dispositivo não é exaustivo, tanto que, por exemplo, nada há nele acerca dos Estados estrangeiros.

Pessoas jurídicas: as pessoas jurídicas são *presentadas* em juízo, ativa e passivamente, por quem os respectivos atos constitutivos designarem ou, inexistindo tal designação, por seus diretores (CPC/2015, art. 75, VIII). Havendo fundada dúvida sobre a habilitação do outorgante da procuração que constituiu o advogado, é crível exigir-se da pessoa jurídica que junte aos autos seus atos constitutivos – nesse sentido: STJ, AgRg no Ag nº

1.084.141, 4ª Turma, rel. Min. João Otávio de Noronha, julgamento: 18.08.2009, disponível em: www.stj.jus.br. Em se tratando de pessoa jurídica estrangeira, a *presentação* se dará pelo gerente, representante ou administrador de sua filial, agência ou sucursal aberta ou instalada no Brasil (CPC/2015, art. 75, X). Já se decidiu, aliás, que, "quando a legislação menciona a perspectiva de citação da pessoa jurídica estabelecida por meio de agência, filial ou sucursal, *está se referindo à existência de estabelecimento de pessoa jurídica estrangeira no Brasil,* qualquer que seja o nome e a situação jurídica desse estabelecimento" (STJ, REsp nº 1.168.547, 4ª Turma, rel. Min. Luis Felipe Salomão, julgamento: 11.05.2010, disponível em: www.stj.jus.br).

Entes públicos em juízo: no que tange aos entes públicos, as regras previstas pelo art. 75 desdobram-se da seguinte maneira: i) cumpre à Advocacia-Geral da União, diretamente ou mediante órgão vinculado, a *presentação* da União, judicial e extrajudicialmente, cabendo-lhe, nos termos da lei complementar que dispõe sobre sua organização e funcionamento, as atividades de consultoria e assessoramento jurídico do Poder Executivo (CF/1988, art. 131, *caput* c/c CPC/2015, art. 75, I); ii) especificamente na execução de dívida ativa de natureza tributária, a *presentação* da União cabe à Procuradoria-Geral da Fazenda Nacional, sempre observado o previsto em lei (CF/1988, art. 131, §3º); iii) os estados e o Distrito Federal são *presentados* por seus procuradores, admitindo a lei que ajustem compromisso recíproco para a prática de atos processuais por seus procuradores em favor de outro entre federado, mediante convênio firmado pelas respectivas procuradorias (CPC/2015, art. 75, II e §4º) – sobre a inconstitucionalidade desse dispositivo, conferir comentários adiante –; iv) a *presentação* dos municípios incumbe aos seus respectivos procuradores ou, na falta desse cargo na lei orgânica municipal, pelos prefeitos (CPC/2015, art. 75, III); e v) as autarquias e fundações de direito públicos serão *presentadas* por quem a lei do ente federado designar (CPC/2015, art. 75, IV). Observação: é desnecessária a juntada de procuração quando o ente público está *presentado* em juízo – nesse sentido: STJ, AgRg no AREsp nº 100.391, 2ª Turma, rel. Min. Mauro Campbell Marques, julgamento: 20.03.2012, disponível em: www.stj.jus.br.

Estados estrangeiros: embora o art. 75 do CPC/2015 não faça alusão aos Estados estrangeiros, é inegável que possuem capacidade de ser parte. Quem os *presenta* em juízo é seu embaixador acreditado no Brasil, além do órgão apontado por sua Constituição, de regra o correspondente chefe de Estado.

Entes despersonalizados: há organismos ou entes – definidos como conjunto ou complexo de bens, direitos e/ou obrigações – que, embora tenham finalidades ou utilidades específicas, não reúnem as condições indispensáveis à personificação jurídica (BARROS MONTEIRO, Ralfho Waldo de. *Comentários ao Novo Código Civil*. Rio de Janeiro: Editora Forense, 2010. p. 468). Não são pessoas jurídicas, mas a elas se equiparam. Serão *representados* passiva e ativamente em juízo: i) a massa falida, pelo administrador judicial (CPC/2015, art. 75, V); ii) a herança jacente (= quando alguém falece e não deixa testamento ou herdeiro legítimo notoriamente conhecido; CC/2002, art. 1.819) ou vacante (= herança jacente depois da declaração de vacância; CC/2002, art. 1.822), por seu curador (CPC/2015, art. 75, VI); iii) o espólio, pelo inventariante (CPC/2015, art. 75, VII); iv) o condomínio, pelo administrador ou síndico (CPC/2015, art. 75, XI c/c CC/2002, arts. 1.347 e 1.348, II). Por fim, as sociedades e associações irregulares serão *presentadas* em juízo pela pessoa a quem couber a administração de seus bens (CPC/2015, art. 75, IX).

Inventariante dativo: se o inventariante for dativo, os sucessores do falecido deverão ser intimados sempre que o espólio figurar como parte (CPC/2015, art. 75, §1º). Aqui quis a lei exigir a comunicação de todos os sucessores no feito como forma de lhes permitir, assim, escolher como e em que posição pretendem atuar, a depender dos interesses alimentados por cada um em relação à massa indivisa. Não há sequer óbice de optarem pela inércia, mas, ainda assim, os efeitos da sentença atingirão o espólio como um todo e, da mesma forma, os próprios interesses individuais dos sucessores. Enfim, o espólio está autorizado a promover demandas independentemente da sua consorciação com os sucessores, estes que serão sempre intimados para, caso queiram, integrar ou não um dos polos do processo.

Irregularidade de constituição: demandada empresa ou associação sem personalidade jurídica *não poderá opor* em sua defesa a irregularidade de sua constituição (CPC/2015, art. 75, §2º) – *nemo auditur propriam turpitudinem allegans.*

Citação via gerente de filial ou agência: a lei criou a *presunção* de que gerente de filial ou agência está autorizado, pela pessoa jurídica estrangeira, a receber citações (CPC/2015, art. 75, §3º). Trata-se de *presunção absoluta* e que, por isso, não admite flexibilizações ou exceções.

Compromisso recíproco para a prática de ato processual – inconstitucionalidade: o art. 75 autoriza estados e Distrito Federal a ajustarem compromisso recíproco para a prática de ato processual por seus procuradores em favor de outro ente federado, mediante convênio firmado pelas respectivas procuradorias (CPC/2015, art. 75, §4º). Pretendeu o legislador dinamizar a *presentação* desses entes e fortalecer o "trabalho das procuradorias públicas, evitando-se a todo custo a contratação de serviços privados de advocacia, não raro abusiva, sem licitação e utilizada para a realização de trabalhos ordinários" (GODINHO, Robson Renault. *Comentários ao Novo Código de Processo Civil*. Coordenadores: Antonio do Passo Cabral e Ronaldo Cramer. Rio de Janeiro: Forense, 2015. p. 136). A doutrina, no entanto, já colocou em dúvida a constitucionalidade da norma: i) "para além de sustentar a necessidade de edição de leis específicas e de atos administrativos de cada ente federado para a implementação da regra, importa refletir se a previsão (...) não viola, e, se sim, em que medida, o caput do art. 132 da Constituição Federal, que reserva aos procuradores dos Estados e do Distrito Federal a representação judicial e a consultoria jurídica das *respectivas unidades federadas*"; ii) trata-se de tema que foi suscitado pelo Estado do Rio de Janeiro na ADI nº 5.492, ainda pendente de julgamento perante o Supremo Tribunal Federal; e iii) "a boa intenção da lei não pode se sobrepor ao modelo constitucional, sendo o caso (...) de ser reconhecida a inconstitucionalidade da regra, vedada, por isso mesmo, sua interpretação para nela compreender outras entidades administrativas e seus respectivos órgãos de representação processual" (BUENO, Cássio Scarpinella. *Curso Sistematizado de Direito Processual Civil*. v. 1. São Paulo: Saraiva, 2007. p. 483).

— Θ —

Art. 76. Verificada a incapacidade processual ou a irregularidade da representação da parte, o juiz suspenderá o processo e designará prazo razoável para que seja sanado o vício.

§1º Descumprida a determinação, caso o processo esteja na instância originária:

I - o processo será extinto, se a providência couber ao autor;

II - o réu será considerado revel, se a providência lhe couber;

III - o terceiro será considerado revel ou excluído do processo, dependendo do polo em que se encontre.

§2º Descumprida a determinação em fase recursal perante tribunal de justiça, tribunal regional federal ou tribunal superior, o relator:

I - não conhecerá do recurso, se a providência couber ao recorrente;

II - determinará o desentranhamento das contrarrazões, se a providência couber ao recorrido.

Correspondente:
CPC/1973, art. 13.

Referências:
CPC/2015, art. 4º; art. 75; art. 218, §1º; art. 338;
art. 485, *caput*, IV e §3º.

Propósitos da norma: o art. 76 do CPC/2015 regula o procedimento a ser utilizado para resolver vícios atinentes à *incapacidade processual* e *irregularidade da representação da parte*, bem assim prescreve as implicações oriundas do descumprimento da ordem de sanação. Observações: i) a *incapacidade processual* é consequência de menoridade ou de doença mental (BARBI, Celso Agrícola. *Comentários ao Código de Processo Civil*. v. I. Rio de Janeiro: Forense, 1981. pp. 127-128), ao passo que a *irregularidade da representação da parte* relaciona-se, sobretudo, às regras previstas pelo art. 75 do CPC/2015; ii) esses vícios (CPC/2015, art. 76, *caput*) são sempre sanáveis e situam-se no *plano da validade*; iii) considerados *de ordem pública*, são vícios que devem ser conhecidos a qualquer tempo e grau de jurisdição, por provocação ou mesmo *ex officio* pelo órgão judiciário (CPC/2015, art. 485, *caput*, IV e §3º); iv) não se aplica o procedimento regulado no art. 76 para a sanação de eventual vício relacionado com o art. 73, que regula a legitimidade *ad causam* nos casos em que a parte for pessoa casada ou viva em união estável; e v) identificado o problema, não há, a rigor, necessidade de anular e repetir os atos já realizados, bastando a ratificação dos atos contaminados e a prolação de decisão que, além de recepcionar o ato da parte, declare o vício suprido (ASSIS, Araken. *Processo Civil Brasileiro*. v. II. Tomo I. São Paulo: Revista dos Tribunais, 2015. p. 174).

Correção de vícios nos tribunais superiores: no passado, quando vigente o CPC/1973, a doutrina e a jurisprudência tinham o entendimento firme de que a regularização da representação processual era possível apenas nas instâncias ordinárias, nunca se o feito já se encontrasse nos tribunais superiores. Hoje, contudo, tendo em vista a existência de regramento expresso (CPC/2015, art. 76, §2º, *última parte*), admite-se, *mesmo em sede de tribunais superiores*, a sanação de vícios atinentes à incapacidade processual e à irregularidade de representação da parte.

Prazo para a sanação do vício: antes de oportunizar a correção do vício, é vedado ao órgão judicial aplicar quaisquer das consequências previstas no art. 76. Quanto ao prazo para a sanação, cumpre ao órgão judiciário assiná-lo atento à razoabilidade, sobretudo levando-se em conta a complexidade do ato (CPC/2015, art. 218, §1º).

Consequências da não sanação: verificada a incapacidade processual ou a irregularidade da representação da parte, o órgão judicial suspenderá o processo e designará prazo razoável para que seja sanado o vício (CPC/2015, art. 76, *caput*). Descumprida a determinação, caso o processo esteja na instância originária: i) o procedimento será extinto, se a providência couber ao autor; ii) o réu será considerado revel, se a providência lhe couber; iii) o terceiro (depois de admitido como parte processual) será considerado revel ou excluído do processo, a depender do polo em que se encontre e da modalidade de intervenção de terceiros (CPC/2015, art. 76, §1º, I, II e III). De outro lado, descumprida a determinação em fase recursal (perante o tribunal de justiça, tribunal regional federal ou tribunal superior), o relator: i) não conhecerá do recurso, caso a providência caiba ao recorrente; ii) determinará o desentranhamento das contrarrazões, se a providência couber ao recorrido (CPC/2015, art. 76, §2º, I e II). Sublinhe-se, por fim, que o art. 76 do CPC/2015 aplica-se também às hipóteses em que os tribunais exercem competência originária – por exemplo: ações rescisórias e mandados de segurança.

Consequências da não sanação e intervenções provocadas: em se tratando de *intervenções voluntárias* (assistência e *amicus curiae*), o mais adequado teria sido a lei estabelecer a *exclusão* do interveniente sempre que não atendida ordem judicial para sanar os vícios indicados no art. 76 do CPC/2015. O legislador, no entanto, previu a consequência da exclusão apenas se a intervenção ocorrer em favor do autor, optando por considerar o interveniente revel quando ele se encontrar no polo passivo da demanda (CPC/2015, art. 76, §1º, III). No que diz respeito às intervenções provocadas, confira-se a lição de Araken de Assis: i) no chamamento ao processo, o chamado figurará como réu, em litisconsórcio passivo, e, por isso, será tido por revel se descumprir a determinação para sanar o vício (CPC/2015, art. 76, §1º, III); ii) o denunciado (= denunciação da lide) será igualmente considerado revel, porque réu na demanda secundária formada pela denunciação – como vai figurar como assistente do denunciante na demanda principal, é inútil a sua exclusão, já que participará, a outro título, no procedimento; e iii) por fim, concordando o autor com a correção do polo passivo da demanda originária (CPC/2015, art. 338), com ou sem a extromissão da parte passiva originária, o terceiro se transformará em réu, de modo que, não erradicado o vício, se tornará revel (CPC/2015, art. 76, §1º, II) (ASSIS, Araken. *Processo Civil Brasileiro.* v. II. Tomo I. São Paulo: Revista dos Tribunais, 2015. pp. 172-173).

— Θ —

Capítulo II
DOS DEVERES DAS PARTES E DE SEUS PROCURADORES

Seção I
DOS DEVERES

Art. 77. Além de outros previstos neste Código, são deveres das partes, de seus procuradores e de todos aqueles que de qualquer forma participem do processo:

I - expor os fatos em juízo conforme a verdade;

II - não formular pretensão ou de apresentar defesa quando cientes de que são destituídas de fundamento;

III - não produzir provas e não praticar atos inúteis ou desnecessários à declaração ou à defesa do direito;

IV - cumprir com exatidão as decisões jurisdicionais, de natureza provisória ou final, e não criar embaraços à sua efetivação;

V - declinar, no primeiro momento que lhes couber falar nos autos, o endereço residencial ou profissional onde receberão intimações, atualizando essa informação sempre que ocorrer qualquer modificação temporária ou definitiva;

VI - não praticar inovação ilegal no estado de fato de bem ou direito litigioso.

§1º Nas hipóteses dos incisos IV e VI, o juiz advertirá qualquer das pessoas mencionadas no *caput* de que sua conduta poderá ser punida como ato atentatório à dignidade da justiça.

§2º A violação ao disposto nos incisos IV e VI constitui ato atentatório à dignidade da justiça, devendo o juiz, sem prejuízo das sanções criminais, civis e processuais cabíveis, aplicar ao responsável multa de até vinte por cento do valor da causa, de acordo com a gravidade da conduta.

§3º Não sendo paga no prazo a ser fixado pelo juiz, a multa prevista no §2º será inscrita como dívida ativa da União ou do Estado após o trânsito em julgado da decisão que a fixou, e sua execução observará o procedimento da execução fiscal, revertendo-se aos fundos previstos no art. 97.

§4º A multa estabelecida no §2º poderá ser fixada independentemente da incidência das previstas nos arts. 523, §1º, e 536, §1º.

§5º Quando o valor da causa for irrisório ou inestimável, a multa prevista no §2º poderá ser fixada em até 10 (dez) vezes o valor do salário-mínimo.

§6º Aos advogados públicos ou privados e aos membros da Defensoria Pública e do Ministério Público não se aplica o disposto nos §§2º a 5º, devendo eventual responsabilidade disciplinar ser apurada pelo respectivo órgão de classe ou corregedoria, ao qual o juiz oficiará.

§7º Reconhecida violação ao disposto no inciso VI, o juiz determinará o restabelecimento do estado anterior, podendo, ainda, proibir a parte de falar nos autos até a purgação do atentado, sem prejuízo da aplicação do §2º.

§8º O representante judicial da parte não pode ser compelido a cumprir decisão em seu lugar.

Correspondente:
CPC/1973, arts. 14 e 879.

Referências:
CF/1988, art. 5º, *caput*, XXXV, LIV, LV, LVI, LXXVIII; art. 93, IX; art. 133.

CPC/2015, art. 5º; art. 11; art. 78; art. 79; art. 80; art. 81; art. 96; art. 97; art. 139; art. 161; art. 234, §2º; art. 258; art. 270; art. 274, parágrafo único; art. 287; art. 294, parágrafo único; art. 313, V, "a"; art. 334; art. 319, II; art. 342; art. 347; art. 348; art. 349; art. 350; art. 351; art. 351; art. 352; art. 353; art. 369; art. 379; art. 380; art. 393; art. 396; art. 403; art. 458; art. 465, §2º; art. 468, §1º; art. 489, §1º; art. 513, §2º; art. 523, §§1º e 3º; art. 524, §3º; art. 529, §1º; art. 536,

§3º; art. 620, II; art. 622, II; art. 702; art. 774; art. 777; art. 845, §3º; art. 912, §1º; art. 1.009; art. 1.015; art. 1.019; art. 1.021; art. 1.029.

EAOAB, art. 70, VIII.

LOMAN, arts. 26, 35, 42, 43, 44, 45, 46, 47, 48, 49, 50, 51 e segs.

Lei nº 9.800/1999, art. 2º.

CP/1940, art. 142, I; art. 330; art. 347.

CPP/1941, arts. 40 e 41.

EAOAB, art. 6º; art. 32, parágrafo único.

Problema redacional: o Capítulo II (Título I do Livro III) foi batizado *Dos Deveres das Partes e de seus Procuradores*. Na sequência, o art. 77, que inaugura a sua Seção I (do aludido Capítulo II), traz um elenco de *deveres* cuja titularidade atribui às partes, aos seus procuradores e a "todos aqueles que de qualquer forma participem do processo". Ou seja, a designação atribuída ao Capítulo II *diz menos* do que prescreve a normatividade espraiada em suas quatro seções. De um lado, não trata apenas de deveres *específicos* "das partes e de seus procuradores", vale dizer, seu alcance é mais amplo por ter regulamentado deveres *de todos* os atores processuais (= partes, procuradores, representante do Ministério Público, Defensoria Pública, juízes, auxiliares da justiça, testemunhas, etc.); de outro, regula também direitos (= direito da União ou do estado à multa aplicada por ato atentatório à dignidade da justiça; direito a perdas e danos que possui a parte em função de ato de litigância de má-fé praticado pela contraparte; direito do litigante vencedor de receber as despesas processuais que antecipou; direito do advogado que atuou em favor da parte vencedora de auferir honorários advocatícios sucumbenciais da parte derrotada; direito à gratuidade da justiça conferido aquele que não possui recursos para pagar custas, despesas processuais e honorários advocatícios). Embora algo sem muita importância, o deslize já existia antes do CPC/2015, sobretudo a partir da Lei nº 10.358/2001, que alterou a redação do então art. 14 do CPC/1973 para atribuir deveres de probidade não só às partes, mas a "todos aqueles que de qualquer forma participam do processo". Poderia ter sido corrigido.

Direitos, ônus e deveres processuais: os procedimentos jurisdicionais são *métodos* ditados pela lei para iluminar e conduzir o comportamento de todos aqueles que de qualquer forma nele atuem (= autoridade judicial, partes, advogados, representante do Ministério Público, auxiliares da justiça, entre outros). Em especial, servem de escudo (= baliza, proteção, fronteira), porque ajustados ao *due process*, em favor dos litigantes contra eventuais abusos e excessos praticados pela autoridade judicial. Importa o seguinte: a jurisdição foi concebida para a *progressão*, de modo que *segue para frente*, ou seja, de pouco em pouco vai superando as etapas procedimentais que se lhe apresentam em seu caminho, forjadas em respeito a regramentos de superior hierarquia (= garantias contrajurisdicionais do processo), até, enfim, atingir seu remate, vale dizer, a tutela jurisdicional. No bojo desse mecanismo complexo e dinâmico, no qual atores processuais perseguem objetivos particularizados e antagônicos, tudo ocorre a partir de uma conjuntura a envolver direitos, deveres, ônus e poderes. Veja-se que, para cada *direito*, existe um *dever* correspondente. Entre direitos e deveres há uma *relação* na qual determinados sujeitos se situam em posição de preponderância, são protagonistas e, por isso, *podem exigir*, enquanto outros estão em estado de submissão, isto é, *devem cumprir, obedecer, submeter-se*. Os *deveres processuais* limitam o *livre querer* das partes, estabelecem fronteiras e privações, apontam *o que se pode ou não fazer* e até *como fazer*; são, portanto, asfixiantes. Ao revés, os *ônus processuais* (ou *cargas*), categoria de cunho liberal, a despeito de também se distinguirem pelo *vínculo da vontade*, não têm por mira o interesse alheio: afinal, colocam a cargo das partes as consequências da sua própria inércia, ou melhor, os litigantes são *estimulados* a atuar para obterem resultados que lhes sejam úteis (= satisfação do próprio interesse; obtenção ou conservação de direitos; administração de interesses pessoais). Sobre o tema ônus processuais: CARNELUTTI, Francesco. *Sistema Processual Civil*. v. II. São Paulo: Classic Book Editora, 2000. pp. 115-117).

Base político-ideológica da boa-fé processual (1): conceituada voz doutrinária (pouco ouvida no Brasil e até mesmo desprezada) já alertou, de maneira contundente, sobre a relação político-ideológica entre os *regimes totalitários (comunistas, fascistas e nazista) e alguns modismos legislativos (= boa-fé processual, cooperação processual e* *ampliação de poderes judiciais em prol da "verdade real")* – conferir: AROCA, Juan Montero. *Proceso Civil e Ideologia*: Un prefacio, una sentencia, dos cartas y quince ensayos. 2. ed. Sobre el mito autoritário de la "buena fé procesal". Valencia: Tirant lo Blanch, 2011. pp. 292-352. Enfim, é a *prudência* palavra de ordem sempre que estiver em jogo o tema da *boa-fé processual* e tudo a ele relacionado – por exemplo: a lista legal dos deveres de probidade, a tipificação de condutas reprováveis, as sanções, entre outros assuntos. É ter em mente que a *presunção da boa-fé* é regra aceita de maneira universal, sempre lembrada e relembrada a parêmia: *a boa-fé se presume, a má-fé se prova*. Veja-se, ademais, que é equivocada a inclusão da *boa-fé processual* entre as *Normas Fundamentais do Processo* (CPC/2015, art. 5º), pois em nada está ela relacionada à matriz constitucional da garantia do processo (= processo como garantia contrajurisdicional para a tutela da liberdade das partes). Ou seja, não tem a boa-fé processual a *fundamentalidade* que pretendeu lhe emprestar o CPC/2015, *legislação esta que nem mesmo possui autoridade para fazer o que fez (só o constituinte a tem!)*, empreendimento nada imaculado e que traz consequências de ordem prática bastante negativas. Dar nomes errados às coisas, tratando-as a partir de uma relevância que não integra a sua essência, isto é, chamar de *fundamental* norma cuja índole é meramente procedimental, só faz acarretar toda sorte de problemas: vulgarizações de direitos fundamentais, piruetas interpretativas, ponderações amalucadas, perda do senso de hierarquia normativa, ausência de previsibilidade e segurança. Sobre o tema, conferir: AROCA, Juan Montero. *Proceso Civil e Ideología*: Un prefacio, una sentencia, dos cartas y quince ensayos. Coordenador: Juan Montero Aroca. Sobre el mito autoritario de la "buena fe procesal". Valencia: Tirant lo Blanch, 2006. pp. 283-356; CANTEROS, Fermín. La doctrina de los actos propios y el pretendido "deber de coherencia" en el proceso. *Empório do Direito*, 02 dez. 2019. Disponível em: www.emporiododireito.com.br. Acesso em: 13 dez. 2019; FONSECA COSTA, Eduardo José. Processo e razões de Estado. *Empório do Direito*, 28 out. 2019. Disponível em: www.emporiododireito.com.br. Acesso em: 14 dez. 2019.

Base político-ideológica da boa-fé processual (2): não é lícito ao órgão julgador, em reforço ao exposto no tópico anterior, adotar investidas admoestatórias contra as partes sob a justificativa de imprimir, segundo critérios particulares (= sem base legal e constitucional), uma moralização ético-comportamental no ambiente processual. É receita para o caos enxergar, no art. 5º do CPC/2015, *dispositivo marcado por extremada generalidade*, abertura para tamanho poder discricionário. Cairia de joelhos a liberdade de litigância, com restrições ao contraditório e à ampla defesa, quiçá trazendo déficits à própria isonomia e imparcialidade judicial, não por imposição legal expressa e minuciosa, mas porque assim quis, por caprichos ou devaneios, a autoridade judicial. Eticidade e lealdade processuais, em suma, materializam-se a partir da legalidade (pontual, categórica, com tipos legais e suportes fáticos claros e sanções devidamente positivadas), sempre respeitado o filtro supremo do devido processo legal. Nesse sentido, a acertada lição de Eduardo José da Fonseca Costa: "Para que a esfera de liberdade dos cidadãos em juízo não seja asfixiável por caprichos súbitos do «senso particular» do juiz, é preciso que as imoralidades puníveis no processo [ex.: ofensas, mentiras, chicanas, joguetes, artimanhas, protelações] sejam previstas a) na lei (o que no Brasil – por ora – tem ocorrido apenas na lei procedimental civil), b) com exiguidade, c) mediante tipos dolosos [responsabilidade subjetiva], d) com hipóteses de incidência claras e precisas, e e) com sanções fixadas mediante metodologia similar à dosimetria da pena. Mais: é preciso que a punição ao *improbus litigator* se anteceda de f) requerimento da parte contrária, g) contraditório, h) ampla defesa e i) decisão fundamentada recorrível" (FONSECA COSTA, Eduardo José. Processo e razões de Estado. *Empório do Direito*, 28 out. 2019. Disponível em: www.emporiododireito.com.br. Acesso em: 14 dez. 2019).

Deveres de probidade e limites: a balburdia, os abusos, a fraude, a chicana, a ofensividade gratuita e a desorganização *não podem* pautar o comportamento dos sujeitos do processo. Daí o art. 5º do CPC/2015 exortar que todo aquele que, de qualquer forma, participa do procedimento jurisdicional deve adotar comportamentos alinhados à boa-fé. Tem-se nisso, sendo preciso, o fundamento medular da normatividade capitaneada pelos arts. 77 e 81 do CPC/2015 (porém, espraiada ao longo do Código e também em leis especiais), com propósitos evidentemente moralizantes, a incluir extenso rol de *deveres, tipificação de condutas* e *sanções*. Fala-se, de modo geral, em *deveres de probidade*, ou seja, os relacionados à lealdade e com determinados parâmetros ético-normativos cujo imperativo é traçar o comportamento dos atores processuais (= partes, advogados, defensores públicos, representantes do Ministério Público, juízes, auxiliares da justiça, entre outros) e iluminar as múltiplas relações que travam e estabelecem entre si ao longo do iter procedimental. Observações: i) ainda que sejam muitos os deveres de probidade, não se deve perder de vista que são minoria as regras que positivam tipos legais e suas sanções; ii) se o tipo legal não traz previsão normativa específica prescrevendo uma sanção processual correspondente, o órgão judiciário não estará autorizado, na órbita procedimental-jurisdicional, a punir as partes, ou seja lá quem for, por desrespeito a dever de improbidade; e iii) os deveres de probidade, além de encontrarem limites na lei, têm seu alcance balizado, como é óbvio, pela própria Constituição, em especial pelas garantias contrajurisdicionais do processo – por exemplo, seria absurdo reclamar das partes absoluta certeza a respeito de suas pretensões e defesas, ou impedi-las de manejar argumentos jurídicos respaldados por um mínimo de seriedade, mesmo que contrários à doutrina e/ou jurisprudência dominante (PALACIO, Lino Enrique. *Manual de Derecho Procesal Civil*. Tomo I. 4. ed. Buenos Aires: Abeledo Perrot, 1976. pp. 248-249) – afinal de contas, tais exigências se mostrariam de todo inconciliáveis com as garantias do acesso à justiça e da ampla defesa.

Elenco não taxativo: o art. 77, *caput*, do CPC/2015 traz um rol *exemplificativo* ("Além de outros previstos neste Código...") de *deveres de probidade* endereçados não só às partes e a seus procuradores, senão a "todos que de qualquer forma participem no processo". Exemplos de deveres de probidade que exorbitam o elenco do art. 77: i) dever do advogado, assim que intimado, de devolver os autos no prazo de três dias (CPC/2015, art. 234, §2º); ii) dever de requerer citação por edital apenas quando presentes as circunstâncias autorizadoras (CPC/2015, art. 258); iii) dever das partes de comparecerem em audiência de conciliação ou de mediação (CPC/2015, art. 334, §8º); iv) dever do terceiro de atender determinação judicial para exibir determinados documentos que estejam em seu poder (CPC/2015, art. 403); v) dever do inventariante de dar ao inventário andamento regular e não praticar atos protelatórios (CPC/2015, art. 622, II); vi) dever da parte de, no prazo previsto em lei, juntar aos autos os documentos originais antes encaminhados via fac-símile ou outro similar (Lei nº 9.800/1999, art. 2º); vii) dever da parte de não propor ação monitória indevidamente e de má-fé (CPC/2015, art. 702, §10); viii) dever da parte de não opor embargos à ação monitória de má-fé (CPC/2015, art. 702, §11); ix) deveres do executado de não fraudar a execução, de não se opor maliciosamente à execução, de não dificultar ou embaraçar a realização da penhora, de não resistir de maneira injustificada às ordens judiciais e de indicar ao órgão judiciário, sempre que intimado, quais são e onde estão os bens sujeitos à penhora e os respectivos valores (CPC/2015, art. 774, I, II, III, IV, V); x) dever do perito de cumprir o encargo no prazo que lhe foi assinado, salvo motivo legítimo (CPC/2015, art. 468, §1º); xi) dever da testemunha de dizer a verdade sobre aquilo que souber e lhe for perguntado (CPC/2015, art. 458). Importante: se o tipo ou dispositivo legal não prescreve sanção processual *específica*, não é lícito ao órgão judicial punir as partes, ou seja lá quem for, por desrespeito a dever de improbidade.

Juízes como destinatários dos deveres de probidade: os deveres de probidade são muitas vezes pensados como se estivessem endereçados apenas às partes. Trata-se, no entanto, de visão estrábica, que a própria dicção do art. 77, *caput*, do CPC/2015, afasta de modo peremptório ("[...] são deveres das partes, de seus procuradores *e de todos aqueles que de qualquer forma participem do processo*"). A lei, em suma, exige da autoridade judicial atenção aos postulados e comportamentos éticos (LIMA, Alcides de Mendonça. *Probidade processual e finalidade do processo*. Uberaba: Editora Vitória, 1978. pp. 15-17). Entretanto, a exemplo do que prevê o CPC/2015 em relação aos advogados, membros da Defensoria Pública e do Ministério Público (CPC/2015, art. 77, §6º), os juízes também não estão sujeitos à punição no âmbito do processo em que exercem atividade jurisdicional, não se lhes aplicando, portanto, o disposto nos §§2º a 5º do art. 77. Havendo desconfiança de quebra dos deveres de probidade, deverá a responsabilidade disciplinar do julgador ser apurada, em respeito aos tipos legais e sanções correspondentes, pelo respectivo órgão de classe ou corregedoria, e dependerão de ações judiciais próprias eventuais pretensões de responsabilização *civil* e *criminal* (LOMAN, arts. 26, 42, 43, 44, 45, 46, 47, 48, 49, 50, 51 e segs.) – sobre o tema, consultar o clássico: CARVALHO DIAS, Ronaldo Brêtas de. *Responsabilidade do Estado pela função jurisdicional.* Belo Horizonte: Editora Del Rey, 2004. Salvo melhor juízo, pode-se considerar ímprobo o comportamento de juízes que: i) não recebem advogados em seu gabinete (EAOAB, art. 7º, VIII); ii) dispensam tratamento grosseiro à testemunha (LOMAN, art. 35, IV), ; iii) ameaçam em audiência advogados e/ou partes (LOMAN, art. 35, IV); iv) lançam em suas sentenças expressões injuriosas (LOMAN, art. 35, IV); v) fazem chacotas e ironias aos advogados ou às partes (LOMAN, art. 35, IV); vi) depreciam as teses sustentadas pelos litigantes (LOMAN, art. 35, IV).

Deveres e sanções: numa leitura isolada, restrita ao art. 77 do CPC/2015, sobra a impressão de que parcela significativa dos deveres ali prescritos carece das respectivas sanções. Afinal de contas, os parágrafos do aludido dispositivo impõem consequências negativas exclusivamente ao descumprimento de deveres previstos nos seus incisos IV ("cumprir com exatidão as decisões jurisdicionais, de natureza provisória ou final, e não criar embaraços à sua efetivação") e VI ("não praticar inovação ilegal no estado de fato de bem ou direito litigioso"). Entretanto, os tipos legais previstos (CPC/2015, art. 77, I, II, III e V) encontram reforço em dispositivos espraiados ao longo do Código, os quais, além de auxiliarem na precisão e clareza de entendimento, trazem positivadas as respectivas sanções. Esses tipos legais possuem entretons de gravidade variáveis, a depender da importância atribuída pelo legislador, estando categorizados quer como *quebra da dignidade da justiça*, quer como a *prática da litigância de má-fé*. Nunca é demais insistir: se o tipo legal não apresenta satisfatória nitidez, ou se não há, ligado a ele, uma específica sanção, não é lícito à autoridade judicial aplicar penas ou repreensões.

Deformação da vontade: não há ato atentatório a *dever de probidade* (= aqueles que, de uma forma ou de outra, *direta ou indiretamente*, relacionam-se à lealdade processual e aos parâmetros éticos que se esperam de todos os sujeitos processuais) cuja motivação não decorra de culpa grave ou dolo. Noutras palavras: inexistente a demonstração da *deformação da vontade*, não se pode atribuir a pecha de *ímprobo* às partes ou a quem quer que seja. É lembrar a parêmia: *a boa-fé se presume, enquanto a má-fé exige a devida comprovação*. Pune-se, em suma, por improbidade processual apenas quando se tem a materialização da prova do *elemento subjetivo*, ou seja, a comprovação da intenção malévola de prejudicar – em semelhante sentido, mas com ressalvas ao rigor aqui defendido: BARBI, Celso Agrícola. *Comentários ao Código de Processo Civil*. v. I. 2. ed. Rio de Janeiro: Editora Forense, 1981. pp. 171-172.

Vedação do agir judicial *ex officio*: não pode o órgão judiciário aplicar *ex officio* sanções por quebra dos deveres de probidade, estando maculadas pelo vício da inconstitucionalidade previsões legais em sentido contrário. Aqui importa, sobremodo, a garantia da imparcialidade judicial, a qual, aliás, imprime à jurisdição elemento essencial à sua própria identidade. É garantia constitucional implícita, além de positivada em tratados internacionais. O juiz que, *por iniciativa própria*, introduz na causa fundamentos destinados a demonstrar a quebra da probidade processual, terá atuado, em suma, como parte, assumindo atribuição funcional que não lhe compete, com manifesto risco de quebra da *imparcialidade* (= neutralidade psicológica, imparcialidade em sentido subjetivo); afinal de contas, "o juiz tende a se enviesar, supervalorizando inconscientemente o «seu» fundamento e, em consequência, desvalorizando eventual contrafundamento" (FONSECA COSTA, Eduardo José. Processo e razões de Estado. *Empório do Direito*, 28 out. 2019. Disponível em: www.emporiododireito.com.br. Acesso em: 14 dez. 2019). Não à toa, aliás, a jurisdição é serviço estatal caracterizado pela *letargia*, de modo que suas engrenagens apenas entram em movimento quando estimuladas pela parte desejosa de obter tutela jurisdicional. Tem-se, na chamada *regra da inércia*, relevante *microgarantia contrajurisdicional*, de um lado dedicada a manter incólume a própria imparcialidade judicial, de outro funcionando como barreira a impedir arroubos e justiçamentos pelo Estado-Juiz em prejuízo à liberdade das partes e às relações jurídicas. Em miúdos: cumpre à parte interessada provocar o órgão judiciário sobre possível consumação da deslealdade processual, devendo indicar os fundamentos que sustentam suas alegações, quando então, e só então, a atividade jurisdicional seguirá rumo, *em estrita observância ao devido processo legal,* para apurar e, se caso for, sancionar a prática ilícita.

Improbidade processual e devido processo legal: o *processo* é garantia constitucional que funciona em favor da liberdade das partes. É espécie de escudo que lhes serve de proteção contra deslizes e excessos eventualmente perpetrados por juízes e tribunais. Veja-se que as sanções por ato de improbidade processual se materializam por meio de decisões judiciais que *condenam* em soma de dinheiro (= multas), às vezes trazendo, de maneira cumulativa, outras implicações, a exemplo da determinação (= cariz mandamental) de restabelecimento *do status quo* decorrente do atentado. A Constituição é claríssima: i) "ninguém será privado da liberdade ou de seus bens sem o devido processo legal" (CF/1988, art. 5º, LIV); ii) "aos litigantes, em processo judicial ou administrativo, e aos acusados em geral são assegurados o contraditório e ampla defesa, com os meios e recursos a ela inerentes" (CF/1988, art. 5º, LV). Daí o vício de inconstitucionalidade que macula decisões judiciais sancionatórias, cujo fundamento é a prática de ato avesso à probidade processual, porém proferidas a contrapelo das garantias contrajurisdicionais do processo (contraditório, ampla defesa, igualdade perante a lei, direito à produção probatória, direito à defesa técnica, imparcialidade judicial, publicidade e fundamentação das decisões judiciais). A autoridade judicial que pune, *à margem do devido processo legal,* ato presumivelmente atentatório à dignidade da justiça ou praticado de má-fé malfere a dignidade do jurisdicionado a partir de caminho decisório desleal e avesso à Constituição. Em complemento, conferir: DELFINO, Lúcio. O processo democrático e a ilegitimidade de algumas decisões judiciais. *Páginas de Direito,* 22 nov. 2013. Disponível: www.paginasdedireito.com.br. Acesso em: 22 dez. 2020; SOUZA, Gelson Amaro. Litigância de má-fé e o direito de defesa. *Revista Bonijuris,* n. 550, pp. 5-11, 2009.

Multa e dever de fundamentar: não raro sanciona-se por improbidade processual em desatenção ao dever de fundamentação das decisões judiciais (CF/1988, art. 93, IX c/c CPC/2015, arts. 11 e 489, §1º), às vezes até indicando o tipo legal supostamente infringido, sem a preocupação, no entanto, de caracterizar a intenção malévola (= dolo ou culpa grave) e muito menos de justificar os parâmetros adotados para a fixação da multa em tal ou qual percentual. Ora, as regras são claríssimas: i) ao responsável aplicar-se-á multa de até vinte por cento do valor da causa, *de acordo com a gravidade da conduta* (CPC/2015, art. 77, §2º); e ii) sendo o valor da causa irrisório ou inestimável, a multa poderá ser fixada em até dez vezes o valor do salário mínimo (CPC/2015, art. 77, §5º). Não há dúvida, assim, que incumbe ao órgão judiciário, depois de oportunizado contraditório e ampla defesa, desempenhar espécie de *dosimetria da punição*: deverá elucidar, ponto por ponto, o raciocínio decisório desenvolvido – com especial atenção ao critério previsto na lei (= gravidade da conduta) – para se atingir o específico valor da multa que redundou na condenação contra o litigante ímprobo – nesse sentido: FONSECA COSTA, Eduardo José. Processo e razões de Estado. *Empório do Direito*, 28 out. 2019. Disponível em: www. emporiododireito.com.br. Acesso em: 14 dez. 2019.

Ato atentatório à dignidade da justiça e litigância de má-fé (1): quem descumpre *intencionalmente* dever de probidade incide em tipos legais cujas consequências variam, podendo receber sanção quer por *ato atentatório à dignidade da justiça* (CPC/2015, art. 77, IV e VI, §§1º, 2º, 3º, 4º, 5º, 6º, 7º e 8º; art. 139, III; art. 161, parágrafo único; art. 334, §8º; art. 772, II; art. 774, *caput*; art. 777; art. 903, §6º; art. 918, parágrafo único), quer pela *prática de litigância de má-fé* (CPC/2015, art. 77, I, II, III, V; art. 79; art. 80, I, II, III, IV, V, VI e VII; art. 81; art. 96; art. 100, parágrafo único; art. 142; art. 536, §3º; art. 702, §§10 e 11; art. 777). Embora as duas categorias de tipos legais impliquem, de modo geral, quebras de *deveres de improbidade*, há entre elas diferenças relacionadas à *diversidade de consequências*, ao *percentual da multa aplicável*, ao *beneficiário desta última* e *aos que podem ser alvo de sancionamento*.

Ato atentatório à dignidade da justiça e litigância de má-fé (2): *razões de Estado*, mais contundentes em relação a condutas contrárias à dignidade da justiça, distinguem as sanções que incidem quando preenchidos os suportes fáticos de normas dedicadas a manter incólumes os deveres de probidade – sobre o tema *processo e razões de Estado*: FONSECA COSTA, Eduardo José. Processo e razões de Estado. *Empório do Direito*, 28 out. 2019. Disponível em: www. emporiododireito.com.br. Acesso em: 14 dez. 2019. Enfim, a prática de *ato atentatório à dignidade da justiça* tem por *implicações*: i) a *advertência* (CPC/2015, art. 77, §1º); ii) a *aplicação de multa* de até vinte por cento do valor da causa, de acordo com a gravidade da conduta (CPC/2015, art. 77, §2º); iii) a aplicação de multa em até dez vezes o valor do salário mínimo quando irrisório ou inestimável o valor da causa; iv) multas cuja base de cálculo é diversa porque aplicáveis a situações específicas (por exemplo: sanciona-se o não comparecimento injustificado do autor ou do réu à audiência de conciliação com multa de até dois por cento da vantagem econômica pretendida ou do valor da causa; CPC/2015, art. 334, §8º); v) outras sanções criminais, civis e processuais cabíveis (CPC/2015, art. 77, §2º); vi) em se tratando de *atentado* (CPC/2015, art. 77, VI), além da multa, o responsável será alvo de decisão determinando o reestabelecimento do estado anterior, sem contar que poderá ser proibido de falar nos autos até a purgação do ilícito (CPC/2015, art. 77, §7º). De outro lado, a prática de *ato considerado litigância de má-fé* tem por implicações i) a condenação em pagamento de multa, que deverá ser superior a um por cento e inferior a dez por cento do valor corrigido da causa (CPC/2015, art. 81); ii) a condenação de multa em até dez vezes o valor do salário mínimo quando o valor da causa for irrisório ou inestimável; iii) multas cuja base de cálculo é diversa porque aplicáveis a situações específicas (por exemplo: aplicação de multa à parte que obteve de má-fé a gratuidade da justiça em até o décuplo das despesas processuais até então não adiantadas; CPC/2015, art. 100, parágrafo único); iv) a condenação em indenizar o prejudicado pelos prejuízos sofridos e arcar com os honorários advocatícios e todas as despesas efetuadas (CPC/2015, art. 81).

Ato atentatório à dignidade da justiça e litigância de má-fé (3): são distintas as *bases de cálculo* das multas previstas para punir *atos atentatórios à dignidade da justiça* e *prática de litigância de má-fé*. E parece evidente que *razões de Estado* fizeram com que os tipos legais prescritos como *atentatórios à dignidade da justiça* merecessem sancionamento mais severo. Veja-se, à guisa de ilustração, que o não cumprimento com exatidão de decisão judicial (= conduta atentatória à dignidade da justiça) pode implicar ao responsável multa de até vinte por cento do valor da causa, a ser dosada em conformidade com a gravidade da conduta (CPC/2015, art. 77, §2º), enquanto a parte que opuser resistência injustificada ao andamento do procedimento jurisdicional

(= conduta considerada litigância de má-fé) sujeita-se ao pagamento de multa, que deverá ser superior a um por cento e inferior a dez por cento do valor corrigido da causa (CPC/2015, art. 80, IV, §1º).

Destinatários das multas por improbidade processual e execução: no normal das vezes, o valor das sanções impostas pela prática de *litigância de má-fé* reverterá em benefício da contraparte (CPC/2015, art. 96, *primeira parte*), salvo se aplicada aos serventuários, quando o favorecido será o estado ou a União (CPC/2015, art. 96, *segunda parte*). Em havendo condenação pela *litigância de má-fé*, pode-se afirmar o seguinte: i) se a decisão que condenou ao pagamento da multa tiver sido impugnada por recurso desprovido de efeito suspensivo, a execução do valor específico pode realizar-se mediante procedimento de *cumprimento provisório da sentença* (CPC/2015, arts. 520 e segs.) – por exemplo: decisão em processo de inventário que condena ao pagamento de multa por litigância de má-fé, a qual foi impugnada por agravo de instrumento; ii) sendo definitiva a decisão condenatória, a multa deverá ser executada em conformidade com o procedimento de *cumprimento definitivo da sentença que reconhece a exigibilidade de obrigação de pagar quantia certa* (CPC/2015, arts. 523 e segs.) – por exemplo: acórdão já transitado em julgado que condena a parte ao pagamento de multa por ato de litigância de má-fé; iii) a cobrança de multa decorrente de litigância de má-fé, aplicada quando em curso atividade executiva, será promovida nos próprios autos do processo (= fase de cumprimento de sentença ou processo de execução fundado em título executivo extrajudicial), bastando ao credor elaborar planilha de cálculo para acrescer à obrigação originária o novo crédito (CPC/2015, art. 777) – haverá, portanto, aproveitamento da via executiva em desenvolvimento; e iv) sendo a multa por litigância de má-fé aplicada a serventuário, o beneficiário será o estado ou a União (CPC/2015, art. 96, segunda parte), razão por que eventual cobrança observará o procedimento de *execução fiscal*. Em se tratando, por fim, de *ato atentatório à dignidade da justiça*, o favorecido de eventual multa aplicada ao litigante será sempre a União ou o estado, de maneira que, não sendo paga no prazo fixado pelo órgão judiciário, será ela inscrita como dívida ativa após o trânsito em julgado da decisão que a fixou, e a sua execução observará o procedimento da *execução fiscal*, revertendo-se aos fundos previstos no art. 97 do CPC/2015.

Verdade, poderes instrutórios e devido processo legal: são muitas as teorias desenvolvidas com o fito de aclarar o problema no qual se traduz a ideia de verdade – por exemplo, as teorias da correspondência, da verdade com orientação na analítica da linguagem, da coerência, da pragmática, do consenso. A verdade é *objetiva*, não depende de opiniões ou da autoridade de estudiosos, embora alcançá-la seja tarefa não raro penosa. No campo jurídico a coisa se complica, pois a verdade não é um valor supremo, que deve ser perseguido a todo custo e de modo inexorável, havendo, em suma, outros valores (igualmente e até mais) relevantes cuja observância se impõe. É o que revela um olhar atento ao *modelo acusatório*, adotado no Brasil pela Constituição de 1988. Importa o seguinte: há uma *verdade jurídica* extraível do debate em contraditório, isto é, *atrelada* aos fundamentos (de fato e de direito) levados para o recinto procedimental pela atuação das partes, *afinada* com elementos cuja verificação permita concluir que afirmações e/ou refutações foram provadas, *produzida* sempre a partir de práticas acomodadas à normatividade irrenunciável que conforma a garantia contrajurisdicional do processo. Ambicionar mais que isso é pisar em *terreno movediço*, como fez, aliás, o legislador brasileiro ao atribuir e estimular poderes instrutórios ao órgão judiciário, espécie de alavanca para a aventura insensata (e inconstitucional) que é a busca daquilo que se convencionou chamar de "verdade real" (CPC/2015, art. 370). É a lei, em suma, assimilando um virtuosismo retórico imposto sem preocupação com os limites constitucionais estabelecidos, os quais são dedicados sobretudo a purgar o serviço jurisdicional de excessos e abusos. A *atuação inquisitória* da autoridade judicial na cata oficiosa de subsídios de prova faz, na prática, estilhaçar a racionalidade infligida pelo devido processo legal, a ponto de garantias fundamentais inegociáveis soçobrarem miseravelmente em favor de objetivos romântico-idealistas pouco ou quase nada dimensionáveis (= "verdade real", "justiça da decisão"). Enfim, juízes e tribunais que assumem postura inquisitorial pecam pela *parcialidade* (no sentido de *impartialidade, imparcialidade objetivo-funcional*), pois atraem para si competências funcionais cujo exercício pertence exclusivamente às partes no exercício da sua liberdade de litigância, além de colocarem a deriva as garantias do contraditório, da ampla defesa e da igualdade processual. Sobre o tema, merecem consulta: AROCA, Juan Montero Aroca. *La Prueba en el Proceso Civil.* 7. ed. Editorial Aranzadi: Pamplona, 2011; AROCA, Juan Montero. Prueba y verdad en el proceso civil – un intento de aclaración de la base ideológica de determinadas posiciones pretendidamente técnica. *Proceso Democrático y Garantismo Procesal.* Coordenadores: Carlos Henrique Soares, Glauco Gumerato Ramos, Guido Aguila Grados, Móunica Bustamante Rúa, Ronaldo Brêtas de Cavalho Dias. Belo Horizonte: Arraes Editores, 2015. pp. 207-226; DALLA BARBA, Rafael Giorgio. O que a metaética tem a dizer ao direito processual brasileiro? Desafios metaéticos à doutrina do processo justo. *Empório do Direito*, 14 dez. 2020. Disponível em: www.emporiododireito. com.br. Acesso em: 18 dez. 2020; DEHO, Eugenia Ariano. *Proceso Civil e Ideología*: Un prefacio, una sentencia, dos cartas y quince ensayos. Coordenador: Juan Montero Aroca. En los abismos de la «cultura» del processo autoritario. Valencia: Tirant lo Blanch, 2006. pp. 353-374; DELFINO, Lúcio. O processo é um instrumento de justiça? (desvelando o projeto instrumentalista de poder). *Empório do Direito*, 2019. Disponível em: www.emporiododireito.com.br. Acesso em: 18 dez. 2020; FONSECA COSTA, Eduardo José da. *Processo e Garantia*. Vol. I. Londrina: Editora Thoth, 2021. pp. 27-32; FONSECA COSTA, Eduardo José. Garantia: dois sentidos, duas teorias. *Empório do Direito*, 22 dez. 2019. Disponível em: www. emporiododireito.com.br. Acesso em: 22 abr. 2020; FONSECA COSTA, Eduardo José. *Levando a imparcialidade a sério*: Proposta de um modelo interseccional entre direito processual, economia e psicologia. Salvador: JusPodivm, 2018; HAACK, Susan. Toda la verdad y nada mas que la verdad. *Cuadernos de Filosofia del Derecho*, 35. Alicante: Universidad de Alicante, 2012. pp. 571-587; HAACK, Susan. Justice, truth, and proof: not so simple, after all. *Revista Brasileira de Direito Processual – RBDPro*, Belo Horizonte, ano 25, n. 99, pp. 15-41, jul./set. 2017; OAKLEY, Hugo Botto. O pressuposto do processo denominado imparcialidade: requisito apenas jurídico ou também psicológico? *Ativismo judicial e Garantismo Processual.* Coordenação: Fredie Didier Jr., José Renato Nalini, Glauco Gumerato Ramos e Wilson Levy. São Paulo: JusPodivm, 2013. pp. 303-312; PEREIRA, Mateus Costa. Processo e ideologia (em sentido amplo e estrito): um novo horizonte à compreensão do fenômeno processual. *Revista Brasileira de Direito Processual – RBDPro*, Belo Horizonte, ano 26, n. 103, pp. 283-296, jul./set. 2018; RAATZ, Igor. Processo, liberdade e direitos fundamentais. *Revista de Processo – RePro*, 288. São Paulo: Revista dos Tribunais, 2019. pp. 21-52; RAATZ, Igor. Revisitando a "colaboração processual": uma autocrítica tardia, porém necessária. *Revista do Processo – RePro*, 309. São Paulo: Revista dos Tribunais, 2020. pp. 41-71; RAMOS, Glauco Gumerato. Repensando la pureba de oficio. *Proceso Democrático y Garantismo Procesal*. Coordenadores: Carlos Henrique Soares, Glauco Gumerato Ramos, Guido Aguila Grados, Móunica Bustamante Rúa, Ronaldo Brêtas de Cavalho Dias. Belo Horizonte: Arraes Editores, 2015. pp. 181-197; SILVA, Beclaute Oliveira. Verdade como objeto do negócio jurídico processual. *Negócios processuais*. Coordenação: Antonio do Passo Cabral e Pedro Henrique Nogueira. Salvador: JusPodivm, 2015. pp. 387-407; SOUSA, Diego Crevelin. *Imparialidade*: a divisão funcional de trabalho entre partes e juiz a partir do contraditório. Belo Horizonte: Grupo Editorial Letramento, 2020; VELLOSO, Adolfo Alvarado. *Garantismo Processual versus Prueba judicial oficiosa*. Rosário: Editorial Juris, 2006.

Dever de veracidade: *não mente quem diz algo falso crendo ou supondo ser verdadeiro o que diz* (Santo Agostinho). Ou seja, *a ordem jurídica não reprova aquele que acredita no que afirma* (ASSIS, Araken. *Processo Civil Brasileiro*. v. II. Tomo I. São Paulo: Revista dos Tribunais, 2015. p. 279). Detalhamentos: i) o dever de veracidade não retira dos litigantes o direito de escolherem os fatos a serem apresentados em juízo, exigindo-se-lhes tão só que o façam a partir daquilo que creem verdadeiro; ii) os litigantes "têm a escolha dos fatos que hão de apontar ao exame judicial, mas, ao expô-los, qualquer deles não pode deformá-los, podá-los, aumentá-los, no que tenham importância para o processo", não significando isso que o autor, por exemplo, precise "mencionar fatos que serviriam a reconvenção por parte do réu, ou alguma ação de diferente fundamento" (MIRANDA, Pontes de. *Comentários ao Código de Processo Civil*. Tomo I. Rio de Janeiro: Editora Forense, 1947. p. 366); iii) quem "omite, de jeito a não ser veraz, falta ao dever de veracidade", quem "expõe os fatos como não foram, ou não são, ou diferentemente do que foram, ou são, ainda que só ou nada lhes acrescente, não procede verazmente" (MIRANDA, Pontes de. *Comentários ao Código de Processo Civil*.

Tomo I. Rio de Janeiro: Editora Forense, 1947. p. 366); iv) para se ter alteração da verdade "basta que a altere, a modifique, a torça, a mascare, a afeiçoe a seus intentos ou de outrem, desde que saiba estar falseando os fatos" (MIRANDA, Pontes de. *Comentários ao Código de Processo Civil*. Tomo I. Rio de Janeiro: Editora Forense, 1947. p. 372); v) a demonstração do dolo (= intenção maléfica) é imperativa como condição para enquadrar alguém no tipo legal *quebra do dever de veracidade*, cuja consequência é a punição pela litigância de má-fé (CPC/2015, art. 80, II c/c art. 81); vi) o tipo legal tem por destinatários não apenas as partes, senão todos "aqueles que de qualquer forma participem do processo" – por exemplo: a) a *testemunha* tem o compromisso de dizer a verdade sobre o que souber e lhe for perguntado (CPC/2015, art. 458, *caput*); b) ao verificar que o citando é mentalmente incapaz, o oficial de justiça não fará a citação, devendo descrever e certificar minuciosamente a ocorrência (CPC/2015, art. 245, §1º); c) o informante tem o dever de falar a verdade quando ouvido em juízo (é forte, aliás, o entendimento doutrinário no sentido de que pode ele, inclusive, ser sujeito ativo do delito de falso testemunho); d) o juiz deve fazer constar do relatório da sentença o registro adequado das principais ocorrências havidas no curso do procedimento jurisdicional (CPC/2015, art. 489, I); vii) advogados, membros da Defensoria Pública e do Ministério Público, embora submetidos ao dever de veracidade, não estão sujeitos à condenação em multas por litigância de má-fé, de modo que eventual responsabilidade disciplinar deverá ser apurada pelo respectivo órgão de classe ou pela corregedoria, ao qual o órgão judiciário oficiará (CPC/2015, art. 77, §6º c/c art. 80, *caput*); e viii) o art. 966, III, do CPC/2015 prevê a possibilidade de rescisão da decisão resultante de dolo ou coação da parte vencedora em detrimento da parte vencida ou, ainda, de simulação ou colusão entre as partes a fim de fraudar a lei.

Não aplicação do dever de veracidade a fundamentos jurídicos: o *dever de veracidade* recai unicamente sobre as alegações relacionadas aos *fatos*, não alcançando as questões de direito (CPC/2015, art. 77, I). Há, porém, exceção: incide o dever de veracidade quanto ao *direito municipal, estadual, estrangeiro ou consuetudinário*, razão por que incumbe à parte que o alegar provar-lhe o teor e a vigência, se assim o juiz determinar (CPC/2015, art. 376). Ressalte-se, ademais, que a lei considera litigante de má-fé aquele que deduzir pretensão ou defesa *contra texto expresso de lei* (CPC/2015, art. 80, I), tipo legal não ajoujado ao dever de veracidade, mas dedicado exclusivamente ao combate da chamada *lide temerária* – ver comentários ao art. 80. Araken de Assis mostra o seguinte: i) exclui-se a má-fé, de plano, nos casos em que a interpretação do texto legal suscita controvérsia na doutrina e nos tribunais, de modo que não descumprirá o tipo legal a parte que perfilhar corrente minoritária ou mesmo expor subsídios doutrinários e jurisprudenciais em sentido diverso do geralmente aceito; ii) o fato de a jurisprudência ter-se fixado em certa interpretação da lei, por exemplo, tornando-a dominante e fazendo-a integrar súmula do tribunal, exigirá das partes, para escapar do tipo legal (CPC/2015, art. 80, I), que orientem suas alegações na causa e, mais especificamente, nos recursos que interpuserem, no sentido de demonstrar o desacerto da interpretação dominante e a superação da *ratio decidendi* do precedente ou da súmula; iii) presume-se a boa-fé do ato quando o advogado invocar *inconstitucionalidade da lei, injustiça da lei ou pronunciamento judicial anterior*; iv) a falsificação de precedente (por exemplo: alteração do sentido da ementa ou do acórdão) e a invenção de julgado inexistente são condutas mais específicas que integram o tipo legal previsto no art. 80, V, do CPC/2015 ("proceder de modo temerário em qualquer incidente ou ato do processo") – acrescentem-se, em reforço às lições do mestre gaúcho, as seguintes condutas que também se ajustam ao previsto no inciso V do art. 80: a deturpação do teor de dispositivo de lei, de citação doutrinária ou de julgado, bem assim de depoimentos, documentos e alegações da parte contrária, para confundir o adversário ou iludir o juiz (Lei nº 8.906/94, art. 34, XIV); v) a parte final do inciso I do art. 80 não tem incidência apenas frente ao réu, uma vez que, cabendo a este alegar os fatos extintivos, modificativos ou impeditivos da pretensão (CPC/2015, art. 373, II), o autor é instado a manifestar-se no prazo de quinze dias (CPC/2015, art. 350) e, neste caso, também lhe grava o ônus de impugná-los precisamente – deixando de fazê-lo, os fatos aludidos se tornarão incontroversos (ASSIS, Araken. *Processo Civil Brasileiro.* v. II. Tomo I. São Paulo: Revista dos Tribunais, 2015. pp. 283-285).

Pretensão ou defesa destituída de fundamento: as expressões *pretensão* e *defesa* (CPC/2015, art. 77, II, *primeira parte*) devem ser compreendidas em sentido mais abrangente possível, não se referindo unicamente aos conteúdos da petição inicial e contestação, mas às manifestações em geral que as partes formulam ao longo do procedimento jurisdicional. Como ensina Pontes de Miranda, as partes (*lato sensu*) e seus procuradores não estão autorizados a formular pretensões nem alegar defesa, cientes de que são destituídas de fundamento, o que se há de entender (...) que têm eles o dever de só exercer pretensão pré-processual, ou de direito material, ou de direito processual se estiverem cientes de que têm fundamento (MIRANDA, Pontes de. *Comentários ao Código de Processo Civil*. Tomo I. Rio de Janeiro: Editora Forense, 1947. p. 373). Já a expressão *fundamento* (CPC/2015, art. 77, II, *segunda parte*), nesse particular, diz respeito apenas às *questões de direito*: afinal de contas, quem formula pretensão ou defesa, sabendo inexistir fundamento *fático*, está, na realidade, expondo os fatos em juízo em desalinho com a verdade, de modo que a sua conduta encontra enquadramento no inciso I do art. 77 do CPC/2015. Em suma, o inciso II do art. 77 e o inciso I do art. 80 ("considera-se litigante de má-fé aquele que deduzir pretensão ou defesa contra texto expresso de lei [...]") basicamente têm o mesmo objetivo – não obstante a segunda regra ser mais precisa que a primeira: trata-se de normatividade cujo escopo é evitar a chamada *lide temerária*. De resto, o tipo legal exige dolo ou erro grosseiro, não se admitindo a incidência das normas (CPC/2015, arts. 77, II, e 80, I) simplesmente porque a parte foi derrotada no litígio ou porque sua pretensão ou defesa busca superar determinada interpretação prevalecente na doutrina e/ou jurisprudência que reputa equivocada. Tampouco é aceitável atribuir-se a pecha de *ímprobo processual* a quem questiona a inconstitucionalidade, a revogação, a caducidade, a não recepção e até a injustiça de tal ou qual norma, ou mesmo envide esforços argumentativos para derrubar determinado enunciado vinculativo (= *overruling*). Confira-se, nessa linha, a melhor doutrina: "O fato de a jurisprudência ter-se fixado em certa interpretação da lei, quer a tornado dominante, a ponto de integrar a súmula do tribunal inferior ou superior (STJ e STF), atualmente desafia o art. 80, I. A súmula de jurisprudência dominante propicia, no julgamento dos recursos, a aplicação do art. 932, IV, situação que interessa ao abuso no ato de recorrer (...). O entendimento da jurisprudência, consolidado ou não, costuma variar consoante circunstâncias de tempo ou de lugar. A simples mudança natural na composição nos órgãos judiciários, substituindo-se os julgadores mais antigos por outros, munidos de maior arrojo, assegura a evolução. Em tal contingência, exige-se das partes, para escapar à incidência do art. 80, I, que orientem suas alegações na causa, e, *a fortiori*, nos recursos porventura interpostos, no sentido de demonstrar o desacerto da interpretação dominante e a superação da *ratio decidendi* do precedente ou da súmula. O Código vincula os órgãos judiciários inferiores às teses jurídicas dos superiores (art. 927), e, naturalmente, o vínculo subordina a atividade das partes no processo civil" (ASSIS, Araken. *Processo Civil Brasileiro*. v. II. Tomo I. São Paulo: Revista dos Tribunais, 2015. pp. 284-285). Exemplos que podem levar à caracterização da lide temerária: i) renovação de demanda anteriormente já extinta e coberta pela coisa julgada; ii) proposição indevida e com má-fé de ação monitória (CPC/2015, art. 702, §10); iii) oposição fundada em má-fé de embargos à ação monitória (CPC/2015, art. 702, §11); iv) pretensão ou defesa fundamentada em regra já revogada.

Não produzir provas inúteis ou desnecessárias: o *direito à prova* atrela-se umbilicalmente ao acesso à justiça (CF/1988, art. 5º, XXXV), à ampla defesa, ao contraditório (CF/1988, art. 5º, LV) e à igualdade (CF/1988, art. 5º, *caput*). Trata-se, enfim, de mais uma garantia fundamental a conferir densidade ao devido processo legal. Não à toa, aliás, as partes têm o direito de empregar *todos* os meios legais, bem assim os moralmente legítimos, ainda que não previstos no ordenamento jurídico, para provar a *verdade dos fatos* em que se funda o pedido ou a defesa e influir eficazmente na convicção do juiz (CPC/2015, art. 369). *Entretanto, não significa isso carta-branca para abusos e desvios*. Veja-se que a própria Constituição prescreve, *no rol dos direitos e garantias fundamentais*, serem inadmissíveis (...) as provas obtidas *por meios ilícitos* (CF/1988, art. 5º, LVI). É direito da parte produzir provas, desde que obtidas por meios lícitos e que não sejam inúteis ou desnecessárias, *parte final* esta atestada pelo inciso III do art. 77 do CPC/2015, a qual guarda correlação estreita com a garantia fundamental à duração razoável da atividade jurisdicional (CF/88, art. 5º, LXXVIII). A lei incumbe o juiz da tarefa de examinar as pretensões probatórias, deferindo as pertinentes e indeferindo aquelas inúteis ou meramente protelatórias (CPC/2015, art. 370). É competência funcional dedicada à *admissão probatória*. Em miúdos, ao órgão judiciário cumpre verificar a *pertinência* da prova requerida, isto é, deve perscrutar a respeito da sua *licitude* (= não vedação pelo ordenamento jurídico), *utilidade* (= direcionada a elucidar fato controverso e idônea ao fim pretendido) e *relevância* (= que apresenta relevo para o julgamento da causa). Se a prova é lícita, porém inútil ou meramente protelatória, faltará a ela *pertinência*, motivo suficiente para a negativa da pretensão probatória. De igual forma, o indeferimento se imporá caso a prova seja útil, mas ilegal. De todo modo, deferida, por exemplo, perícia técnica ou inspeção judicial, não será lícito ao órgão judiciário sancionar posteriormente a parte sob o pretexto de que produziu prova inútil ou desnecessária – *não poderá ser sancionada ainda que tenha de fato produzido prova inútil ou desnecessária*. Afinal de contas, num caso assim, pecou o juiz por avaliar mal o pedido e admitir a produção probatória, talvez até nem tivesse elementos para uma avaliação qualitativamente superior; mas a verdade é que, caso sancione a parte, estará adotando comportamento contraditório e desleal (CPC/2015, art. 5º). Logo se vê, portanto, que é restrita a aplicação do art. 77, III, CPC/2015, mesmo porque a prova documental é a única que a parte produz independentemente do controle do órgão judiciário, o qual acontecerá, no mais das vezes, apenas *a posteriori* (CPC/2015, art. 370) (ASSIS, Araken. *Processo Civil Brasileiro*. v. II. Tomo I. São Paulo: Revista dos Tribunais, 2015. p. 279). Observações: i) o tipo legal do art. 77, III, é doloso, de maneira que não está o juiz autorizado a reputar ilícita, de modo automático, a prática de instruir petições iniciais com milhares de documentos (que é assaz corriqueira, por exemplo, em *ações populares* e *ações civis públicas*) – por vezes, a complexidade do caso e as dúvidas que incomodam o profissional do direito podem conduzir a essa conduta –; e ii) a parte que *dolosamente* produz prova inútil ou desnecessária será considerada litigante de má-fé (CPC/2015, art. 77, III c/c art. 80, IV) e punida em conformidade com o disposto no art. 81 do CPC/2015.

Não praticar atos inúteis ou desnecessários: o inciso III do art. 77 do CPC/2015 prescreve que partes e advogados, terceiros, representantes do Ministério Público, juízes e auxiliares da justiça e *"todos aqueles que de qualquer forma participem do processo"* devem privar-se da prática de atos inúteis ou desnecessários. É medida legislativa de combate à procrastinação dos feitos e à chicana, assentada nos ideais lealdade, economia processual, efetividade e duração razoável. De resto, trata-se de dever ajoujado aos tipos legais previstos nos incisos IV, V, VI e VII do art. 80, cujo desrespeito, *presente a intenção malévola*, acarreta ao agente ofensor sanção por litigância de má-fé, em atenção ao previsto no art. 81 do CPC/2015. Vale lembrar: i) há dispositivo legal que autoriza a aplicação de multa por litigância de má-fé aos serventuários, sendo o beneficiário dela o estado ou a União (CPC/2015, art. 96, *segunda parte*); ii) não é lícito ao órgão judiciário punir advogados, membros da Defensoria Pública e do Ministério Público pelo atentado a deveres de probidade, de maneira que, no máximo, poderá oficiar o órgão de classe respectivo ou a corregedoria para apurar eventual responsabilidade disciplinar; e iii) também juízes estão sujeitos à regra do inciso III do art. 77, sendo que a sua eventual responsabilidade disciplinar deverá ser apurada pelo respectivo órgão de classe ou pela corregedoria. Exemplos de atos processuais que podem ser considerados inúteis ou desnecessários: i) designação de audiência conciliatória quando a própria lei inadmite transação ou as partes, de comum acordo, manifestarem desinteresse na composição consensual (CPC/2015, art. 334, §4º); ii) ato de *citação* do executado em sede (de procedimento) de cumprimento de sentença (CPC/2015, art. 513, §2º); iii) determinação da ouvida do executado antes da expedição de mandado de penhora e avaliação (CPC/2015, art. 523, §3º); iv) a opção pelo famigerado *despacho saneador* (não prevista em lei) em prejuízo das importantes providências preliminares e do saneamento (CPC/2015, arts. 347 a 353); v) réu que alega fatos impeditivos, modificativos ou extintivos depois da contestação em desatenção às hipóteses previstas no art. 342 do CPC/2015.

Cumprir com exatidão as decisões jurisdicionais e não criar embaraços à sua efetivação: é dever de todos aqueles *"que de qualquer forma participem do processo"* cumprir com exatidão as decisões jurisdicionais – de natureza provisória ou final – e não criar embaraços à sua efetivação (CPC/2015, art. 77, IV). Somam-se a isso outros tantos deveres de probidade com indistinguível objetivo, porém delineados de modo mais específico, e que, analisados conjuntamente, permitem compreender a essência da regra ora comentada. Por exemplo: i) incumbe à parte, preservado o direito de não produzir prova contra si, praticar o ato que lhe foi determinado (CPC/2015, art. 379, III); ii) incumbe à parte exibir documento ou coisa que se encontre em seu poder quando assim lhe for determinado (CPC/2015, art. 396); iii) incumbe a terceiro, em relação a qualquer causa, exibir coisa ou documento que esteja em seu poder (CPC/2015, art. 380, II); iv) embaraça a atividade jurisdicional executiva quem frauda ou se opõe maliciosamente à execução mediante o emprego de ardis e meios artificiosos, ou ainda dificulta ou embaraça a realização da penhora, resiste injustificadamente às ordens judiciais ou não indica ao juiz, depois de intimado, quais são e onde estão os bens sujeitos à penhora e os respectivos valores nem exibe prova de sua propriedade e, se for o caso, certidão negativa de ônus (CPC/2015, art. 774, I, II, III, IV e V). Observações: i) o descumprimento ou o ato de embaraçar decisões judiciais é tipificado na lei como conduta atentatória à dignidade da justiça (CPC/2015, art. 77, IV, §1º); ii) decisões judiciais, de natureza provisória ou final, têm endereço certo, e o cumprimento delas deve ocorrer sem embaraços ou subterfúgios, salvo justificativa legítima devidamente amparada na lei; e iii) há remédios processuais, à disposição das partes e de terceiros, para refrear e combater erros, falta de clareza e/ou abusos eventualmente praticados pela autoridade judicial, sendo possível até lograr-se êxito na obtenção de *efeito suspensivo* a fim de travar a eficácia da ordem judicial mal redigida, pouco precisa ou absurda (= decisão prolatada por órgão judiciário hierarquicamente superior determinando a suspensão da decisão combatida; CPC/2015, art. 1.019, I). Para detalhamentos acerca da sanção por ato atentatório à dignidade da justiça, conferir adiante os comentários específicos.

Declinar o endereço residencial ou profissional: é dever das partes, de seus procuradores e de terceiros declinar, *no primeiro momento que lhes couber falar nos autos*, o endereço residencial ou profissional onde receberão intimações, atualizando essa informação sempre que ocorrer qualquer mudança temporária ou definitiva (CPC/2015, art. 77, V). Aliás, dentre as informações inclui-se o endereço eletrônico, até o do próprio advogado e de alguns auxiliares da justiça (CPC/2015, art. 287; art. 319, II; art. 465, §2º, III; art. 620, II) – lembre-se: as intimações realizam-se, sempre que possível, por meio eletrônico, na forma da lei (CPC/2015, art. 270). Com isso, a ordem jurídica quis apenas assegurar a facilitação das comunicações entre os sujeitos do processo em prol da transparência e do respeito ao devido processo legal. Observações: i) presumem-se válidas as intimações dirigidas ao endereço constante dos autos, ainda que não recebidas pessoalmente pelo interessado, *se a modificação temporária ou definitiva não tiver sido devidamente comunicada ao juízo*, fluindo os prazos a partir da juntada aos autos do comprovante de entrega da correspondência no primitivo endereço (CPC/2015, art. 274, parágrafo único) – *trata-se, no entanto, de consequência aplicada tão somente às intimações postais*; ii) no que toca ao advogado que postula em causa própria, impõe a lei que, não comunicada a mudança de endereço, serão consideradas válidas as intimações enviadas por carta registrada ou meio eletrônico ao endereço constante dos autos (CPC/2015, art. 106); e iii) quem descumpre o inciso V do art. 77 acarreta, ao serviço jurisdicional, resistência injustificada (CPC/2015, art. 80, IV), sujeitando-se, assim, aos rigores e implicações previstas no art. 81 do CPC/2015.

Atentado: quando violada a *proibição de inovação ilegal no estado de fato de bem ou direito litigioso*, ter-se-á a configuração do *atentado*. O atentado "é fato, fere direito, pretensão, ação, ou seja", corresponde à "criação de situação nova, ou mudança de *status quo*, pendente a lide, lesiva à parte e sem razão de direito" (PONTES DE MIRANDA, Francisco Cavalcanti. *Comentários ao Código de Processo Civil*. Tomo XII. Rio de Janeiro: Forense, 1976. pp. 381-382). Mas perceba-se que apenas se tem atentado *já feito* ou *devidamente consumado*; não há atentado *a se fazer*. Trata-se de *ilícito qualificado* cuja materialização exige a somatória dos seguintes requisitos: i) lide pendente (CPC/2015, art. 240); ii) ilegalidade na inovação praticada no estado de fato de bem ou direito litigioso; e iii) prejuízo a uma das partes. Com o advento do CPC/2015, o atentado foi tipificado como ato contrário *à dignidade da justiça*, sendo que a sua prática tem por consequências a prolação de ordem judicial para o restabelecimento do estado anterior (= caráter mandamental), condenação em multa de até vinte por cento do valor da causa, além da aplicação de outras sanções eventualmente cabíveis (CPC/2015, art. 77, §2º). Importante: inovar artificiosamente, na pendência de processo, o estado de lugar, de coisa ou de pessoa, com o fim de induzir a erro o juiz ou o perito, é também considerado crime (fraude processual), cuja pena é a detenção, de três meses a dois anos, e multa – se a inovação destinar-se a produzir efeito em procedimento penal, mesmo não iniciado, as penas aplicam-se em dobro (CP/1940, art. 347, *caput*, parágrafo único).

Ameaça ou inovação no *status litis* praticada por terceiro ou auxiliares da justiça: segundo previa o revogado CPC/1973, apenas a *parte* podia praticar atentado (CPC/1973, art. 879 – "comete atentado a parte que no curso do processo [...]"). Não era diferente, aliás, quando em vigor o CPC/1939 (CPC/1939, art. 712 – "a parte que, no correr do processo, se reputar lesada por inovação contra direito, poderá requerer que a lide volte ao estado anterior e fique interdita a audiência da parte adversa até a purgação do atentado [...]"). O CPC/2015, porém, sugere orientação diversa ao prescrever que, além de outros nele previstos, "são deveres das partes, de seus procuradores *e de todos aqueles que de qualquer forma participem do processo* (...) não praticar inovação ilegal no estado de fato de bem ou direito litigioso" (CPC/2015, art. 77, VI). Aqui se exige prudência na interpretação. É a *parte prejudicada* (autor, réu, parte auxiliar ou parte coadjuvante) que está autorizada a intentar ação para obter ordem de reestabelecimento da situação jurídica adulterada (= *ação processual*, que hoje é processada e julgada no procedimento principal; *cumulação sucessiva de pretensões; alteração em extensão do objeto litigioso*). Quem pode praticar atentado, de outro lado, é sempre a parte contrária (autor, réu, parte auxiliar). Ou seja, o terceiro (= *não parte* principal, auxiliar ou coadjuvante), ainda que cometa inovação no *status litis*, não preenche o suporte fático da norma por não se incluir entre aqueles que de qualquer forma participam do processo (CPC/2015, art. 77, *caput*) – *tertius non diciturattentare nec etiam attentatum dicitur ub lis non est*. Enfim, a interpretação literal do art. 77, *caput*, indica a melhor exegese, afastando o perigo de se arrastar terceiro para um litígio em curso, talvez já em estado avançado, com risco de ulceração do devido processo e da efetividade jurisdicional. No que diz respeito aos auxiliares da justiça, merece acolhida, ainda hoje, a lição de Pontes de Miranda: "O atentado há de ser procedente da parte. Se o oficial de justiça se excedeu no cumprimento do mandado, ou se a ofensa provém de escrivão, do perito, depositário, administrador ou intérprete, que são auxiliares da Justiça, não há a figura do atentado, que somente pode ser cometido pela parte ou pessoa equiparada à parte. As pessoas a que antes nos referimos têm responsabilidade prevista na lei processual" (PONTES DE MIRANDA, Francisco Cavalcanti. *Comentários ao Código de Processo Civil*. Tomo XII. Rio de Janeiro: Forense, 1976. p. 384). Nada impedirá a parte, todavia, frente à configuração de algum ilícito específico (aquele previsto no art. 347 do CP/1940, por exemplo), de requerer contra terceiro ou auxiliar da justiça, *em ação própria*, ordem preventiva para debelar a ameaça de alteração do *status litis*, ou mesmo postular, sendo o caso, o retorno ao *status quo* e perdas e danos.

Proibição de inovar: o inciso VI do art. 77 institui, entre os deveres de probidade processual, a proibição de inovar ilegalmente no estado de fato de bem ou direito litigioso. Tem-se, aí, dever negativo (= não fazer), que remete à *prohibicion de innovar*, conhecida medida de cariz preventivo presente, por exemplo, no direito argentino ("podrá decretarse la prohibición de innovar en toda clase de juicio siempre que: 1) El derecho fuere verosímil. 2) Existiere el peligro de que si se mantuviera o alterara, en su caso, la situación de hecho o de derecho, la modificación pudiera influir en la sentencia o convirtiera su ejecución en ineficaz o imposible. 3) La cautela no pudiere obtenerse por medio de otra medida precautoria" – art. 230 do *Codigo Procesal Civil y Comercial de la Nación*). A decisão judicial *deve ser aguardada*, não se admitindo a inovação no *status litis*, sendo certo, portanto, que a lei positivou expressamente um *dever de imodificabilidade do bem ou direito litigioso*, que se arrasta desde a formação da relação jurídica processual até o epílogo da atividade jurisdicional e cujo descumprimento dará ensejo à configuração de atentado, hoje tipificado como prática avessa à dignidade da justiça.

Atentado e ameaça de inovação no *status litis* – procedimentalidade: tem-se pretensão contra o atentado somente depois de materializada a inovação ilegal no estado de fato de bem ou direito litigioso. A pretensão contra o atentado decorre, enfim, do atentado *feito* (PACHECO, José da Silva. *O atentado no processo civil*. Rio de Janeiro: Editor Borsoi, 1958. p. 32). Em tal hipótese, o litigante prejudicado está autorizado a promover ação (= ação processual) no bojo (e em aproveitamento) do procedimento principal em curso (= *cumulação sucessiva de pretensões*). Bastará, assim, que introduza no feito a questão novidadeira, *alterando em extensão o objeto do litígio*, de modo que o juiz será impelido a enfrentá-la, bem como a decidir os pedidos relacionados ao atentado que se afirma ter consumado. De outro lado, havendo *ameaça* de inovação ilegal no estado de fato da lide, que coloque em risco a pretensão perseguida em processo já instaurado, a resposta jurisdicional a ser pleiteada não encontrará respaldo no §2º do art. 77 do CPC/2015 – afinal de contas, o atentado em si não se configurou. Em termos procedimentais, todavia, tudo se dará de modo bem simples: bastará à parte formular requerimento incidental de *tutela cautelar*, sem a necessidade de pagamento de custas, devendo trazer aos autos, como exige a lei, a prova do *fumus boni iuris* e do *periculum in mora*. Observações: i) tanto em uma quanto na outra hipótese (= *atentado* e *ameaça de inovação ilegal*), admite-se, desde que presentes os requisitos autorizadores, a prolação de tutela de urgência *liminar* (CPC/2015, art. 300, §2º); ii) a *medida da advertência* (CPC/2015, art. 77, §1º) pode, sozinha ou em conjunto com a decisão cautelar, ajudar a debelar a ameaça de inovação ilegal; iii) em ambas as situações (= *atentado* ou *ameaça de inovação*), o órgão judicial deve dedicar respeito inegociável ao devido processo legal; iv) embora não se verifique, em toda a letra do art. 77 do CPC/2015, menção à consequência "suspensão da causa principal", contrariamente do que se lia no Código revogado (CPC/1973, art. 881, *caput*), ainda assim a atividade jurisdicional, a depender do estágio em que se encontrar, pode ser suspensa, mas com fundamento no art. 313, V, "a", CPC/2015 ("suspende-se o processo quando a sentença de mérito depender do julgamento de outra causa"); v) a medida "proibição de falar nos autos até a purgação do atentado" (CPC/2015, art. 77, §7º, segunda parte) é descomedida (= proibição de excesso), fere o contraditório e a ampla defesa, razão por que a sua inconstitucionalidade pela via difusa pode ser suscitada no feito; e vi) a questão (= ameaça de inovação ilegal ou atentado) será resolvida, conforme o caso, por *decisão interlocutória* (por exemplo: quando o julgamento da pretensão principal depender de prévia resposta jurisdicional que evite a inovação ilegal ou mesmo ordene o retorno ao *status quo*), por *sentença* (por exemplo: quando a prática de atentado ocorrer já ao final da instrução e julgamento) e mesmo por *decisão monocrática do relator* (por exemplo: quando a prática do atentado ocorrer em grau recursal ou em ações de competência originária do tribunal), as quais desafiarão, respectivamente, os recursos de *agravo de instrumento* (CPC/2015, art. 1.015, II; afinal, ter-se-á, aí, *decisão sobre o mérito* da ação de atentado), *apelação* (CPC/2015, art. 1.009, *caput*) e *agravo interno* para o respectivo órgão colegiado (CPC/2015, art. 1.021). Presentes os pressupostos constitucionais autorizadores, é de se admitir também, e conforme o caso, a interposição de *recurso especial* (CPC/2015, art. 1.029 e segs.). Sobre o tema e seus desdobramentos, conferir: BUENO, Cassio Scarpinella. *Curso Sistematizado de Direito Processual Civil.* v. 4. São Paulo: Saraiva, 2009; THEODORO JÚNIOR, Humberto. *Processo Cautelar.* 21. ed. São Paulo: Livraria e Editora Universitária de Direito, 2004; LOPES, João Batista. *Curso de Direito Processual Civil.* v. III. São Paulo: Atlas, 2008; MARINONI, Luiz Guilherme. *Processo Cautelar.* São Paulo: Revista dos Tribunais, 2008; MARTINS, Victor A. A. *Comentários ao Código de Processo Civil.* v. 12. São Paulo: Revista dos Tribunais, 2000; PACHECO, José da Silva. *O atentado no processo civil.* Rio de Janeiro: Editor Borsoi, 1958; PONTES DE MIRANDA, Francisco Cavalcanti. *Comentários ao Código de Processo Civil.* Tomo XII. Rio de Janeiro: Forense, 1976. pp. 381-430; SILVA, Ovídio A. Baptista da. *Do Processo Cautelar.* Rio de Janeiro: Forense, 1996.

Advertência: impõe a lei que, nas hipóteses dos incisos IV ("cumprir com exatidão as decisões jurisdicionais, de natureza provisória ou final, e não criar embaraços à sua efetivação") e VI ("não praticar inovação ilegal no estado de fato de bem ou direito litigioso") do art. 77 do CPC/2015, o juiz *advertirá* qualquer das pessoas mencionadas no *caput* (partes, seus procuradores e "todos aqueles que de qualquer forma participem do processo") de que a sua conduta poderá ser punida como *ato atentatório à dignidade da justiça* (CPC/2015, art. 77, §1º). Observações: i) somente tem sentido utilizar-se da advertência *antes* da prática do ato atentatório à dignidade da justiça, ou seja, adverte-se com o intuito de inibir ou evitar a incidência no tipo legal (= medida preventiva); ii) a advertência é medida que pode ser empregada previamente ou em conjunto com eventual decisão cautelar incidental dedicada a evitar a materialização de ato contrário à dignidade da justiça que coloque em risco o resultado útil do processo – por exemplo: medida cautelar direcionada a impedir a prática de atentado –; e iii) a lei não condiciona a aplicação de sanções por ato atentatório à dignidade da justiça à consumação prévia da advertência.

Cumulação de sanções: atenta contra a dignidade da justiça quem (= partes, procuradores e todos os que de qualquer forma participem do processo) violar o disposto nos incisos IV ("cumprir com exatidão as decisões jurisdicionais, de natureza provisória ou final, e não criar embaraços à sua efetivação") e VI ("não praticar inovação ilegal no estado de fato de bem ou direito litigioso") do art. 77 do CPC/2015. A incidência nos aludidos tipos legais sujeita o responsável à condenação por multa de até vinte por cento do valor da causa, a ser arbitrada de acordo com a gravidade da conduta, *sem prejuízo das sanções criminais, civis e processuais* (CPC/2015, art. 77, §2º). Exemplos: i) executado que sofre multa em duplicidade porque, além de malferir a dignidade da justiça (CPC/2015, art. 774, II), fez opção, depois de intimado em sede de cumprimento de sentença, pelo não pagamento voluntário do crédito exequendo (CPC/2015, art. 523, §1º); ii) aplicação conjunta de multas por prática de atentado (CPC/2015, art. 77, VI) e pela litigância de má-fé (CPC/2015, art. 80, IV); e iii) aplicação de multa pela prática de atentado (CPC/2015, art. 77, VI) e condenação em sede de processo criminal, com fundamento no tipo legal previsto no art. 347 do Código Penal.

Multa e valor da causa: constitui ato atentatório à dignidade da justiça a violação ao que preveem os incisos IV ("cumprir com exatidão as decisões jurisdicionais, de natureza provisória ou final, e não criar embaraços à sua efetivação") e VI ("não praticar inovação ilegal no estado de fato de bem ou direito litigioso") do art. 77 do

CPC/2015. Quem assim proceder estará sujeito à condenação por multa de até vinte por cento do *valor da causa*, a ser arbitrada de acordo com a gravidade da conduta (CPC/2015, art. 77, §2º). Se o valor da causa, porém, for irrisório ou inestimável, a multa poderá ser fixada em até dez vezes o valor do salário mínimo (CPC/2015, art. 77, §5º). Segundo leciona Reinaldo Mouzalas, o legislador corrigiu distorção que havia no parágrafo único do art. 14 do CPC/1973, pois, até então, a multa era sempre aplicada em percentual de até vinte por cento, pouco importando o valor dado à causa, "o que acabava por não penalizar, na proporção devida, o sujeito que atentasse contra a dignidade da justiça" (MOUZALAS, Rinaldo. *Comentários ao Código de Processo Civil*. Coordenadores: ALVIM, Angélica Arruda; ASSIS, Araken; ALVIM, Eduardo Arruda; LEITE, George Salomão. 2. ed. São Paulo: Saraiva, 2017. pp. 138-139).

Inaplicabilidade das sanções contra advogados, defensores e membros do Ministério Público: é expressamente proibido à autoridade judiciária penalizar, por ato de improbidade processual, advogados públicos e privados, membros da Defensoria Pública e do Ministério Público (= *dever de não fazer, dever de não sancionar*). No máximo, tem-se autorização para oficiar o órgão de classe respectivo ou a corregedoria para apurar eventual responsabilidade disciplinar (CPC/2015, art. 77, §6º).

Advogados e sanções por improbidade profissional: não raro se verificam, na praxe forense, condenações judiciais por ato de improbidade processual endereçadas também a advogados, quer em conjunto com seus clientes, quer individualmente. Tem-se, aí, nada mais que exemplos de decisões arbitrárias, de cariz intimidativo, produzidas ao arrepio de regra expressa em sentido contrário (CPC/2015, art. 77, §6º) e que, de resto, malferem a própria Constituição, que fez do advogado figura "indispensável à administração da justiça, sendo inviolável por seus atos e manifestações no exercício da profissão, nos limites da lei" (CF/1988, art. 133) – em semelhante sentido: STJ, REsp nº 140.578-SP, relator Ministro Luis Felipe Salomão, Quarta Turma, julgado em 20.11.2008. Disponível em: www.stj.jus.br. É lembrar sempre: a advocacia é genuína garantia contrajurisdicional que funciona em prol das liberdades do cidadão – conferir: FONSECA

COSTA, Eduardo José. A Advocacia como garantia de liberdade dos jurisdicionados. *Empório do Direito*. 09 maio 2018. Disponível em: www.emporiododireito.com.br. Acesso em: 29 jun. 2020. Se, num Estado Democrático de Direito, toda a atividade estatal deve ser controlada, é até óbvia a indispensabilidade do advogado na seara procedimental-jurisdicional, profissional tecnicamente habilitado a postular em juízo (= capacidade postulatória) e que ali exerce com liberdade sua profissão, não havendo entre ele, magistrados e membros do Ministério Público hierarquia ou subordinação (EAOAB, art. 6º).

Exercício livre da advocacia, proteção do jurisdicionado e responsabilidade pessoal do advogado: o §6º do art. 77 do CPC/2015 tem por escopo assegurar o livre exercício da advocacia e, para tanto, chega a impor *obrigação de não fazer* endereçada a juízes e tribunais. A verdade é que o advogado, mesmo quando atua contrariamente aos ditames que alicerçam a dignidade da justiça, não pode de modo algum ser penalizado na causa em que funciona profissionalmente. A lógica é simples: ao se proteger a advocacia, protege-se, sobretudo, o próprio jurisdicionado, que está assistido por advogado. Leciona Braz Martins Neto: "É no Estatuto da Advocacia que encontramos as disposições que normatizam as prerrogativas. Veja-se que ao definir a indispensabilidade na administração da justiça, o Estatuto prevê que o Advogado presta serviço público e exerce função social, e que, no seu mister, é inviolável por seus atos e manifestações. É, pois, necessário, para que possa exercer livremente sua atividade profissional, que tenha instrumentos vigorosos para o desempenho intransigente da defesa de seu constituinte. Não se trata de conferir ao advogado privilégios, de conotação tipicamente corporativa, mas, isto sim, de lhe dar meios de atuação, em que não haja lugar para a hesitação ou temor na defesa intransigente dos direitos de seu cliente (...). A inviolabilidade do escritório, dos arquivos, dos dados de correspondências e comunicações, inclusive telefônicas, garante ao cliente a privacidade na relação com aquele que recebe a incumbência de tratar de seus interesses, tanto na esfera negocial quanto nas lides forenses. A proteção, portanto, não é para o advogado, mas, sim, para o seu constituinte, que nele deposita confiança, munindo-o de informações sigilosas, necessárias para a adequada e eficaz atuação de seu defensor, que não é o titular do segredo, mas, tão só, o mais fiel depositário dele" (MARTINS NETO, Braz. Ética e prerrogativas. *Revista do Advogado*, São Paulo, n. 93, pp. 19-22, 2007). Não há, de outro lado, colisão entre o citado dispositivo legal e o parágrafo único do art. 32 do Estatuto da Advocacia, como já sugerido por algumas decisões, regra esta que não se presta a sancionar advogado por atentado a deveres de probidade, mas apenas a regular sua responsabilidade civil profissional, a ser apurada em *causa própria*, segundo os ditames do devido processo legal. Tanto assim que o parágrafo único do art. 32 é expresso ao dispor: "Em caso de lide temerária, o advogado será solidariamente responsável com seu cliente, desde que coligado com este para lesar a parte contrária, *o que será apurado em ação própria*". Enfim, os dispositivos refletem realidades diversas: i) o primeiro (CPC/2015, art. 77, §6º) diz respeito a uma multa de natureza processual, a qual jamais haverá, por expressa ressalva legal, de ser aplicada a advogados – afinal, a sua responsabilidade disciplinar deve ser apurada pelo órgão de classe; e ii) o último (EAOAB, art. 32, parágrafo único) disciplina hipótese atinente à responsabilidade civil e pessoal do advogado, que atua profissionalmente de maneira temerária, cuja apuração sempre ocorrerá em ação própria – nesse sentido: CORRÊA, Orlando de Assis. *Comentários ao Estatuto da Advocacia e da Ordem dos Advogados do Brasil – OAB*. Rio de Janeiro: Aide, 1997; LÔBO, Paulo Luiz Netto. *Comentários ao Estatuto da Advocacia e da OAB*. 3. ed. São Paulo: Saraiva, 2002.

Deveres de improbidade processual e recursos: cabe *agravo de instrumento* contra decisões interlocutórias que versem sobre *punição por ato de improbidade processual*, desde que proferidas em fase de liquidação de sentença ou de cumprimento de sentença, no processo de execução e no processo de inventário (CPC/2015, art. 1.015, parágrafo único). Nos demais casos, deverá a parte prejudicada, assim querendo, manejar recurso de *apelação*, nos moldes delineados pelo art. 1.009 do CPC/2015. De igual modo, a *apelação* é o recurso cabível quando a condenação tiver por origem sentença. Se, de outro lado, a sanção decorrer de decisão proferida pelo relator, caberá *agravo interno* para o respectivo órgão colegiado (CPC/2015, art. 1.021). Por fim, presentes os pressupostos constitucionais, admite-se o manejo de recurso especial.

Inscrição da multa na dívida ativa e execução: não quitada, no prazo assinado pelo órgão judicial, a multa aplicada por violação ao disposto nos incisos IV e VI do art. 77 (= atentado à dignidade da justiça), será ela inscrita como dívida ativa da União ou do estado após o trânsito em julgado da decisão que a fixou. A perseguição do crédito (= execução) seguirá curso em via própria, *com observância do procedimento de execução fiscal,* sendo que a importância monetária satisfeita será revertida a fundos destinados à modernização do Poder Judiciário (CPC/2015, art. 77, §3º c/c art. 97). Uma curiosidade: o art. 774 do CPC/2015 traz um elenco de condutas do executado que malferem a dignidade da justiça, mas, estranhamente, seguindo orientação diversa de regras similares, estabelece que eventual condenação em multa será revertida *em proveito do exequente,* exigível nos próprios autos do processo (art. 774, parágrafo único).

Crime de desobediência: o CPC/2015, em variados dispositivos (art. 403, parágrafo único; art. 524, §3º; art. 529, §1º; art. 536, §3º; art. 845, §3º; art. 912, §1º), faz lembrar que o descumpridor de ordem judicial pode incidir em crime de desobediência (CP/1940, art. 330). Nem é preciso dizer: a responsabilidade por crime de desobediência deverá ser apurada em sede própria, perante autoridade judicial competente, cabendo ao juízo cível, no máximo, comunicar o fato (= descumprimento de ordem judicial) ao Ministério Público, órgão responsável pelo oferecimento da denúncia (CPP/1941, arts. 40 e 41). Daí configurar manifesta ilegalidade a expedição de mandado, no exercício da jurisdição cível, para cumprimento de decisão judicial *com ameaça de prisão em flagrante delito* – não à toa, aliás, o Superior Tribunal de Justiça, em casos assim, já concedeu ordem de *habeas corpus preventivo* para expedir salvo conduto em favor daquele concretamente ameaçado em sua liberdade de ir e vir por autoridade judicial incompetente (STJ, HC nº 32.326-AC, 6ª Turma, rel. Min. Paulo Medina, julgamento: 23.08.2005, disponível em: www.stj.jus.br).

Representante judicial e cumprimento de decisão: o §8º do art. 77 do CPC/2015 impõe que o representante judicial da parte (= advogados públicos e privados, defensor público) não pode ser compelido a cumprir em seu lugar a decisão. Talvez a regra estivesse mais bem situada no corpo do art. 139, em específico se fizesse alusão ao seu inciso IV ("o juiz dirigirá o processo conforme as disposições deste Código, incumbindo-lhe determinar todas as medidas indutivas, coercitivas, mandamentais ou sub-rogatórias necessárias para assegurar o cumprimento de ordem judicial, inclusive, nas ações que tenham por objeto prestação pecuniária"). Importa o seguinte: *o representante da parte não é a própria parte, e vice-versa*, salvo nos casos em que o advogado estiver atuando em causa própria. São figuras, no geral das vezes, inconfundíveis, razão suficiente para demonstrar a abusividade de ordem judicial que admoesta advogado a cumprir *pessoalmente* obrigação estranha ao âmbito dos poderes que lhe foram concedidos. Em semelhante sentido: ASSIS, Araken. *Processo Civil Brasileiro*. v. II. Tomo I. São Paulo: Revista dos Tribunais, 2015. p. 1.108-1.109.

— Θ —

Art. 78. É vedado às partes, a seus procuradores, aos juízes, aos membros do Ministério Público e da Defensoria Pública e a qualquer pessoa que participe do processo empregar expressões ofensivas nos escritos apresentados.

§1º Quando expressões ou condutas ofensivas forem manifestadas oral ou presencialmente, o juiz advertirá o ofensor de que não as deve usar ou repetir, sob pena de lhe ser cassada a palavra.

§2º De ofício ou a requerimento do ofendido, o juiz determinará que as expressões ofensivas sejam riscadas e, a requerimento do ofendido, determinará a expedição de certidão com inteiro teor das expressões ofensivas e a colocará à disposição da parte interessada.

Correspondente:
CPC/1973, art. 15.

Referências:
CF/1988, art. 5º, *caput*, LIV, LV; art. 93, IX.

CEDOAB, art. 27.

CEMN, art. 22, parágrafo único.

Urbanidade no trato: é o processo espaço destinado a contendas e disputas de teses, mas cujo sequenciamento deve ocorrer de modo civilizado e racional. Por isso, a lei exige urbanidade e lhaneza no trato de todo aquele que de algum modo atua em juízo. Aliás, é exortação já prevista nos muitos códigos de ética e disciplina, a exemplo daquele que traz o elenco de princípios formadores da consciência profissional do advogado e aponta os imperativos e mandamentos que devem nortear a sua conduta – recorde-se, para ilustrar, o teor do seguinte dispositivo: "O advogado observará, nas suas relações com os colegas de profissão, agentes políticos, autoridades, servidores públicos e terceiros em geral, o dever de urbanidade, tratando a todos com respeito e consideração, ao mesmo tempo em que preservará seus direitos e prerrogativas, devendo exigir igual tratamento de todos com quem se relacione" (CEDOAB, art. 27). Semelhantemente, o Código de Ética da Magistratura Nacional dispõe que o magistrado "tem o dever de cortesia para com os colegas, os membros do Ministério Público, os advogados, os servidores, as partes, as testemunhas e todos quantos se relacionem com a administração da Justiça, impondo-lhe a utilização de linguagem escorreita, polida, respeitosa e compreensível" (CEMN, art. 22, parágrafo único). Pois em reforço a tudo isso, o CPC/2015 veda, peremptoriamente, a utilização de expressões ou condutas ofensivas no recinto processual. Observações: i) o CPC/1973 proibia apenas o emprego de *expressões injuriosas*, na forma escrita e oral, mas parcela da doutrina já encarava o dispositivo legal em "sentido larguíssimo", de modo que devia compreender "a injúria, a ofensa com palavras aviltantes, insultos e calúnias" (MIRANDA, Pontes de. *Comentários ao Código de Processo Civil*. Tomo I. Rio de Janeiro: Editora Forense, 1947. p. 374); ii) a opção legislativa atual, que substituiu "expressões injuriosas" por "expressões ofensivas", vem com esse nítido *caráter expansivo*, ou seja, elegeu a ofensa em si, seja qual for ela, sem qualificá-la ou limitá-la; e iii) trata-se de *dever de probidade processual* que atinge, sem exceção, a todos que de alguma maneira participam do processo (partes advogados, juízes e auxiliares da justiça, membros do Ministério Público e da Defensoria Pública).

Expressões e condutas ofensivas: a lei faz alusão a uma *ofensividade* cuja prática pode ocorrer por intermédio de *expressões* ou *condutas* (CPC/2015, art. 78, §1º). Enquanto as *expressões* materializam-se via palavras ou frases, manifestadas por escrito ou oralmente, as *condutas* são revelações de pensamento materializadas por meio de gestos, isto é, pela maneira de se portarem ou conduzirem as próprias ações. Incide no tipo legal previsto pelo art. 78 do CPC/2015 aquele que: i) profere xingamentos em audiência; ii) emprega termos malcriados em suas petições com intuito de denegrir a imagem de outrem; iii) agride fisicamente seu algoz ou qualquer um em audiência; iv) vale-se de linguagem gesticular para insultar o juiz, a parte ou o advogado *ex adverso*; v) em sustentação oral, via sessão virtual ou presencial, ofende magistrados ou a própria corte de justiça.

Devido processo legal e expressões ofensivas: a lei veda o emprego de expressões ofensivas nos escritos apresentados, e mesmo oralmente, como forma de evitar a quebra de urbanidade no trato entre aqueles que participam do processo. Isso não significa, no entanto, que o advogado esteja proibido, por exemplo, de fazer constar de seus arrazoados investidas orais ultrajantes praticadas publicamente pela contraparte, nem pode ser reprimido por juntar aos autos cartas ou mensagens eletrônicas pouco cordiais e até caluniosas. Tampouco quis a lei amordaçar testemunha que presenciou uma das partes atacar a outra com palavras de baixo calão. Se as expressões ofensivas, em suma, são utilizadas no processo como elementos de prova, não tem lugar o art. 78 do CPC/2015. Posicionamento em contrário ulcera o devido processo legal, em especial atenta contra o contraditório, o direito à prova e a ampla defesa (CF/1988, art. 5º, LIV e LV).

Respeito ao devido processo legal: tem-se, a partir do art. 78 do CPC/2015, o dever de não empregar expressões ou condutas ofensivas. É dever de probidade cuja desobediência acarreta as seguintes consequências: i) advertência; ii) cassação da palavra; iii) riscadura de expressões ofensivas; e iv) expedição de certidão que explicite as expressões ou condutas ofensivas. Não se pode, porém, advertir ou sancionar sem antes oportunizar o contraditório e a ampla defesa, até porque a linguagem, rica em significados e ambígua que é, pode conduzir a impressões erradas e mal-entendidos (CF/1988, art. 5º, LIV e LV). Talvez, ainda, as expressões ofensivas tenham sido utilizadas especificamente como elemento de prova, não para atacar ou diminuir a parte ou algum ator processual. Por fim, não é demasiado lembrar: a decisão deverá estar devidamente fundamentada (CF/1988, art. 93, IX).

Sanções: são *quatro* as consequências previstas em lei para quem manifestar-se em juízo mediante expressões ou condutas ofensivas. Quando a manifestação ofensiva dar-se oral ou presencialmente, o órgão judiciário *advertirá o ofensor* de que não deve assim proceder ou se repetir, sob pena de lhe ser cassada a palavra. Logo se vê que a *cassação da palavra* exige, em primeiro lugar, a advertência do ofensor e, por derradeiro, a própria reincidência. Tanto a advertência como a cassação da palavra podem ser aplicadas, de modo geral, às partes, aos advogados, ao representante do Ministério Público, aos auxiliares da justiça e às testemunhas. Ademais, estabelece a lei que o juiz, de ofício ou a requerimento do ofendido, determinará a *riscadura das expressões ofensivas*. A prudência norteará o manejo de tal sanção, pois pode comprometer a ampla defesa e prejudicar uma das partes. Portanto, em respeito às garantias fundamentais do processo, a riscadura não deve ser praticada quando colocar em risco a compreensão de teses e/ou elementos de prova. Por fim, o juiz determinará, a requerimento do ofendido, a *expedição de certidão com inteiro teor das expressões ofensivas*, a qual será colocada à sua disposição para que adote as medidas, administrativas e judiciais, que entender pertinentes.

Utilização de expressões ofensivas pela autoridade judicial e implicações: também é vedado a juízes – e nem poderia ser diferente – utilizar, oralmente ou por escrito, expressões ou condutas ofensivas. Não à toa, aliás, o Código de Ética da Magistratura prescreve que o magistrado tem o dever de cortesia para com os colegas, os membros do Ministério Público, os advogados, os servidores, as partes, as testemunhas e todos quantos se relacionem com a administração da justiça, impondo-lhe o uso de linguagem escorreita, polida, respeitosa e compreensível (CEMN, art. 22, *caput* e parágrafo único). As implicações seguintes advêm do desrespeito, pelo juiz, da regra prevista no art. 78 do CPC/2015: i) riscadura das expressões ofensivas vazadas em sua decisão, a ser determinada por ele próprio ou por ordem do tribunal competente; e ii) expedição de certidão com o inteiro teor das expressões ofensivas, documento colocado à disposição do ofendido para que adote, a seu critério, as medidas administrativas (perante a Corregedoria de Justiça, por exemplo) e/ou judiciais cabíveis.

— Θ —

Seção II
DA RESPONSABILIDADE DAS PARTES POR DANO PROCESSUAL

Art. 79. Responde por perdas e danos aquele que litigar de má-fé como autor, réu ou interveniente.

Correspondente:
CPC/1973, art. 16.

Referências:
CPC/2015 art. 77, IV e VI, §§1º, 2º, 3º, 4º, 5º, 6º, 7º e 8º; art. 78; art. 80, I, II, III, IV, V, VI e VII; art. 81; art. 96; art. 100, parágrafo único; art. 139, III; art. 142; art. 161, parágrafo único; art. 334, §8º; art. 536, §3º; art. 702, §§10 e 11; art. 772, II; art. 774, *caput*; art. 777; art. 903, §6º; art. 918, parágrafo único.

Responsabilidade das partes por dano processual: prescreve o art. 79 do CPC/2015 que autor, réu ou interveniente responde por perdas e danos quando litigar de má-fé. Tem-se, aqui, evidente alusão à regra do art. 81, que autoriza o juiz a condenar o litigante de má-fé a indenizar a parte contrária pelos prejuízos suportados e a arcar com honorários advocatícios e todas as despesas que efetuou.

Atentado aos deveres de probidade: quem descumpre dever de probidade incide em tipos legais cujas implicações variam, podendo receber sanção quer por *ato atentatório à dignidade da justiça* (CPC/2015, art. 77, IV e VI, §§1º, 2º, 3º, 4º, 5º, 6º, 7º e 8º; art. 139, III; art. 161, parágrafo único; art. 334, §8º; art. 772, II; art. 774, *caput*; art. 777; art. 903, §6º; art. 918, parágrafo único), quer pela *prática de litigância de má-fé* (CPC/2015, art. 77, I, II, III, V; art. 79; art. 80, I, II, III, IV, V, VI e VII; art. 81; art. 96; art. 100, parágrafo único; art. 142; art. 536, §3º; art. 702, §§10 e 11; art. 777). Há, entre as duas categorias, diferenças relacionadas à *diversidade de implicações*, ao *percentual da multa* *aplicável*, ao *beneficiário dela* e *aos que podem ser alvo do sancionamento*. Para mais detalhamentos, conferir comentários ao art. 77.

Litigância de má-fé: o CPC/2015 prescreve regras destinadas a coibir a prática de específicos atos de improbidade processual e, assim, evitar a chicana e o abuso dos direitos de ação e defesa. Pretendeu o legislador, em suma, assegurar que as partes exerçam sua liberdade de litigância com lealdade e ética, sendo proibido, entre outras condutas, deduzir pretensão ou defesa contra texto expresso de lei ou fato incontroverso, alterar a verdade dos fatos, usar estratégias para conseguir objetivo ilegal, opor resistência injustificada ao andamento do feito, proceder de modo temerário, provocar incidente manifestamente infundado e interpor recurso com intuito manifestamente protelatório.

Destinatários da sanção pela litigância de má-fé: o art. 79 do CPC/2015 é claríssimo ao prescrever que apenas a parte (= autor, réu e interveniente) responde por litigância de má-fé. Quem se favorecerá por eventuais sanções e indenizações aplicadas será, de outro lado, a contraparte prejudicada (CPC/2015, art. 81). Há, no entanto, dispositivo específico que autoriza a aplicação de multa por litigância de má-fé aos serventuários, sendo o beneficiário dela o estado ou a União (CPC/2015, art. 96, segunda parte). Importante: não há base legal que autorize o órgão judiciário a punir advogados e membros da Defensoria Pública e do Ministério Público por atentado a deveres de probidade, de maneira que, no máximo, poderá oficiar o órgão de classe respectivo ou a corregedoria para apurar possível responsabilidade disciplinar.

— Θ —

Art. 80. Considera-se litigante de má-fé aquele que:

I - deduzir pretensão ou defesa contra texto expresso de lei ou fato incontroverso;

II - alterar a verdade dos fatos;

III - usar do processo para conseguir objetivo ilegal;

IV - opuser resistência injustificada ao andamento do processo;

V - proceder de modo temerário em qualquer incidente ou ato do processo;

VI - provocar incidente manifestamente infundado;

VII - interpuser recurso com intuito manifestamente protelatório.

Correspondente:
CPC/1973, art. 17.

Referências:
CPC/2015, art. 5º; art. 76; art. 77; art. 78; art. 79; art. 80, IV; art. 81; art. 100; art. 133; art. 142; art. 146; art. 293; art. 311, I; art. 313, I; art. 350; art. 373; art. 536, §3º; art. 702, §§10 e 11; art. 919, §1º; art. 966, III; art. 1.009; art. 1.015; art. 1.019, I; art. 1.021; art. 1.026, §2º; art. 1.029 e segs.

Litigância de má-fé e consequências: a lei prevê regras de moralização dedicadas a coibir condutas e, de tal sorte, evitar a chicana e o abuso dos direitos de ação e defesa. Aqui, os destinatários são as partes (= autor, réu e interveniente), exigindo que exerçam sua liberdade de litigância com lealdade e ética. Pesa-lhes sobre as costas, em suma, deveres negativos (= de proibição), cuja desatenção tem por implicações *condenação em multa* e *indenização por prejuízos causados*, incluído o pagamento de despesas processuais e honorários advocatícios (CPC/2015, art. 81).

Rol exemplificativo: o elenco trazido pelo art. 80 não é taxativo, ou seja, ao longo do CPC/2015 tem-se a previsão de outros tipos legais também dedicados a sancionar o litigante de má-fé. Exemplos: i) autor e réu que utilizam da atividade jurisdicional para praticar ato simulado ou conseguir fim vedado por lei (CPC/2015, art. 142); ii) executado que injustificadamente descumpre ordem judicial (CPC/2015, art. 536, §3º); iii) proposição indevida de ação monitória ou de embargos à ação monitória (CPC/2015, art. 702, §§10 e 11).

Legalidade, culpabilidade e riscos de excessos e abusos: é vedado a juízes e tribunais promover investidas admoestatórias contra as partes a fim de imprimir, *a partir de critérios particulares (= sem base legal)*, uma moralização ético-comportamental no ambiente processual. É receita para o caos, aliás, enxergar no art. 5º do CPC/2015, *dispositivo marcado por extremada generalidade*, abertura para tamanho poder discricionário, com prejuízo à ampla defesa, à imparcialidade judicial, ao contraditório e à isonomia. Eticidade e lealdade processuais, enfim, concretizam-se pela via da legalidade (pontual, categórica, com tipos legais e suportes fáticos claros, sanções devidamente positivadas), sempre respeitado o filtro supremo do devido processo legal. Sem contar que a boa-fé se presume, de modo que apenas se pode condenar alguém pela litigância de má-fé caso se tenha prova cabal da culpabilidade. Nesse sentido, ensina Rui Stoco: "(...) poder-se-ia resumir que os critérios para a verificação da má-fé são aqueles contidos na própria lei de regência, mas impõem e obrigam que se faça juízo de valor para verificar se o agente, ademais da conduta antijurídica, ingressou no campo da culpabilidade. (...) É que não basta o fato de a jurisprudência ter se firmado em determinado sentido, mesmo que advenha dos tribunais superiores ou, ainda, que o entendimento dessas cortes esteja sumulado. Impõe-se que se possa inferir dessa conduta a má-fé, ou seja, o agir doloso ou culposo do agente, a vontade dirigida ao objetivo de protelar ou de prejudicar a parte contrária" (STOCO, Rui. *Abuso do Direito e Má-fé Processual*. São Paulo: Revista dos Tribunais: São Paulo, 2002. p. 90). Consultar também: FONSECA COSTA, Eduardo José. Processo e razões de Estado. *Empório do Direito*, 28 out. 2019. Disponível em: www.emporiododireito.com.br. Acesso em: 14 dez. 2019).

Pretensão ou defesa contra texto expresso de lei ou fato incontroverso: são regras-irmãs as prescritas no inciso II do art. 77 e no inciso

I do art. 80, ambas do CPC/2015. Uma e outra, *a segunda mais precisa e específica*, têm por fito debelar a chamada *lide temerária*, de modo que a sua inobservância acarreta a punição da parte ímproba pela litigância de má-fé, nos moldes previstos pelo art. 81 do CPC/2015. Observações: i) não basta a negligência para o enquadramento do litigante no tipo legal, ou seja, exige-se a *ciência* (= elemento subjetivo) de que a pretensão ou defesa que formulou é destituída de fundamento legal ou atenta contra texto expresso de lei ou fato incontroverso; ii) a improcedência do pedido em si não tem por efeito automático a imposição de sanção ao autor, tampouco o réu pode ser penalizado maquinalmente pelo fato de ter sucumbido – em suma, exige-se o dolo ou erro grosseiro –; iii) não é lícito punir a parte pela litigância de má-fé pelo simples fato de que embasou sua pretensão ou defesa em interpretação de texto legal ou enunciado vinculativo que destoa da linha de entendimento majoritária de um específico tribunal ou dos tribunais superiores; e iv) não é adequado atribuir a pecha de *ímprobo processual* a quem questiona a inconstitucionalidade, a revogação, a caducidade, a não recepção e até a injustiça de tal ou qual norma, ou ainda anseia superar (= *overruling*) enunciado vinculativo.

Pretensão ou defesa contra fato incontroverso: Francesco Carnelutti mostra que o juiz, em vez de ter que se adaptar estritamente à *realidade*, deve acomodar-se às afirmações dos fatos (= afirmação material dos fatos) feitas pelas partes. E, entre os fatos não afirmados por nenhuma das partes, *os quais não existem para o juiz*, e os fatos afirmados por todas as partes, *que, para ele, devem ser considerados existentes*, encontra-se uma *área neutra* em que se estabelecem os fatos afirmados por uma das partes, mas não admitidos pela contraparte, *estes que podem ou não existir*. São os chamados *fatos controvertidos*, que constituem a regra em matéria probatória (CARNELUTTI, Francesco. *A prova civil*. 4. ed. Campinas: Bookseller Editora, 2005. pp. 31-45). A atuação das partes limita o campo dos fatos a se conhecer, com reflexos na própria instrução probatória. Quebra o dever de lealdade, *que pauta as condutas dos sujeitos processuais no campo litigioso*, a parte que formula, de modo consciente, pretensões ou defesas contra fato incontroverso. Trata-se de estratégia avessa à ética que se espera no campo litigioso, utilizada para confundir o adversário e a própria autoridade judicial. É, enfim, prática ímproba, tipificada como litigância de má-fé e punível nos termos do que prevê o art. 81 do CPC/2015. Araken de Assis faz importante observação: i) o inciso I do art. 80, *parte final*, ao contrário do que se poderia imaginar, tem incidência também perante o autor; ii) ao réu cumpre alegar os fatos extintivos, modificativos ou impeditivos da pretensão formulada pelo autor (CPC/2015, art. 373, II), razão por que este último será instado a se manifestar, no prazo de quinze dias (CPC/2015, art. 350), para desincumbir, caso queira, do ônus de impugnar as citadas alegações de fato formuladas pelo primeiro; e iii) se não o fizer, optando pela não impugnação, tais fatos (extintivos, modificativos ou impeditivos) serão tidos por incontroversos (ASSIS, Araken. *Processo Civil Brasileiro.* v. II. Tomo I. São Paulo: Revista dos Tribunais, 2015. p. 285).

Alteração da verdade dos fatos: o respeito à verdade é conduta incluída entre os *deveres de probidade*, cuja homenagem é esperada por todos que, de algum modo, participam do processo (CPC/2015, art. 77, I c/c art. 80, II). Não se pode, contudo, enxergar a norma com extremismos, em desdém à regra da inércia e até ao ônus subjetivo da prova, como já se viu ocorrer, por exemplo, em regimes comunistas – nesse sentido: SOBRINHO, Elicio de Cresci. *Dever de veracidade das partes no processo civil.* Porto Alegre: Sergio Antonio Fabris Editor, 1988. pp. 101-102. Vale recordar as palavras de Santo Agostinho: *não mente quem diz algo falso crendo ou supondo ser verdadeiro o que diz.* A lei, então, condena afirmações inverídicas que foram elaboradas de maneira consciente ou intencional, ou seja, tem por alvo a *mentira.* A parte que *deliberadamente* falsear fatos ao expô-los em juízo incidirá no tipo legal, será tida por litigante de má-fé e estará sujeita às consequências previstas no art. 81 do CPC/2015. Sobre o tema, conferir os comentários ao art. 77.

Intenção de conseguir objetivo ilegal: o inciso III do art. 80 delineia tipo legal que atribui a pecha de litigante de má-fé à parte que usa do serviço jurisdicional para conseguir objetivo ilegal. É atuação ilícita, que pode ocorrer de forma unilateral ou bilateral, não importando propriamente o alcance do resultado desejado, mas a prática de atos endereçados ao seu atingimento (MOUZALAS,

Rinaldo. *Comentários ao Código de Processo Civil.* Coordenadores: ALVIM, Angélica Arruda; ASSIS, Araken; ALVIM, Eduardo Arruda; LEITE, George Salomão. 2. ed. São Paulo: Saraiva, 2017. p. 143). De todo modo, a configuração do tipo e a aplicação de sanções, a exemplo dos demais tipos legais relacionados à improbidade processual e às sanções que impõem, exigem demonstração da *intenção malévola* (= dolo), além do respeito intransigente ao devido processo legal. Observações: i) convencendo-se o juiz de que autor e réu serviram-se do serviço jurisdicional para praticar ato simulado ou conseguir fim vedado por lei, deverá proferir decisão que impeça os objetivos das partes, bem assim aplicar as penalidades da lei (CPC/2015, art. 142); e ii) a decisão de mérito, transitada em julgado, pode ser rescindida quando resultar de dolo ou coação da parte vencedora em detrimento da parte vencida, ou, ainda, de simulação ou colusão entre as partes a fim de fraudar a lei (CPC/2015, art. 966, III).

Resistir de modo injustificado ao andamento do feito: o litigante, em prol do exercício de sua ampla defesa, vê-se muitas vezes estimulado a resistir *justificadamente* ao andamento do feito. Como não poderia ser diferente, o próprio ordenamento jurídico lhe confere as armas para assim atuar. É o que ocorre, por exemplo, quando a parte requer a suspensão do processo: i) por ter verificado vício de incapacidade processual (CPC/2015, art. 76); ii) em virtude da instauração de incidente de desconsideração da personalidade jurídica (CPC/2015, art. 133 e segs.); iii) pela morte do seu representante legal (CPC/2015, art. 313, I); iv) porque presentes os requisitos para a concessão da tutela provisória em embargos à execução (CPC/2015, art. 919, §1º) ou em agravo de instrumento (CPC/2015, art. 1019, I). O que não se admite é a oposição "de resistência injustificada ao andamento do processo" (CPC/2015, art. 80, IV). Resistir de modo injustificado é praticar determinado ato, não importando em que fase procedimental, "sem apoio na lei", apenas obedecendo ao intuito de chicana ou protelação, sendo a "malícia elemento essencial", não bastando, portanto, a mera resistência em que a culpa seja leve (MIRANDA, Pontes de. *Comentários ao Código de Processo Civil.* Tomo I. Rio de Janeiro: Editora Forense, 1947. p. 404). Duas observações: i) há relação entre os tipos legais prescritos no inciso III do art. 77 ("não produzir provas e não praticar atos inúteis ou desnecessários à declaração ou à defesa do direito") e no inciso IV do art. 80, embora o primeiro seja pouco mais específico e tenha por destinatários não apenas as partes, mas, sim, e indistintamente, todos os sujeitos processuais; e ii) é desproporcional e de duvidosa constitucionalidade a regra que permite a concessão de tutela da evidência pela caracterização do abuso do direito de defesa ou manifesto propósito protelatório da parte (CPC/2015, art. 311, I) (= proibição do excesso).

Proceder de modo temerário: considera-se litigante de má-fé a parte que *proceder de modo temerário em qualquer incidente ou ato processual* (CPC/2015, art. 80, V). Conhecido léxico joga luzes sobre a expressão em epígrafe: "1. Que, com heroísmo exagerado, atira-se estouradamente ao perigo, com mais probabilidade de se sair mal do que bem; ousado e irresponsável: homens temerários perdem a vida totalmente; o rapaz foi temerário em surfar nessa praia, onde abundam tubarões. 2. Caracterizado por esse procedimento: aventura temerária; extravagância temerária; negócio temerário; surge temerário (...)" (SACCONI, Luiz Antonio. *Grande Dicionário Sacconi da língua portuguesa. Comentado, crítico e enciclopédico.* São Paulo: Editora Nova Geração, 2010. p. 1.946). Age temerariamente quem, de maneira intencional ou por pura imprudência, se mete em aventuras jurídicas absurdas ou adota práticas bizarras para nutrir estratagemas e transformar o processo num palco de engano e confusão. Exemplos: i) postulações constitucionalmente absurdas; ii) insistência em produção probatória ilegal; iii) fazer sinais à testemunha a fim de orientá-la em seu depoimento; iv) tentativa de alterar os limites do objeto litigioso; v) refutar fato que anteriormente admitiu como incontroverso; vi) usar da opção "sigilo", constante no PJe, para impedir que a parte contrária possa tomar ciência de documento ou petição juntada – conferir comentários ao art. 107. Importante: embora o advogado não responda pela litigância de má-fé, é ele responsável pelos atos que, no exercício profissional, praticar com dolo ou culpa, sendo, portanto, solidariamente responsável com seu cliente pelos danos eventualmente causados à parte contrária, o que deverá ser apurado, sempre, em ação própria (Lei nº 8.906/1994, art. 32, *caput* e parágrafo único).

Provocar incidente manifestamente infundado: considera-se litigante de má-fé quem *provocar incidente manifestamente infundado* (CPC/2015, art. 80, VI). A expressão *incidente*, em vista do que dispõe o inciso I do art. 80, deve ser lida, aqui, em sentido *restrito*. Ou seja, diz respeito a evento que ocorre no curso do feito, mas como fato estranho à normalidade, às vezes até ensejando a instauração de procedimento em paralelo (PACHECO, José da Silva. *O atentado no processo civil*. Rio de Janeiro: Editor Borsoi, 1958. p. 31) – exemplos: impugnação à gratuidade da justiça (CPC/2015, art. 100); impugnação ao valor da causa (CPC/2015, art. 293); requerimento de retorno ao *status quo* por prática de atentado (CPC/2015, art. 77, VI); incidente de suspeição ou impedimento (CPC/2015, art. 146); incidente de desconsideração da personalidade jurídica (CPC/2015, art. 133 e segs.). Por fim, não bastará a mera ausência de base legal para se ter a configuração da litigância de má-fé, tanto que a lei faz alusão a incidente *manifestamente* infundado. Trata-se, em resumo, do incidente cujo fim não se justifica, intencionalmente carente de sentido e, ainda, com fundamentação distorcida ou *contra legem*.

Interposição de recurso com intuito manifestamente protelatório: quem utilizar-se de remédio recursal (CPC/2015, art. 994) com intuito manifestamente protelatório incidirá no tipo legal previsto no inciso VII do art. 80, razão por que sofrerá sanção pela prática de litigância de má-fé. Aqui, em específico, a lei censura a conduta daquele que *intencionalmente* interpõe recurso não para corrigir desvios da decisão impugnada, mas ambicionando o retardo da prestação jurisdicional (= *estratégia de procrastinação*). Merece atenção o advérbio *manifestamente*: o objetivo de protelar deve estar demonstrado de modo cabal, categórico, cristalino, evidente. De resto, há regras particularizadas ditando a litigância de má-fé e o valor da multa aplicável em relação a recursos específicos, a exemplo do agravo interno (CPC/2015, art. 1.021, §4º) e dos embargos de declaração (CPC/2015, art. 1.026, §2º), tipos legais que não dispensam a demonstração do dolo.

Decisão e recurso cabível: admite-se a interposição de *agravo de instrumento* contra decisões interlocutórias que versem sobre *punição por ato de improbidade processual*, desde que proferidas em fase de liquidação de sentença ou de cumprimento de sentença, no processo de execução e no processo de inventário (CPC/2015, art. 1.015, parágrafo único). Nos demais casos, deverá a parte prejudicada, assim querendo, manejar recurso de *apelação*, nos moldes delineados pelo art. 1.009 do CPC/2015. De igual modo, a *apelação* é o recurso cabível quando o sancionamento tiver por origem a sentença. Se, de outro lado, a sanção decorrer de decisão proferida pelo relator, caberá *agravo interno* para o respectivo órgão colegiado (CPC/2015, art. 1.021). Por fim, presentes os pressupostos constitucionais, admite-se o manejo de *recurso especial* (CPC/2015, art. 1.029 e segs.).

— Θ —

Art. 81. De ofício ou a requerimento, o juiz condenará o litigante de má-fé a pagar multa, que deverá ser superior a um por cento e inferior a dez por cento do valor corrigido da causa, a indenizar a parte contrária pelos prejuízos que esta sofreu e a arcar com os honorários advocatícios e com todas as despesas que efetuou.

§1º Quando forem 2 (dois) ou mais os litigantes de má-fé, o juiz condenará cada um na proporção de seu respectivo interesse na causa ou solidariamente aqueles que se coligaram para lesar a parte contrária.

§2º Quando o valor da causa for irrisório ou inestimável, a multa poderá ser fixada em até 10 (dez) vezes o valor do salário-mínimo.

§3º O valor da indenização será fixado pelo juiz ou, caso não seja possível mensurá-lo, liquidado por arbitramento ou pelo procedimento comum, nos próprios autos.

Correspondente:
CPC/2015, art. 18.

Referências:
CF/1988, art. 5º, *caput*, XXXV, LIV, LV, LVI, LXXVIII; art. 93, IX.

CPC/2015, art. 77; art. 78; art. 79; art. 80; art. 96; art. 97; art. 98, *caput* e §4º; art. 327, §1º, III; art. 523; art. 524; art. 525; art. 526; art. 527; art. 777; art. 1.009, §1º; art. 1.015.

Veto à atuação judicial punitiva-oficiosa: não é lícito ao órgão judicial embrenhar-se, *ex officio* (= sem a devida provocação), em investigações acerca da eventual ocorrência de improbidade processual. É a jurisdição serviço estatal distinguido pela *letargia* (= regra da inércia), de modo que suas engrenagens entram em funcionamento só quando estimuladas por quem pretenda a tutela jurisdicional. Tem-se, aí, portanto, espécie de mecanismo de preservação da própria garantia fundamental da imparcialidade, dedicado a obstar cruzadas inquisitoriais encabeçadas por juízes e tribunais contra tal ou qual litigante. Contenção e prudência, em suma, são a própria substância do exercício probo e neutro da jurisdição. É lembrar a velha e conhecida dinâmica *adversarial*: i) a parte autora provoca a jurisdição; ii) a contraparte defende-se; iii) ambas exercem sua liberdade de litigância e produzem provas em apoio às teses que advogam; iv) ao final, com os autos do processo já abastecidos pelos elementos oriundos do contraditório, o juiz decide. Não há por que ser diferente quando está em jogo questão atinente à possível prática de ato processual ímprobo.

Pedido implícito: o art. 81 do CPC/2015 cunhou hipótese de *pedido implícito*. Ou seja, a regra estabelece que, de "ofício ou a requerimento, o juiz *condenará* o litigante de má-fé a pagar multa (...)", algo distinto de permitir a autoridade judicial, *por ato de ofício*, a *dar início* à jurisdição para apuração de eventual conduta tipificada como litigância de má-fé (ou como ato atentatório à dignidade da justiça). Em miúdos: i) cumpre à parte interessada denunciar a prática do ato ímprobo, fazendo com que essa novidadeira questão seja incluída no objeto litigioso, forçando o órgão judicial, sempre em respeito ao devido processo legal, a levá-la também em consideração e, por fim, decidi-la; e ii) a denúncia ou provocação da atividade jurisdicional não necessita vir acompanhada de pedido expresso para a condenação do *improbus litigator* nas sanções previstas no art. 81 do CPC/2015, pois aqui o ordenamento jurídico trabalha com a figura do *pedido implícito*.

Litigância de má-fé e sanções: quem pratica litigância de má-fé sujeita-se ao pagamento de *multa*, que deverá ser superior a um por cento e inferior a dez por cento do valor corrigido da causa (CPC/2015, art. 81, *caput*). Se irrisório ou inestimável o valor da causa, abre-se a possibilidade para que a multa seja fixada em até dez vezes o valor do salário mínimo (CPC/2015, art. 81, §2º). Observação: quando vigente o CPC/1973, o arbitramento da aludida multa limitava-se a *valor não excedente a um por cento sobre o valor da causa* (CPC/1973, art. 18, *caput*), o que deixa em evidência o intento do Código atual de punir, com mais severidade, o litigante de má-fé. Além da multa, o *improbus litigator* pode ser condenado a indenizar a parte contrária pelos prejuízos que esta sofreu e a arcar com os honorários advocatícios e com todas as despesas por ela efetuadas. E vale a lembrança: a concessão da gratuidade da justiça (CPC/2015, art. 98, *caput*) não afasta o dever de o beneficiário pagar, ao final do procedimento jurisdicional, as multas processuais que lhe foram impostas (CPC/2015, art. 98, §4º).

Prática conjunta de litigância de má-fé: se forem dois ou mais os litigantes de má-fé, o juiz condenará cada qual na proporção de seu respectivo interesse na causa ou solidariamente aqueles que se coligarem para lesar a parte contrária (CPC/2015, art. 81, §1º). Esmiuçando: i) se dois ou mais litigantes praticarem *separadamente* distintos atos de litigância de má-fé, serão todos condenados (a) ao pagamento de multa, que deverá ser superior a um por cento e inferior a dez por cento do valor corrigido da causa, (b) a indenizar a parte contrária pelos prejuízos que esta sofreu e (c) a arcar com os honorários advocatícios e com todas as despesas que efetuou (CPC/2015, art. 81, *caput*); e ii) se dois ou mais litigantes praticarem *conjuntamente* (= de maneira intencional e coligada) atos tipificados como processualmente ímprobos, serão todos condenados *solidariamente* (a) ao pagamento de multa, que deverá ser superior a um por cento e inferior a dez por cento do valor corrigido da causa, (b) a indenizar a parte contrária pelos prejuízos que esta sofreu e (c) a arcar com os honorários advocatícios e com todas as despesas que efetuou.

Condenação em multa: de regra, são as partes (= autor, réu e interveniente) que respondem e são favorecidas por eventual condenação em multa pela prática da litigância de má-fé (CPC/2015, art. 79). Há, todavia, dispositivo específico autorizando a aplicação de multa por litigância de má-fé a serventuários, sendo o beneficiário dela o estado ou a União (CPC/2015, art. 96, segunda parte). Não há, de outro lado, base legal que autorize o órgão judiciário a punir advogados e membros da Defensoria Pública e do Ministério Público por atentado a dever de probidade (= litigância de má-fé ou ato avesso à dignidade da justiça), de maneira que, no máximo, poderá oficiar o órgão de classe respectivo ou a corregedoria para apurar possível responsabilidade disciplinar. Detalhamentos: i) a multa deve ser arbitrada, não importando se o agente responsável situa-se no polo ativo ou passivo, em importância superior a um por cento e inferior a dez por cento do valor corrigido da causa; ii) sendo o valor da causa irrisório (= valor muito baixo) ou inestimável (= causas em que a estimação é impossível, como as concernentes à guarda de crianças), a multa poderá ser fixada em até dez vezes o valor do salário mínimo; iii) a prática de atos distintos de litigância de má-fé por partes diferentes implicará a condenação *em separado* de cada um dos responsáveis (= uma ou mais multas para cada litigante ímprobo); iv) a prática de atos distintos de litigância de má-fé por uma única parte resultará em diversas condenações (= duas ou mais multas para um único litigante); v) a prática coligada de ato de litigância de má-fé levará à condenação solidária dos corresponsáveis (= uma multa para dois ou mais litigantes ímprobos); e vi) cada ato de litigância de má-fé pode conduzir à aplicação de uma única multa, não tendo relevância o número de litigantes ímprobos e/ou de partes prejudicadas (= uma única multa imputada aos litigantes ímprobos e a ser dividida em benefício dos litigantes prejudicados).

Execução das multas: condenada a parte (= autor, réu ou interveniente) pela litigância de má-fé, a multa deve ser executada nos mesmos autos, via *cumprimento de sentença*, em atenção à normatização prevista nos arts. 523 a 527 do CPC/2015. Havendo, de outro lado, condenação pela litigância de má-fé em sede de execução civil (processo de execução ou cumprimento de sentença), bastará ao credor elaborar planilha de cálculo e acrescer, na obrigação originária, o novo crédito (CPC/2015, art. 777). Ou seja, ter-se-á o aproveitamento da via executiva em desenvolvimento. Em sendo a condenação principal *específica*, a multa deve ser executada nos autos principais, mas por intermédio de outro procedimento (CPC/2015, arts. 523 a 527) – afinal, são próprios e incompatíveis os ritos para execução *de soma em dinheiro* e *de obrigação de fazer, não fazer e dar coisa*, de modo que é inviável a cumulação de pedidos num mesmo procedimento (CPC/2015, art. 327, §1º, III). Se, por fim, a sanção pela litigância de má-fé for aplicada aos serventuários, o beneficiado dela é o estado ou a União (CPC/2015, art. 96, segunda parte), razão por que a sua cobrança segue os moldes do procedimento de execução fiscal.

Indenização pelos prejuízos sofridos e sua liquidação: sendo possível, o valor da indenização será fixado *de imediato* pelo juiz ou, na impossibilidade de mensurá-lo, deverá ser liquidado no futuro. Duas mudanças: i) o CPC/1973 restringia a fixação da indenização em quantia não superior a vinte por cento sobre o valor da causa, regramento que obrigava a parte prejudicada a promover ação própria a fim de obter o ressarcimento integral dos prejuízos sofridos. Hoje não mais é assim, de modo que o valor indenizatório deverá ser arbitrado ou liquidado em toda a sua dimensão; e ii) quando vigente o CPC/1973, admitia-se a liquidação apenas na modalidade *arbitramento*, o que levava a uma ação de liquidação em procedimento próprio sempre que fosse indispensável a prova de fatos novos para o atingimento do *quantum* indenizatório. O problema está superado, pois o CPC/2015 autoriza o manejo, nos próprios autos, de liquidação *pelo procedimento comum*.

Respeito ao devido processo legal: *ninguém será privado da liberdade ou de seus bens sem o devido processo legal* (CF/88, art. 5º, LIV). Dúvida não há de que a prática de ato tipificado como litigância de má-fé pode conduzir à *condenação* em pagamento de multa e, por conseguinte, à privação de bens (CPC/2015, art. 81, *caput*). Em outros termos: i) sanções decorrem de condenações, como é o caso da condenação em multa pela prática de ato processualmente ímprobo; e ii) condenar em multas é nada menos que sujeitar alguém à privação de patrimônio. Por isso, não está o órgão judiciário autorizado a sancionar (= condenar) pela litigância de má-fé sem que tenha sido devidamente provocado pela parte interessada (= regra da inércia), não lhe sendo lícito, ademais, fazê-lo ao arrepio do contraditório, da ampla defesa e do dever de fundamentar decisões judiciais.

Multa e dever de fundamentar: são habituais, na praxe do foro, punições pela prática da litigância de má-fé implementadas à margem do devido processo legal, sobretudo em desrespeito ao contraditório, à ampla defesa e ao direito de produzir provas. E, quase sempre, decisões que condenam pela litigância de má-fé carecem de fundamentação (ou carecem de fundamentação adequada), no máximo fazendo apontar o tipo legal que, na particular visão do magistrado, foi infringido, mas sem a preocupação em caracterizar a intenção malévola da parte e a justificação dos parâmetros racionais adotados para o arbitramento da multa. As regras são autoevidentes: i) ao responsável aplicar-se-á multa que deverá ser superior a um por cento e inferior a dez por cento do valor corrigido da causa; e ii) sendo o valor da causa irrisório ou inestimável, a multa poderá ser fixada em até dez vezes o valor do salário mínimo. Portanto, exige-se da autoridade judicial que empreenda espécie de *dosimetria da punição*, ou seja, deve elucidar os elementos de fato que, de um lado, abonem a condenação e, de outro, expliquem o próprio acerto do cálculo elaborado para atingir um específico valor da multa que desfavorece a parte sancionada. Ao transformar em *letra-morta* relevante dever de transparência e controle (CF/1988, art. 93, IX), o juiz está, ele mesmo, a pretexto de punir conduta ímproba, praticando improbidade processual, sem contar os embaraços que tal conduta arbitrária cria ao direito que as partes têm de fiscalizar as decisões pelas vias recursais legítimas.

Decisão e recurso cabível: admite-se a interposição de *agravo de instrumento* contra decisões interlocutórias que versem sobre *punição por ato de improbidade processual*, desde que proferidas em fase de liquidação de sentença ou de cumprimento de sentença, no processo de execução e no processo de inventário (CPC/2015, art. 1015, parágrafo único). Nos demais casos, deverá a parte prejudicada, assim querendo, manejar recurso de *apelação*, nos moldes delineados pelo art. 1.009 do CPC/2015. De igual modo, a *apelação* é o recurso cabível quando o sancionamento tiver por origem a sentença. Se, de outro lado, a sanção decorrer de decisão proferida pelo relator, caberá *agravo interno* para o respectivo órgão colegiado (CPC/2015, art. 1.021). Por fim, presentes os pressupostos constitucionais, admite-se o manejo de *recurso especial* (CPC/2015, art. 1.029 e segs.).

Condenação em honorários advocatícios: reza a lei que o juiz condenará o litigante de má-fé a pagar multa, a indenizar a contraparte pelos prejuízos que esta sofreu e a arcar com os honorários advocatícios e com todas as despesas que efetuou (CPC/2015, art. 81). A ausência de clareza gera dúvidas e, a depender da linha interpretativa adotada, perplexidade. Tenha-se em mente que a regra em análise tem por escopo regular, especificamente, casos envolvendo ilícitos oriundos da má-fé processual (CPC/2015, art. 80 e outros). A parte (= autor, réu ou interveniente) que pratica ato tipificado como má-fé, enfim, sujeita-se às implicações previstas no art. 81 do CPC/2015: i) condenação em multa, que deverá ser superior a um por cento e inferior a dez por cento do valor corrigido da causa ou, caso seja este irrisório ou inestimável, a ser fixada em até dez vezes o valor do salário mínimo (CPC/2015, art. 81, *caput* e §3º); ii) condenação a indenizar a parte contrária pelos prejuízos que eventualmente tenha sofrido (CPC/2015, art. 81, *caput*); iii) condenação a pagar honorários advocatícios; e iv) condenação a pagar todas as despesas que efetuou. Chamam a atenção, sobretudo, os itens iii e iv. A expressão *honorários advocatícios*, salvo melhor juízo, não é alusiva aos honorários contratuais, e sim aos honorários sucumbenciais. Se a parte vitimada pela litigância de má-fé foi justamente quem logrou êxito na demanda, é claro que ela está autorizada a fazer valer sua pretensão de ressarcimento integral dos prejuízos que sofreu – em suma: os honorários contratuais integram a categoria *prejuízos sofridos* (CPC/2015, art. 81, *caput*). Ter-se-á, em tal hipótese, pretensão ressarcitória fundada no Código Civil. Em favor da clareza e segurança, teria sido mais adequada a inclusão do art. 81, *caput*, em parágrafo próprio do art. 85, até porque o primeiro dispositivo, por também tratar sobre honorários sucumbenciais, traz uma exceção normativa, isto é, quebra a lógica da regra contida no último. Enfim, há, aí, no bojo do art. 81, previsão legal estabelecendo a condenação do litigante de má-fé a pagar honorários *sucumbenciais* ao advogado da contraparte lesada, o que demonstra que essa espécie de verba honorária, para além da sua finalidade remuneratória, tem outrossim papel sancionatório, pois é utilizada para conter e punir chicanas, abusos e aventuras jurídicas. Nada muda se o litigante ímprobo for vencido na demanda: afinal de contas, será condenado, *pelo mero fato da sucumbência*, a pagar honorários sucumbenciais ao advogado do vencedor. De outro lado, vencendo a demanda o litigante ímprobo, deverá o juiz proferir *dupla condenação* em honorários, de modo que serão beneficiados os advogados de ambos os polos da contenda. Não haverá, portanto, inversão de sucumbência, pois isso faria prejudicar o advogado do *improbus litigator*, e não ele próprio, que é quem está sujeito à sanção por ato de litigância de má-fé. Lembre-se: i) advogados respondem por eventual responsabilidade disciplinar perante o respectivo órgão de classe; e ii) nada impede à parte lesada de, caso queira, promover ação própria a fim de responsabilizar o advogado por danos sofridos. Sobressai aqui, em conclusão, o caráter sancionatório da medida – similar, por exemplo, ao que dispõe a LACP (art. 18) –, aproveitando-se o legislador da condenação em honorários sucumbenciais, cuja finalidade sobressalente é a remuneração do advogado, para punir a parte ímproba mesmo quando lograr êxito na demanda. Em sentido similar, consultar: MILMAN, Fábio. *Improbidade processual. Comportamento das partes e de seus procuradores no processo civil.* Rio de Janeiro: Forense, 2007.

Condenação em todas as despesas: o art. 81 do CPC/2015 estabelece que o juiz condenará o litigante de má-fé a arcar "com *todas* as despesas que efetuou". Ou seja, além das despesas *repetíveis* (custas, indenização de viagem, diária de testemunha e remuneração do assistente técnico), incluem-se, na rubrica, outras tantas, como, por exemplo, os gastos com a extração de cópias, digitalização de documentos, tradução de documentos úteis à instrução do processo ou elucidação dos advogados, transmissão de dados, etc. (ASSIS, Araken. *Processo Civil Brasileiro.* v. II. Tomo I. São Paulo: Revista dos Tribunais, 2015. pp. 328-329).

— Θ —

Seção III
DAS DESPESAS, DOS HONORÁRIOS ADVOCATÍCIOS E DAS MULTAS

Art. 82. Salvo as disposições concernentes à gratuidade da justiça, incumbe às partes prover as despesas dos atos que realizarem ou requererem no processo, antecipando-lhes o pagamento, desde o início até a sentença final ou, na execução, até a plena satisfação do direito reconhecido no título.

§1º Incumbe ao autor adiantar as despesas relativas a ato cuja realização o juiz determinar de ofício ou a requerimento do Ministério Público, quando sua intervenção ocorrer como fiscal da ordem jurídica.

§2º A sentença condenará o vencido a pagar ao vencedor as despesas que antecipou.

Correspondente:
CPC/1973, arts. 19 e 20, §2º.

Referências:
CF/1988, art. 5º, LXXIV.

CPC/2015, art. 81; art. 84; art. 85, §18; art. 86; art. 87; art. 88; art. 90; art. 91; art. 93; art. 94; art. 95; art. 98; art. 99; art. 290; art. 485, I e III, e §1º; art. 494, II; art. 966, V; art. 1.007.

LACP/1985, art. 5º.

Súmula Vinculante nº 28 (STF). É inconstitucional a exigência de depósito prévio como requisito de admissibilidade de ação judicial na qual se pretenda discutir a exigibilidade de crédito tributário.

Súmula nº 45 (STJ). No reexame necessário, é defeso, ao tribunal, agravar a condenação imposta à Fazenda Pública.

Súmula nº 667 (STF). Viola a garantia constitucional de acesso à jurisdição a taxa judiciária calculada sem limite sobre o valor da causa.

Despesas processuais, honorários e multas: a expressão *despesas processuais* é mais abrangente que os gastos alusivos a atos realizados ou requeridos pelas partes no processo. Ainda que seja assim, não se confundem *despesas processuais, honorários advocatícios* e *multas*, como se os dois últimos fossem espécies da primeira. Distinguem-se em essência e particularidades. Tanto isso é verdade que a epígrafe da Seção III, que ora se comenta, não se refere unicamente às "despesas", abarcando também os *honorários advocatícios* e as *multas*, sem contar que há dispositivos legais específicos dedicados à tratativa de cada qual deles. E vale sublinhar: ontologicamente, a disciplina das despesas processuais atrela-se à ideia de responsabilidade civil, o que não mais ocorre com os honorários advocatícios sucumbenciais. O CPC/2015 fez questão, portanto, de distingui-los. Sobre os honorários sucumbenciais, conferir comentários ao art. 85.

Despesas processuais: o termo *despesas processuais* compreende as custas, a indenização de viagem, a remuneração do assistente técnico e a diária de testemunha (CPC/2015, art. 84), além de todos os dispêndios indispensáveis à formação e ao sequenciamento do procedimento jurisdicional e à efetivação das decisões judiciais – por exemplo: honorários de peritos, de assistentes técnicos e de intérpretes, custas com a publicação de editais de citação ou de leilões, depósito prévio exigido em ação rescisória, entre outros. Acerca da abrangência do termo *despesas processuais*, consultar: STJ, REsp nº 1.558.185, 3ª Turma, rel. Min. Nancy Andrighi, julgamento 02.02.2017, disponível em: www.stj.jus.br. Para um exame mais detido, conferir comentários ao art. 84.

Ônus de antecipação: não se tem, nas regras do art. 82, a previsão de *deveres* processuais. Quem então se recusar, por exemplo, a adiantar despesa processual de ato que requerer não terá praticado ilícito. Apenas escolheu conduzir-se por um caminho (= a omissão) que, muito provavelmente, irá prejudicá-lo, mas nem por isso atentatório à legalidade. A mesma orientação é válida para os casos nos quais o ato é determinado *ex officio* pelo juiz ou mesmo a requerimento do Ministério Público (= fiscal da ordem jurídica). As aludidas regras, enfim, impõem um *ônus*, não tendo por alvo o interesse alheio, de modo que as partes são *estimuladas* a atuar para obterem resultados que lhes sejam úteis (= satisfação do próprio interesse; obtenção ou conservação de direitos; administração de interesses pessoais).

Descumprimento do ônus de antecipação de despesas processuais: cumpre a cada parte o ônus de prover as despesas dos atos que realizar ou requerer no processo, antecipando-lhes o pagamento, desde o início até o final, ou, na execução, até a plena satisfação do crédito exequendo. É do autor, em particular, o ônus de adiantamento das despesas relativas a ato cuja realização o juiz determinar de ofício ou a requerimento do Ministério Público, quando este intervier no processo como fiscal da ordem jurídica – excetua-se, diga-se já aqui, a perícia determinada de ofício pelo órgão judicial, pois há regra específica impondo que os honorários do perito, nesse caso, serão rateados pelas partes (CPC/2015, art. 95, *caput*). Nas palavras de Humberto Theodoro Júnior, o descumprimento desse *ônus financeiro processual* tem por consequências: i) não efetuado o preparo inicial, mesmo depois de superados quinze dias da intimação pessoal do advogado da parte, o que se terá é a extinção do feito com o consequente cancelamento da distribuição (CPC/2015, art. 290); ii) "quando a ausência do preparo prévio é de custas recursais, dá-se a deserção do recurso" (CPC/2015, art. 1.007); iii) requerida a produção de prova (exemplos: testemunhas, perícia), mas ausente o depósito para a realização de diligência ou remuneração do auxiliar da justiça, o ato restará prejudicado, em provável prejuízo da parte que o requereu; iv) "se a falta do ato realizado impedir o prosseguimento da marcha processual" (exemplos: citação de litisconsorte necessário), "o não pagamento de preparo prévio provocará a figura do abandono da causa, e poderá redundar em extinção do processo sem resolução de mérito" (CPC/2015, art. 485, II e III, §1º) (THEODORO JÚNIOR, Humberto. *Curso de Direito Processual Civil*. v. I. 56. ed. Rio de Janeiro: Forense, 2015. p. 293).

Ministério Público: pesa sobre os ombros do autor o ônus de adiantamento das despesas relativas a atos cuja realização foi requerida pelo Ministério Público, mas apenas, é claro, nos casos em que este funcionar como fiscal da ordem jurídica. Insista-se: tem-se, aí, não um dever, *mas apenas um ônus*. Se o autor não atendê-lo, enfim, não se sujeitará a sanções por litigância de má-fé ou atentado à dignidade da justiça – talvez, por exemplo, uma prova postulada pelo Ministério Público lhe pareça desnecessária ou incompatível com a versão dos fatos que advoga. Há, por fim, regras específicas sobre o pagamento de despesas processuais aplicáveis quando o Ministério Público atuar na condição de parte (CPC/2015, art. 91, §§1º e 2º).

Condenação do vencido ao pagamento das despesas processuais adiantadas: é o serviço público judiciário, em regra, *remunerado*, razão por que incumbe às partes prover as despesas dos atos que realizarem e requererem no processo, antecipando-lhes o pagamento. Ao final do processo, no entanto, a sentença condenará o vencido, independentemente de pedido expresso (= pedido implícito), a pagar ao vencedor as despesas que antecipou (CPC/2015, art. 82, §2º) – *victus victori expensas condemnatur*. A antecipação de despesas, portanto, não implica necessariamente prejuízo. Quem vence, recebe de volta tudo ou, pelo menos, parcela do que antecipou. Há, todavia, particularidades, atenuações e exceções à regra geral examinada: i) por inexistir lide em procedimentos de jurisdição voluntária, não haverá sentença que condene o vencido a pagar ao vencedor as despesas que antecipou, estabelecendo a lei que as despesas adiantadas pelo requerente serão rateadas entre os interessados (CPC/2015, art. 88); ii) nos juízos divisórios, não havendo litígio, os interessados pagarão as despesas proporcionalmente a seus quinhões (CPC/2015, art. 89); iii) proferida sentença com fundamento em desistência, renúncia ou reconhecimento do pedido, as despesas e os honorários serão pagos pela parte que desistiu, renunciou ou reconheceu (CPC/2015, art. 90); iv) se for parcial a desistência, a renúncia ou o reconhecimento, a responsabilidade pelas despesas e pelos honorários será proporcional à parcela reconhecida, à qual se renunciou ou da qual se desistiu (CPC/2015, art. 90, §1º); v) havendo transação e nada tendo as partes disposto quanto às despesas, estas serão divididas igualmente (CPC/2015, art. 90, §2º); vi) se a transação ocorrer antes da sentença, ficam as partes dispensadas do pagamento das custas processuais remanescentes, se houver (CPC/2015, art. 90, §3º); vii) a Fazenda Pública, o Ministério Público e a Defensoria Pública, no geral, estão dispensados da antecipação das despesas dos atos processuais que praticarem ou requererem, às quais serão pagas ao final pelo vencido (CPC/2015, art. 91) – se um deles for o vencido, será condenado ao pagamento das despesas adiantadas pela parte contrária; viii) tratando-se especificamente de perícia requerida pela Fazenda Pública, pelo Ministério Público ou pela Defensoria Pública, adiantados os honorários periciais nos moldes previstos pelos §§1º e 2º do art. 91 (por entidade pública ou via previsão orçamentária), serão pagos ao final pelo vencido (CPC/2015, art. 91, §2º); ix) vencido o favorecido pela gratuidade da justiça, as obrigações decorrentes de sua sucumbência (inclusive as despesas processuais antecipadas pelo vencedor) ficarão sob *condição suspensiva de exigibilidade* e somente poderão ser executadas se, nos cinco anos subsequentes ao trânsito em julgado da decisão que as certificou, o credor demonstrar que deixou de existir a situação de insuficiência de recursos que justificou a concessão do benefício legal, extinguindo-se, passado esse prazo, tais obrigações do beneficiário (CPC/2015, art. 98, §3º); x) apenas serão objeto de reembolso as despesas consideradas *restituíveis*, ou seja, aquelas de fato indispensáveis (= necessárias, úteis) para a prática dos atos processuais requeridos – as outras serão suportadas por quem as realizou (nesse sentido: ASSIS, Araken. *Processo Civil Brasileiro*. v. II. Tomo I. São Paulo: Revista dos Tribunais, 2015. pp. 352-354); xi) além de outras verbas (= multa, indenização por prejuízos e honorários sucumbenciais), o litigante de má-fé, pouco importando se vencedor ou vencido, será condenado ao pagamento à parte contrária de *todas as despesas* por ela efetuadas (repetíveis ou não) (CPC/2015, art. 81, *caput*); xii) se cada litigante for, em parte, vencedor e vencido, serão proporcionalmente distribuídas entre eles as despesas (CPC/2015, art. 86, *caput*); xiii) sucumbindo um dos litigantes em parcela mínima do pedido, o outro responderá, por inteiro, pelas despesas e honorários (CPC/2015, art. 86, parágrafo único); xiv) se forem muitos os vencidos (= litisconsórcio), o juiz distribuirá entre eles a responsabilidade proporcional pelo pagamento das despesas processuais, respondendo todos solidariamente caso a sentença seja omissa na distribuição (CPC/2015, art. 87, §§1º e

2º); xv) na resolução de incidentes provocados pela postulação de intervenção de terceiros (por exemplo: a denunciação da lide), tem incidência o §2º do art. 82, devendo o juiz, portanto, condenar o vencido nas despesas do processo, sendo importante sublinhar que "a responsabilidade do vencido no incidente de intervenção de terceiros não se transfere para o vencido na causa" (ASSIS, Araken. *Processo Civil Brasileiro*. v. Tomo I. São Paulo: Revista dos Tribunais, 2015. p. 374); xvi) se o assistido for vencido, o assistente será condenado ao pagamento das custas em proporção à atividade que houver exercido no processo (CPC/2015, art. 94); xvii) cada parte adiantará a remuneração do assistente técnico que houver indicado (CPC/2015, art. 95, *caput*), sendo prevalecente o entendimento de que, ao fim do processo, a sentença condenará o vencido ao reembolso da despesa; xiii) a remuneração do perito será rateada quando a perícia for determinada de ofício ou requerida por ambas as partes (CPC/2015, art. 95, *caput*), de modo que, ao final, a sentença condenará o vencido a pagar ao vencedor a parte que a este último coube no rateio; xix) as despesas de atos adiados ou cuja repetição for necessária ficarão a cargo da parte, do auxiliar da justiça, do órgão do Ministério Público ou da Defensoria Pública ou mesmo do juiz que, sem justo motivo, houver dado causa ao adiamento ou à repetição (CPC/2015, art. 93); e xx) as associações que têm legitimidade para promover ação coletiva (= legitimação extraordinária; LACP, art. 5º) não adiantarão custas, emolumentos, honorários periciais e quaisquer outras despesas, tampouco poderão ser, salvo comprovada má-fé, condenadas ao pagamento das verbas sucumbenciais (LACP, art. 18; CDC, art. 87).

Pedido implícito e omissão quanto ao reembolso: sobre o reembolso das despesas processuais adiantadas, o legislador fez opção por positivar regra cogente, de modo que o órgão judiciário tem o dever de "decidir sobre quem paga as custas, ainda que não se haja pedido" (= pedido implícito; atuação judicial *ex officio*; "imperatividade" e "automaticidade" da regra jurídica) (MIRANDA, Pontes de. *Comentários ao Código de Processo Civil*. Tomo I. Rio de Janeiro: Editora Forense, 1947. pp. 410-411). Não é incomum, apesar disso, a prolação de sentenças lacunosas acerca da aludida questão. Haverá, nesse caso, vício de incompletude ou omissão, cuja correção se impõe, pois o reembolso previsto no §2º do art. 82 dependerá, sempre, de condenação expressa. Estratégias que podem ser adotadas e esclarecimentos (Araken de Assis): i) em primeiro lugar, "o vício do provimento que omitiu a imposição do reembolso das despesas processuais pode ser corrigido" (...) "pelo próprio órgão, através de embargos de declaração" (CPC/2015, art. 494, II); ii) na sequência, "e independentemente do uso dos embargos de declaração, a parte vencedora pode interpor apelação principal", podendo também "o vencedor aderir ao recurso principal do vencido, interpondo apelação adesiva"; iii) por óbvio que "o apelo principal interposto pelo vencido não autoriza o órgão *ad quem*, sob pena de *reformatio in pejus*, integrar o provimento impugnado com o capítulo acessório à sucumbência"; iv) a "sentença submetida a reexame necessário, mas omissa quanto ao dever de reembolso das despesas processuais (...), não pode ser emendada pelo órgão *ad quem*, na ausência de recurso da parte, no tocante a esse capítulo, porque representaria *reformatio in pejus*" (Súmula do STJ nº 45); v) é "cabível recurso especial para impor ao vencido os encargos da sucumbência, pois não versará a questão de fato respeitante aos valores (...), mas do cabimento da imposição do art. 82, §2º e da própria incidência da regra"; vi) "ocorrendo o trânsito em julgado, resta ao vencedor a ação rescisória, fundada no art. 966, V" – é válido lembrar que o Superior Tribunal de Justiça já decidiu que, "em sede de rescisória, há possibilidade de reforma não apenas de questões relativas ao mérito (questões principais), como também em relação às questões acessórias" (STJ, REsp nº 1.099.329, 3ª Turma, rel. Min. Massami Uyeda, julgamento: 22.03.2011, disponível em: stj.jus.br); vii) por fim, admite o art. 85, §18, "ação autônoma para pleitear os honorários omitidos no provimento final", regra que se aplica também ao dever de reembolso previsto no art. 82, §2º – "há concurso de remédios processuais (rescisória e ação autônoma), mas *electa una via, non datur tertius ad alteram*" (ASSIS, Araken. *Processo Civil Brasileiro*. v. II. Tomo I. São Paulo: Revista dos Tribunais, 2015. pp. 358-359).

— Θ —

Art. 83. O autor, brasileiro ou estrangeiro, que residir fora do Brasil ou deixar de residir no país ao longo da tramitação de processo prestará caução suficiente ao pagamento das custas e dos honorários de advogado da parte contrária nas ações que propuser, se não tiver no Brasil bens imóveis que lhes assegurem o pagamento.

§1º Não se exigirá a caução de que trata o caput:

I - quando houver dispensa prevista em acordo ou tratado internacional de que o Brasil faz parte;

II - na execução fundada em título extrajudicial e no cumprimento de sentença;

III - na reconvenção.

§2º Verificando-se no trâmite do processo que se desfalcou a garantia, poderá o interessado exigir reforço da caução, justificando seu pedido com a indicação da depreciação do bem dado em garantia e a importância do reforço que pretende obter.

<hr>

Correspondente:
CPC/1973, arts. 835 a 837.

Referências:
CF/1988, art. 5º, LXXIV.

CPC/2015, art. 98; art. 337; art. 485, IV; art. 966; art. 1.015, I; art. 1.021.

Decreto nº 6.891/2009, art. 4º.

Caução para autores residentes fora do país: brasileiros ou estrangeiros, residentes fora do Brasil ou que deixarem de nele residir ao longo da tramitação do processo, prestarão caução suficiente ao pagamento das custas e dos honorários de advogado da parte contrária nas ações que propuserem, isso se não tiverem no Brasil bens imóveis que lhes assegurem o pagamento (CPC/2015, art. 83, *caput*). Tem-se, aí, *regra de prudência*: quer-se evitar o *demandismo temerário* por quem não resida no país e, sobretudo, proteger os residentes de calotes em relação às custas e honorários advocatícios. É medida que apresenta, enfim, natureza preventiva (= pretensão à segurança; pretensão à asseguração das despesas sucumbenciais) – nesse sentido: PONTES DE MIRANDA, Francisco Cavalcanti. *Comentários ao Código de Processo Civil.* Tomo XII. Rio de Janeiro: Forense, 1976. p. 209. Detalhamentos: i) não tem qualquer relevância a nacionalidade do autor obrigado à caução, ou seja, o que importa é (a) o fato de residir no estrangeiro ou (b) deixar de residir no Brasil ao longo da tramitação do processo e, por fim, (c) não ter bens imóveis em território brasileiro que assegurem o pagamento das despesas processuais e honorários (PONTES DE MIRANDA, Francisco Cavalcanti. *Comentários ao Código de Processo Civil.* Tomo XII. Rio de Janeiro: Forense, 1976. p. 213); ii) a existência, no Brasil, de empresa subsidiária ou filial de pessoa jurídica estrangeira não revela força suficiente para dispensar a garantia exigida no art. 83, em especial quando não é apresentada a comprovação da existência de bens imóveis no país suficientes para assegurar eventuais dívidas com a sucumbência – nesse sentido: STJ, AgRg na MC nº 17.995, 4ª Turma, rel. Min. Raul Araújo, julgamento: 07.06.2011, disponível em: www.stj.jus.br; iii) a prestação de caução é impositiva, sendo suficiente o preenchimento cumulativo de dois pressupostos objetivos, a saber, que (a) o autor não resida no Brasil ou dele deixe de residir na pendência da demanda e (b) não tenha bens imóveis situados em território nacional capazes de assegurar eventual condenação em custas e honorários advocatícios no caso de sucumbência (STJ, AgInt no AREsp nº 1.017.651, 4ª Turma, rel. Min. Raul Araújo, julgamento: 20.08.2019, disponível em: www.stj.jus.br); iv) a lei não especifica a espécie da caução, razão por que poderá ser pessoal, real ou fidejussória, exigindo apenas que seja idônea para cobrir eventuais despesas com a sucumbência (CRAMER, Ronaldo. *Comentários ao Código de Processo Civil.* Coordenador: Cassio Scarpinella Bueno. v. 1. São Paulo: Saraiva, 2017. p. 440); v) não se exigirá a caução (a) quando houver dispensa prevista em acordo ou tratado internacional de que o Brasil faz parte, (b) na execução fundada em título extrajudicial e no cumprimento de sentença e (c) na reconvenção (opção legislativa estranha haja vista que o reconvinte é autor) (CPC/2015, art. 83, §1º); vi) também não será exigida caução do autor que estiver litigando amparado pelos benefícios da gratuidade da justiça (CF/1988, art. 5º, LXXIV c/c CPC/2015, arts. 98 e segs.) – afinal, quem vive em situação de penúria econômica, pouco importando se reside dentro ou fora do país, não possui condições materiais para prestar caução; vii) a jurisprudência tem admitido a dispensa excepcional da caução quando ela representar efetivo obstáculo ao acesso à jurisdição (STJ, AgInt no AREsp nº 1.017.651, 4ª Turma, rel. Raul Araújo, julgamento: 20.08.2019, disponível em: www.stj.jus.br); viii) tem-se, na regra do art. 83, *pressuposto de constituição e desenvolvimento válido e regular do processo*, de modo que, não prestada a caução em tempo e modo adequados, haverá extinção do feito sem resolução de mérito (CPC/2015, arts. 337, XII e 485, IV); ix) a caução deve ser prestada já no momento do ajuizamento da demanda, não estando o juiz autorizado, contudo, a julgar extinto o feito sem antes oportunizar a sanação da irregularidade (CPC/2015, art. 4º) – nesse sentido: STJ, REsp nº 1.027.165, 3ª Turma, rel. Min. Sidnei Beneti, julgamento: 07.06.2011, disponível em: www.stj.jus.br –; x) se, no trâmite do procedimento, verificar-se desfalque da garantia, é direito do interessado obter o *reforço da caução*, sempre justificando seu requerimento com a prova da depreciação do bem dado em garantia e a importância do reforço pleiteado (CPC/2015, art. 83, §2º); xi) a decisão interlocutória que versar sobre prestação de caução desafia agravo de instrumento na medida em que é alusiva à tutela de natureza provisória (CPC/2015, art. 1.015, I); e xii) se a decisão que versar sobre prestação de caução tiver sido prolatada pelo relator, caberá agravo interno para o respectivo órgão colegiado (CPC/2015, art. 1.021), não se podendo descartar, por fim, desde que presentes os pressupostos constitucionais, o manejo de recurso especial.

— Θ —

Art. 84. As despesas abrangem as custas dos atos do processo, a indenização de viagem, a remuneração do assistente técnico e a diária de testemunha.

Correspondente:
CPC/1973, art. 20, §2º.

Referências:
CF/1988, art. 5º, XXXV; art. 133.

CPC/2015, art. 149; art. 162, II e III; art. 334, §8º; art. 361, I; art. 463, parágrafo único; art. 466, *caput* e §1º.

Súmula nº 667 (STF). Viola a garantia constitucional de acesso à jurisdição a taxa judiciária calculada sem limite sobre o valor da causa.

Despesas processuais: o termo *despesas processuais* inclui as custas, a indenização de viagem, a remuneração do assistente técnico, a diária de testemunha (CPC/2015, art. 84), além de outros dispêndios necessários à formação, ao desenvolvimento e à conclusão do procedimento jurisdicional, inclusive aqueles indispensáveis à efetivação das decisões judiciais – por exemplo: honorários de peritos, de assistentes técnicos e dos intérpretes, gastos com a publicação de editais de citação ou de leilão. Vê-se, portanto, que o art. 84 traz uma lista meramente exemplificativa. Sobre a abrangência do termo despesas processuais: STJ, REsp nº 1.558.185, 3ª Turma, rel. Min. Nancy Andrighi, julgamento 02.02.2017, disponível em: www.stj.jus.br.

Custas judiciais: as custas judiciais têm natureza tributária, qualificam-se como *taxas* e se prestam a remunerar o serviço público jurisdicional. Logo, sujeitam-se ao regime jurídico-constitucional pertinente a essa especial modalidade de tributo vinculado, especialmente às garantias da reserva de competência impositiva, da legalidade, da isonomia e da anterioridade. Mormente porque as custas judiciais são taxas (= tributo vinculado), não se justifica que seja o produto de sua arrecadação afetado ao custeio de serviços públicos diversos daqueles a cuja remuneração se destinam, ou mesmo à satisfação das necessidades financeiras ou à realização de objetivos sociais de entidades privadas (por exemplo, associação de magistrados ou caixa de assistência de advogados) (STF, ADI nº 1.378, Pleno, rel. Min. Celso de Mello, julgado: 30.11.1995, disponível em: www.stf.jus.br).

Custas judiciais e valor da causa: a jurisprudência é tranquila em admitir a utilização do *valor da causa* como critério para definição do valor das taxas judiciárias, desde que estabelecidos valores mínimo e máximo e uma alíquota razoável. *Contrario sensu*, a fixação de custas judiciais sem limite máximo ofende a regra da inafastabilidade da jurisdição (CF/1988, art. 5º, XXXV) – nesse sentido, a Súmula 667 do Supremo Tribunal Federal.

Fato gerador das custas judiciais e novos embargos à execução: salvo disposição legal em contrário, as custas judiciais devem ser recolhidas com a propositura da ação. Não se admite, portanto, o aproveitamento de guia de custas com fundamento em identidade de duas demandas, tendo sido a primeira julgada sem resolução de mérito. Enfim, o ajuizamento da segunda ação implica novo fato gerador do tributo. Nesse sentido, a posição do Superior Tribunal de Justiça: i) "as custas podem ser cobradas pelo serviço público efetivamente prestado ou colocado à disposição do contribuinte"; ii) "ao se ajuizar determinada demanda, dá-se início ao processo", sendo que o seu encerramento "exige a prestação do serviço público judicial, ainda que não se analise o mérito da causa"; e "com o ajuizamento de novos embargos à execução fiscal, novas custas judiciais devem ser recolhidas" (STJ, reSP 1893966, 2ª Turma, rel. Min. OG Fernandes, julgamento: 08.06.2021, disponível em: www.stj.jus.br).

Indenização de viagem: conquanto a lei não especifique exatamente o que significa *indenização de viagem*, doutrina e jurisprudência têm concluído tratar-se, como indica o próprio nome, de dispêndios com viagens (alimentação, hospedagem, combustível, pedágio, garagem e outros) feitos, por exemplo, pelas testemunhas e/ou partes que, residindo fora da comarca, necessitem deslocar-se para participar de audiências – lembre-se, aliás, que, hoje, a chamada audiência de conciliação ou de mediação é, em regra, obrigatória, de maneira que o não comparecimento injustificado do autor ou do réu é considerado ato atentatório à dignidade da justiça (CPC/2015, art. 334, §8º). Serão igualmente considerados indenização de viagem os gastos para viabilizar a presença de auxiliar da justiça (intérprete, tradutor ou perito) em audiência cuja realização ocorrer fora da comarca em que residir. Em situações extremadas, quando na comarca não haja advogados (ou pela impossibilidade de nela atuarem os advogados ali residentes), as despesas para o deslocamento dos profissionais da advocacia contratados serão também consideradas indenização de viagem (BARBI, Celso Agrícola. *Comentários ao Código de Processo Civil*. v. I. Rio de Janeiro: Forense, 1981. p. 185). Por fim, as despesas com o deslocamento de advogados para a prática de sustentação oral não são indispensáveis para o sequenciamento e conclusão do procedimento judicial; têm-se, aí, enfim, gastos não reembolsáveis.

Remuneração do assistente técnico: são *auxiliares da justiça* o chefe de secretaria, o oficial de justiça, o perito, o depositário, o administrador, o intérprete, o tradutor, o mediador, o conciliador judicial, o partidor, o distribuidor, o contabilista, o regulador de avarias, além de outros profissionais assim identificados pelas normas de organização judiciária (CPC/2015, art. 149). Não é o caso do assistente técnico, pois é *auxiliar de confiança da parte*. Ao contrário do que se dá com perito, por exemplo, deve cumprir *com parcialidade* o encargo que lhe foi atribuído, assim fazendo independentemente de termo de compromisso, não se sujeitando a impedimento ou suspeição (CPC/2015, art. 466, *caput* e §1º). Naquilo que importa aqui: i) o assistente técnico exerce atividade complementar à do advogado, ou seja, utiliza-se de sua *expertise* para municiá-lo de elementos indispensáveis ao fiel e eficiente desempenho da advocacia; e ii) a remuneração do assistente técnico, conforme disposto em lei, é considerada despesa reembolsável.

Diária de testemunha: a diária de testemunha "corresponde àquilo que ela normalmente ganharia no tempo despendido com o deslocamento à sede do juízo para prestar seu depoimento" (CARRILHO

LOPES, Bruno Vasconcelos. *Comentários ao Código de Processo Civil. Das partes e dos procuradores*. v. II. São Paulo: Saraiva, 2017. p. 103). Importante: a testemunha, quando sujeita ao regime da legislação trabalhista, não suportará, por comparecer à audiência, perda de salário e tampouco desconto no tempo de serviço (CPC/2015, art. 463, parágrafo único).

Art. 85. A sentença condenará o vencido a pagar honorários ao advogado do vencedor.

§1º São devidos honorários advocatícios na reconvenção, no cumprimento de sentença, provisório ou definitivo, na execução, resistida ou não, e nos recursos interpostos, cumulativamente.

§2º Os honorários serão fixados entre o mínimo de dez e o máximo de vinte por cento sobre o valor da condenação, do proveito econômico obtido ou, não sendo possível mensurá-lo, sobre o valor atualizado da causa, atendidos:

I - o grau de zelo do profissional;

II - o lugar de prestação do serviço;

III - a natureza e a importância da causa;

IV - o trabalho realizado pelo advogado e o tempo exigido para o seu serviço.

§3º Nas causas em que a Fazenda Pública for parte, a fixação dos honorários observará os critérios estabelecidos nos incisos I a IV do §2º e os seguintes percentuais:

I - mínimo de dez e máximo de vinte por cento sobre o valor da condenação ou do proveito econômico obtido até 200 (duzentos) salários-mínimos;

II - mínimo de oito e máximo de dez por cento sobre o valor da condenação ou do proveito econômico obtido acima de 200 (duzentos) salários-mínimos até 2.000 (dois mil) salários-mínimos;

III - mínimo de cinco e máximo de oito por cento sobre o valor da condenação ou do proveito econômico obtido acima de 2.000 (dois mil) salários-mínimos até 20.000 (vinte mil) salários-mínimos;

IV - mínimo de três e máximo de cinco por cento sobre o valor da condenação ou do proveito econômico obtido acima de 20.000 (vinte mil) salários-mínimos até 100.000 (cem mil) salários-mínimos;

V - mínimo de um e máximo de três por cento sobre o valor da condenação ou do proveito econômico obtido acima de 100.000 (cem mil) salários-mínimos.

§4º Em qualquer das hipóteses do §3º:

I - os percentuais previstos nos incisos I a V devem ser aplicados desde logo, quando for líquida a sentença;

II - não sendo líquida a sentença, a definição do percentual, nos termos previstos nos incisos I a V, somente ocorrerá quando liquidado o julgado;

III - não havendo condenação principal ou não sendo possível mensurar o proveito econômico obtido, a condenação em honorários dar-se-á sobre o valor atualizado da causa;

IV - será considerado o salário-mínimo vigente quando prolatada sentença líquida ou o que estiver em vigor na data da decisão de liquidação.

§5º Quando, conforme o caso, a condenação contra a Fazenda Pública ou o benefício econômico obtido pelo vencedor ou o valor da causa for superior ao valor previsto no inciso I do §3º, a fixação do percentual de honorários deve observar a faixa inicial e, naquilo que a exceder, a faixa subsequente, e assim sucessivamente.

§6º Os limites e critérios previstos nos §§2º e 3º aplicam-se independentemente de qual seja o conteúdo da decisão, inclusive aos casos de improcedência ou de sentença sem resolução de mérito.

§7º Não serão devidos honorários no cumprimento de sentença contra a Fazenda Pública que enseje expedição de precatório, desde que não tenha sido impugnada.

§8º Nas causas em que for inestimável ou irrisório o proveito econômico ou, ainda, quando o valor da causa for muito baixo, o juiz fixará o valor dos honorários por apreciação equitativa, observando o disposto nos incisos do §2º.

§9º Na ação de indenização por ato ilícito contra pessoa, o percentual de honorários incidirá sobre a soma das prestações vencidas acrescida de 12 (doze) prestações vincendas.

§10 Nos casos de perda do objeto, os honorários serão devidos por quem deu causa ao processo.

§11 O tribunal, ao julgar recurso, majorará os honorários fixados anteriormente levando em conta o trabalho adicional realizado em grau recursal, observando, conforme o caso, o disposto nos §§2º a 6º, sendo vedado ao tribunal, no cômputo geral da fixação de honorários devidos ao advogado do vencedor, ultrapassar os respectivos limites estabelecidos nos §§2º e 3º para a fase de conhecimento.

§12 Os honorários referidos no §11 são cumuláveis com multas e outras sanções processuais, inclusive as previstas no art. 77.

§13 As verbas de sucumbência arbitradas em embargos à execução rejeitados ou julgados improcedentes e em fase de cumprimento de sentença serão acrescidas no valor do débito principal, para todos os efeitos legais.

§14 Os honorários constituem direito do advogado e têm natureza alimentar, com os mesmos privilégios dos créditos oriundos da legislação do trabalho, sendo vedada a compensação em caso de sucumbência parcial.

§15 O advogado pode requerer que o pagamento dos honorários que lhe caibam seja efetuado em favor da sociedade de advogados que integra na qualidade de sócio, aplicando-se à hipótese o disposto no §14.

§16 Quando os honorários forem fixados em quantia certa, os juros moratórios incidirão a partir da data do trânsito em julgado da decisão.

§17 Os honorários serão devidos quando o advogado atuar em causa própria.

§18 Caso a decisão transitada em julgado seja omissa quanto ao direito aos honorários ou ao seu valor, é cabível ação autônoma para sua definição e cobrança.

§19 Os advogados públicos perceberão honorários de sucumbência, nos termos da lei.

Correspondente:
CPC/1973, art. 20, §§3º a 5º e art. 34.

Referências:
CF/1988, art. 5º, II, XXXV, LIV, LV; art. 5º, §2º; art. 97; art. 100, §2º; art. 102; art. 105; art. 103-A; art. 133.

CPC/2015, art. 5º; art. 81; art. 82; art. 83; art. 84; art. 90, §4º; art. 93, IX; art. 99, §5º; art. 494, II; art. 523, §3º; art. 784; art. 966, V.

Lei nº 11.101/2005, art. 83, I.

CC/2002, art. 389; art. 395; art. 404; art. 944.

Lei nº 9.099/1995, art. 9º.

Lei nº 8.906/1994, art. 23.

Lei nº 8.420/1992, art. 44.

EAOAB, art. 2º; art. 6º; art. 7º; art. 22; art. 23; art. 24; art. 31.

Súmula Vinculante nº 10 (STF). Viola a cláusula de reserva de plenário a decisão de órgão fracionário de tribunal que, embora não declare expressamente a inconstitucionalidade de lei ou ato normativo do Poder Público, afasta sua incidência, no todo ou em parte.

Súmula Vinculante nº 47 (STF). Os honorários advocatícios incluídos na condenação ou destacados do montante principal devido ao credor consubstanciam verba de natureza alimentar cuja satisfação ocorrerá com a expedição de precatório ou requisição de pequeno valor, observada ordem especial restrita aos créditos dessa natureza.

Súmula nº 234 (STF). São devidos honorários de advogado em ação de acidente do trabalho julgada procedente.

Súmula nº 256 (STF). É dispensável pedido expresso para condenação do réu em honorários, com fundamento nos arts. 63 e 64 do Código de Processo Civil.

Súmula nº 257 (STF). São cabíveis honorários de advogado na ação regressiva do segurador contra o causador do dano.

Súmula nº 378 (STF). Na indenização por desapropriação incluem-se honorários do advogado do expropriado.

Súmula nº 450 (STF). São devidos honorários de advogado sempre que vencedor o beneficiário de justiça gratuita.

Súmula nº 512 (STF). Não cabe condenação em honorários de advogado na ação de mandado de segurança.

Súmula nº 616 (STF). É permitida a cumulação da multa contratual com os honorários de advogado, após o advento do Código de Processo Civil vigente.

Súmula nº 617 (STF). A base de cálculo dos honorários de advogado em desapropriação é a diferença entre a oferta e a indenização, corrigidas ambas monetariamente.

Súmula nº 14 (STJ). Arbitrados os honorários advocatícios em percentual sobre o valor da causa, a correção monetária incide a partir do respectivo ajuizamento.

Súmula nº 29 (STJ). No pagamento em juízo para elidir falência, são devidos correção monetária, juros e honorários de advogado.

Súmula nº 45 (STJ). No reexame necessário, é defeso, ao tribunal, agravar a condenação imposta à Fazenda Pública.

Súmula nº 105 (STJ). Na ação de mandado de segurança não se admite condenação em honorários advocatícios.

Súmula nº 110 (STJ). A isenção do pagamento de honorários advocatícios, nas ações acidentárias, é restrita ao segurado.

Súmula nº 111 (STJ). Os honorários advocatícios, nas ações previdenciárias, não incidem sobre as prestações vencidas após a sentença.

Súmula nº 131 (STJ). Nas ações de desapropriação incluem-se no cálculo da verba advocatícia as parcelas relativas aos juros compensatórios e moratórios, devidamente corrigidas.

Súmula nº 141 (STJ). Os honorários de advogado em desapropriação direta são calculados sobre a diferença entre a indenização e a oferta, corrigidas monetariamente.

Súmula nº 144 (STJ). Os créditos de natureza alimentícia gozam de preferência, desvinculados os precatórios da ordem cronológica dos créditos de natureza diversa.

Súmula nº 201 (STJ). Os honorários advocatícios não podem ser fixados em salários-mínimos.

Súmula nº 303 (STJ). Em embargos de terceiro, quem deu causa à constrição indevida deve arcar com os honorários advocatícios.

Súmula nº 325 (STJ). A remessa oficial devolve ao Tribunal o reexame de todas as parcelas da condenação suportadas pela Fazenda Pública, inclusive dos honorários de advogado.

Súmula nº 326 (STJ). Na ação de indenização por dano moral, a condenação em montante inferior ao postulado na inicial não implica sucumbência recíproca.

Súmula nº 345 (STJ). São devidos honorários advocatícios pela Fazenda Pública nas execuções individuais de sentença proferida em ações coletivas, ainda que não embargadas.

Súmula nº 421 (STJ). Os honorários advocatícios não são devidos à Defensoria Pública quando ela atua contra a pessoa jurídica de direito público à qual pertença.

Súmula nº 462 (STJ). Nas ações em que representa o FGTS, a CEF, quando sucumbente, não está isenta de reembolsar as custas antecipadas pela parte vencedora.

Súmula nº 517 (STJ). São devidos honorários advocatícios no cumprimento de sentença, haja ou não impugnação, depois de escoado o prazo para pagamento voluntário, que se inicia após a intimação do advogado da parte executada.

Súmula nº 519 (STJ). Na hipótese de rejeição da impugnação ao cumprimento de sentença, não são cabíveis honorários advocatícios.

Advocacia e honorários advocatícios – origens: como se lê no excelente livro de José Roberto de Castro Neves, foi em Roma, ao final do século IV a.C., que apareceu a tradição de se analisarem as decisões dos tribunais laicos e, por conseguinte, surgiram os próprios juristas, aristocratas que se notabilizaram pelo conhecimento das normas e do comportamento dos tribunais. Também havia, àquele tempo, quem se dispusesse a defender os interesses de outros frente aos tribunais. Tratava-se de atividade não profissionalizada, cuja remuneração era proibida, e os que a exerciam o faziam por puro idealismo ou para angariar fama de bons oradores, interessados em uma possível carreira política. Entre 27 a.C. e 14 d.C., o direito romano sofisticou-se, recrudesceram-se as normas e os procedimentos e fez-se imprescindível o auxílio de gente capacitada a discutir com base em leis, a redigir memoriais e petições, uma atuação ainda não remunerada porque de interesse público. O imperador Cláudio, que governou entre 41 até 54 d.C., regulamentou a profissão de *advocatus*, momento em que se admitiu a cobrança de honorários pelo serviço profissional prestado. Formou-se e desenvolveu em Roma, entre o segundo e o quarto séculos, a classe de advogados, aquela cujos integrantes prestavam assistência jurídica e, em especial, exerciam representação nos tribunais (CASTRO NEVES, José Roberto de. *Como os advogados salvaram o mundo. A história da advocacia e sua contribuição para a humanidade.* Rio de Janeiro: Editora Nova Fronteira, 2018. pp. 19-45).

Prerrogativas profissionais: a legalidade robustece a independência do advogado, exortando-o a agir sem receio de aborrecer quaisquer autoridades, inclusive os magistrados. Talhadas com o fim precípuo de permitir o exercício do seu ministério com denodo, as suas prerrogativas destacam-se sobretudo em proveito daqueles que nele depositam confiança ao contratá-lo profissionalmente. Não é o caso, portanto, de conferir ao advogado privilégios de conotação corporativa, mas de assegurar que atue sem hesitação ou temor na defesa intransigente dos direitos de seus clientes (MARTINS NETO, Braz. Ética e prerrogativas. *Revista do Advogado*, São Paulo, n. 93, pp. 19-22, 2007). Sobre o tema: FONSECA COSTA, Eduardo José. A Advocacia como garantia de liberdade dos jurisdicionados. *Empório do Direito*, 09 maio 2018. Disponível em: www.emporiododireito. com.br. Acesso em: 29 jun. 2020).

Ausência de advogado e *ius postulandi*: não há jurisdição legítima sem a atuação de advogados assistindo tecnicamente os litigantes, seja já em sua fase inicial, com a propositura da demanda, seja ao longo de todo o processo, com as suas muitas fases e nuanças de difícil compreensão para não letrados. Vez por outra, a partir de *slogans* como "democratização do acesso à justiça" ou "socialização do processo", a lei dispensa a presença do advogado (por exemplo: Lei nº 9.099/95, art. 9º), mas isso – leciona Eduardo José da Fonseca Costa – apenas faz com que o *ius postulandi* da parte torne-se pura "demagogia processual", pois ela "não domina a ciência e técnica jurídico-probatórias", e "não raro, desassistida, produz prova inútil, ou não produz prova útil", sem contar que "muitas vezes o juiz se sente tentado a coadjuvá-la, ordenando de ofício tantas provas quantas sejam necessárias à demonstração do seu direito", vale dizer, "o juiz se demite de sua neutralidade funcional e, em consequência, perde a sua imparcialidade", prejudicando assim "a parte contrária, não-hipossuficiente, que igualmente faz jus a um juiz imparcial", ou seja, torna-se "um causídico togado do hipossuficiente" (FONSECA COSTA, Eduardo José. A Advocacia como garantia de liberdade dos jurisdicionados. *Empório do Direito*, 09 maio 2018. Disponível em: www.emporiododireito.com.br. Acesso em: 29 jun. 2020).

Espécies de honorários advocatícios: a doutrina refere-se a três espécies de honorários advocatícios, a saber, os *convencionados* (ou contratuais), os *sucumbenciais* e os *fixados por arbitramento judicial*. Os *honorários convencionados* são aqueles ajustados entre cliente e advogado: o ideal é sempre a *contratação por escrito*, com a descrição do objeto e da extensão dos serviços, a estipulação do valor global dos honorários e, se for o caso, do valor e da data de vencimento de cada uma das parcelas (ASSIS, Araken. *Processo Civil Brasileiro*. v. II. Tomo I. São Paulo: Revista dos Tribunais, 2015. pp. 399-400). Desde que respeitadas a legalidade e a própria ética profissional que ilumina a advocacia, há ampla liberdade nesse tipo de contratação, inclusive no que diz respeito ao valor a ser cobrado pelos serviços advocatícios. Advogado e cliente, em suma, podem ajustar as cláusulas contratuais em conformidade com as nuanças do serviço (extrajudicial ou judicial, não importa) ou, ainda, de acordo com as condições financeiras, possibilidades e preferências deles próprios – é comum, por exemplo, a contratação de honorários na modalidade *quota litis*. Ausente previsão acerca da forma de pagamento, a lei estabelece que um terço dos honorários é devido já no início do serviço, o outro terço até a decisão de primeira instância, e o restante, depois do trânsito em julgado da decisão final (EAOAB, art. 22, §3º). De outro lado, os *honorários sucumbenciais* correspondem a uma verba remuneratória à qual o advogado da parte vencedora tem direito. São oriundos de condenação judicial e arbitrados pelo órgão judiciário a partir de parâmetros previstos em lei (CPC/2015, art. 85), admitindo incremento por conta do trabalho adicional realizado pelo profissional da advocacia em grau recursal (CPC/2015, art. 85, §11). Por fim, os *honorários fixados por arbitramento* dizem respeito, conforme o caso, a honorários *contratuais* ou *sucumbenciais* – logo, é inexato aludir-se a eles propriamente como *espécie* de honorários. Em dadas circunstâncias, a quantia devida a título de honorários contratuais se mostra omissa ou duvidosa – por exemplo: ausência de contrato escrito ou de cláusula estipulando o valor, rasura, falta de assinatura no instrumento (EAOAB, art. 23, §2º). Surge, então, a necessidade de ação própria, destinada ao arbitramento judicial da remuneração a que tem direito o advogado, a exigir até perícia técnica, não sendo lícita a fixação da verba honorária em importância monetária inferior aos parâmetros estabelecidos por tabela organizada pelo Conselho Seccional da OAB (EAOAB, art. 22, §2º). Noutras circunstâncias, faltando à decisão transitada em julgado capítulo próprio que condene a parte vencida ao pagamento de honorários sucumbenciais, estará o advogado prejudicado autorizado a promover ação autônoma para a definição e cobrança daquilo que lhe cabe por direito (CPC/2015, art. 85, §18) – caiu por terra, portanto, a Súmula nº 453 (STJ), que inadmitia a cobrança, em ação própria, de honorários sucumbenciais omitidos em decisão transitada em julgado.

Titularidade e finalidades da verba honorária: a prestação de serviço profissional, nas searas judicial e extrajudicial (por exemplo: consultas, atuação em acordos, arbitragem e procedimentos administrativos), assegura aos profissionais letrados, devidamente inscritos na OAB, o direito a honorários *convencionados*, aos *fixados por arbitramento judicial* e/ou à *verba honorária sucumbencial* (EAOAB, art. 22, *caput*). A despeito da sua modalidade, os honorários advocatícios são direito autônomo do advogado, têm natureza remuneratória, patrimonial e alimentar, com idênticos privilégios dos créditos oriundos da legislação do trabalho (EAOAB, arts. 22, 23 e 24 c/c CPC/2015, art. 85, §14). Observação: os honorários sucumbenciais têm também a finalidade secundária de incitar a litigância responsável – conferir comentários abaixo.

Crédito privilegiado especial: suplantando a insuficiência redacional do art. 24 do EAOAB, o CPC/2015 prescreve que os "honorários constituem direito do advogado e têm natureza alimentar, *com os mesmos privilégios dos créditos oriundos da legislação do trabalho*" (CPC/2015, art. 85, §14) – recorde-se: quando em vigência o CPC/1973, o Superior Tribunal de Justiça havia firmado o entendimento de que o "crédito decorrente de honorários advocatícios sucumbenciais, a despeito de se assemelhar a verba alimentar, não se equipara aos créditos trabalhistas para efeito de habilitação em processo falimentar, devendo figurar na classe de créditos com privilégio geral" (STJ, AgRg no REsp nº 1.077.528, 4ª Turma, rel. Min. Luis Felipe Salomão, julgamento: 19.10.2010, disponível em: www.stj.jus.br). A legalidade, portanto, emprestou aos honorários advocatícios o prestígio dos créditos trabalhistas, ou seja, atraiu para os primeiros os privilégios de que desfrutam os últimos em função daquilo positivado na ordem constitucional. Semelhante estratégia legislativa, aliás, foi adotada em benefício da classe dos *representantes comerciais autônomos* (Lei nº 8.420/1992, art. 44). Enfim, se antes era considerado privilégio geral, hoje, com o advento do CPC/2015, o crédito de honorários (convencional ou sucumbencial) tornou-se *privilégio especial* e, assim, detém prioridade *quase absoluta* na ordem de pagamentos da Fazenda Pública (excetuadas as classes alimentares descritas no §2º do art. 100 da CF/1988), além de coroar a classificação legal para pagamento de credores em caso de falência do devedor (Lei nº 11.101/2005, art. 83, I). Para uma explicação detalhada sobre o assunto, consultar: ASSIS, Araken. *Processo Civil Brasileiro*. v. II. Tomo I. São Paulo: Revista dos Tribunais, 2015. pp. 396-399.

Natureza alimentar e penhora de verba remuneratória: a legislação processual contempla a prestação alimentícia (CPC/2015, art. 833, IV e §2º) como apta à superação da impenhorabilidade de salários, soldos, pensões e remunerações. Como tem decidido o Superior Tribunal de Justiça, é legítima a penhora de verbas remuneratórias para pagamento de honorários advocatícios, haja vista a sua natureza alimentar (STJ, AgInt no REsp nº 1.703.312, 4ª Turma, rel. Min. Lázaro Guimarães, julgamento: 23.08.2018, disponível em: www.stj.jus.br).

Título executivo: a decisão judicial que fixar ou arbitrar honorários advocatícios, bem assim o próprio contrato escrito que os estipular, são títulos executivos e constituem crédito de natureza alimentar, com os mesmos privilégios dos créditos oriundos da legislação do trabalho (EAOAB, art. 24 c/c CPC/2015, arts. 85, §14, e 784, XII). Detalhamentos: i) embora haja divergências, a lei exige apenas *contrato* escrito firmado entre advogado e cliente (EAOAB, art. 24), isto é, não impõe formalidades adicionais, de modo que a ausência de testemunhas não descaracterizará a sua natureza de título executivo – nesse sentido: STJ, REsp nº 1.070.661, 4ª Turma, rel. Min. Raul Araújo, julgamento: 05.12.2013, disponível em: www.stj. jus.br –; ii) a execução de honorários sucumbenciais dar-se-á por procedimento de cumprimento de sentença, nos mesmos autos da ação em que atuou o advogado (EAOAB, art. 24, §1º); iii) na hipótese de falecimento ou incapacidade civil do advogado, os honorários de sucumbência, proporcionais ao trabalho realizado, serão recebidos por seus sucessores ou representantes legais (EAOAB, art. 24, §2º); e iv) o acordo realizado entre cliente do advogado e parte contrária, salvo aquiescência do profissional da advocacia, não lhe prejudica os honorários, quer os convencionados, quer os concedidos por sentença (EAOAB, art. 24, §4º).

Titularidade e finalidade remuneratória dos honorários *sucumbenciais*: CPC/1939 e CPC/1973 destinavam à parte vencedora a verba honorária sucumbencial, que até então possuía natureza *ressarcitória*. Prestava-se a *indenizar* (= compensar, reparar, reembolsar) o litigante vencedor por conta dos gastos que teve com a contratação de advogado. Tudo mudou com a publicação do EAOAB, que impingiu natureza diversa aos honorários sucumbenciais, de modo que, a partir dali, tornaram-se *remuneratórios*, não mais tendo por titular a parte vencedora, e sim, *exclusivamente*, o advogado dela (EAOAB, arts. 22 e 23). O CPC/2015 seguiu idêntico caminho: a sentença condenará o vencido a pagar honorários *ao advogado do vencedor* (CPC/2015, art. 85, *caput*), sendo devidos, cumulativamente, na reconvenção, no cumprimento de sentença, provisório ou definitivo, na execução, resistida ou não, e nos recursos interpostos (CPC/2015, art. 85, §1º). Enfim, os honorários sucumbenciais (a exemplo dos honorários contratuais), constituem direito autônomo do advogado, têm natureza alimentar, possuindo os mesmos privilégios dos créditos oriundos da legislação do trabalho, vedada a compensação em caso de sucumbência parcial (CPC/2015, art. 85, §14). Importante: os honorários sucumbenciais possuem também a finalidade secundária de incitar a litigância responsável – conferir tópico *Finalidade dúplice da verba honorária sucumbencial*.

Ressarcimento da parte vencedora pelos gastos com a contratação de advogado: os honorários sucumbenciais têm atualmente natureza remuneratória, ou seja, prestam-se a remunerar o advogado da parte vencedora, e não a parte em si (CPC/2015, art. 85, *caput*). Isso não significa, no entanto, que a parte vencedora não tenha direito a ressarcir-se em relação aos valores despendidos com a contratação de advogado. Afinal, se assim fosse, a regra da reparação integral pelo prejuízo sofrido padeceria de injustificável abalo (CC/2002, art. 944). É bastante difundido, em suma, o seguinte entendimento: i) os honorários advocatícios convencionais, inclusive os devidos por trabalhos prestados extrajudicialmente, integram o valor devido a título de perdas e danos, nos termos dos arts. 389, 395 e 404 do CC/2002 (STJ, REsp nº 1.027.797, 3ª Turma, rel. Min. Nancy Andrighi, julgamento: 17.02.2011, disponível em: www.stj.jus.br); e ii) demonstrada a abusividade do valor pretendido a título de reparação de honorários convencionais, pode o juiz utilizar-se, como parâmetro, da tabela de honorários da OAB (STJ, REsp nº 1.134.725, 3ª Turma, rel. Min. Nancy Andrighi, julgamento: 14.06.2011, disponível em: www.stj.jus.br).

Fundamento constitucional dos honorários sucumbenciais: a Constituição é categórica em afirmar que o "advogado é indispensável à administração da justiça, sendo inviolável por seus atos e manifestações no exercício da profissão, nos limites da lei" (CF/1988, art. 133). Não é diferente a legislação infraconstitucional ao regular aspectos relevantes à atividade profissional do advogado: i) em seu ministério privado, presta serviço público e exerce função social (EAOAB, art. 2º, §1º); ii) seus atos, quando atuante em juízo, constituem múnus público (EAOAB, art. 2º, §2º); iii) no exercício da profissão, e respeitada a lei, é inviolável por seus atos e manifestações (EAOAB, art. 2º, §3º); iv) não está subordinado à hierarquia entre seus próprios colegas e tampouco em relação a magistrados e membros do Ministério Público (EAOAB, art. 6º); v) deve proceder de forma que o torne merecedor de respeito e contribua para o prestígio da classe e da advocacia, sempre zelando, em qualquer circunstância, por sua independência, sem receio de desagradar magistrados ou quaisquer autoridades, nem de incorrer em impopularidade (EOAB, art. 31, §§1º e 2º); e vi) tem direito a exercer com liberdade a advocacia em todo o território nacional, respeitadas suas prerrogativas profissionais (EAOAB, art. 7º). De tudo isso verifica-se, firme na lição de Eduardo José da Fonseca Costa, que a advocacia "adentra o rol das garantias individuais através do vaso comunicante do §2º do art. 5º da CF/1988", ou seja, "é uma garantia de liberdade contrajurisdicional, (...) barreira de contenção anti-arbitrária aos juízes", sendo que o advogado, "conquanto tenha ocupação profissional liberal privada, (...) exerce – por via reflexa – papel público essencial no refreamento de eventuais excessos e desvios cometidos" por juízes e tribunais no exercício do poder jurisdicional – a "representação da parte por um letrado legalmente habilitado permite que os atos do juiz sofram fiscalização técnica e, se errôneos, sejam impugnados" (FONSECA COSTA, Eduardo José. A Advocacia como garantia de liberdade dos jurisdicionados. *Empório do Direito*, 09 maio 2018. Disponível em: www.emporiododireito.com.br. Acesso em: 29 jun. 2020). É, enfim, a relevância da atividade advocatícia, *sobejamente reconhecida pela lei e Constituição*, o fundamento jurídico-constitucional das regras que atribuem a titularidade dos honorários sucumbenciais ao advogado da parte vencedora, com vistas a remunerá-lo de maneira honrada e adequada.

Finalidade dúplice da verba honorária sucumbencial: desde a promulgação da chamada "Reforma Trabalhista", que entrou em vigor a partir de novembro de 2017 trazendo alterações sensíveis à CLT, verificou-se uma queda substancial de demandas na Justiça do Trabalho. Dados noticiados pelo Tribunal Superior do Trabalho indicam que, entre janeiro e outubro de 2019, foram instaurados 1,5 milhão de novos processos, sendo que, no mesmo período de 2017, os números chegaram a 2,2 milhões. Em miúdos, um arrefecimento de quase 32% (ANGELO, Tiago. Custas ao perdedor derrubam novas ações trabalhistas em 32%. *Consultor Jurídico*, 06 jan. 2020. Disponível em: www.conjur.com.br. Acesso em: 07 jul. 2020). Especialistas são unânimes em afirmar que a diminuição de demandas ocorreu justamente em razão da citada "Reforma Trabalhista", a qual estabeleceu regras sujeitando a parte perdedora ao pagamento de honorários advocatícios sucumbenciais, honorários periciais e custas processuais. Em outras palavras: o *aumento do risco financeiro* teve por efeito a aguda diminuição de ações judiciais no âmbito da jurisdição do trabalho, até então palco de muitas aventuras jurídicas e pretensões economicamente absurdas. Tinha-se ali, em não raros exemplos, verdadeiro abuso do direito fundamental ao acesso à justiça. Não se pode dar as costas a esse fenômeno: malgrado os honorários advocatícios sucumbenciais possuam prioritariamente a finalidade de *remunerar* o advogado da parte vencedora, é impossível negar que tenham também o escopo, ainda que secundário, de *incitar o exercício da litigância responsável*. E o legislador bem conhece essa realidade, ele e o próprio advogado, ambos que realizam os cálculos que lhes cabem e interessam, ou seja, o primeiro com o intuito de enxugar a máquina judiciária de demandas chicaneiras ou dotadas de frágil base legal, o último para medir os riscos de seus clientes. Trata-se, enfim, de um mecanismo inteligente que ajuda a conter abusos oriundos do perfil benevolente e altruísta que o ordenamento jurídico brasileiro conferiu ao direito fundamental de acesso à justiça (CF/1988, art. 5º, XXXV). Regras que exemplificam essa finalidade secundária da verba honorária sucumbencial: i) o juiz deve condenar o litigante de má-fé a pagar multa, a indenizar a parte contrária e *a arcar com os honorários advocatícios* e com todas as despesas efetuadas (CPC/2015, art. 81); ii) os chamados honorários recursais (CPC/2015, art. 85, §11) – nesse sentido: STJ, Edcl no REsp nº 1.714.952, 2ª Turma, rel. Min. Herman Benjamin, julgamento: 07.02.2019, disponível em: www.stj.jus.br; iii) a redução pela metade dos honorários sucumbenciais quando o réu reconhecer a procedência do pedido e, simultaneamente, cumprir por inteiro a prestação à qual se obrigou (CPC/2015, art. 90, §4º); iv) a fixação de honorários advocatícios sempre que o executado, em cumprimento de sentença, não efetuar tempestivamente o pagamento da quantia devida (CPC/2015, art. 523, §3º). Em reforço, consultar: ASSIS, Araken. *Processo Civil Brasileiro*. v. II. Tomo I. São Paulo: Revista dos Tribunais, 2015. pp. 404-409.

Obrigação pelo fato objetivo da derrota e ressalvas: desde a entrada em vigor do EAOAB, não faz sentido tentar compreender a verba honorária sucumbencial a partir do instituto da *responsabilidade civil*. O papel da reparação civil é *reintegrar* o prejudicado àquela situação patrimonial anterior, pelo menos tanto quanto possível (DIAS, José Aguiar. *Da responsabilidade civil*. 9. ed. Rio de Janeiro: Forense, 1994. p. 8). Daí afirmar que a responsabilidade civil corresponde ao dever que alguém adquire de reparar o prejuízo decorrente da violação de outro dever jurídico, ou seja, seria um *dever jurídico sucessivo* que surge para recompor o dano decorrente da violação de um *dever jurídico originário* (CAVALIERI FILHO, Sérgio. *Programa de responsabilidade civil*. 2. ed. São Paulo: Malheiros, 2000. p. 22). É feliz a definição alhures porque acopla, numa única frase, as duas feições que lastreiam o instituto. Qualquer que seja a fundamentação adotada na análise de um caso concreto – culpa ou risco –, a verdade é que, ao se configurar a responsabilidade civil do agente, necessariamente terá havido a transgressão de um dever jurídico. A culpa e o risco são fundamentos que, conforme a situação, um ou outro será levado em consideração pelo intérprete no momento de se julgar a causa. Sendo a culpa indispensável, o juiz deverá primeiro examinar a sua configuração antes de julgar procedente o pedido; aplicando-se a teoria do risco, o magistrado irá desconsiderar a culpa, devendo julgar procedente o pedido independentemente de sua ocorrência, desde que presentes os demais requisitos. De maneira geral – abordando tanto a responsabilidade subjetiva como a teoria do risco –, são três os pressupostos necessários à configuração da responsabilidade civil: i) conduta, comissiva ou omissiva, violadora de dever jurídico primário (com ou sem culpa, conforme o exigido em lei); ii) dano; e iii) nexo de causalidade entre os dois primeiros. Ora, como já visto em outro tópico, os honorários advocatícios sucumbenciais, com o advento do EAOAB, perderam a sua originária natureza ressarcitória. Antes tinham por objetivo indenizar a parte vencedora por conta dos gastos que teve com a contratação de advogado, mas depois, *porque não mais destinados à parte vencedora, e sim ao advogado dela,* frente a essa mudança de titularidade, a sua feição trasmudou-se para se tornar espécie de remuneração (= recompensa, retribuição, rendimento). *Não se indenizam danos, enfim, a partir da verba honorária prevista no art.*

85 do CPC/2015. Veja-se, de resto, que os honorários são devidos pelo simples *fato objetivo da derrota* (CPC/2015, art. 85 – "a *sentença condenará o vencido* a pagar honorários ao advogado do vencedor"). Pouco importa a ocorrência ou não de ilícito. Afinal de contas, é direito de todos o acesso à jurisdição, bem assim o exercício da ampla defesa e do contraditório, sendo absurdo enxergar ilicitude por parte de quem ingressou em juízo ou se defendeu contra uma demanda que lhe foi endereçada – excetuado eventual abuso às garantias *acesso à justiça* e *ampla defesa*. E tudo piora diante de um serviço judiciário que amiúde se mostra imprevisível, com variações de entendimento pululando em sede de primeira instância e nos tribunais, não raro até mesmo dentro de um mesmo tribunal. Falar em ilicitude ou culpa (presumida ou não) num panorama tal chega a ferir o bom senso. A regra geral é simples: *quem perde deve pagar a verba honorária ao advogado da parte vencedora*. E, como já visto, ela se justifica, prioritariamente, no ideal de remunerar adequadamente o profissional da advocacia, que é, segundo dizeres do constituinte, indispensável à administração da justiça. Em segundo plano, tem por fito a incitação da litigância responsável, pois é utilizada vez por outra, por exemplo, para sancionar condutas processualmente ímprobas, premiar transações que coloquem fim ao litígio ou estimular o cumprimento de obrigações. Há, todavia, forte posicionamento em linha diversa: Carrilho Lopes, por exemplo, advoga que a atribuição legislativa da titularidade dos honorários *ao advogado* (CPC/2015, art. 85, *caput*), que fez deles "um item de sua remuneração", não chega a superar, porém *abala* a construção teórica que fundamenta o direito à verba honorária sucumbencial na responsabilidade civil objetiva e na ideia de causalidade (CARRILHO LOPES, Bruno Vasconcelos. *Comentários ao Código de Processo Civil. Das partes e dos procuradores.* v. II. São Paulo: Saraiva, 2017. pp. 121-122). Observações: i) de tudo aqui trabalhado, é fácil concluir que as condenações em *honorários sucumbenciais (CPC/2015, art. 85)* e ao *reembolso de despesas processuais antecipadas* (CPC/2015, art. 82, §2º) estão sitiadas em categorias distintas, a primeira traduzindo-se em verba remuneratória, ao passo que a última detém natureza ressarcitória; ii) é papel do legislador, atento à rica casuística da praxe forense, trazer ressalvas à regra geral da condenação honorária pelo fato objetivo da derrota, de modo que situações que violem a razoabilidade sejam devidamente tuteladas pela ordem jurídica – é o que se vê, para ilustrar, em casos de perda do objeto (CPC/2015, art. 85, §10), quando os honorários serão devidos por quem deu causa ao processo (e não por aquele que perdeu a demanda) –; e iii) juízes e tribunais, *com alguma frequência e em atentado à legalidade*, têm construído posicionamentos que ressalvam ou mitigam a regra prevista pelo art. 85, *caput* (= condenação ao pagamento da verba honorária *pelo fato objetivo da derrota*).

Metodologias para o arbitramento dos honorários sucumbenciais: há, no bojo do longo art. 85, *uma regra geral* e *três regras especiais* instituindo as criteriologias para o arbitramento da verba honorária sucumbencial. Mas que fique claro: a autoridade judicial, ao manejar esforços cognitivos dedicados à fixação dos honorários – o que vale também para as hipóteses previstas pelas regras especiais –, não poderá se afastar dos parâmetros indicados na regra geral (CPC/2015, art. 85, §2º, I, II, III e IV). Detalhamentos das regras especiais: i) a primeira tem aplicação sempre que presente a Fazenda Pública como *parte* no feito, de modo que se ela ali estiver, *não importando se no polo ativo ou passivo*, a metodologia a ser utilizada é a prevista no art. 85, §3º, CPC/2015; ii) a segunda repisa, *com menor alcance e pujança*, o que já se tinha no CPC/1973, ou seja, traz ressalvas à legalidade ao permitir que o órgão julgador arbitre honorários de sucumbência por apreciação equitativa nas causas em que for inestimável ou irrisório o proveito econômico ou quando o valor da causa for muito baixo (CPC/2015, art. 85, §8º); e iii) a derradeira, por sua vez, prevê que, na *ação de indenização por ato ilícito contra pessoa*, o percentual de honorários incidirá especificamente sobre a soma das prestações vencidas acrescida de doze prestações vincendas (CPC/2015, art. 85, §9º). Ausentes as hipóteses previstas na estrutura das aludidas regras especiais, terá aplicação, em sua amplitude, a regra geral (CPC/2015, art. 85, §2º). Nela estão presentes um piso e um teto (= parâmetro quantitativo: mínimo de dez e máximo de vinte por cento), atrelados a determinadas bases de cálculo (de acordo com a ordem: i. *valor da condenação*, ii. *proveito econômico obtido* ou, não sendo possível mensurá-lo, iii. *valor atualizado da causa*) e, por fim, os parâmetros a serem observados como maneira de orientar a fixação da verba honorária e reduzir a discricionariedade judicial

(= *grau de zelo do profissional, lugar de prestação do serviço, natureza e importância da causa, trabalho realizado pelo advogado e tempo exigido*).

Metodologia geral de arbitramento da verba honorária sucumbencial: o CPC/1973 positivou metodologia superior em qualidade, se comparado ao CPC/1939, quanto ao arbitramento da verba honorária sucumbencial, consistente, num primeiro momento, em definir um parâmetro quantitativo (mínimo de dez e máximo de vinte por cento) em relação ao qual ela haveria de se manter fiel (espécie de *régua de gradação*) e, por fim, positivar requisitos de observância cogente a permitirem a sua fixação segundo padrões mais ou menos objetiváveis. Com a entrada em vigor do CPC/2015, adveio regime normativo ainda mais objetivo e adequado. A regra geral (art. 85, §§1º e 2º), embora aglutine parte significativa daquilo já previsto em legislações anteriores (CPC/1973 e EAOAB), inova quanto à metodologia de arbitramento. Veja-se o seguinte: i) mantiveram-se as balizas entre o mínimo de dez e o máximo de vinte por cento; ii) foram criadas *três* bases de cálculo em atenção às quais os honorários serão definidos, aplicando-se em cada caso uma delas (ou, às vezes, mais de uma, na hipótese de sucumbência recíproca), a depender das particularidades envolvidas, sempre respeitada a ordem ali prevista (*valor da condenação, proveito econômico obtido* ou, não sendo possível mensurá-lo, *valor atualizado da causa*); e iii) nada mudou quanto aos requisitos cuja observância auxilia o julgador a colocar em suspensão critérios pessoalizados – a saber: *o grau de zelo do profissional, o lugar de prestação do serviço, a natureza e importância da causa, o trabalho realizado pelo advogado e o tempo exigido para o seu serviço* (CPC/2015, art. 85, §2º, I, II, III e IV).

Metodologia de arbitramento da verba honorária sucumbencial para os casos em que a Fazenda Pública for parte: sendo a Fazenda Pública parte, não importando se situada no polo ativo ou passivo, tampouco se vencedora ou vencida, a metodologia para o arbitramento de honorários advocatícios sucumbenciais deverá seguir as diretrizes espraiadas entre os §§2º, 3º, 4º e 5º do art. 85 do CPC/2015. Vale lembrar, inicialmente, que "a expressão Fazenda Pública abrange a Administração Direta da União, dos Estados-membros, do Distrito Federal e dos Municípios, além das autarquias e fundações com personalidade de direito público", não se estendendo, portanto, às sociedades de economia mista (por exemplo, Banco do Brasil) e às empresas públicas (ASSIS, Araken. *Processo Civil Brasileiro. Parte Geral: Institutos Fundamentais.* v. II. Tomo I. São Paulo: Editora Revista dos Tribunais, 2015. p. 444). Importa aqui frisar, em especial, que o CPC/2015 trouxe um novo modelo normativo, esculpido para evitar abusos, quer contra a Fazenda Pública, quer ainda contra os próprios advogados, afastando descomedimentos para mais ou para menos no arbitramento de honorários. Não há afronta à isonomia nesse regime diferenciado instituído às causas em que a Fazenda Pública for parte, o que seria diferente "se os §§3º a 5º do art. 85 fossem aplicáveis exclusivamente aos casos de condenação da Fazenda Pública em honorários, incidindo o §2º quando a condenação recaísse sobre seu adversário" (CARRILHO LOPES, Bruno Vasconcelos. *Comentários ao Código de Processo Civil. Das partes e dos procuradores.* v. II. São Paulo: Saraiva, 2017. pp. 145-146). As regras, num primeiro momento, têm por finalidade concentrar a cognição judicial em cinco *faixas percentuais escalonadas*: i) mínimo de dez e máximo de vinte por cento sobre o valor da condenação ou do proveito econômico obtido até duzentos salários mínimos; ii) mínimo de oito e máximo de dez por cento sobre o valor da condenação ou do proveito econômico obtido acima de duzentos salários mínimos até dois mil salários mínimos; iii) mínimo de cinco e máximo de oito por cento sobre o valor da condenação ou do proveito econômico obtido acima de dois mil salários mínimos até vinte mil salários mínimos; iv) mínimo de três e máximo de cinco por cento sobre o valor da condenação ou do proveito econômico obtido acima de vinte mil salários mínimos até cem mil salários mínimos; e v) mínimo de um e máximo de três por cento sobre o valor da condenação ou do proveito econômico obtido acima de cem mil salários mínimos (CPC/2015, art. 85, §3º, I, II, III, IV e V). Detalhamentos: i) as *bases de cálculo* a serem observadas são *duas*, ou seja, *valor da condenação* ou *proveito econômico obtido*, sendo que, na ausência delas, a condenação em honorários dar-se-á *subsidiariamente* sobre o *valor atualizado da causa* (CPC/2015, art. 85, §4º, III); ii) quando, conforme o caso, a condenação contra a Fazenda Pública, ou o benefício econômico obtido pelo vencedor, ou mesmo o valor da causa, for superior ao valor previsto no inciso I do §3º do art. 85 (= duzentos salários mínimos), a fixação do percentual de honorários deve observar a faixa inicial e, naquilo que a exceder, a faixa subsequente, e assim sucessivamente (CPC/2015, art. 85, §5º); iii) o valor do salário mínimo a ser considerado para efeito de cálculo é o vigente quando da prolação da decisão líquida (sentença, acórdão, decisão monocrática do relator) ou o que estiver em vigor na data da liquidação (CPC/2015, art. 85, §4º, IV); iv) os percentuais previstos em lei (CPC/2015, art. 85, §3º, I, II, III, IV e V) devem ser aplicados desde logo, quando líquida a decisão (sentença, acórdão, decisão monocrática do relator), sendo que, ausente a liquidez, a sua definição somente ocorrerá no momento da liquidação do julgado (CPC/2015, art. 85, §4º, I e II); v) também nas causas em que é parte a Fazenda Pública, deve o juiz atentar-se aos requisitos previstos no art. 85, §2º, I, II, III e IV, a saber, (a) grau de zelo do profissional, (b) lugar da prestação do serviço, (c) natureza e importância da causa, (d) trabalho realizado pelo advogado e (e) tempo exigido para o seu serviço; e vi) os limites e critérios previstos nos §§2º e 3º aplicam-se independentemente de qual seja o conteúdo da decisão, inclusive aos casos de improcedência ou extinção sem resolução de mérito (CPC/2015, art. 85, §6º).

O critério da equidade na fixação da verba honorária: a equidade é critério de *duvidosa constitucionalidade*, sobretudo por excepcionar a legalidade (CF/1988, art. 5º, II – *"ninguém será obrigado a fazer ou deixar de fazer alguma coisa senão em virtude de lei"*) e alimentar descomedimentos e exageros (para mais ou para menos). Nesse sentido, aliás, clássica lição de Pontes de Miranda: "A rigor, equidade é apenas palavra-válvula, com que se dá entrada a todos os elementos intelectuais ou sentimentais que não caibam nos conceitos primaciais dos métodos de interpretação. Para que se atenue a rigidez exegética, a prática e os legisladores têm recorrido a essa noção ambígua, se não equívoca, com que se manda tratar com igualdade sem se definir de que igualdade se trata, nem se dizerem os seus começos e os seus limites. No fundo, a vantagem, se vantagem realmente há, de tal expressão, em povos estranhos à tradição do nosso direito, tem sido semelhante à de todas as outras expressões vagas. A vaguidade serve sempre quando se quer o arbítrio, ou quando se pretende deixar a alguém determinar a norma, sem se confessar que se quis o arbítrio, ou que se deu a alguém esse poder" (MIRANDA, Pontes de. *Comentários ao Código de Processo Civil*. Tomo I. Rio de Janeiro: Editora Forense, 1947. pp. 412-413). São indiscutíveis, no entanto, as melhorias hoje alcançadas no regime normativo para o arbitramento da verba honorária sucumbencial, sendo especialmente relevante que o manejo da via equitativa está hoje autorizada *apenas* para as causas em que for *inestimável* ou *irrisório* o *proveito econômico* e, ainda, *quando muito baixo* o *valor da causa* (CPC/2015, art. 85, §8º) – a despeito disso, advirta-se desde já, os tribunais têm amiúde desprezado a orientação normativa, fazendo uso do critério da equidade em situações que ultrapassam a previsão legal. Impressiona a eloquência normativa: o CPC/2015 *constrangeu* juízes e tribunais a não remunerarem advogados em valores aviltantes (STRECK, Lenio Luiz; DELFINO, Lúcio. Arbitramento de honorários sucumbenciais em casos de improcedência. *Consultor Jurídico*, 10 out. 2016. Disponível em: www.conjur.com.br. Acesso em: 17 fev. 2021), uma vitória assaz merecida em favor desses profissionais cuja atividade (a advocacia), além de indispensável à administração da justiça (CF/1988, art. 133), constitui-se em importantíssima garantia contrajurisdicional em prol das liberdades dos cidadãos – nesse sentido: FONSECA COSTA, Eduardo José. A advocacia como garantia de liberdade dos jurisdicionados. *Empório do Direito*, 09 maio 2018. Disponível em: www.emporiododireito. com.br. Não é tecnicamente adequado, por fim, encarar a expressão "inestimável", prevista no §8º do art. 85, como aquilo que "tem enorme valor", tentando, assim, atribuir a ela o significado de algo "mensurável economicamente". Francisco Fernandes mostra que "inestimável" é sinônimo de *inapreciável, incalculável, impagável, valioso* – "a inestimável honra que sua Majestade da Suécia se dignava fazer-me (Vieira)" (FERNANDES, Francisco. *Dicionário de sinônimos e antônimos*. 10. ed. São Paulo: Editora Globo, 1955. p. 527). Sendo a coisa "calculável" ou "avaliável", se possui "enorme valor", é impossível, enfim, recusar a ela a adjetivação de *estimável*. Sugere-se a consulta do memorável voto do Min. Raul Araújo, o qual, escorado em segura lição de Plácido e Silva, elucida as balizas da expressão "inestimável", além de demonstrar o equívoco da utilização dos princípios da proporcionalidade e da razoabilidade como maneira de superar as fronteiras da norma – conferir: REsp nº 1.746.072-PR,

Segunda Seção, rel. Min. Nancy Andrighi, julgamento: 13.02.2019, disponível em: www.stj.jus.br.

Uso do critério da equidade para além das balizas legais – arbítrio judicial: há um movimento dedicado a revitalizar o critério da equidade e estendê-lo a circunstâncias alheias à previsão legal – é o que se verifica, por exemplo, nos seguintes julgados: REsp nº 1.771.147/SP, Primeira Turma, rel. Min. Napoleão Nunes Maia Filho, julgamento: 25.09.2019, disponível em: www.stj.jus.br; REsp nº 1.789.913/DF, Segunda Turma, rel. Min. Herman Benjamin, julgamento: 11.03.2019, disponível em: www.stj.jus.br; AgInt no AREsp nº 1.487.778/SP, Segunda Turma, rel. Min. Mauro Campbell Marques, julgamento: 26.09.2019, disponível em: www.stj.jus.br; REsp nº 1.864.345/SP, Primeira Turma, rel. Min. Benedito Gonçalves, julgamento: 17.03.2020, disponível em: www.stj.jus.br. Tudo indica que o escopo, *embora não alardeado explicitamente*, é a criação de novos suportes fáticos a serem acoplados, por intermédio da *performance* do poder jurisdicional, ao §8º do art. 85 do CPC/2015 (= ativismo judicial). A prevalecer o posicionamento, ter-se-á uma "regra" mais abrangente, talvez trazendo os seguintes contornos: "Nas causas em que for inestimável ou irrisório o proveito econômico, quando muito baixo o valor da causa, *ou ainda se excessivos o valor da condenação, o proveito econômico e mesmo o valor da causa*, o juiz fixará os honorários sucumbenciais por apreciação equitativa, observando-se o disposto nos incisos do §2º". É claro que nenhum órgão judiciário está autorizado a tanto. Afinal de contas, se não é inestimável ou irrisório o proveito econômico, ou ainda não sendo muito baixo o valor da causa, *simplesmente inexiste espaço para se aplicar o §8º do art. 85*. Merece lembrança, aliás, o fragmento de excepcional voto da lavra do Min. Raul Araújo: "Logo, em face de redação tão expressiva, a conclusão lógica é a de que o §2º do art. 85 do CPC de 2015 veicula a regra geral e obrigatória de que os honorários advocatícios sucumbenciais devem ser fixados no patamar de 10% a 20%: (I) do valor da condenação; ou (II) do proveito econômico obtido: ou (III) não sendo possível mensurá-lo, do valor atualizado da causa. Nessa ordem de ideias, o Código de Processo Civil relegou ao §8º do art. 85 a instituição de regra excepcional, de aplicação subsidiária, para as hipóteses em que, havendo ou não condenação: (I) for inestimável ou irrisório o proveito econômico obtido; ou (II) for muito baixo o valor da causa. Assim, em regra: a) os honorários devem ser fixados com base no valor da condenação; b) não havendo condenação ou não sendo possível valer-se da condenação, utiliza-se (b.1) o proveito econômico obtido pelo vencedor ou, como última hipótese, (b.2) recorre-se ao valor da causa. A aplicação da norma subsidiária do art. 85, §8º, verdadeiro 'soldado de reserva', como classificam alguns, somente será cogitada na ausência de qualquer das hipóteses do §2º do mesmo dispositivo. Assim, a incidência, pela ordem, de uma das hipóteses do art. 85, §2º, impede que o julgador prossiga com sua análise a fim de investigar eventual enquadramento no §8º do mesmo dispositivo, porque a subsunção da norma ao fato já se terá esgotado" (REsp nº 1.746.072-PR, Segunda Seção, rel. Min. Nancy Andrighi, julgamento: 13.02.2019, disponível em: www.stj.jus.br). Essa obviedade, a propósito, pode ser explicada de várias maneiras: i) o fato (= excessividade do valor da condenação, do proveito econômico ou do valor da causa) não se ajusta (= enquadramento) à regra (CPC/2015, art. 85, §8º); ii) não há subsunção do fato (= excessividade do valor da condenação, do proveito econômico ou do valor da causa) à regra em abstrato (CPC/2015, art. 85, §8º); iii) o fato (= excessividade do valor da condenação, do proveito econômico ou do valor da causa) não tem potencialidade para fazer incidir a regra (CPC/2015, art. 85, §8º); iv) a "interpretação" (= utilização do critério da equidade quando excessivos o valor da condenação, o proveito econômico e mesmo o valor da causa) extrapola os limites sintáticos e semânticos da regra interpretada (CPC/2015, art. 85, §8º); v) a regra (CPC/2015, art. 85, §8º) indica perfeitamente quando empregar o critério de equidade, não havendo nela contradição ou obscuridade, tampouco abertura (= densidade normativa) que justifique a concretização volitiva por intermédio da discricionariedade judicial. Enfim, não sendo inestimável (conferir o significado da expressão "inestimável" no item anterior) ou irrisório o proveito econômico nem muito baixo o valor da causa, a legalidade *impele* o julgador a utilizar-se dos critérios objetivos prescritos, ou no §2º, ou no §3º, ambos do art. 85 do CPC/2015, a depender ou não da presença da Fazenda Pública como parte no feito. Não há margem legal para escapar dessa interpretação e, quem assim o faz, mormente juízes e tribunais, coloca-se em posição de superior importância à legislatura, a ponto de franquear perigoso acesso a uma *janela de subjetividade*, dando vazão à prevalência dos próprios juízos e preferências valorativos, daquilo que em seu íntimo crê por "justo" e "adequado", sobre as regras gerais produzidas via processo legislativo constitucional. Os julgados que adotam o posicionamento aqui hostilizado têm desprezado a racionalidade legislativa – substituem *objetividade legal* por *discricionariedade judicial*; e, habitualmente, isso tem ocorrido ao largo de indicações de uma e outra ressalvas de inconstitucionalidade (ou de caducidade, revogação, não recepção, interpretação conforme à Constituição, nulidade parcial sem redução de texto, inconstitucionalidade com redução parcial de texto, invocação de norma jurídica implícita pré-excludente da aplicação da lei) (FONSECA COSTA, Eduardo José. Processo: garantia de liberdade [freedom] e garantia de «liberdade» [liberty]. *Empório do Direito*, 21 ago. 2018. Disponível em: www.emporiododireito.com.br), escorando-se em tergiversações bastante conhecidas pelos estudiosos devotados ao combate do ativismo judicial: demasiado amor ao formalismo; apego excessivo à literalidade das regras; impossibilidade de reduzir à insignificância o poder judicial de alterar ou adaptar as determinações contidas em leis escritas; risco de retorno ao direito antigo, quando era praticamente zero a alternativa de o julgador interpretar as leis e buscar a sua adequação factual; inaceitabilidade de regulamentos incapazes de incorporar ou absorver todos os dados da realidade; princípio da justiça do caso concreto; o julgador não está refém da regra legislada, podendo recorrer, com responsabilidade, ao critério da ponderação fundamentada para resolver questões difíceis – nesse sentido: STJ, REsp nº 1.771.147-SP, Primeira Turma, rel. Min. Napoleão Nunes Maia Filho, julgamento: 05.09.2019, disponível em: www.stj.jus.br (semelhante orientação: REsp nº 1.864.345-SP, Primeira Turma, rel. Min. Benedito Gonçalves, julgamento: 17.03.2020, disponível em: www.stj.jus.br). Em miúdos: alguns ministros, integrantes do Superior Tribunal de Justiça, insistem em uma empresa *contra legem*, não interpretam, e sim *enjeitam*, a partir de argumentos extrajurídicos, o direito objetivo. Um tipo de postura judicial crítica, que, conquanto tenha em mira as (supostas) "injustiças da lei", acaba por solapar violentamente *direitos subjetivos*, isto é, faz desaparecer, *num exercício de prestidigitação retórica*, posições de vantagem conquistadas por advogados em razão da incidência de regras *existentes, válidas* e *eficazes* (CPC/2015, art. 85, §§2º e 3º). Tem-se nisso a revelação de certo desamor nutrido pelas autoridades judiciais quanto ao debate parlamentar, este último responsável por estabelecer *propositadamente* restrições sensíveis ao uso da equidade como critério para fixação da verba honorária, verdadeira salvaguarda contra a remuneração advocatícia desonrosa. Uma atitude descomedida, que usurpa competência do Congresso Nacional, marginaliza a cláusula da separação de poderes, despreza o direito dos cidadãos de se autogovernarem e leva a cabo a edificação de uma "regra" cujas feições são distintas da original, não desejada, não debatida e não elaborada por aqueles, deputados e senadores, eleitos democraticamente pelo povo. Sobre a importância da legislatura, consultar: DAHL, Robert A. *A democracia e seus críticos*. São Paulo: Martins Fontes, 2012; WALDRON, Jeremy. *A dignidade da legislação*. São Paulo: Martins Fontes, 2003; SANT'ANNA, Lara Freire Bezerra de. *Judiciário como guardião da Constituição*: Democracia ou Guardiania? Rio de Janeiro: Lumen Iuris, 2014. Sobre o efeito deletério decorrente da fixação de verba honorária sucumbencial a partir do critério da equidade contra a Fazenda Pública, consultar: MARTINS VASCONCELOS, Breno Ferreira; DADONA MATTHIESEN, Maria Raphaela. A Fazenda Pública pode litigar sem riscos. *Jota*, 12 jan. 2021. Disponível em: www.jota.com.br. Acesso em: 18 fev. 2021.

Uso arbitrário do critério da equidade – crítica a um julgado: há um acórdão proveniente do Superior Tribunal de Justiça que merece enfrentamento particularizado porque foi além, trazendo novos fundamentos na tentativa de justificar a resistência ao direito posto. Segue, abaixo, trecho do *voto de relatoria* (que interessa ao debate): "É possível constatar, de plano, que a adoção da equidade como parâmetro para estabelecer a verba honorária foi mantida no novo Código de Processo Civil. No regime do CPC/1973, o arbitramento dos honorários advocatícios devidos pelos entes públicos era feito sempre com base no critério equitativo (art. 20, §4º), tendo sido consolidado o entendimento jurisprudencial de que o órgão julgador não estava adstrito ao piso de 10%, estabelecido no art. 20, §3º, do CPC/1973. A leitura do caput e parágrafos do art. 85 do CPC/2015 revela que, atualmente, o órgão julgador arbitrará a verba honorária atento às seguintes circunstâncias: a) verificação da liquidez ou não da sentença: na primeira hipótese, o juiz passará a fixar, imediatamente, os honorários conforme os critérios do art. 85, §3º, do CPC/2015; caso ilíquida, a definição do percentual a ser aplicado somente ocorrerá após a liquidação da sentença; b) a base de cálculo dos honorários é o valor da condenação ou o proveito econômico; em caráter residual, isto é, quando inexistente condenação, ou o proveito econômico não for passível de mensuração, a base de cálculo corresponderá ao valor atualizado da causa; c) segundo disposição expressa no §6º, os limites e critérios do §3º serão observados independentemente do conteúdo da decisão judicial (podem ser aplicados até mesmo nos casos de provimento sem resolução de mérito ou de improcedência); e d) o juízo puramente equitativo para arbitramento da verba honorária – ou seja, desvinculado dos critérios acima – supostamente estaria reservado para situações em que o proveito econômico se revelar 'inestimável' (porque inexistente, seja por outro motivo qualquer) ou 'irrisório', ou quando o valor da causa se revelar 'muito baixo'. Não obstante a disciplina legal acima referida, a regra do art. 85, §3º, do atual CPC – como qualquer norma, reconheça-se – não comporta interpretação exclusivamente pelo método literal. Por mais claro que possa parecer o seu conteúdo, é juridicamente vedada a utilização de técnica hermenêutica que posicione a norma inserta em dispositivo legal em situação de desarmonia com a integridade do ordenamento jurídico. Dessa forma, a regra do art. 85, §8º, do CPC/2015 deve ser interpretada de acordo com a reiterada jurisprudência do STJ, que havia consolidado o entendimento de que o juízo equitativo é aplicável tanto na hipótese em que a verba honorária se revela ínfima como excessiva, à luz dos parâmetros do art. 20, §3º, do CPC/1973 (atual art. 85, §2º, CPC/2015). Conforme bem a apreendido no acórdão hostilizado, justifica-se a incidência do juízo equitativo tanto na hipótese do valor inestimável ou irrisório, de um lado, como no caso da quantia exorbitante, de outro. Isso porque, observo, o princípio da boa-fé processual deve ser adotado não somente como vetor na aplicação das normas processuais, pela autoridade judicial, como também no próprio processo de criação das leis processuais, pelo legislador, evitando-se, assim, que este último utilize o poder de criar normas com a finalidade, deliberada ou não, de superar a orientação jurisprudencial que se consolidou a respeito de determinado tema. A linha de raciocínio acima, diga-se de passagem, é a única que confere efetividade aos princípios constitucionais da independência dos poderes e da isonomia entre as partes – com efeito, é totalmente absurdo conceber que somente a parte exequente tenha de suportar a majoração dos honorários, quando a base de cálculo dessa verba se revelar ínfima. Não existe, em contrapartida, semelhante raciocínio na hipótese em que a verba honorária se mostrar excessiva, isto é, gritantemente injustificável à luz da complexidade e relevância da matéria controvertida, bem como do trabalho realizado pelo advogado. Aliás, a prevalecer o indevido entendimento de que, no regime do novo CPC, o juízo equitativo somente pode ser utilizado contra uma das partes, ou seja, para majorar honorários irrisórios, o próprio termo 'equitativo' será em si mesmo contraditório. Por fim, acrescento que qualquer exegese que resulte no reconhecimento de que o juízo de equidade somente deve ser utilizado para majorar os honorários advocatícios – quando inexistir condenação ou benefício econômico (ou estes não forem mensuráveis) ou o valor da causa se revelar ínfimo –, ofenderá, além dos princípios constitucionais acima referidos (*independência dos Poderes* e *isonomia* processual), a integralidade do ordenamento jurídico pátrio, viabilizando a abertura de precedentes que consagrarão enriquecimento ilícito dos causídicos" (REsp nº 1.789.913/DF, Segunda Turma, rel. Min. Herman Benjamin, julgamento (por unanimidade): 12.02.2019, disponível em: www.stj.jus.br). Na sequência, ponto por ponto, as considerações críticas que merecem ser contrapostas às razões do acórdão: i) em boa medida, o desgosto em relação ao conteúdo imprimido à lei explica a ojeriza, nutrida por setores do Judiciário e da doutrina, pela interpretação *gramatical* (= *literal*). Afinal, trata-se de método bastante restritivo, que amarra o intérprete e impede *rebeldias decisórias*. Daí por que o método gramatical é alvo frequente de enxovalhadas, é desidratado e desqualificado para justificar a desobediência da ordem jurídica. No entanto, a verdade (incômoda para muitos) é que o texto legal, *goste-se ou não*, refere-se a algo *real e autêntico*, ou seja, está lá, *positivado do jeito que está*, fora do intérprete e apesar dele; ii) desdenha o método gramatical quem, a pretexto de interpretar, deseja *fazer política* pela via jurisdicional ou doutrinária. Há importantes doutrinadores (uma minoria que precisa ser ouvida) alertando para o fato de que não deve o aplicador (tampouco o doutrinador) tornar-se protagonista (no lugar do legislador) em defesa de um *subjetivismo desejado*, que afasta o texto legislativo e seu conteúdo semântico (= interpretação objetivamente correta) para atender aquilo que ele e a sociedade (em sua própria visão pessoalizada) consideram "adequado" (DIMOULIS, Dimitri. *Positivismo jurídico. Teoria da validade e da interpretação do direito*. 2. ed. Curitiba: Livraria do Advogado Editora, 2018. pp. 151-153). Quem assim pensa, atento à própria pretensão e estrutura do direito, sabe bem que o método gramatical tem imperiosa relevância no tracejo do limite da interpretação cognitiva de uma norma, na identificação da moldura dentro da qual a concretização pode materializar-se sem a distorção do texto normativo (DIMOULIS, Dimitri. *Positivismo jurídico. Teoria da validade e da interpretação do direito*. 2. ed. Curitiba: Livraria do Advogado Editora, 2018. pp. 151-153); iii) normas com *alta densidade* (= *baixa porosidade*) permitem aplicação mais fácil e, às vezes, até mecânica. É o que ocorre, numa variedade de casos, com as regras previstas no art. 85 (incluídos todos os seus parágrafos e incisos), pois elaboradas com cuidado redobrado justamente para minimizar dúvidas e alternativas; iv) é preciso atenção para que o resultado interpretativo se mantenha em harmonia com a *integralidade do ordenamento jurídico*. Aqui algumas premissas são necessárias para não se chegar a conclusões truncadas: a) "ninguém é obrigado a fazer ou deixar de fazer alguma coisa *senão em virtude de lei*" (CF/1988, art. 5º, II); b) só a Constituição pode atribuir característica de lei a preceitos abstratos e gerais, os quais terão, por isso mesmo, aptidão para vincular a todos (NERY JUNIOR, Nelson; ANDRADE NERY, Rosa Maria de. *Código de Processo Civil Comentado*. 17. ed. São Paulo: Revista dos Tribunais, 2018. p. 2.052); e c) o Supremo Tribunal Federal e o Superior Tribunal de Justiça são tribunais que decidem casos concretos, resolvem lides objetivas e subjetivas (CF/1988, arts. 102 e 105), de sorte que não têm por papel legislar (= *não são tribunais de teses*) (NERY JUNIOR, Nelson; ANDRADE NERY, Rosa Maria de. *Código de Processo Civil Comentado*. 17. ed. São Paulo: Revista dos Tribunais, 2018. p. 2.052) – excetua-se, por exemplo, o mecanismo de produção de *súmulas vinculantes*, haja vista expressa previsão *constitucional* (CF/1988, art. 103-A). O raciocínio exarado no julgado que aqui se critica comete o pecado de conferir às decisões judiciais natureza de *fonte primária de direito*, ou seja, trata como se tivesse força de lei *orientação jurisprudencial consolidada* (quando vigente o CPC/1973) a respeito do tema *verba honorária*. E a partir desse (estranho) "empréstimo" do *status* de lei às suas próprias decisões, bastou um passo, bem pequeno, para que o Superior Tribunal de Justiça concluísse pela existência de uma "situação de desarmonia com a integralidade do ordenamento jurídico"; v) outro equívoco é advogar que o legislador está obrigado, *frente ao princípio da boa-fé processual,* a abster-se de utilizar o poder de criar normas quando já existente orientação jurisprudencial consolidada (= *obrigação de não fazer* endereçada ao legislador). Algo grave, não apenas porque demonstra miopia sobre as fontes primárias de direito e os procedimentos competentes para criá-las, mas também por se tratar de ponto de vista absurdamente antidemocrático. É aquele *desamor pela legislatura,* apontado alhures, com um tribunal superior exortando que se deve preferir à legalidade um amontoado coerente de decisões judiciais; vi) causa assombro a importância atribuída pelo julgado à *boa-fé processual,* fazendo dela espécie "turbinada" de sobrenorma a ser adotada não só como vetor de aplicação das regras, mas igualmente pelo legislador, "no próprio processo de criação das leis processuais", a fim de evitar a superação de orientação jurisprudencial consolidada. Há nisso, sem dúvida alguma, responsabilidade do legislador infraconstitucional, que (equivocada e generosamente) laureou a boa-fé processual com a *fundamentalidade* inerente às garantias constitucionais – tanto assim que o CPC/2015 a prevê entre as chamadas "Normas Fundamentais do Processo Civil". *Deu-se à boa-fé processual, em suma, mais importância do que ela de fato merece...* indo ao ponto: a leitura da redação atribuída ao dispositivo legal aludido é mais que suficiente para demonstrar o exagero em que incidiu o acórdão ao sugerir que a boa-fé processual tem aplicação para além do procedimento jurisdicional ("aquele que *de qualquer forma participa do processo* deve comportar-se de acordo com a boa-fé"; CPC/2015, art. 5º); vii) não há, *como sugere o voto de relatoria*, malferimento à *independência dos Poderes* na atuação de parlamentares que legislam em oposição à jurisprudência firme. Nada impede que deputados e senadores – muito pelo contrário, aliás – insurjam-se contra os rumos assumidos por orientações de tribunais a fim de construir leis que melhor atendam os interesses daqueles que democraticamente os elegeram. Ao que parece, de quando em vez esquece-se o que há de mais elementar: juízes são agentes políticos, *servem e representam o povo*, devendo abster-se da soberba e deixar-se iluminar pela luz da humildade, mantendo em mente a ideia nuclear de que a legitimidade dos atos jurisdicionais que praticam exige deles uma "fidelidade canina à Constituição e às leis" (FONSECA COSTA, Eduardo José da. O Poder Judiciário diante da soberania popular: o impasse entre a democracia e a aristocracia. *Empório do Direito*, 13 fev. 2019. Disponível em: www.emporiododireito.com.br); e viii) configura malferimento à *independência dos Poderes*, isto sim, àquilo que se lê e está atestado pelo julgado. O Superior Tribunal de Justiça decidiu que a única maneira de conferir efetividade a princípios constitucionais (independência dos Poderes e isonomia entre as partes) é adotando a linha de raciocínio de que o juízo de equidade deve incidir também quando exorbitantes o valor da condenação, o proveito econômico ou o valor da causa. A rigor, tem-se aí um juízo de inconstitucionalidade, *alcançado ao arrepio da reserva de plenário* (*Súmula Vinculante nº 10*: "Viola a cláusula de reserva de plenário [CF/1988, art. 97] a decisão de órgão fracionário de tribunal que, *embora não declare expressamente a inconstitucionalidade de lei ou ato normativo do Poder Público, afasta sua incidência, no todo ou em parte*"), em que o tribunal, de um lado, negou aplicação à criteriologia normativa de arbitramento da verba honorária prevista no §3º e incisos do art. 85, e, de outro, fez uso (equivocado) do que tecnicamente se denomina *efeito aditivo* para *reescrever* o §8º do mesmo art. 85. Indubitavelmente, o Superior Tribunal de Justiça *legislou*. Uma nota final: o Supremo Tribunal Federal foi acionado em *ação declaratória de constitucionalidade* para que afaste, de uma vez por todas, a incerteza reinante sobre o art. 85, §§3º, 5º e 8º do

CPC/2015 (ADC nº 71) – mais um capítulo, enfim, da eterna "queda de braço" entre *ímpeto jurisdicionalista criativo* e *dignidade da legislação*, duas conhecidas figuras que cotidianamente enfrentam-se no Brasil em torno de uma multiplicidade de temas.

Metodologia de arbitramento da verba honorária em ações de indenização por ato ilícito contra pessoa: em *ação de indenização por ato ilícito contra pessoa*, o percentual de honorários incidirá especificamente sobre a soma das prestações vencidas acrescida de doze prestações vincendas (CPC/2015, art. 85, §9º). É regra superior em simplicidade à anterior (CPC/1973, art. 20, §5º), que não mais faz alusão *ao capital necessário a produzir a renda correspondente às prestações vincendas*. Deverá o órgão judicial, por fim, fixar os honorários entre o mínimo de dez e o máximo de vinte por cento sobre o percentual acima, atendidos os requisitos previstos no §2º do art. 85 do CPC/2015.

Requisitos legais relacionados à qualidade do trabalho realizado pelo advogado: os honorários serão fixados entre o mínimo de dez e o máximo de vinte por cento sobre o valor da condenação, do proveito econômico obtido ou, não sendo possível mensurá-lo, sobre o valor atualizado da causa (CPC/2015, art. 85, 2º). Além disso, o órgão judiciário deverá atender: i) *o grau de zelo do profissional* (= empenho e dedicação à defesa do cliente ao longo de todas as fases procedimentais – exemplos: arrazoados tecnicamente bem elaborados; reuniões realizadas com o cliente; presença, boa *performance* e preparo em audiências; atenção aos prazos; recursos interpostos com bons resultados; condutas respeitantes a boa-fé objetiva); ii) *o lugar da prestação do serviço* (= deslocamentos para cumprir atos processuais em cidades distintas daquela onde tramita o feito – exemplos: cumprimento de cartas precatórias; acompanhamento de perícia; acompanhamento de inspeção judicial; viagem para produzir sustentação oral); iii) *a natureza e a importância da causa* (= complexidade e relevância da causa sob o patrocínio do advogado – exemplo: ações coletivas ou de improbidade administrativa, a envolver direitos de milhares de pessoas e/ou quantidade significativa de dinheiro; demandas nas quais se debate questão de direito ainda não amadurecida pela doutrina e jurisprudência; atuação em recursos repetitivos); iv) *o* *trabalho realizado pelo advogado* (= todo o trabalho, físico e intelectual, realizado no processo pelo advogado – exemplos: reuniões com o cliente; elaboração de petição inicial, contestação, réplica e recursos; participação em audiências; viagens realizadas para cumprir atos processuais); e v) *o tempo exigido para a realização desse mesmo trabalho* (= tempo consumido para a realização de atos que cabiam ao advogado no processo – exemplos: dispêndio temporal com a elaboração de pesquisas para preparar audiências, exame de documentos juntados aos autos, preparação de petições e recursos; audiências prolixas e exaustivas; horas ou dias gastos com viagens destinadas ao cumprimento de atos processuais) (CPC/2015, art. 85, §2º, I, II, III e IV). São requisitos, vale insistir, concernentes à própria atividade desenvolvida pelo advogado, que deverão ser levados em conta pelo juiz e/ou tribunal sempre e invariavelmente, ou seja, quer em casos comuns, quer naqueles outros em que têm aplicação criteriologias normativas especiais para a fixação da verba honorária (Fazenda Pública como parte, fixação honorária a partir do critério da equidade e ação de indenização por ato ilícito contra pessoa; CPC/2015, arts. 85, §§3º, 8º e 9º).

Devido processo legal e arbitramento da verba honorária: ao órgão judiciário é defeso proferir sentença a favor do autor de natureza diversa (= *extra petita*) ou a mais (= *ultra petita*) daquilo que foi pedido. Há, todavia, ressalvas a essa regra, tratadas pela doutrina sob a nomenclatura "pedidos implícitos", que, por conseguinte, autorizam decisões judiciais que açambarquem aquilo não postulado *expressamente*. Incluem-se neste rol excepcional: i) honorários advocatícios; ii) despesas e custas processuais; iii) correção monetária; iv) prestações vincendas e inadimplidas na constância do processo em contratos de trato sucessivo; e v) juros legais/moratórios. A expressão "implícito" vincula-se à ausência de formulação certa e determinada, na petição inicial, sobre alguma pretensão específica. Ainda que não se constate, enfim, expressão formal e manifestamente postulada acerca das hipóteses elencadas acima, deverá o juiz sempre considerá-las no julgamento do feito, porque a sua certeza e determinação decorrem da própria lei. Não há, portanto, surpresa às partes quanto à sua análise, pois a autorização para que o órgão judiciário as examine encontra-se explicitada no

CPC/2015. Logo, e sob a ótica do legislador, são também pedidos *certos e determinados*, sem embargo de sua eventual falta na peça de ingresso. Não é lícito ao intérprete, entretanto, confundir *pedido implícito* e *permissão para ignorar o contraditório*. Não é porque o juiz deve decidir sobre algumas matérias alheias àquilo que foi expressamente pedido pelo autor que estaria liberado a desprezar, nessas hipóteses, o contraditório. Basta lembrar que o constituinte não faz concessões no que se refere aos direitos fundamentais processuais e afirma, com todas as letras, que "ninguém será privado da liberdade ou de seus bens sem o devido processo legal" (CF/1988, art. 5º, LIV). Tampouco tergiversa quando estabelece que "aos litigantes, em processo judicial ou administrativo, e aos acusados em geral são assegurados o contraditório e a ampla defesa, com os meios e recursos a ela inerentes" (CF/1988, art. 5º, LV). Mediante tais comandos, a Constituição apenas destacou o descompasso entre Estado Democrático de Direito e decisões estatais (administrativas ou jurisdicionais) proferidas à margem de um procedimento ajustado ao devido processo legal. Aqui interessam, em especial, os honorários sucumbenciais advocatícios. Tal verba pertence, por força legal, ao advogado da parte vencedora, que está autorizado a executá-la sozinho sempre que incluída na condenação, podendo requerer que o precatório, quando necessário, seja expedido em seu favor (art. 23 da Lei nº 8.906/94). É óbvio que o advogado não é parte no processo em que atua profissionalmente, em defesa dos interesses daquele que o contratou. Manifesta-se em nome do seu constituinte, representando-o em todas as fases procedimentais pelas quais perpassar a atividade jurisdicional. Ocorre que nada impedirá a parte (devidamente representada por seu advogado) de defender pretensão que é própria e específica *do seu advogado*, em prol do atingimento de honorários sucumbenciais que se ajustem ao direito posto e às expectativas esperadas. Tem-se, aí, tecnicamente falando, a figura da *substituição processual*. Daí que a autoridade judiciária, atenta ao devido processo legal, deve permitir o exercício do direito de participação e influência do substituto processual na construção desse capítulo (condenatório) do provimento jurisdicional. Os litigantes, porque a condenação atingirá a um deles (ou a todos, em caso de sucumbência recíproca), detêm também o direito de refutar argumentos e produzir provas e contraprovas, até como meio de evitar a fixação de honorários que, em sua ótica, se apresentariam excessivos. Não há, afinal de contas, como se aceitar, num regime democrático, demarcado pelo *due process*, condenação proferida em desprezo à ampla defesa e ao contraditório, sem que se permita aos envolvidos no litígio, e que por ele serão afetados, oportunidade de prévia manifestação. E não há nisso, por fim, contraditório inútil. Basta verificar que a lei não deixa ao exclusivo talante de juízes e tribunais a fixação dos honorários, tanto que assinala requisitos cuja observação é obrigatória (CPC/2015, art. 85, §2º), mesmo nos casos especiais (Fazenda Pública como parte, fixação honorária a partir do critério da equidade e ação de indenização por ato ilícito contra pessoa; CPC/2015, arts. 85, §§3º, 8º e 9º). Pode ser que, inclusive, surja a necessidade de produção de provas a fim de carrear aos autos aspectos da atividade advocatícia até então desconsiderados e que permitam ao juiz aferir, com mais objetividade, o grau de zelo profissional, a natureza e importância da causa, o trabalho realizado pelo advogado e o tempo exigido para o serviço. Daí a conclusão: decisões condenatórias em honorários sucumbenciais devem passar pelo crivo do devido processo legal, respeitar contraditório e ampla defesa, e trazerem fundamentação adequada que indique às partes os caminhos lógicos percorridos para o arbitramento da verba em tal ou qual percentual.

Pedido implícito e omissão quanto à condenação em honorários – cabimento de ação autônoma: a exemplo do que ocorre com as despesas processuais antecipadas, fez o legislador opção por regra cogente, de modo que o órgão judiciário tem o dever, independentemente de pedido expresso (= pedido implícito; atuação judicial *ex officio*; Súmula nº 256 do STF) de abrir capítulo próprio na decisão para condenar o vencido ao pagamento de honorários sucumbenciais ao advogado da parte vencedora. Não é incomum, apesar disso, a prolação de sentenças lacunosas em relação à verba honorária. Haverá, nesse caso, vício de incompletude ou omissão, cuja correção é indispensável, até porque não há de se falar em honorários sem condenação expressa. Estratégias que podem ser adotadas e esclarecimentos (Araken de Assis): i) em primeiro lugar, "o vício do provimento que omitiu a imposição do reembolso das despesas processuais pode ser corrigido" (...) "pelo próprio órgão, através de embargos de declaração" (CPC/2015, art. 494, II); ii) na sequência, a despeito do uso dos embargos de declaração, a parte vencedora (ou mesmo o advogado da parte vencedora, individualmente) pode interpor apelação principal ou, caso prefira, aderir ao recurso principal do vencido (= apelação adesiva), sempre lembrando o disposto no art. 99, §5º, CPC/2015; iii) "o apelo principal interposto pelo vencido não autoriza o órgão *ad quem*, sob pena de *reformatio in pejus*, integrar o provimento impugnado com o capítulo acessório à sucumbência"; iv) a "sentença submetida a reexame necessário, mas omissa quanto (...) à imposição dos honorários (...), não pode ser emendada pelo órgão *ad quem*, na ausência de recurso da parte, no tocante a esse capítulo, porque representaria *reformatio in pejus*" (Súmula do STJ nº 45); v) é "cabível recurso especial para impor ao vencido os encargos da sucumbência, pois não versará a questão de fato respeitante aos valores (...), mas do cabimento da imposição do art. 82, §2º e da própria incidência da regra"; vi) "ocorrendo o trânsito em julgado, resta ao vencedor a ação rescisória, fundada no art. 966, V" – é válido lembrar que o Superior Tribunal de Justiça já decidiu que, "em sede de rescisória, há possibilidade de reforma não apenas de questões relativas ao mérito (questões principais), como também em relação às questões acessórias" (STJ, REsp nº 1.099.329, 3ª Turma, rel. Min. Massami Uyeda, julgamento: 22.03.2011, disponível em: www.stj. jus.br); e vii) por fim, admite o art. 85, §18, "ação autônoma para pleitear os honorários omitidos no provimento final" (caiu por terra a Súmula nº 453 do STJ) – há, pois, "concurso de remédios processuais (rescisória e ação autônoma), mas *electa una via, non datur tertius ad alteram*" (ASSIS, Araken. *Processo Civil Brasileiro*. v. II. Tomo I. São Paulo: Revista dos Tribunais, 2015. pp. 358-359).

Aplicação da criteriologia legal independentemente de qual seja o conteúdo da decisão: os limites e critérios previstos nos §§2º e 3º do art. 85 aplicam-se independentemente de qual seja o conteúdo da decisão, inclusive aos casos de improcedência ou de sentença sem resolução de mérito. É regra importante, que, aliada ao disposto no §8º do mesmo dispositivo legal, restringe consideravelmente o uso do *critério da equidade* e, por consequência, diminui o risco de arbitramento dos honorários sucumbenciais em valores inadequados e até desonrosos ao trabalho realizado pelo advogado.

Honorários sucumbenciais e improcedência: importante regra informa que os limites e critérios previstos nos §§2º e 3º do art. 85 têm aplicação *independentemente de qual seja o conteúdo da decisão*, mesmo em hipóteses de *improcedência* ou de *sentenças sem resolução de mérito* (art. 85, §6º, CPC/15). Caiu por terra, em suma, orientação normativa anterior que autorizava o órgão judiciário a valer-se, sobretudo no que toca às sentenças de improcedência (a lei referia-se às causas "em que não houver condenação"), do *critério da equidade* para quantificar a verba honorária. A mudança é alvissareira: a restrição do manejo da equidade tem por consequência obstar a prolação de decisões pouco racionais, sustentadas em *achismos* ou *moralismos de ocasião*, que desqualificam o trabalho realizado pelo advogado. Apontamentos sobre a fixação de honorários em *sentenças de improcedência*: i) a quantificação da verba honorária sucumbencial deverá levar em conta uma entre *três* bases de cálculos, cujo manejo não está à disposição do *prudente arbítrio* do julgador. Isto é, a lei impõe um arranjo ordenado a ser *obrigatoriamente* respeitado – *primeiro lugar*: valor da condenação; *segundo lugar*: proveito econômico obtido; *terceiro lugar* (admitido apenas quando não seja possível mensurar a base anterior): valor atualizado da causa; ii) a sentença de improcedência é (preponderantemente) *declaratória*, motivo pelo qual não tem sentido pensar-se em *valor da condenação* como base de cálculo para o arbitramento dos honorários – portanto, a primeira das bases de cálculo está, de pronto, afastada. Por sua vez, o *valor atualizado da causa* é, como reza a lei, base de cálculo excepcional, cujo uso é consentido somente na impossibilidade de mensurar o *proveito econômico obtido*; iii) é preciso verificar o alcance da expressão *proveito econômico obtido*. A leitura de alguns julgados do Superior Tribunal de Justiça, relacionados a questões atinentes ao arbitramento do valor da causa e de honorários, permite afirmar, *partindo-se inicialmente de pretensões condenatórias*, que a referida expressão corresponde ao benefício econômico *almejado* (ou efetivamente *alcançado*) pelo autor na demanda por ele promovida – é ilustrativa a seguinte passagem de um desses acórdãos: "No caso de procedência dos embargos monitórios, os honorários advocatícios devem ser calculados sobre o proveito econômico obtido, ou seja, a diferença entre o valor cobrado e aquele que se verificou ser efetivamente devido" (STJ, REsp nº 730.861, Terceira Turma,

Relator Ministro Castro Filho, julgado em 10.10.2006, disponível em: www.stj.jus.br. Conferir também: REsp nº 1.454.777, rel. Min. Paulo de Tarso Sanseverino, Terceira Turma, julgado: 17.11.2015; ArRg no REsp nº 1.096.522, rel. Min. Leopoldo de Arruda Raposo, julgado: 28.04.2015; REsp nº 1.346.749, rel. Min. Benedito Gonçalves, Primeira Turma, julgado: 10.02.2015; AgRg no REsp nº 945.646, Rel. Alderita Ramos de Oliveira, Sexta Turma, julgado: 23.04.2013); iv) por conseguinte, soa lógico inferir que proveito econômico obtido pelo réu, *tendo-se em vista a improcedência que lhe satisfez*, diz respeito à pretensão formulada na petição inicial (ou parte dela), porém negada ao fim da atividade jurisdicional. *Prevalecem, portanto, para a fixação dos honorários, tanto o valor da condenação que se pede quanto o da condenação que se impede* (STF, RE nº 94.112-6, rel. Min. Décio Miranda, julgado em 26.06.1981, disponível em: www.stf. jus.br). Imagine-se, por exemplo, uma *ação de cobrança* na qual a pretensão era de R$100.000,00: a) se *total* a improcedência, o réu nada precisará dispor, seu patrimônio permanecerá intacto, advindo-lhe proveito econômico correspondente a R$100.000,00; e b) se *parcial* a improcedência, tendo o autor logrado êxito em R$40.000,00, o proveito econômico alcançado pelo réu equivale a R$60.000,00 (*valor da condenação que se impediu* ou diferença entre *valor pretendido* e *valor da condenação*), importância que não precisará desembolsar; v) o problema se complica quando a análise progride para circunstâncias nas quais a pretensão preambular não seja de natureza condenatória. É evidente que casos há em que não é possível fugir do *valor atualizado da causa* para o arbitramento da verba honorária, a exemplo do que se apercebe em ações judiciais de *divisão ou demarcação de terras, renovação de contrato de locação, servidão de passagem, nulidade de matrimônio ou reconhecimento de paternidade.* Entretanto, ninguém contesta atualmente que decisões declaratórias podem trazer efeitos anexos, descambando para além da mera certeza jurídica. Por exemplo, declarada inexistente uma obrigação (de entrega de coisa, de fazer ou não fazer ou de pagamento de soma em dinheiro), o proveito econômico está justamente no benefício de não ter que despender valores para satisfazê-la: a) se a obrigação for pecuniária, o proveito econômico será a exata quantia que não precisará ser paga; b) se for obrigação de fazer ou não fazer, o proveito econômico é a quantia que não será gasta para efetivar a obrigação; c) se for obrigação de entrega de coisa, o proveito econômico será o próprio valor da coisa que não mais precisará ser entregue; vi) não raro se têm, ademais, benefícios econômicos oriundos de decisões de cunho constitutivo, mandamental e executivo *lato sensu*, hábeis para autorizar o deferimento de meios práticos destinados à satisfação das obrigações nelas reconhecidas. Em tais hipóteses, a base de cálculo também deverá situar-se, inexoravelmente, no *proveito econômico obtido* (jamais no *valor atualizado da causa*), pois a improcedência implicará invencível benefício para o réu que se safou do risco de dilapidação patrimonial; e vii) *seja qual for a situação envolvida nos autos*, não bastará ao julgador adotar uma entre três bases de cálculo, como se a lei não previsse outras duas, sendo seu dever esclarecer o porquê da sua utilização no caso concreto. Incumbe-lhe, enfim, elucidar a relação entre *base de cálculo elegida* e *causa em julgamento*, vedada a invocação de motivos que se prestariam a justificar qualquer outra decisão (CPC/2015, art. 489, §1º, I e III). Sobretudo, se a decisão estiver embasada no *valor atualizado da causa*, base de cálculo cuja utilização é excepcional, exige a lei que sejam apontadas as razões pelas quais não foi possível mensurar o proveito econômico obtido. Afinal de contas, frente ao dever substancial de fundamentação, decisões judiciais não podem estar soltas, ausentes de raízes que indiquem as opções lógico-jurídicas ali adotadas, sob pena de atentado ao projeto republicano e democrático com o qual estão comprometidos todos os órgãos de poder. Tópico elaborado a partir do artigo: STRECK, Lenio Luiz; DELFINO, Lúcio. Arbitramento de honorários sucumbenciais em casos de improcedência. *Consultor Jurídico*, 10 out. 2016. Disponível em: www.conjur.com.br. Acesso em: 04 ago. 2020.

Impossibilidade de compensação de verbas honorárias em caso de sucumbência parcial: se dois indivíduos forem ao mesmo tempo credor e devedor um do outro, as duas obrigações extinguir-se-ão até onde se compensarem (CC/2002, art. 368), pois um dos suportes fáticos previstos para a *compensação* é a existência de dois indivíduos que, simultaneamente, sejam credores e devedores entre si, algo até bastante óbvio e fora de dúvida. O Superior Tribunal de Justiça, no entanto, optou por uma resposta estranhíssima para casos que envolviam sucumbência parcial, com remuneração fixada em favor dos advogados atuantes em ambos os polos da relação processual. Segundo a posição sumulada, enfim, os honorários deveriam ser compensados sempre que houvesse sucumbência recíproca (Súmula nº 306). Acontece que o fato de as partes sucumbirem de modo simultâneo, tornando-se vencedoras e vencidas, não faz incidir a regra prevista no art. 368 do Código Civil. Afinal, os credores dos honorários sucumbenciais são os advogados das partes parcialmente vencedoras, não as próprias partes. Em miúdos: i) credor do autor será o advogado do réu; ii) devedor do advogado do autor será o réu; e iii) as relações daí oriundas envolvem *autor* e *advogado do réu* e *réu* e *advogado do autor*, nunca *advogado do autor* e *advogado do réu*, estes últimos que, por isso, não podem ser considerados credor e devedor um do outro. O CPC/2015 sepultou o citado entendimento ao prever que os "honorários constituem direito do advogado e têm natureza alimentar, com os mesmos privilégios dos créditos oriundos da legislação do trabalho, *sendo vedada a compensação em caso de sucumbência parcial*" (CPC/2015, art. 85, §14) – nesse sentido: STJ, AgInt no AREsp nº 1.220.453, 4ª Turma, rel. Min. Luis Felipe Salomão, julgamento: 08.05.2018, disponível em: www.stj.jus.br.

Cumulatividade da verba honorária: salvo regramento específico, os honorários advocatícios sucumbenciais devem ser arbitrados em procedimentos comuns e especiais, também em casos de reconvenção, de cumprimento de sentença, provisório ou definitivo, nas execuções civis, resistidas ou não, e igualmente nos recursos interpostos (CPC/2015, art. 85, §1º). E há cumulatividade, de modo que a verba honorária arbitrada na fase de conhecimento soma-se, por exemplo, aos honorários recursais eventualmente fixados e àqueles previstos no cumprimento de sentença.

Incidência de juros moratórios e correção monetária sobre honorários fixados em quantia certa: a lei é clara no sentido de que os honorários fixados *em quantia certa* serão acrescidos de juros moratórios *a partir do trânsito em julgado da decisão* (CPC/2015, art. 85, §16). Volpe Camargo observa o seguinte: i) a fixação *em valor certo* se dará apenas na hipótese do §8º do art. 85, quando o critério a se seguir é o da apreciação equitativa, de maneira que, nos demais casos, o arbitramento deverá ocorrer em percentual sobre a condenação, o proveito econômico ou, em último caso, em atenção ao valor da causa; ii) a correção monetária deve incidir a partir da data da fixação dos honorários, "por tratar-se de mera recomposição do poder de compra da quantia em dinheiro"; e iii) "quantificados os honorários em moeda corrente e iniciado o cumprimento de sentença, continuará a incidir a correção monetária e passará a incidir juros de mora diretamente sobre o valor dos honorários" (VOLPE CAMARGO, Luiz Henrique. *Breves Comentários ao Novo Código de Processo Civil*. Coordenadores: Teresa Arruda Alvim Wambier, Fredie Didier Jr., Eduardo Talamini e Bruno Dantas. São Paulo: Revista dos Tribunais, 2015. pp. 333-334).

Pagamento de honorários em favor da sociedade de advogados: o advogado pode requerer que o pagamento dos honorários que lhe caibam seja efetuado em favor da sociedade de advogados da qual faz parte, sem prejuízo à sua natureza alimentar e aos privilégios idênticos àqueles dos créditos oriundos da legislação do trabalho (CPC/2015, art. 85, §15).

Advogado atuante em causa própria: os profissionais da advocacia, regularmente inscritos nos quadros da Ordem dos Advogados do Brasil, integram uma classe de indivíduos dotada de *capacidade jurídica plena*. Têm eles *capacidade de direito* e, por conseguinte, *capacidade para ser parte* e, por serem advogados atuantes, possuem também *capacidade para estarem em juízo* (= são maiores e capazes) e *capacidade postulatória*. A lei, em suma, autoriza o advogado a postular em juízo para atender seus próprios interesses. Importa o seguinte: são devidos honorários sucumbenciais ao advogado mesmo se estiver atuando em causa própria (CPC/2015, art. 85, §17).

Honorários advocatícios em caso de perda de objeto: o legislador, atento à rica casuística da praxe forense e nutrindo preocupação com a razoabilidade, prevê algumas exceções à regra que impõe a condenação em honorários sucumbenciais pelo mero fato objetivo da derrota. É o que se dá em hipóteses de perda do objeto, *quando os honorários serão devidos por quem deu causa ao processo* — nesse sentido: STJ, REsp nº 1.641.160/RJ, Terceira Turma, Rel. Min. Nancy Andrighi, julgamento: 16.03.2017, DJe 21.03.2017, disponível em: www.stj.jus.br.

Honorários arbitrados em embargos à execução rejeitados ou julgados improcedentes e em cumprimento de sentença: o executado que pretender opor-se à execução por título executivo extrajudicial pode fazê-lo por meio de *embargos à execução*, os quais serão distribuídos por dependência, autuados em apartados e instruídos com cópias das peças processuais relevantes (CPC/2015, art. 914, *caput* e §1º). Trata-se de *ação* cujo fito é possibilitar a ampla defesa do executado. A sentença condenará o vencido a pagar honorários ao advogado do vencedor (CPC/2015, art. 85, *caput*): i) vencendo o embargante (= executado), a verba honorária será executada, via fase de cumprimento de sentença, nos próprios autos dos embargos à execução; e ii) rejeitados ou julgados improcedentes os embargos à execução, a verba sucumbencial arbitrada será acrescida no valor do débito principal que se persegue na ação de execução (CPC/2015, art. 85, §13). Incidente a verba honorária sucumbencial em fase de cumprimento de sentença, será ela também acrescida, para todos os efeitos legais, no valor do débito principal já em execução (CPC/2015, art. 85, §13).

Honorários em impugnação ao cumprimento de sentença: segundo entendimento tranquilo do Superior Tribunal de Justiça, na "hipótese de *rejeição* da impugnação ao cumprimento de sentença, não são cabíveis honorários advocatícios" (Súmula nº 519). Aqui a cautela se impõe, pois é indispensável que se faça uma leitura da posição sumulada que leve em conta regras expressas no CPC/2015. Em miúdos: i) instaurado o cumprimento de sentença (definitivo ou provisório) e não ocorrendo o pagamento voluntário no prazo de quinze dias, contados da intimação do executado, o débito será acrescido de multa de dez por cento e de honorários de advogado, também no percentual de dez por cento (CPC/2015, art. 85, §1º c/c art. 523, §1º c/c art. 520, §2º e Súmula nº 517 do STJ); ii) em caso de rejeição da impugnação ao cumprimento de sentença, mantendo-se incólume a pretensão executiva, não se admitirá a fixação de *novos* honorários em reforço à verba de dez por cento que incidiu em benefício do exequente pelo não pagamento voluntário do valor devido; iii) acolhida a impugnação ao cumprimento de sentença, mesmo que em parte, é devida a fixação de honorários advocatícios em favor do advogado do devedor.

Honorários em reconvenção: dúvida não há sobre o cabimento de honorários em reconvenção, até porque possui ela natureza de ação. O advogado da parte vencedora em ação reconvencional, portanto, tem o direito, *independentemente do resultado da ação principal*, à verba honorária. Sendo opção do julgador decidir ambas as ações, principal e reconvencional, a partir de uma mesma sentença, deverá tomar o cuidado de separar *em capítulos distintos* cada qual das deliberações tomadas, inclusive naquilo que diz respeito aos encargos sucumbenciais. É prudente que assim atue o julgador para evitar, no futuro, problemas interpretativos e imbróglios na fase de cumprimento de sentença.

Honorários recursais: o tribunal, ao julgar recurso, deve majorar os honorários já fixados anteriormente, em atenção ao trabalho adicional realizado pelo advogado em grau recursal, observando, conforme o caso, as regras nos §§2º a 6º do art. 85, sendo vedado ultrapassar, no cômputo geral, os respectivos limites estabelecidos nos §§2º e 3º do mesmo dispositivo para a fase de conhecimento. É opção legislativa acertada, pois os honorários fixados na instância inicial levaram em conta apenas o trabalho até então produzido, sem considerar o que virá dali para frente. Se a finalidade fulcral é a *remuneração* do profissional da advocacia, nada mais apropriado que uma regra determinando a majoração da verba honorária sempre que o trabalho for bem-sucedido também perante os tribunais. Há, aqui, além do mais, aquele desígnio legislativo cujo fito é incitar a litigância responsável. É que o aumento do risco financeiro tem pujança para convencer a parte de que a opção pelo recurso pode significar estratégia arriscada e onerosa (= inibição à interposição de recursos). Algumas conclusões a que chegou José Miguel Garcia Medina: i) a regra refere-se à *majoração*, de modo que terá lugar unicamente nas situações em que a verba honorária *tiver sido fixada*, como acontece em apelação interposta contra sentença que traz capítulo que condena em honorários e, a depender da situação, em recursos especial e extraordinário – a regra não terá incidência, por outro lado, em agravo de instrumento interposto contra decisão que concedeu tutela provisória (afinal, não terá havido, aí, condenação em honorários) –; ii) pode ocorrer, por exemplo, de o juiz rejeitar a denunciação da lide e determinar o prosseguimento da ação principal, "fixando honorários contra o denunciante em favor do advogado do denunciado", decisão interlocutória que desafiará agravo de instrumento (CPC/2015, art. 115, IX), bem assim a aplicação, em sendo o caso, da regra prevista no §11 do art. 85 – enfim, para que o §11 do art. 85 incida, basta que haja condenação em honorários advocatícios desde a origem (STJ, AgInt nos EREsp nº 1.539.725, 2ª Seção, rel. Min. Antonio Carlos Ferreira, julgamento: 09.08.2017, disponível em: www.stj.jus.br); iii) a depender "do objeto do agravo interno e do resultado do seu julgamento", terá aplicação a regra que impõe a majoração dos honorários advocatícios – exemplo: a) "pense-se na hipótese em que se dá provimento ao agravo interno interposto contra decisão que, monocraticamente, não conhecera de recurso especial"; b) caso se decida, ao julgar esse recurso, pelo conhecimento e provimento do recurso especial, "deve-se aplicar, nesse novo contexto (...), a regra prevista no §11 do art. 85 do CPC/2015" –; iv) a inação das partes em apresentar contrarrazões, por si só, não afasta a aplicação da regra prevista no §11 do art. 85, pois algum trabalho pode ter sido realizado pelo advogado – em sentido contrário: STF, AgR no ARE nº 965.597, 2ª Turma, rel. Min. Dias Toffoli, julgamento: 30.09.2016, disponível em: www.stf.jus.br –; v) se houver reforma da sentença em grau recursal, além da inversão do ônus sucumbencial, impõe-se a aplicação do §11 do art. 85, de forma que deverá o órgão julgador também majorar os honorários (GARCIA MEDINA, José Miguel. *Novo Código de Processo Civil Comentado*. 6. ed. São Paulo: Revista dos Tribunais, 2020. pp. 185-187).

Teses do Superior Tribunal de Justiça sobre honorários recursais: o Superior Tribunal de Justiça, por intermédio da sua Secretaria de Jurisprudência, publica, periodicamente, teses sobre matérias específicas com base em seus mais recentes julgados. Seguem algumas delas acerca do tema *honorários recursais*: i) somente nos recursos interpostos contra decisão publicada a partir de 18 de março de 2016 será admissível arbitrarem-se honorários sucumbenciais recursais (CPC/2015, art. 85, §11); ii) o §11 do art. 85 do CPC/2015, que disciplinou a hipótese de majoração da verba honorária, tem a dupla finalidade de atender à justa remuneração do advogado e inibir o exercício abusivo do direito de recorrer; iii) "os honorários recursais não têm autonomia nem existência independente da sucumbência fixada na origem e representam um acréscimo ao ônus estabelecido previamente, motivo por que, na hipótese de descabimento ou de ausência de fixação anterior, não há se falar em honorários recursais"; iv) "para a majoração de honorários advocatícios na instancia recursal, não é exigível a comprovação de trabalho adicional do advogado, que será considerado apenas para a quantificação de tal verba"; v) "os honorários recursais incidem apenas quando houver a instauração de novo grau recursal e não a cada recurso interposto no mesmo grau de jurisdição"; vi) os honorários recursais (CPC/2015, art. 85, §11) são aplicáveis em casos de não conhecimento integral e de não provimento do recurso; vii) se devida a verba honorária recursal, mas o relator, por omissão, deixar de aplicá-la em decisão monocrática, poderá o colegiado arbitrá-la *ex officio*, até porque a matéria é de ordem pública. Teses disponibilizadas no *site*: www.stj.jus.br.

Cumulação de honorários e sanções: os honorários advocatícios sucumbenciais são cumuláveis com multas e outras sanções, pouco importando se incidentes por prática de litigância de má-fé ou por atentado à dignidade da justiça. E isso vale igualmente para os honorários recursais (CPC/2015, art. 85, §12). Nada impede, portanto, que a parte seja onerada em multas por improbidade processual e, porque sucumbiu no feito, condenada também ao pagamento de verbas honorárias fixadas em distintas instâncias de jurisdição.

Honorários em caso de renúncia ou revogação do mandato: a parte pode revogar o mandato outorgado a seu advogado, devendo constituir, no mesmo ato, outro profissional para assumir o patrocínio da causa (CPC/2015, art. 111, *caput*). Já o advogado está autorizado a renunciar ao mandato a qualquer tempo, cumprindo-lhe demonstrar, na forma prevista em lei, que comunicou a renúncia ao mandante a fim de que ele nomeie sucessor (CPC/2015, art. 112, *caput*). Não tem direito a honorários sucumbenciais o advogado que renunciou ou foi dispensado antes da condenação prevista no art. 85, *caput*, do CPC/2015, havendo aí, no máximo, *expectativa de direito*, não direito a verba honorária sucumbencial. Porém, proferida a sentença com condenação em honorários, o direito do advogado que vinha atuando até aquele momento persistirá, independentemente da posterior revogação ou renúncia do mandato (CAHALI, Yussef Said. *Honorários advocatícios*. 4ª ed. São Paulo: Revista dos Tribunais, 2011. p. 433).

Pluralidade de advogados e honorários: bancas de advocacia rotineiramente incluem, nas procurações assinadas por seus clientes, todos ou alguns advogados que a ela estão vinculados. Algo que se dá, outrossim, por intermédio de substabelecimentos, muito comuns em grau recursal, quando advogados especializados são contratados para, por exemplo, elaborar memoriais e produzir sustentações orais. A maneira pela qual essa pluralidade de advogados se resolverá em relação a eventual verba honorária sucumbencial, a quem ela pertencerá e em que percentagem, é assunto privativo, estranho ao mérito da demanda e às preocupações do julgador. Importa o seguinte: i) o provimento jurisdicional deve trazer capítulo próprio condenando o vencido a pagar, *em quantia única arbitrada conforme a lei*, honorários sucumbenciais ao(s) advogado(s) do vencedor; ii) havendo divergência em relação à repartição, não será ali, nos autos do processo em que os advogados atuam profissionalmente, a sede própria para resolvê-la, restando a eles, se assim quiserem, discutir o tema em ação própria; e iii) qualquer dos advogados tem direito autônomo a executar o provimento na parte que toca a fixação da verba honorária (Lei nº 8.906/1994, art. 23, *segunda parte*), salvo em se tratando de advogado substabelecido *com reserva de poderes*, uma vez que não está autorizado a demandar sem a intervenção daquele que lhe conferiu o substabelecimento (= litisconsórcio necessário ativo; EAOAB, art. 26) – *a contrario sensu*, "não há óbice para que advogado substabelecido, sem reservas de poderes, efetue a cobrança de honorários, sendo descabida a intervenção do advogado substabelecente" (STJ, REsp nº 1.207.216, STJ, 2ª Turma, rel. Min. Mauro Campbell Marques, julgamento: 07.12.2010, disponível em: www.stj.jus.br).

Advogado empregado e honorários: em causas nas quais for parte o empregador, e mesmo pessoa por ele representada, os honorários sucumbenciais são devidos aos advogados empregados (Lei nº

8.906/1994, art. 21). Tem-se, aí, portanto, nada mais que um reforço à regra geral segundo a qual os honorários, *não importando a sua espécie*, constituem direito *do advogado* (Lei nº 8.906/1994, arts. 22 e 23 c/c CPC/2015, art. 85, §14).

Advogado empregado de sociedade de advogados e honorários: a advocacia privada organiza-se em escritórios, às vezes integrados por dezenas ou centenas de advogados nos grandes centros, prevendo a lei que os honorários oriundos da sucumbência devem ser partilhados entre todos, sempre respeitada a forma estabelecida em acordo (ASSIS, Araken. *Processo Civil Brasileiro. Parte Geral: Institutos Fundamentais*. v. II. Tomo I. São Paulo: Editora Revista dos Tribunais, 2015. pp. 411-412). Já decidiu o Superior Tribunal de Justiça: i) os honorários sucumbenciais devem ser divididos entre todos os integrantes do departamento jurídico com base no acordo escrito firmado entre eles; ii) ausente acordo escrito, deve ser adotado o critério da participação no trabalho efetivo desenvolvido no processo; iii) para apuração dessa participação, é necessário procurar elementos que, concretamente, permitam avaliar o trabalho, ainda que prestado de modo indireto – por exemplo: pesquisas, acompanhamentos processuais, atuação em outros processos –; iv) ausente, todavia, elementos que provem a dimensão do trabalho advocatício além do processo, o critério que deve ser adotado é o da consideração do que está contido nos autos (STJ, REsp nº 659.901, 3ª Turma, rel. Min. Nancy Andrighi, julgamento: 13.09.2005, disponível em: www.stj.jus.br).

Advogado público e honorários: os advogados públicos percebem honorários sucumbenciais nos termos da lei, ou seja, em conformidade com a natureza e o regime da relação estatutária (CPC/2015, art. 85, §19). Segundo o previsto no art. 4º da Lei nº 9.527/1997, as disposições que regram direitos a honorários de sucumbência dos advogados empregados (Lei nº 8.906/1994, arts. 18 a 21) não se estendem à administração pública direta da União, aos estados, ao Distrito Federal e aos municípios, bem como às autarquias, às fundações instituídas pelo poder público, às empresas públicas e às sociedades de economia mista. Há decisão, inclusive, no sentido de que as titularidades dos honorários de sucumbência, em tais circunstâncias, "não constituem direito autônomo do procurador judicial, porque integram o patrimônio público da entidade" (STJ, REsp nº 1.213.051, 2ª Turma, rel. Min. Mauro Campbell Marques, julgamento: 14.12.2011, disponível em: www.stj.jus.br). Acontece, no entanto, que está em vigor a Lei nº 13.327/2016, a qual prescreve que os "honorários advocatícios de sucumbência oriundos de causas nas quais forem parte a União, as autarquias e as fundações públicas federais pertencem originariamente aos ocupantes dos cargos de que trata este Capítulo" (= advogado da União, procurador da Fazenda Nacional, procurador federal, procurador do Banco Central do Brasil e ocupantes dos quadros suplementares em extinção previstos no art. 46 da MP nº 2.229/2001) (Lei nº 13.327/2016, art. 29). Para fins da Lei nº 13.327/2016, os honorários advocatícios de sucumbência incluem: i) o total do produto dos honorários de sucumbência recebidos nas ações judiciais em que forem parte a União, as autarquias e as fundações públicas federais; ii) até setenta e cinco por cento do produto do encargo legal acrescido aos débitos inscritos na dívida ativa da União, previsto no art. 1º do Decreto-Lei nº 1.025/1969; e iii) o total do produto do encargo legal acrescido aos créditos das autarquias e das fundações públicas federais inscritos na dívida ativa da União, nos termos do §1º do art. 37-A da Lei nº 10.522/2002. Em suma, "resta (...) sem aplicação o que dispõe o art. 4º da Lei 9.527/1997, naquilo que conflitar com a Lei 13.327/2016" (GARCIA MEDINA, José Miguel. *Novo Código de Processo Civil Comentado*. 6. ed. São Paulo: Revista dos Tribunais, 2020. pp. 189-190). Vale sublinhar, por fim, que muitas ações foram promovidas pela Procuradoria-Geral da República questionando a constitucionalidade de normas estaduais e do Distrito Federal que dispõem sobre o pagamento de honorários advocatícios de sucumbência a procuradores. O fundamento comum: o recebimento da parcela, na prática, representaria pagamento extra por serviço já remunerado, pois a atuação em causas judiciais faz parte das atribuições dos procuradores dos estados e do Distrito Federal. A seguinte tese foi fixada pelo Supremo Tribunal Federal: "É constitucional o pagamento de honorários sucumbenciais aos advogados públicos, observando-se, porém, o limite remuneratório previsto no art. 37, XI, da Constituição" – conferir, entre outros, os julgamentos das ADIs nº 6.165, 6.178, 6.181 e 6.197, disponíveis em: www.stf.jus.br.

Defensoria Pública e honorários: o defensor público não está autorizado a receber, em nome próprio, honorários de sucumbência (LC nº 80/1994, art. 130, III). Se representar necessitado que lograr êxito na demanda, é a instituição (a *Defensoria Pública*) que se beneficiará do crédito, devendo ela própria executá-lo e recebê-lo, inclusive contra quaisquer entes públicos, direcionando-o a fundos destinados ao aparelhamento e à capacitação profissional de seus membros e servidores (LC nº 80/1994, art. 4º, XXI). Ademais, não são devidos honorários advocatícios sucumbenciais em favor da Defensoria Pública nos casos em que atuar contra pessoa jurídica de direito público a que pertença (Súmula nº 421 do STJ) – sobre o tema, em perspectiva crítica: GONÇALVES FILHO, Edilson Santana. Súmula do STJ sobre honorários para Defensoria deve ser revista. *Consultor Jurídico*, 18 out. 2016. Disponível em: www.conjur.com.br. Acesso em: 28 nov. 2020). *A contrario sensu*, é devida a condenação em honorários sucumbenciais quando a Defensoria Pública atuar contra ente federativo diverso – por exemplo: Fazenda Pública Municipal condenada a pagar honorários à Defensoria Pública de estado-membro (nesse sentido: STJ, REsp nº 1.108.013, Corte Especial, rel. Min. Eliana Calmon, julgamento: 03.06.2009, disponível em: www.stj.jus.br).

Curador especial e honorários sucumbenciais: havendo presumido obstáculo ao exercício da ampla defesa e do contraditório, a ordem jurídica não admite que a jurisdição siga caminho caracterizado por nuança individualizada, a partir de conteúdos fático e jurídico restritos àquilo trazido à arena procedimental unicamente pelo autor. Não fosse assim, estar-se-ia contrariando as garantias fundamentais do contraditório e da isonomia, sem contar o risco de afronta à própria *imparcialidade judicial*, pois o julgador poderia sentir-se compelido a auxiliar a parte não representada, assumindo atribuição que cabe, com exclusividade, ao advogado. Daí por que a lei, a fim de tutelar os interesses de determinados sujeitos presumivelmente desassistidos, impõe ao juiz, em hipóteses taxativamente previstas, a *obrigatoriedade* de nomeação de curador especial. Importa aqui o seguinte: i) quem exerce a curatela especial é a Defensoria Pública (LC nº 80/1994, art. 4º, XVI c/c CPC/2015, art. 72, parágrafo único); ii) aquele investido na função de curador especial está incluso no regime geral de honorários advocatícios sucumbenciais, ou seja, terá direito a percebê-los caso a parte por ele representada logre êxito na demanda; e iii) o *defensor público* não está autorizado a receber, em nome próprio, honorários de sucumbência (LC nº 80/1994, art. 130, III), de modo que, representando necessitado vitorioso, é a instituição (a *Defensoria Pública*) que se beneficiará com o crédito, devendo ela própria executá-lo e recebê-lo, inclusive quando devido por quaisquer entes públicos, direcionando-o a fundos destinados ao seu aparelhamento e à capacitação profissional de seus membros e servidores (LC nº 80/1994, art. 4º, XXI).

Ministério Público e honorários sucumbenciais: é vedado a membro do Ministério Público receber, a qualquer título e sob qualquer pretexto, honorários, percentagens ou custas processuais (CF/1988, art. 128, §5º, II, "a"). Isso, contudo, não implica, segundo orientação prevalecente, a não incidência dos arts. 82, §2º, e 85, *caput*, ambos do CPC/2015. Ou seja, se o Ministério Público assume posição de parte principal (= legitimidade ordinária ou extraordinária) e, ao final, obtém êxito no litígio, impõe-se a condenação do vencido nas verbas de sucumbência (despesas processuais e honorários). Mas há uma particularidade: o crédito terá por destinatário o ente federativo correspondente (estado, Distrito Federal ou União, conforme o caso) – nesse sentido: STF, RE nº 428.324, 1ª Turma, rel. Min. Marco Aurélio, julgamento: 15.09.2009, disponível em: www.stf.jus.br; STJ, REsp nº 261.805, 2ª Turma, rel. Min. Castro Meira, julgamento: 20.10/2005, disponível em: www.stj.jus.br; REsp nº 962.530, 2ª Turma, rel. Min. Humberto Martins, julgamento: 24.03.2009, disponível em: www.stj.jus; REsp nº 957.369, 2ª Turma, rel. Min. Eliana Calmon, julgamento: 23.06.2009, disponível em: www.stj.jus.

Isenção do Ministério Público em relação aos encargos sucumbenciais: é corrente o entendimento de que o Ministério Público está isento de condenação em honorários sucumbenciais quando derrotado nas ações que promover. Contudo, os dispositivos especiais, contidos no CDC e na LACP, que condicionam a responsabilidade pelo pagamento dos encargos da sucumbência à litigância de má-fé, referem-se exclusivamente às associações, quando autoras (respectivamente, arts. 18 e 87), de modo que em relação ao *Parquet* nada justifica a não aplicação do art. 85, *caput*, do CPC/2015 – nesse sentido: DINAMARCO, Cândido Rangel. *Instituições de Direito Processual Civil*. v. II. 7. ed. São Paulo: Malheiros Editores, 2017. pp. 767-768. Por fim, sublinhe-se que há, no âmbito do Superior Tribunal de Justiça, jurisprudência formada e ganhando força no sentido de que, em casos envolvendo ações coletivas, não é cabível condenação da parte vencida ao pagamento de honorários em favor do Ministério Público, salvo hipótese de comprovada má-fé – nesse sentido: STJ, EAREsp nº 922.250, Corte Especial, rel. Min. OG Fernandes, julgamento: 15.08.2018, disponível em: www.stj.jus.br.

Não cabimento de honorários contra a Fazenda Pública nas execuções pecuniárias não impugnadas ou não embargadas: a Fazenda Pública responde, em caso de derrota, pelo reembolso de despesas processuais e pagamento de honorários advocatícios. Especificamente em relação aos honorários, existe uma criteriologia legal *própria* a ser adotada pelo órgão judicial sempre que a Fazenda Pública for parte na demanda (CPC/2015, art. 85, §3º), havendo, no entanto, regras especiais de isenção: i) não serão devidos honorários no cumprimento de sentença contra a Fazenda Pública que enseje expedição de precatório, *desde que não tenha ela ofertado impugnação* (CPC/2015, art. 85, §7º); e ii) "não serão devidos honorários advocatícios pela Fazenda Pública *nas execuções não embargadas*" (Lei nº 9.494/1997, art. 1º-D). Tratam-se de exceções respaldadas no art. 100 da Constituição Federal. Afinal, a "Fazenda Pública não pode atender espontaneamente sentença condenatória em pecúnia", sendo "necessário dar início ao cumprimento de sentença para que haja a expedição de precatório e o pagamento seja efetuado na ordem em que for apresentado" (CARRILHO LOPES, Bruno Vasconcelos. *Comentários ao Código de Processo Civil*. v. II. Coordenadores: José Roberto F. Gouvêa, Luis Guilherme A. Bondioli e João Francisco N. da Fonseca. São Paulo: Saraiva, 2017. p. 126).

Honorários em execuções individuais de julgado proferido em ação coletiva contra a Fazenda Pública: o art. 1º-D da Lei nº 9.494/1997 (com redação dada pela Medida Provisória nº 2.180/2001), que exclui o pagamento dos honorários advocatícios em execuções não embargadas, não tem aplicação nas execuções *individuais* de julgado oriundo de ação coletiva (inclusive aquelas promovidas por sindicados, na qualidade de substituto processual). É que, em tais casos, a contratação de advogado é indispensável, sem contar a necessidade de promover a liquidação do valor a ser pago e a individualização do crédito, sendo induvidoso, portanto, o conteúdo cognitivo da ação (STJ, REsp nº 654.312, 6ª Turma, rel. Min. Hamilton Carvalhido, julgamento: 23.08.2005, disponível em: www.stj.jus. br) – nesse sentido: Súmula nº 345 do STJ.

Honorários em incidente de desconsideração da personalidade jurídica: tem prevalecido o entendimento de que não é cabível, por ausência de previsão legal específica, a condenação em verba honorária em incidente de desconsideração da personalidade jurídica (STJ, AgInt no AREsp nº 1.642.321, 4ª Turma, rel. Min. Maria Isabel Gallotti, julgamento: 07.12.2020, disponível em: www.stj.jus.br).

Honorários em ações acidentárias: em demandas acidentárias, não se admite, por expressa disposição legal, a condenação do segurado em custas e demais encargos sucumbenciais, inclusive honorários advocatícios (Lei nº 8.213/91, art. 129, parágrafo único). Aliás, a isenção da condenação em honorários advocatícios é restrita ao segurado, nos termos da Súmula nº 110 (STJ).

Ação de despejo e honorários: se o locador pretender apenas o despejo e obtiver sucesso, o percentual dos honorários advocatícios a ser arbitrado incidirá sobre o *valor da causa* – nesse caso, o valor da causa corresponderá a doze meses de aluguel ou, em contratos de locação oriundos de relação de trabalho, a três salários mínimos vigentes (Lei nº 8.245/1991, art. 58, III). Por outro lado, havendo pedidos cumulados, despejo e cobrança aluguéis, a base de cálculo a ser considerada será o *valor da condenação* (ALVIM WAMBIER, Teresa Arruda; CONCEIÇÃO, Maria Lúcia Lins; SILVA RIBEIRA, Leonardo Ferres da; MELLO, Rogerio Licastro Torres de. *Primeiros Comentários ao Novo Código de Processo Civil*. São Paulo: Revista dos

Tribunais, 2015. p. 167). Finalmente, em ações de despejo fundadas na falta de pagamento de aluguel e/ou acessórios, o inquilino e o fiador podem evitar a rescisão da locação efetuando, no prazo legal, a purgação da mora (Lei nº 8.245/1991, art. 62, II). Tem-se, aí, hipótese de reconhecimento da procedência do pedido (CPC/2015, art. 487, III, "a"): o(s) réu(s) (inquilino e/ou fiador) serão condenados a pagar custas e honorários sucumbenciais, os últimos arbitrados em dez por cento sobre o montante devido, se do contrato não constar disposição diversa (Lei nº 8.245/1991, art. 62, II, "d" c/c CPC/2015, art. 90).

Honorários em mandado de segurança: embora se trate de questão altamente polêmica no âmbito doutrinário, prevalece na praxe forense o entendimento de que, em ação de mandado de segurança, não se admite condenação em honorários sucumbenciais (Súmulas nº 512 e 105, respectivamente do STF e do STJ). Tem-se, nisso, no entanto, orientação carente de base legal. Recorde-se a clássica lição de José Carlos Barbosa Moreira: "(...) se nele [mandado de segurança] existe ação e, *a fortiori*, causa; se há partes e, por conseguinte, parte vencedora e parte vencida, ambas representadas por advogados – então é insustentável a proposição segundo a qual descabe, aí, a condenação em honorários" (BARBOSA MOREIRA, José Carlos. Mandado de segurança e condenação em honorários de advogado. *Revista de Direito da Procuradoria Geral*, Rio de Janeiro: Procuradoria do Estado de Guanabara, n. 23, 1970, pp. 50-59).

Honorários em ação coletiva: nas ações coletivas, não haverá adiantamento de custas, emolumentos, honorários periciais e quaisquer outras despesas, tampouco condenação da *associação autora* (= legitimação extraordinária) e dos diretores responsáveis em honorários de advogado e demais encargos sucumbenciais, salvo comprovada má-fé (Lei nº 7.347/1985, art. 18). Logo se vê, pela literalidade da norma, que a isenção é dirigida apenas às associações, não em favor do Ministério Público, de modo que tem plena aplicação a regra geral (CPC/2015, art. 85, *caput*) em relação ao último – lembre-se que "*lex specialis derrogat lege generale*, mas só nos limites da especialidade" (DINAMARCO, Cândido Rangel. *Instituições de Direito Processual Civil*. v. II. 7. ed. São Paulo: Malheiros Editores, 2017. p. 514). Em idêntico sentido: ASSIS, Araken. *Processo Civil Brasileiro. Parte*

Geral: Institutos Fundamentais. v. II. Tomo I. São Paulo: Editora Revista dos Tribunais, 2015. pp. 422-423. Observações: i) não é esse, porém, o entendimento majoritário do Superior Tribunal de Justiça, que tem afastado a aplicação do *caput* do art. 85 também quando o vencido é o Ministério Público; e ii) há jurisprudência formada e ganhando força no sentido de que, em casos envolvendo ações coletivas, não é cabível condenação da parte vencida ao pagamento de honorários em favor do Ministério Público, salvo hipótese de comprovada má-fé – nesse sentido: STJ, EAREsp nº 922.250, Corte Especial, rel. Min. OG Fernandes, julgamento: 15.08.2018, disponível em: www.stj.jus.br.

Honorários em reclamação: a partir da entrada em vigor do CPC/2015, o Superior Tribunal de Justiça firmou posição no sentido de que a reclamação tem natureza de ação, não de recurso ou incidente processual. Por isso, a parte vencida em ação de reclamação deve ser condenada ao pagamento de honorários sucumbenciais em favor do advogado da parte vencedora – nesse sentido: STJ, EDcl na Rcl nº 35.958, 2ª Seção, rel. Min. Marco Aurélio Bellizze, julgamento: 26.06.2019, disponível em: www.stj.jus.br.

Honorários em exceção de pré-executividade: segundo o Superior Tribunal de Justiça, são devidos honorários de sucumbência em virtude do acolhimento total ou parcial de exceção de pré-executividade – nesse sentido: STJ, AgInt no REsp nº 1.551.618, 4ª Turma, rel. Min. Marco Buzzi, julgamento: 22.08.2018, disponível em: www.stj.jus.br.

Honorários em embargos de terceiro: é firme a jurisprudência no sentido de que, em embargos de terceiro, quem deu causa à constrição indevida deve arcar com os honorários advocatícios (Súmula nº 303 do STJ). Exemplo: o credor não será responsabilizado pelos ônus sucumbenciais por ter indicado à penhora imóvel registrado no cartório de imóveis em nome dos executados, mas vendido a terceiro que não providenciou o registro do contrato de compra e venda. Observação: trata-se de posicionamento fruto da criação dos tribunais, não havendo dispositivo legal que isente aquele que não deu causa à constrição indevida (embora tenha sido demandado e derrotado em ação de embargos de terceiro juntamente com quem deu causa à constrição indevida) de suportar condenação pela verba honorária sucumbencial.

Réu revel vencedor e honorários: o réu revel, mesmo pesando sobre seus ombros a presunção de veracidade das alegações de fato formuladas pelo autor (CPC/2015, art. 344), pode alcançar êxito na causa. Permanecendo inalterada a sua contumácia, não antecipando despesas e tampouco contratando advogado, não há justificativa para condenar-se o autor derrotado no pagamento das verbas de sucumbência (CAHALI, Yussef Said. *Honorários advocatícios*. 4. ed. São Paulo: Revista dos Tribunais, 2011. p. 168). Afinal de contas, não se reembolsa aquilo cujo pagamento não foi antecipado nem se remunera em honorários advogado inexistente. Por outro lado, intervindo o revel no feito, devidamente representado por profissional da advocacia, e, ao final, obtendo êxito, deverá o juiz condenar o autor ao reembolso das despesas eventualmente antecipadas e no pagamento de honorários advocatícios – nesse sentido: STJ, REsp nº 164.491, 4ª Turma, rel. Min. Barros Monteiro, julgamento: 28.09.1999, disponível em: www.stj.jus.br.

Representante processual e honorários: nem todo indivíduo que detém *capacidade para ser parte*, que é a aptidão para demandar e ser demandado, possui *capacidade processual*. É o caso dos menores, loucos e interditados: embora admitidos a atuar em juízo, é indispensável que estejam representados ou assistidos (CPC/2015, arts. 70 e 71). Quem representa ou assiste incapaz, permitindo a este postular ou defender-se em juízo, não assume a qualidade de parte e, portanto, não tem responsabilidade pelo reembolso de despesas processuais ou pagamento de honorários advocatícios. É responsabilidade que será imputada unicamente ao próprio incapaz que sucumbir na demanda.

Sucessão processual e honorários: o objeto litigioso pode ser transmitido ao longo do procedimento jurisdicional, quer porque a parte faleceu, quer ainda em razão de negócio entre vivos. Há, nisso, o fenômeno chamado *sucessão processual*. Na primeira hipótese, a sucessão materializa-se com a habilitação dos herdeiros ou do espólio, a depender respectivamente da realização ou não da partilha, segundo regramento previsto em lei (CPC/2015, arts. 687 a 692). O espólio responde pelas dívidas do falecido, mas, concluída a partilha, cada herdeiro responde por elas dentro das forças da herança e na proporção da parte que lhe coube (CPC/2015, art. 796). De outra banda, a alienação do direito litigioso por ato entre vivos, a título particular, não altera por si só a legitimidade das partes (CPC/2015, art. 109). O adquirente ou cessionário, em suma, não poderá ingressar em juízo, sucedendo o alienante ou cedente, sem que o consinta a parte contrária (CPC/2015, art. 109, §1º), embora possua o direito de intervir como assistente litisconsorcial do alienante ou cedente (CPC/2015, art. 109, §2º). Tem-se o seguinte quadro de possibilidades: i) o transmitente permanece como parte principal, tenha havido ou não o pedido do adquirente em substituí-lo, equiparando-se "ao *substituto processual* no tocante à responsabilidade pelas despesas processuais e honorários advocatícios em caso de restar vencido", ou seja, "responderá de forma exclusiva pelos encargos, porque parte principal vencida"; ii) "ocorrendo a substituição da parte originária pelo adquirente", haja vista a anuência da contraparte (CPC/2015, art. 109, §1º), "desaparecerá a responsabilidade do alienante" em relação às despesas processuais e honorários, pois terá sido substituído pelo adquirente; e iii) se o adquirente intervém no feito como assistente litisconsorcial do alienante ou cedente (CPC/2015, art. 109, §2º), o último vai se conservar em sua posição de parte principal e, portanto, manterá eventual responsabilidade pelas despesas processuais e honorários em caso de derrota, hipótese em que o assistente será condenado apenas ao pagamento das custas (não dos honorários advocatícios sucumbenciais e demais despesas processuais), em proporção à atividade que ali houver exercido (CPC/2015, art. 94) (ASSIS, Araken. *Processo Civil Brasileiro. Parte Geral: Institutos Fundamentais*. v. II. Tomo I. São Paulo: Editora Revista dos Tribunais, 2015. pp. 417-418). Importante: i) doutrina e jurisprudência majoritárias enxergam o assistente autônomo como um genuíno litisconsorte (= parte principal); ii) seguida tal orientação, ambos, se vencidos forem, responderão proporcionalmente por todas as despesas e pelos honorários, nos moldes previstos pelo art. 87 do CPC/2015.

Beneficiário da gratuidade da justiça e honorários: a *gratuidade da justiça* não isenta o beneficiário vencido de reembolsar despesas processuais e pagar honorários do advogado. Há, isto sim, mera *condição suspensiva de exigibilidade.* Daí o equívoco da prática, vez ou outra verificada no foro, de prolatar-se sentença sem capítulo dedicado à condenação pelas obrigações oriundas da sucumbência, trazendo como justificativa o fato de a parte derrotada estar sob o pálio da justiça gratuita. Em miúdos: sendo vencido o beneficiário da gratuidade da justiça, deverá a sentença condená-lo nos encargos da sucumbência, sendo a obrigação executável nos cinco anos subsequentes ao trânsito em julgado da decisão que a certificou, desde que o credor demonstre o desaparecimento da situação de insuficiência de recursos que fundamentou a concessão de gratuidade. Superado esse prazo sem que a execução tenha se principiado, a obrigação será extinta em toda a sua extensão (CPC/2015, art. 98, *caput* e §§1º e 3º).

— Θ —

Art. 86. Se cada litigante for, em parte, vencedor e vencido, serão proporcionalmente distribuídas entre eles as despesas.

Parágrafo único. Se um litigante sucumbir em parte mínima do pedido, o outro responderá, por inteiro, pelas despesas e pelos honorários.

Correspondente:
CPC/1973, art. 21.

Referências:
CF/1988, art. 93, IX.

CPC/2015, art. 85; art. 292, V; art. 324, II; art. 327.

Cumulação de pedidos: é lícita, respeitados os requisitos de admissibilidade, a cumulação em um único processo, contra um mesmo réu, de vários pedidos, ainda que entre eles não haja conexão (CPC/2015, art. 327). A *cumulação simples* é a modalidade mais corriqueira: os pedidos são independentes entre si, razão por que o atendimento ou a rejeição de um não afeta os demais, devendo o juiz proceder a análise de todos em separado. Já na *cumulação sucessiva*, a rejeição de um pedido prejudica o exame do outro. Ou seja, há entre os pedidos relação de dependência, de modo que a análise do segundo pedido necessariamente vai depender do deferimento do primeiro. Ademais, fala-se em *cumulação subsidiária* quando se formula uma pluralidade de pedidos a fim de que o juiz conheça do posterior quando não acolher o anterior. Por fim, tem-se a *cumulação alternativa* sempre que dois ou mais pedidos são formulados sem preocupação com uma ordem preferencial, sendo que a acolhida de um já elimina a necessidade de enfrentamento dos demais – *os pedidos substituem um ao outro*.

Sucumbência recíproca: tem-se a sucumbência recíproca ou parcial quando cada litigante for, em parte, vencedor e vencido. É conceito cuja importância mostra-se relevante no momento de definir a responsabilidade pelos encargos da sucumbência. Existindo, no processo, cúmulo simples de pedidos ou sendo o bem da vida pretendido passível de quantificação, "com a possibilidade de ser concedido em quantidade menor do que a pedida, poderá haver sucumbência recíproca" (CARRILHO LOPES, Bruno Vasconcelos. *Comentários ao Código de Processo Civil*. v. II. Coordenadores: José Roberto F. Gouvêa, Luis Guilherme A. Bondioli e João Francisco N. da Fonseca. São Paulo: Saraiva, 2017. p. 203) – exemplos: o julgador afasta o pedido de dano material e concede o de dano material; o autor formula pedido de dano moral no valor de R$500.000,00, porém o réu é condenado em apenas R$5.000,00. Também é possível a sucumbência recíproca em caso de *cumulação sucessiva* quando o autor alcança êxito na primeira pretensão, mas tem a segunda rejeitada – exemplo: o autor obtém a procedência no que diz respeito à declaração de paternidade, porém sucumbe em relação à pretensão alimentar. De igual modo, pode-se ter sucumbência recíproca na hipótese de *cumulação subsidiária*, haja vista que o autor formula seus pedidos segundo uma ordem preferencial – exemplo: o autor sucumbe no pedido preferencial de indenização pelo preço do produto e sagra-se vencedor no pedido subsidiário de abatimento proporcional do preço. Havendo *cumulação alternativa*, contudo, não é possível falar-se em sucumbência recíproca, pois os pedidos são formulados em desatenção a uma ordem de preferência, isto é, importa para o autor apenas que qualquer deles alcance sucesso.

Sucumbência recíproca e distribuição proporcional de despesas: se cada litigante for, em parte, vencedor e vencido (= sucumbência recíproca), as despesas processuais serão proporcionalmente distribuídas entre eles. Não basta, portanto, fazer a somatória das despesas adiantadas pelas partes ao longo do procedimento jurisdicional e dividir ao meio o resultado. Será preciso estabelecer um *senso de relação* entre coisas. É verificar os pedidos acolhidos e rejeitados e, então, concluir acerca de quem venceu ou perdeu mais, ou se ambos quedaram, na vitória e na derrota, em situação idêntica ou similar. O parâmetro para se tirar proporção, enfim, é o próprio resultado individualizado da demanda. Importante: apenas as despesas serão proporcionalmente distribuídas, *não os honorários de sucumbência*, que pertencem *com exclusividade* aos advogados e cuja compensação é vedada por lei.

Honorários em caso de sucumbência recíproca: na hipótese de sucumbência recíproca, com cada litigante tornando-se, em parte, vencedor e vencido, os advogados que atuaram em ambas as posições receberão a devida remuneração, respeitadas as particularidades de cada caso, mas em atenção aos requisitos e metodologias previstos no art. 85 e seus parágrafos. Veja-se o seguinte: i) em ação de indenização por erro médico, quem pede R$950.000,00 e recebe R$250.000,00 terá sucumbido em R$700.000,00; ii) os honorários devidos ao advogado do autor serão fixados entre o mínimo de dez e o máximo de vinte por cento sobre *valor da condenação* (R$250.000,00); iii) já os honorários devidos ao advogado do réu, haja vista a improcedência parcial, serão fixados entre o mínimo de dez e o máximo de vinte por cento sobre o *proveito econômico obtido* (R$700.000,00); iv) adotando-se o juiz, por suposição, o percentual de dez por cento para fixar as verbas honorárias de ambos os advogados, o primeiro deles (= advogado do autor) receberá R$25.000,00, ao passo que o segundo (= advogado do réu) será agraciado com a quantia de R$70.000,00; v) verifica-se, aí, no emprego do art. 85 para casos de sucumbência recíproca, somado à vedação da compensação de honorários advocatícios (CPC/2015, art. 85, §14), mecanismo de *incentivo à litigância responsável* (= finalidade secundária da verba honorária sucumbencial).

Sucumbência em parte mínima do pedido: sendo cada litigante, em parte, vencedor e vencido, as despesas serão proporcionalmente distribuídas entre eles. Contudo, quando um litigante sucumbir em parte mínima do pedido, o outro responderá, por inteiro, pelas despesas e pelos honorários (CPC/2015, art. 86, parágrafo único). O legislador só se esqueceu de esclarecer o significado da expressão "parte mínima do pedido". Segundo Yussef Cahali, há, aqui, "certa porção de arbítrio, que deve ser dosada com bom senso", podendo-se utilizar, como parâmetro, a consideração de que parte mínima é aquela "irrelevante, tanto do ponto de vista jurídico, quanto do ponto de vista econômico" (CAHALI, Yussef Said. *Honorários advocatícios*. 4. ed. São Paulo: Revista dos Tribunais, 2011. p. 482).

Dano moral e sucumbência recíproca (1): entendia-se, ao tempo do CPC/1973, desnecessário ao autor especificar, em sua petição inicial, o quanto almejava a título de indenização por danos morais. Apenas formulava o pedido, cabendo ao julgador, na hipótese de procedência, fixar o montante que, no caso concreto, reputasse adequado. Eventual menção da quantia pretendida era considerada *mera estimativa*, tanto que, arbitrada a condenação em valor inferior ao sugerido, estaria afastada a sucumbência recíproca – nesse sentido, a Súmula nº 326 (STJ). O CPC/2015, porém, trouxe solução diversa com a regra prevista no inciso V do art. 292: "O valor da causa constará da petição inicial ou da reconvenção e será (...) na ação indenizatória, inclusive a fundada em dano moral, o valor pretendido". A partir de agora, cumpre ao autor *determinar* o quanto espera receber a título de indenização por dano moral, sob pena de indeferimento da petição inicial – observado, evidentemente, o prévio direito à emenda. O pedido genérico só terá lugar quando não for possível precisar, desde logo, a extensão do dano (art. 324, II, novo CPC). A novidade é alvissareira. Afinal, a acomodação interpretativa do pedido de dano moral entre as hipóteses legais que excepcionam a exigência de pedido determinado foi empreendimento interpretativo deveras extravagante. Não há nem jamais houve permissivo legal a autorizar, *em todo e qualquer caso*, a formulação genérica de pedido de indenização por dano moral. O direito positivo atual, portanto, seguiu rumo correto, o que decorre não só do contraditório como garantia de influência e não surpresa, mas, sobretudo, da noção de *autorresponsabilização das partes*. Demandar envolve riscos, a exemplo da possibilidade de condenação pelos ônus da sucumbência. Logo, é apropriado que a parte que ganha menos do que pede se veja na obrigação de ratear os custos do processo, não havendo, *em tese*, razão para excepcionar o pedido de dano moral. Os comentários registrados neste tópico são uma versão resumida do nosso: DELFINO, Lúcio; SOUSA, Diego Crevelin. A derrocada do enunciado sumular 326 do Superior Tribunal de Justiça. *Consultor Jurídico*, 05 set. 2016.

Dano moral e sucumbência recíproca (2): a questão, no entanto, merece análise para além da *autorresponsabilidade das partes*. Recorde-se que, de maneira geral, o dano moral se caracteriza *in re ipsa*: provado o ilícito (decorrente de conduta, comissiva ou omissiva, violadora de um dever jurídico primário, com ou sem culpa, em conformidade com o exigido pela lei), o dano se presume, e seu arbitramento é tarefa do órgão judiciário. Assim, se a autorresponsabilidade do autor é facilmente sustentável em pleitos materiais *lato sensu* (há neles condições prévias, externas e objetivas, permitindo precisar existência e extensão do dano), o mesmo não se pode dizer em relação aos danos morais, pois o valor da indenização dependerá, sempre, de quantificação judicial. Ora, para se atribuir responsabilidade a alguém, o pressuposto é que tenha ele consciência plena sobre os riscos do ato que voluntariamente praticou. Como então falar de autorresponsabilidade da parte postulante se, ao final, o arbitramento da indenização se dá pelo *prudente arbítrio* do juiz? Diante desse quadro, a única solução viável para estipular um critério de litigância responsável e leal do autor é *observar a média da indenização por danos morais avalizada pela jurisprudência em casos semelhantes*. Fora daí, prevalecem as insondáveis oscilações da psique do autor e do próprio julgador. O problema dessa solução é o cenário de aguda imprevisibilidade que infecta o cotidiano forense. De fato, mesmo que o autor seja prudente na fixação do valor pretendido, inclusive considerando julgados de casos afins, nada lhe assegura que a quantia a ser arbitrada se ajustará aos seus anseios. Aqui o ponto: se, de um lado, é desejável a autorresponsabilidade do autor, de outro, não se pode descurar da responsabilidade (política) dos julgadores de, nos casos concretos, seguirem os padrões interpretativos oferecidos pela jurisprudência. Apenas quando os juízes, em geral, forem fiéis a uma criteriologia que (na impossibilidade de aniquilar, ao menos) se mostre capaz de reduzir a sua discricionariedade no arbitramento do dano moral é que se poderá, enfim, exigir dos jurisdicionados responsabilidade na formulação de seus pedidos. A coarctação entre lei e jurisprudência forma um todo do qual se obtém dados para demarcar a lealdade tanto das partes como dos julgadores. Nesse sentido, como são muitos os órgãos judiciários e variadas as suas competências, os provimentos que devem ser observados como critério são aqueles oriundos do Superior Tribunal de Justiça: afinal de contas, trata-se da corte incumbida de promover a unidade do direito federal. Não havendo ali, contudo, julgados que sirvam de referência para o caso concreto, deve-se buscá-lo no próprio tribunal perante o qual tramita o feito. É importante sublinhar que se está falando apenas de valores a serem utilizados como *referência*, não de um fechamento interpretativo que, a pretexto de observar critérios, liberariam os juízes a decidirem mecanicamente, em desdém aos fatores envolvidos em cada situação específica, como se lhes fosse suficiente invocar motivos que se prestem a justificar toda e qualquer decisão. Especificidades fáticas existem e devem ser observadas, podendo justificar o arbitramento de valores que se afastem do padrão referencial. Em síntese: i) o trato adequado da questão exige um entrelaçamento dos agires dos sujeitos processuais (= autor e órgão judiciário), com pedidos e decisões elaborados em atenção à média dos valores fornecidos pelos provimentos do Superior Tribunal de Justiça que se ajustem ao caso; e ii) se, de um lado, cumpre ao autor determinar quanto pretende receber a título de indenização por danos morais, de outro, a vitória parcial só acarretará *sucumbência recíproca* se ele tiver pedido valor além da média objetiva que a jurisprudência fornece para casos similares. Os comentários registrados neste tópico são uma versão resumida do nosso: DELFINO, Lúcio; SOUSA, Diego Crevelin. A derrocada do enunciado sumular 326 do Superior Tribunal de Justiça. *Consultor Jurídico*, 05 set. 2016. Consultar também: DELLORE, Luiz. *Teoria Geral do Processo. Comentários ao CPC de 2015. Parte Geral.* Coordenadores: Fernando da Fonseca Gajardoni, Luiz Dellore, Andre Vasconcelos Roque e Zulmar Duarte de Oliveira Jr. São Paulo: Editora Método, 2015. pp. 307-308; CARRILHO LOPES, Bruno Vasconcelos. *Comentários ao Código de Processo Civil.* v. II. Coordenadores: José Roberto F. Gouvêa, Luis Guilherme A. Bondioli e João Francisco N. da Fonseca. São Paulo: Saraiva, 2017. pp. 204-205.

— Θ —

Art. 87. Concorrendo diversos autores ou diversos réus, os vencidos respondem proporcionalmente pelas despesas e pelos honorários.

§1º A sentença deverá distribuir entre os litisconsortes, de forma expressa, a responsabilidade proporcional pelo pagamento das verbas previstas no *caput*.

§2º Se a distribuição de que trata o §1º não for feita, os vencidos responderão solidariamente pelas despesas e pelos honorários.

Correspondente:
CPC/1973, art. 23.

Referências:
CF/1988, art. 93, IX.

CPC/2015, art. 81, §1º; art. 85; art. 86; art. 98, §2º.

Formação litisconsorcial e encargos da sucumbência: se concorrerem diversos autores ou diversos réus, os vencidos respondem proporcionalmente pelas despesas e pelos honorários. Responder *em proporção* não implica solidariedade. Aliás, a solidariedade, *como anuncia literalmente o §2º do art. 87*, é critério subsidiário, cujo manejo está autorizado apenas quando a sentença não distribuir entre os litigantes, de forma expressa, a responsabilidade proporcional pelo pagamento das despesas e dos honorários. Enfim, não é suficiente somar as despesas adiantadas ao longo do processo e dividir o resultado em tantas parcelas quantos sejam os litigantes. O parâmetro é o próprio *resultado* da demanda em relação a cada um dos litisconsortes vencedores, ou seja, deve-se verificar em que extensão um e outro lograram êxito naquilo que pediram. Não é porque indivíduos demandaram ou foram demandados em litisconsórcio que o saldo final será idêntico a todos (salvo hipóteses de litisconsorciação unitária), existindo situações, inclusive, em que um e outro obtêm sucesso enquanto os demais sucumbem por inteiro. Há, outrossim, casos nos quais os resultados se mostram ainda mais variantes, com alguns litisconsortes obtendo êxito integral, outros sucumbindo em parte e, por fim, alguns sendo derrotados na totalidade, o que levará o órgão judiciário a utilizar-se, de modo conjugado, das regras previstas nos arts. 86 e 87 do CPC/2015. De outro lado, não é aceitável, havendo advogados distintos atuando em favor das partes vencedoras, fixar-se honorários *em bloco*, como se fossem um, em desatenção ao desempenho profissional de cada qual e pouco-caso aos requisitos cuja análise a lei impõe (grau de zelo profissional; o lugar da prestação do serviço, a natureza e a importância da causa; o trabalho realizado pelo advogado; e o tempo exigido para o serviço – CPC/2015, art. 85, §2º). É comum, em processos litisconsorciais, a atuação de muitos advogados, sendo que, frequentemente, uns despontam, enquanto outros, talvez até por comodidade ou conveniência, têm atuação mais tímida ou com pouca desenvoltura. Por exemplo, não tem sentido remunerar em honorários recursais (CPC/2015, art. 85, §11) advogados que não atuaram na fase recursal. O *critério da proporcionalidade*, em suma, obriga o juiz, como forma de distribuir adequadamente as despesas processuais e remunerar os advogados de maneira digna, a verificar o proveito obtido pelos litisconsortes em sua individualidade, bem assim fazer incidir o art. 85 do Código em atenção às nuanças da atividade desenvolvida pelos profissionais da advocacia – já se decidiu que, "concorrendo diversos autores ou diversos réus, distribui-se entre os vencidos as despesas e honorários arbitrados na sentença, na proporção do interesse de cada um na causa, ou do direito nela decidido" (STJ, REsp nº 281.331, 4ª Turma, Min. Sálvio de Figueiredo Teixeira, julgamento: 14.08.2001, disponível em: www.stj.jus.br). E vale a observação: o art. 87 aplica-se a qualquer tipo de litisconsórcio – nesse sentido: BUENO, Cassio Scarpinella. *Curso Sistematizado de Direito Processual Civil. Teoria Geral do Direito Processual Civil. Parte Geral do Código de Processo Civil.* v. 1. 9. ed. São Paulo: Saraiva, 2018. p. 521.

Distribuição dos encargos sucumbenciais e solidariedade: a decisão (sentença, decisão interlocutória ou monocrática, decisão colegiada) deve distribuir entre os litisconsortes, *de modo expresso*, a responsabilidade proporcional pelo pagamento das despesas processuais e dos honorários do advogado (CPC/2015, art. 87, §1º). Mais até que apenas distribuir, pois a decisão precisa trazer fundamentação adequada (CF/1988, art. 93, IX), trabalho que, a depender da complexidade do caso e do número de litisconsortes e advogados, pode se mostrar bastante árduo e meticuloso. Se, no entanto, a decisão for omissa, as partes vencidas responderão *solidariamente* pelas despesas e pelos honorários (CPC/2015, art. 87, §2º).

Litisconsorte beneficiado pela gratuidade da justiça: não é porque um dos litisconsortes vencidos foi beneficiado pela gratuidade da justiça (CPC/2015, art. 98) que estará isento da responsabilidade pelos encargos da sucumbência (CPC/2015, art. 98, §2º). Veja-se o seguinte: i) o órgão judicial deve distribuir entre as partes derrotadas a responsabilidade proporcional pelo pagamento das despesas processuais e dos honorários do advogado (CPC/2015, art. 87, §1º); ii) a obrigação que tocar ao litisconsorte favorecido pela gratuidade da justiça ficará sob *condição suspensiva de exigibilidade*, podendo ser, inclusive, objeto de execução, desde que respeitados os termos do §3º do art. 98; e iii) sendo omissa a decisão em relação à distribuição dos encargos sucumbenciais, todos os litisconsortes derrotados responderão de modo solidário, o que significa que aqueles não acobertados pela gratuidade da justiça poderão ser acionados individualmente pela totalidade das despesas e dos honorários (CPC/2015, art. 87, §2º).

— Θ —

ARTIGO 88 | 211

Art. 88. Nos procedimentos de jurisdição voluntária, as despesas serão adiantadas pelo requerente e rateadas entre os interessados.

Correspondente:
CPC/1973, art. 24.

Referências:
CF/1988, art. 5º, LIV e LV; art. 93, IX.

CPC/2015, art. 81, §1º; art. 82; art. 85; art. 86; art. 98, §2º.

Jurisdição voluntária: do ponto de vista teleológico, a jurisdição tutela direitos. Quem busca o serviço público jurisdicional pretende *fazer valer* (certificação, execução e/ou acautelamento) direito que acredita possuir. No comum das vezes, tal desiderato depende do desate de um conflito de interesses, a envolver dois ou mais litigantes, cada qual empreendendo esforços para que sua tese sagre vencedora (=jurisdição contenciosa). Entretanto, em dadas situações, a despeito de os interessados não se encontrarem em estado litigioso, a ordem jurídica, *pela importância dos direitos envolvidos*, exige que a solução advenha obrigatoriamente pela via jurisdicional (=jurisdição voluntária ou graciosa).

Adiantamento e rateio de despesas: incumbe às partes o pagamento das despesas dos atos que realizarem ou requererem no processo, antecipando-lhes o pagamento (CPC/2015, art. 82, *caput*). Cabe também, a quem deu ensejo à demanda, adiantar as despesas relativas a ato cuja realização o juiz determinar de ofício ou a requerimento do Ministério Público (= fiscal da ordem jurídica) (CPC/2015, art. 82, §1º), o que é válido para a jurisdição contenciosa ou voluntária. Há, contudo, uma diferença: nos procedimentos de jurisdição contenciosa, a sentença *condenará o vencido* a pagar ao vencedor as despesas que antecipou (CPC/2015, art. 82, §2º), ao passo que, em procedimentos de jurisdição voluntária, as despesas adiantadas serão, ao final, *rateadas* (= *per capta*) entre todos os interessados (CPC/2015, art. 88).

Divergência quanto ao rateio: não há, em sede de jurisdição voluntária, condenação à devolução de despesas adiantadas pelo mero fato de inexistir lide. Ou seja, o requerente deverá adiantar o pagamento das despesas processuais, mas terá o direito, ao final do procedimento, de rateá-las entre os demais interessados (CPC/2015, art. 88). Pode acontecer, no entanto, de surgir divergência especificamente quanto ao rateio (= litígio ou conflito pontual). Se assim for, deve o órgão judicial, sempre em respeito ao devido processo legal (CF/1988, art. 5º, LIV e LV), resolver o conflito mediante a aplicação da regra prevista no art. 82 do CPC/2015, ou seja, a decisão condenará o vencido a pagar ao vencedor as despesas que antecipou – em similar sentido: THEODORO JÚNIOR, Humberto. *Curso de Direito Processual Civil*. v. I. 56. ed. Rio de Janeiro: Forense, 2015. p. 298.

Ausência de condenação em verba honorária: haja vista que não há vencido nem vencedor em procedimentos de jurisdição voluntária, não se tem fato capaz de fazer incidir a regra prevista no art. 85, *caput*, do CPC/2015. Inexistirá, em suma, condenação em honorários sucumbenciais – nesse sentido: STJ, REsp nº 28.649, 2ª Turma, rel. Min. Hélio Mosimann, julgamento: 16.05.1994, disponível em: www. stj.jus.br; STJ, REsp nº 44.136, 4ª Turma, rel. Min. Dias Trindade, julgamento: 22.03.1994, disponível em: www.stj.jus.br. Se, porém, em procedimentos de jurisdição voluntária surgir litigiosidade em concreto, desaparecendo a "identidade de interesses", ter-se-á, aí, motivo suficiente para a condenação em honorários sucumbenciais – nesse sentido: STJ, REsp nº 77.057, 3ª Turma, rel. Min. Nilson Naves, julgamento: 12.02.1996, disponível em: www.stj.jus.br; STJ, REsp nº 283.222, 2ª Turma, rel. Min. João Otávio de Noronha, julgamento: 06.03.2006, disponível em: www.stj.jus.br; STJ, REsp nº 1.524.634, 3ª Turma, rel. Min. Ricardo Villas Bôas Cueva, julgamento: 27.10.2015, disponível em: www.stj.jus.br.

— Θ —

ARTIGO 89 | 213

Art. 89. Nos juízos divisórios, não havendo litígio, os interessados pagarão as despesas proporcionalmente a seus quinhões.

Correspondente:
CPC/1973, art. 25.

Referências:
CPC/2015, art. 85; art. 569, I e II; arts. 647 a 658.

Despesas processuais nos juízos divisórios: a expressão "juízo divisório" refere-se às pretensões (i) *divisória* (= extinção do condomínio até então existente; CPC/2015, art. 569, II), (ii) *demarcatória* (= traçamento de linhas divisórias entre os imóveis; CPC/2015, art. 569, I) e (iii) *de partilha* (= procedimento para colocar fim ao condomínio oriundo da transmissão *causa mortis*; CPC/2015, arts. 647 e segs.). Inexistindo litígio, os interessados simplesmente pagarão as despesas proporcionalmente a seus quinhões. Se, todavia, a litigiosidade se instaurar, a sentença condenará o vencido a pagar ao vencedor as despesas que antecipou (CPC/2015, art. 82, §2º).

Ausência de condenação da verba honorária sucumbencial: não havendo vencido nem vencedor em procedimentos de jurisdição voluntária, não se terá, por conseguinte, a incidência da regra prevista no art. 85, *caput*, do CPC/2015 – enfim, inexistirá condenação em honorários advocatícios sucumbenciais. É o que também se dá, por identidade de razões, em juízos divisórios quando ausente litígio. Caso se verifique, porém, litigiosidade em concreto, ter-se-á, aí, motivo suficiente para a condenação em honorários advocatícios (CPC/2015, art. 85, *caput*).

— Θ —

Art. 90. Proferida sentença com fundamento em desistência, em renúncia ou em reconhecimento do pedido, as despesas e os honorários serão pagos pela parte que desistiu, renunciou ou reconheceu.

§1º Sendo parcial a desistência, a renúncia ou o reconhecimento, a responsabilidade pelas despesas e pelos honorários será proporcional à parcela reconhecida, à qual se renunciou ou da qual se desistiu.

§2º Havendo transação e nada tendo as partes disposto quanto às despesas, estas serão divididas igualmente.

§3º Se a transação ocorrer antes da sentença, as partes ficam dispensadas do pagamento das custas processuais remanescentes, se houver.

§4º Se o réu reconhecer a procedência do pedido e, simultaneamente, cumprir integralmente a prestação reconhecida, os honorários serão reduzidos pela metade.

Correspondente:
CPC/1973, art. 26.

Referências:
CPC/2015, art. 85; art. 200, parágrafo único; art. 485;
art. 487, III, "c"; art. 1.040, §§1º, 2º e 3º.

Desistência, renúncia e reconhecimento do pedido: a desistência, a renúncia e o reconhecimento do pedido têm em comum o traço da *unilateralidade* – são atos consistentes em *declarações unilaterais de vontade*. Quem pode *desistir* da ação é apenas o autor (e, logicamente, o réu-reconvinte, porque é autor na reconvenção), ato que produzirá efeito (= cessação da litispendência) somente depois de homologado judicialmente (CPC/2015, art. 200, parágrafo único). *Em vez de insistir, desiste-se,* circunstância em nada relacionada ao(s) direito(s) envolvido(s) no litígio, *mas unicamente à própria ação ou à via procedimental,* motivo pelo qual aquele que desiste não fica inibido de promover nova demanda (PONTES DE MIRANDA, Francisco Cavalcanti. *Comentários ao Código de Processo Civil.* v. III. Rio de

Janeiro: Revista Forense, 1974. pp. 73-74). O juiz, em suma, *não resolve o mérito* quando homologa a desistência da ação (CPC/2015, art. 485, VIII). É duplamente diferente com a *renúncia*, ato a partir do qual o autor (ou o reconvinte) abdica do(s) direito(s) material(is) que alegou possuir ao intentar a demanda. Não por outra razão, aliás, a homologação judicial da renúncia à pretensão formulada na ação, ou na reconvenção, implica *resolução de mérito* (e não propriamente *julgamento* de mérito) (CPC/2015, art. 487, III, "c"). Por fim, o *reconhecimento do pedido* é espécie de renúncia *com sinal trocado*. É ao réu (ou ao autor-reconvindo) que cabe o ato de abnegação (e até de sinceridade) materializado na aquiescência do pedido contra si formulado, e é ele naturalmente quem se sujeitará às implicações jurídicas daí decorrentes. Haverá, por igual, *resolução de mérito* (e não *julgamento* de mérito) quando o órgão judicial homologar o reconhecimento da procedência do pedido formulado na ação ou na reconvenção (CPC/2015, art. 487, III, "a").

Condenação em despesas e honorários no caso de desistência, renúncia ou reconhecimento do pedido: finalizado o litígio por provimento jurisdicional fundado em desistência, renúncia ou reconhecimento do pedido, a parte que desistiu, renunciou ou reconheceu será condenada ao pagamento das despesas processuais adiantadas e dos honorários advocatícios. Observações: i) no exercício da atividade cognitiva dedicada ao arbitramento da verba honorária, nada se altera, devendo o órgão judicial utilizar-se, em sintonia com as particularidades do caso concreto, de uma dentre as quatro metodologias legais previstas na lei (CPC/2015, art. 85, *caput*, §2º, I, II, III e IV, §3º, §8º e §9º); ii) na hipótese de *reconhecimento do pedido*, ocorrida ou não a citação do réu, será este condenado em despesas processuais e honorários de advogado, os quais serão *reduzidos pela metade* se, simultaneamente ao reconhecimento da procedência do pedido, o réu cumprir *na integralidade* a prestação que reconheceu (CPC/2015, art. 90, §4º); iii) *oferecida a contestação*, o autor só poderá *desistir* da ação com o consentimento do réu (CPC/2015, art. 485, §4º) – afinal de contas, pode pretender o réu demandar, por saber que a improcedência lhe será benéfica graças à autoridade da coisa julgada; iv) não haverá condenação em honorários advocatícios se a desistência ocorrer antes da citação do réu, em específico quando ele não tiver comparecido nos autos representado por advogado (= ausência de litispendência); v) é cabível a condenação em honorários advocatícios na hipótese de o pedido de desistência ter sido protocolado após a ocorrência da citação da ré, mesmo que em data anterior à apresentação da contestação (STJ, AgInt no AREsp nº 1.449.328, 4ª Turma, rel. Min. Antonio Carlos Ferreira, julgamento: 19.08.2019, disponível em: www.stj.jus.br); vi) são devidos honorários advocatícios nos casos em que o pedido de desistência foi protocolado em data prévia à citação, mas a contestação já tinha sido apresentada (STJ, REsp nº 548.559, 1ª Turma, rel. Min. Teori Albino Zavascki, julgamento: 18.03.2004, disponível em: www.stj.jus.br); vii) ocorrendo a desistência da ação em primeiro grau de jurisdição, *antes de oferecida a contestação*, haja vista que questão nela discutida é idêntica à resolvida pelo recurso extraordinário ou especial repetitivo, ficará o autor isento do pagamento de custas e honorários de sucumbência (CPC/2015, art. 1.040, §§1º, 2º e 3º) – nas palavras de Carrilho Lopes, a "norma pouco inova no que diz respeito aos honorários", de modo que a isenção trazida por ela "somente tem relevância prática nos casos em que o advogado tenha realizado antes da desistência trabalho diverso da oferta de contestação" (CARRILHO LOPES, Bruno Vasconcelos. *Comentários ao Código de Processo Civil*. v. II. Coordenadores: José Roberto F. Gouvêa, Luis Guilherme A. Bondioli e João Francisco N. da Fonseca. São Paulo: Saraiva, 2017. p. 217); viii) haverá condenação em honorários recursais (CPC/2015, art. 85, §11) em caso de desistência do recurso, salvo se o recorrido não tiver ainda tomado ciência da sua interposição (afinal, inexistirá em tal circunstância trabalho adicional realizado em grau recursal pelo advogado *ex adverso*); ix) o regime de desistência em procedimentos executivos é peculiar, devendo-se observar as regras previstas no art. 775, parágrafo único, I e II, do CPC/2015.

Abandono: não há, no art. 90 do CPC/2015, alusão à figura do *abandono*, que tem tratamento específico no art. 485, II e III, e seus §§1º e 2º. Há duas hipóteses de abandono: i) quando o processo permanecer parado durante mais de um ano por negligência das partes (CPC/2015, art. 485, II); e ii) quando o autor não promover atos e diligências que lhe incumbiam, deixando a causa ao léu por mais de trinta dias (CPC/2015, art. 485, II). Em ambas as situações, incumbe ao órgão judiciário determinar a intimação pessoal da parte (ou das partes) para, em prazo não superior a cinco dias, suprir(em) a falta (CPC/2015, art. 485, §1º). Permanecendo a situação de inércia, as partes serão condenadas ao pagamento proporcional das custas, tratando-se de *abandono bilateral* (CPC/2015, art. 485, §2º, *primeira parte*); o autor, de outro lado, sendo o caso de *abandono unilateral*, suportará condenação pelo pagamento das despesas processuais e honorários de advogado (CPC/2015, art. 485, §1º, *segunda parte*).

Condenação em despesas processuais e honorários sendo parcial a desistência, a renúncia ou o reconhecimento do pedido: sendo parcial a desistência, a renúncia ou o reconhecimento, a responsabilidade pelas despesas processuais e pelos honorários advocatícios sucumbenciais será *proporcional* à parcela reconhecida, renunciada ou àquela da qual se desistiu (CPC/2015, art. 90, §1º).

Reconhecimento da procedência do pedido e cumprimento integral e simultâneo da prestação: se o réu reconhece a procedência do pedido e, *simultaneamente*, cumpre *de modo integral* a prestação que reconheceu, reza a lei que suportará condenação em honorários advocatícios apenas *pela metade* (CPC/2015, art. 90, §4º). Tem-se, aí, sem dúvida, exemplo do uso criativo da verba honorária sucumbencial, que, além de remunerar o advogado da parte vencedora, foi aproveitado como mecanismo de estímulo à efetividade da jurisdição (= sanção premial; incentivo à litigância responsável).

Reconhecimento da procedência do pedido e cumprimento integral e simultâneo da prestação em ações nas quais a ré é a Fazenda Pública: a Fazenda Pública, mesmo reconhecendo a procedência de pedido que vise à condenação de *soma em dinheiro*, não pode cumprir imediatamente a prestação, pois está sujeita ao regime especial previsto no art. 100 da Constituição (= sistemática dos precatórios) – conferir: REsp nº 1.691.843, 2ª Turma, rel. Min. OG Fernandes, julgamento: 11.02.2020, disponível em: www.stj.jus.br. Entretanto, inexiste empecilho para a aplicação do §1º do art. 90 do CPC/2015 em ações contra a Fazenda Pública cuja pretensão refira-se *a dever de fazer, de não fazer ou de dar coisa*.

Transação e encargos da sucumbência: havendo transação, as partes têm liberdade para convencionar sobre a responsabilidade atinente ao pagamento das *despesas processuais*. Se, porém, nada contratarem a respeito disso, dispõe a lei que as despesas deverão ser divididas igualmente (CPC/2015, art. 90, §2º). E mais: ocorrendo a transação antes da sentença, as partes ficam dispensadas do pagamento de eventuais custas processuais remanescentes (CPC/2015, art. 90, §3º). Observações acerca dos honorários de advogado: i) se a transação nada dispôs sobre a verba honorária, sequer tendo sido ela ainda arbitrada pelo órgão judiciário, incumbirá a cada uma das partes arcar com a remuneração devida ao profissional que contratou; ii) já tendo sido, de outro lado, arbitrada a verba honorária, eventual transação realizada pelas partes não prejudica o advogado em seus honorários, salvo se aquiescer (EAOAB, art. 24, §4º) – como já decidido, "a verba honorária constitui direito autônomo do advogado, integra seu patrimônio, não podendo ser objeto de transação entre as partes sem a sua aquiescência" (STJ, REsp nº 468.949, 4ª Turma, rel. Min. Barros Monteiro, julgamento: 18.02.2003, disponível em: www.stj.jus.br); e iii) o Supremo Tribunal Federal suspendeu liminarmente a eficácia do art. 6º, §2º, da Lei nº 9.469/1997 (redação dada pela Medida Provisória nº 2.226/2001), norma que busca criar, *em prejuízo à classe de advogados*, outro privilégio descomedido à Fazenda Pública ("o acordo ou a transação celebrada diretamente pela parte ou por intermédio de procurador para extinguir ou encerrar processo judicial, inclusive nos casos de extensão administrativa de pagamentos postulados em juízo, implicará sempre a responsabilidade de cada uma das partes pelo pagamento dos honorários de seus respectivos advogados, *mesmo que tenham sido objeto de condenação transitada em julgado*") – conferir: STF, ADI nº 2.527, Pleno, rel. Min. Ellen Gracie, julgamento (decisão cautelar): 16.08.2007, disponível em: www.stf.jus.br.

— Θ —

ART. 91. As despesas dos atos processuais praticados a requerimento da Fazenda Pública, do Ministério Público ou da Defensoria Pública serão pagas ao final pelo vencido.

§1º As perícias requeridas pela Fazenda Pública, pelo Ministério Público ou pela Defensoria Pública poderão ser realizadas por entidade pública ou, havendo previsão orçamentária, ter os valores adiantados por aquele que requerer a prova.

§2º Não havendo previsão orçamentária no exercício financeiro para adiantamento dos honorários periciais, eles serão pagos no exercício seguinte ou ao final, pelo vencido, caso o processo se encerre antes do adiantamento a ser feito pelo ente público.

Correspondente:
CPC/1973, art. 27.

Referências:
CPC/2015, art. 1.007, §1º.

Lei nº 9.289/1996, art. 4º, I e III, e parágrafo único.

Lei nº 9.028/1995, art. 24-A.

LACP, art. 18.

Súmula nº 462 (STJ). Nas ações em que representa o FGTS, a CEF, quando sucumbente, não estará isenta de reembolsar as custas antecipadas pela parte vencedora.

Súmula nº 483 (STJ). O INSS não está obrigado a efetuar depósito prévio do preparo por gozar das prerrogativas e privilégios da Fazenda Pública.

Dispensa do ônus de antecipação das despesas processuais: as despesas dos atos processuais praticados a requerimento da Fazenda Pública, do Ministério Público (quando atuar na qualidade de parte) ou da Defensoria Pública apenas serão pagas ao final pelo vencido – caiu por terra, portanto, a Súmula nº 190 do Superior Tribunal de Justiça ("na execução fiscal, processada perante a Justiça Estadual, cumpre à Fazenda Pública antecipar o numerário destinado ao custeio das despesas com o transporte dos oficiais de justiça"). Há, no entanto, regramentos e enunciados especiais envolvendo o assunto: i) a União, suas autarquias e fundações possuem *isenção* de custas, emolumentos e demais taxas judiciais (Lei nº 9.028/1995, art. 24-A); ii) são dispensados de preparo, inclusive porte de remessa e de retorno, os recursos interpostos pelo Ministério Público, pela União, pelo Distrito Federal, pelos estados, pelos municípios e respectivas autarquias e pelos que gozam de isenção legal (CPC/2015, art. 1.007, §1º); iii) o Instituto Nacional do Seguro Social não está obrigado a efetuar depósito prévio do preparo por gozar das prerrogativas e privilégios da Fazenda Pública (Súmula nº 483 do STJ), não lhe sendo exigível, por exemplo, o recolhimento antecipado do preparo para fins de interposição de recurso (STJ, REsp nº 1.101.727, Corte Especial, rel. Min. Hamilton Carvalhido, julgamento: 02.08.2010, disponível em: www.stj.jus.br); iv) a União, os estados, os municípios, os territórios federais, o Distrito Federal e as respectivas autarquias e fundações são isentos de pagamento de custas na Justiça Federal de primeira e segunda instâncias (Lei nº 9.289/1996, art. 4º, I e III), o que, no entanto, não os exime de reembolsar as despesas judiciais feitas pela parte vencedora (Lei nº 9.289/1996, art. 4º, parágrafo único); v) nas ações em que representa o FGTS, a Caixa Econômica Federal, quando sucumbente, não está isenta de reembolsar as custas antecipadas pela parte vencedora (Súmula nº 462 do STJ); vi) nas ações civis públicas de responsabilidade por danos causados ao meio ambiente, ao consumidor, a bens e direitos de valor artístico, estético, histórico, turístico e paisagístico, não haverá adiantamento de custas, emolumentos, honorários periciais e quaisquer outras despesas nem condenação da associação autora em honorários de advogado, custas e despesas processuais, salvo comprovada má-fé (LACP, art. 18). Têm-se, aí, espraiados em alguns desses itens, privilégios cuja justificativa não mais se sustenta hodiernamente, mas que, malgrado atentatórios à *paridade de armas*, permanecem no sistema jurídico e contam, de modo geral, com o beneplácito dos tribunais.

Perícias requeridas pela Fazenda Pública, pelo Ministério Público ou pela Defensoria Pública: as perícias requeridas pela Fazenda Pública, pelo Ministério Público (quando atuar na qualidade de parte) ou pela Defensoria Pública poderão ser realizadas por entidade pública ou, havendo previsão orçamentária, ter os valores adiantados por aquele que requereu a prova (CPC/2015, art. 91, §1º). De outro lado, inexistindo previsão orçamentária, no exercício corrente, os honorários periciais serão pagos no exercício seguinte ou, ao final, pelo vencido, neste caso se o processo encerrar antes do adiantamento a ser feito pelo ente público. Duas observações: i) está cancelada a Súmula nº 232 (STJ), pois a Fazenda Pública adiantará os honorários periciais apenas se existir previsão orçamentária no exercício financeiro, estando autorizada, mesmo em tal hipótese, a optar pela realização da perícia por entidade pública, se houver; e ii) problemas irão surgir se faltar, na região, entidade pública com gente capacitada para a realização de perícia e tampouco existir orçamento, no exercício financeiro, para o adiantamento dos honorários periciais. Afinal, como já alertou a doutrina, não faz sentido "obrigar o perito a elaborar o laudo, o que muitas vezes compreende a realização de gastos relevantes, para (...) receber seus honorários em um futuro distante", de modo que, ausente "o depósito prévio que garanta o recebimento, dificilmente se encontrará quem esteja disposto a realizar a perícia" (CARRILHO LOPES, Bruno Vasconcelos. *Comentários ao Código de Processo Civil*. v. II. Coordenadores: José Roberto F. Gouvêa, Luis Guilherme A. Bondioli e João Francisco N. da Fonseca. São Paulo: Saraiva, 2017. p. 225). Outrossim, não tem cabimento sujeitar a contraparte ao adiantamento de honorários periciais quando a prova for requerida pela Fazenda Pública, pelo Ministério Público ou pela Defensoria Pública – nesse sentido: STJ, EREsp nº 733.456, 1ª Seção, rel. Min. Humberto Martins, julgamento: 24.02.2010, disponível em: www.stj.jus.br. Sem o adiantamento dos honorários periciais, em suma, é grande o risco de se ter por inviabilizada a prova pericial – conferir, em idêntico sentido: ASSIS, Araken. *Processo Civil Brasileiro. Parte Geral: Institutos Fundamentais*. v. II. Tomo I. São Paulo: Editora Revista dos Tribunais, 2015. pp. 345-346. Sobre os riscos de quebra da imparcialidade do perito *servidor público*, consultar: MARQUES, Leonardo Albuquerque. *Tutela jurídica dos interesses difusos*: uma comparação entre o poder de polícia e ação civil pública no controle da poluição. Porto Alegre: Núria Fabris, 2013. pp. 163-167.

— Θ —

Art. 92. Quando, a requerimento do réu, o juiz proferir sentença sem resolver o mérito, o autor não poderá propor novamente a ação sem pagar ou depositar em cartório as despesas e os honorários a que foi condenado.

Correspondente:
CPC/1973, art. 28.

Referências:
CF/1988, art. 5º, XXXV.

CPC/2015, art. 92; art. 98; art. 485, I e IV, e §3º; art. 486, *caput* e §2º.

Propor novamente a ação e pagamento de despesas e honorários advocatícios: o pronunciamento que não resolve o mérito não impede a parte de *propor* de novo a ação (CPC/2015, art. 486, *caput*). Impõe a lei, contudo, que o autor só poderá repropor a demanda depois de pagar ou depositar em cartório as despesas processuais e os honorários advocatícios a que foi condenado (CPC/2015, arts. 92 e 486, §2º). Carrilho Lopes faz interessante observação: a correção do vício que ensejou à extinção do processo poderá, em muitos casos, "alterar a causa de pedir ou o pedido, e, em decorrência, a nova demanda será diversa da anterior. Ou seja, por expressa disposição legal, em certas situações os arts. 92 e 486, §2º, (...) incidem ainda que o novo processo não seja idêntico ao anterior" (CARRILHO LOPES, Bruno Vasconcelos. *Comentários ao Código de Processo Civil*. v. II. Coordenadores: José Roberto F. Gouvêa, Luis Guilherme A. Bondioli e João Francisco N. da Fonseca. São Paulo: Saraiva, 2017. p. 226) – em sentido semelhante: SILVA, Ovídio A. Baptista da Silva. *Comentários ao Código de Processo Civil*. v. 1. São Paulo: Revista dos Tribunais, 2000. pp. 154-156.

A requerimento do réu: é curiosa a locução "a requerimento do réu" no art. 92 do CPC/2015, até porque existem hipóteses nas quais o órgão judiciário está autorizado a extinguir *ex officio* o feito, sem resolução de mérito – por exemplo: indeferimento da petição inicial, ausência de legitimidade ou de interesse processual (CPC/2015, art. 485, I e VI). Aliás, a lei impõe que o juiz conhecerá de ofício das matérias elencadas nos incisos do art. 485 do CPC/2015, em *qualquer tempo e grau de jurisdição*, enquanto não ocorrer o trânsito em julgado (CPC/2015, art. 485, §3º). O Código anterior trazia idêntica referência ("a requerimento do réu"), sem dúvida também equivocada, mesmo lá, onde o dispositivo correspondente (CPC/1973, art. 28) tinha aplicação restrita a casos de abandono unilateral e bilateral do processo (CPC/1973, art. 267, §2º). O legislador, em suma, ampliou o horizonte de incidência da regra, mas se esqueceu de solucionar problemas que já haviam sido apontados pela doutrina.

Ausência de inconstitucionalidade: não há, no art. 92 do Código, inconstitucionalidade por atentado à garantia de inafastabilidade da jurisdição (CF/1988, art. 5º, XXXV). A lei não *excluiu* da apreciação do Poder Judiciário lesão ou ameaça a direito, mas apenas impôs *pressuposto processual* cujo respeito é condição para que a novel demanda atinja julgamento com resolução de mérito.

Fazenda Pública: sendo a Fazenda Pública a autora da demanda extinta sem resolução de mérito, admite-se, como pagamento dos honorários, a expedição de precatório antes da repropositura da nova ação (LUNA CAMELO, Bradson Tibério. *Comentários ao Código de Processo Civil*. 2. ed. Coordenadores: Angélica Arruda Alvim, Araken de Assis, Eduardo Arruda Alvim e George Salomão Leite. São Paulo: Saraiva, 2017. p. 161).

Gratuidade da justiça: a pessoa natural ou jurídica, brasileira ou estrangeira, com insuficiência de recursos para pagar as custas, as despesas processuais e os honorários advocatícios tem direito à gratuidade da justiça, na forma da lei (CPC/2015, art. 98). Trata-se de benefício que compreende: i) as taxas ou as custas judiciais; ii) os selos postais; iii) as despesas com publicação na imprensa oficial, dispensando-se a publicação em outros meios; iv) a indenização devida à testemunha que, quando empregada, receberá do empregador salário integral, como se em serviço estivesse; v) as despesas com a realização de exame de código genético – DNA e de outros exames considerados essenciais; vi) os honorários do advogado e do perito e a remuneração do intérprete ou do tradutor nomeado para apresentação de versão em português de documento redigido em língua estrangeira; vii) o custo com a elaboração de memória de cálculo, quando exigida para instauração da execução; viii) os depósitos previstos em lei para interposição de recurso, para propositura de ação e para a prática de outros atos processuais inerentes ao exercício da ampla defesa e do contraditório; ix) os emolumentos devidos a notários ou registradores em decorrência da prática de registro, averbação ou qualquer outro ato notarial necessário à efetivação da decisão judicial ou à continuidade de processo judicial no qual o benefício tenha sido concedido. Na medida em que há regramento expresso (CPC/2015, art. 98, VIII), o órgão judicial está autorizado, se for o caso (conferir comentários ao art. 98), a conceder gratuidade da justiça para suspender também a exigência prevista no art. 92 do CPC/2015 (= pressuposto processual objetivo externo).

— Θ —

Art. 93. As despesas de atos adiados ou cuja repetição for necessária ficarão a cargo da parte, do auxiliar da justiça, do órgão do Ministério Público ou da Defensoria Pública ou do juiz que, sem justo motivo, houver dado causa ao adiamento ou à repetição.

Correspondente:
CPC/1973, art. 29.

Referências:
CF/1988, art. 5º, XXXV, LIV e LV; art. 93, IX.

CPC/2015, art. 82; art. 88; art. 95; art. 143.

Ônus de adiantamento das despesas processuais: há divergência na doutrina sobre se o art. 82 do CPC/2015 impõe um *dever* ou meramente prescreve um *ônus* de *adiantamento de despesas processuais*. A bem da verdade, quem se recusa a adiantar despesas processuais *não* pratica ato contrário ao direito. Apenas escolheu conduzir-se por um caminho (= a omissão) que decerto irá lhe desfavorecer, mas nem por isso atentatório à legalidade. Agiu, em suma, em respeito aos limites permitidos pela ordem jurídica. E a posição é válida, outrossim, para os casos em que a prova pericial é determinada *ex officio* pelo juiz: *abstraída a inconstitucionalidade da regra que autoriza a produção oficiosa de provas*, autor e réu têm, por exemplo, a *faculdade* de ratear de modo antecipado a remuneração do perito, podem fazê-lo ou não, a seu critério particular e estratégico, nada impedindo que um deles até mesmo adiante a integralidade do valor caso o resultado da prova lhe desperte interesse. Realizada a perícia, quer porque o rateio ocorreu ou uma das partes antecipou toda a remuneração, quer ainda porque o perito aceitou atuar sem o adiantamento, o provimento final, então, condenará o vencido a pagar as despesas antecipadas pelo vencedor. Se for o caso, aliás, o aludido provimento servirá de "bilhete de ingresso", *título executivo judicial que é*, para que o *expert* execute a verba remuneratória que lhe é devida (CPC/2015, art. 515, V). Em remate: não bastasse a raridade de deveres impostos às partes no âmbito processual (DINAMARCO, Cândido Rangel. *Instituições de Direito Processual Civil*. v. II. 7. ed. São Paulo: Malheiros, 2017. p. 240), a afirmação de um *dever de adiantamento de despesas processuais* só seria aceitável existindo regra explícita em tal sentido que, além do mais, impusesse, também explicitamente, as consequências deletérias à parte (= sanções).

Mudanças legislativas: comparando-se CPC/1939 e CPC/1973, há sutil alteração nas regras que impunham responsabilidade pelas despesas processuais decorrentes de atos *adiados* ou cuja *repetição* mostrou-se necessária. É que, de um código para o outro, o legislador decidiu-se por ampliar o rol de agentes suscetíveis de condenação, antes restrito à *parte* e ao *serventuário* que, sem justo motivo, houvesse dado causa ao adiamento ou à repetição (CPC/1939, art. 62) para, depois, incluir o *órgão do Ministério Público* e o próprio *juiz* (CPC/1973, art. 29). Já o CPC/2015, *seguindo a torrente republicana*, incrementou um pouco mais a lista, hoje constituída pela *parte*, pelo *auxiliar da justiça*, pelo *Ministério Público*, pela *Defensoria Pública* e pelo *juiz* (CPC/2015, art. 93). Importante: a responsabilidade é *pessoal*, vale dizer, do promotor de justiça, do defensor público ou do juiz que atuou no feito e deu causa ao adiamento ou à repetição do ato processual, não se tratando, portanto, de responsabilidade extensível à instituição que integram – nesse sentido: ARRUDA ALVIM, José Manoel de. *Código de Processo Civil comentado*. v. II. São Paulo: Revista dos Tribunais, 1975. p. 232. Sobre a divergência doutrinária entre Batista Martins e Jorge Americano, respectivamente contra e a favor da inclusão do juiz entre os responsáveis pelo repagamento de despesas processuais oriundas de atos adiados ou repetidos, conferir: BARBI, Celso Agrícola. *Comentários ao Código de Processo Civil*. v. I. Arts. 1º a 153. Rio de Janeiro: Forense, 1981. pp. 217-218.

Responsabilidade pelas despesas de atos adiados ou cuja repetição for necessária: incumbe às partes prover as despesas dos atos que realizarem ou requererem no processo, *antecipando-lhes* o pagamento desde o início até a decisão final, e até a plena satisfação do direito reconhecido no título, em se tratando de execução (CPC/2015, art. 82). Ao autor, em particular, cabe o adiantamento das despesas relativas a ato (i) requerido pelo Ministério Público, quando intervir na condição de fiscal da ordem jurídica, e (ii) cuja realização o juiz determinar de ofício (CPC/2015, art. 82, §1º). Mais: no caso específico de *perícia*, cada parte adiantará a remuneração do assistente técnico que houver indicado, sendo a do perito adiantada pela parte que a houver requerido ou rateada quando determinada de ofício pelo juiz ou pretendida por ambas as partes (CPC/2015, art. 95, *caput*). Ao final, ter-se-á provimento condenando o vencido a pagar à parte vencedora as despesas por ela antecipadas (CPC/2015, art. 82, §2º). Nos procedimentos de jurisdição voluntária, em específico, as despesas serão adiantadas pelo requerente e, posteriormente, rateadas entre os interessados (CPC/2015, art. 88). Naquilo que importa aqui: se o litigante adiantou despesas para a prática de um ato processual qualquer, que acabou adiado ou precisou ser repetido, acarretando-lhe perda de tempo e prejuízo financeiro, aquele que deu causa ao adiantamento ou à repetição, *entre os figurantes do art. 93 do CPC/2015*, ficará responsável pela indenização.

Antecipação das despesas oriundas de atos adiados ou repetidos: não se tem no dispositivo em análise (CPC/2015, art. 93) ressalva às regras que regulamentam o adiantamento das despesas relativas a atos requeridos pelas partes, pelo Ministério Público ou determinados *ex officio* pelo julgador (CPC/2015, art. 82, *caput* e §1º). A *antecipação de despesas*, desempenhada por ocasião de cada ato processual, individualmente considerado, funda-se, de um lado, na necessidade de satisfazer etapa por etapa os custos, evitando-se acumulações porventura capazes até de tornar irrealizável o cumprimento da obrigação, e, de outro, no imperativo de favorecer os *colaboradores da justiça*, ou seja, para que não precisem aguardar o término, muitas vezes moroso, da atividade jurisdicional (ASSIS, Araken. *Processo Civil Brasileiro. Parte Geral: institutos fundamentais*. v. II. Tomo I. São Paulo: Revista dos Tribunais, 2015. p. 342). Em outros termos: i) a lógica da antecipação permanece incólume diante de atos adiados ou repetidos, quer para impedir o acúmulo de despesas, quer ainda para tornar atrativa a presença de profissionais com boa formação e capacidade técnica (por exemplo, os peritos) coadjuvando o Poder Judiciário, algo indispensável também porque muitos deles têm, nessa atividade, a sua principal (ou única) fonte de renda; ii) repagamento antecipado das despesas processuais caberá, enfim, (a) à parte que requereu o ato,

(b) ao autor, nas hipóteses de atos determinados de ofício pelo juiz ou postulados pelo Ministério Público (= fiscal da ordem jurídica) e, (c) no caso específico de perícia, a todos os litigantes (= rateamento), quando tiverem requerido, de maneira conjunta, a prova ou tiver sido ela determinada *ex officio* pelo juiz; e iii) ao término, com a prolação do provimento final, o responsável pelo adiantamento ou pela repetição do ato (CPC/2015, art. 93) será condenado a indenizar as despesas.

Cobrança do prejuízo quando o juiz deu causa ao adiamento ou à repetição: é preciso examinar qual a estratégia a ser adotada pela parte prejudicada quando pretender a condenação do próprio juiz ao reembolso de despesas oriundas de atos adiados ou repetidos. Imagine-se, à guisa de ilustração, a seguinte cena: no exato momento em que aconteceria a audiência de instrução e julgamento, o magistrado decide pelo seu cancelamento, remarcando-a para o mês subsequente, obrigando a parte, que reside em comarca distante, a pagar em duplicidade *indenização de viagem* e *diárias de testemunhas* (CPC/2015, art. 84). A regra examinada (CPC/2015, art. 93), se interpretada sem o necessário esmero, insinua uma bizarrice: i) o juiz, a quem se atribuiu a causa do adiamento ou da repetição, sentir-se-á provocado a justificar o ocorrido, talvez até oportunizando, a si mesmo e às partes, instrução probatória, e, por último, exercerá atividade cognitiva reservada a avaliar incidentalmente se o *justo motivo* por ele apresentado é mesmo justo o suficiente para desobrigá-lo da responsabilidade pelo reembolso; ii) a depender do desenrolar das coisas, ele se *autocondenará* a indenizar o litigante pelos prejuízos e, quem sabe até, arrependendo-se depois, contratará advogado para interpor recurso destinado a reversão do decidido. Indo ao ponto: a imparcialidade (em perspectiva *lato sensu*) é, a um só tempo, dever do juiz e garantia das partes, com papel de destaque no controle e na legitimação do poder jurisdicional – integra a categoria direito fundamental (= direito fundamental implícito) e está assegurada por vários tratados de direitos humanos, como a Convenção Americana de Direitos Humanos de 1969 (art. 8º, 1), a Declaração Universal dos Direitos do Homem (art. X), o Pacto Internacional sobre os Direitos Civis e Políticos (art. 14), e os Princípios de Bangalore de Conduta Judicial (Valor 2) (FONSECA COSTA, Eduardo José. *Levando a imparcialidade a sério. Proposta de um modelo interseccional entre direito processual, economia e psicologia.* Salvador:

Editora JusPodivm, 2018. pp. 22-23). Pois dessa realidade normativa surge, quase que intuitivamente, a pergunta: *como, afinal de contas, não suspeitar da parcialidade daquele que julga a si mesmo?* Se o mote é o respeito à ordem constitucional, há um único caminho aceitável: a parte lesada promoverá, caso deseje, ação judicial autônoma. O art. 93 do CPC/2015, ao que tudo indica, excepciona o dispositivo legal que garante ao juiz responder civilmente apenas perante a pessoa jurídica a cujo quadro funcional estiver vinculado (CPC/2015, art. 143), de modo que, se foi ele, em suma, quem deu causa a prejuízo por atos adiados ou repetidos, deverá responder não de forma regressiva, e sim *diretamente* – aliás, já decidiu o Superior Tribunal de Justiça, em termos mais gerais, que: i) a Carta Constitucional não impõe ao administrado demanda de curso forçado em face da administração pública e tampouco confere ao agente público imunidade para não ser demandado diretamente por seus atos; e ii) há de se franquear ao particular, a seu exclusivo critério, a possibilidade de promover a ação diretamente contra o servidor, suposto causador do dano, contra o Estado ou mesmo contra ambos (STJ, REsp nº 1.325.862, 4ª Turma, rel. Min. Luis Felipe Salomão, julgamento: 05.09.2013, disponível em: www.stj.jus.br). É demanda em que o mérito envolverá debate acerca da configuração ou não de adiamento ou repetição de ato (= ilícito), dos prejuízos sofridos pelo autor (= dano) e da relação causal (= nexo de causalidade), adentrando, ainda, na caracterização ou não de justa causa. Tudo se dará como manda o figurino (= constituinte originário): o feito será presidido por um juiz diverso e imparcial, além de processado e julgado em atenção às garantias fundamentais que conferem conteúdo ao devido processo legal (CF/1988, art. 5º, LIV).

Justo motivo: para afastar a responsabilidade pelo repagamento de despesas processuais por atos adiados ou repetidos, o legislador satisfez-se com a *prova* do "justo motivo", conceito menos robusto que o de "força maior" ou de "caso fortuito" (PONTES DE MIRANDA, Francisco Cavalcanti. *Comentários ao Código de Processo Civil*. v. I. Rio de Janeiro: Revista Forense, 1947. p. 265). Exemplos: doença, luto, acidente, etc.

Art. 94. Se o assistido for vencido, o assistente será condenado ao pagamento das custas em proporção à atividade que houver exercido no processo.

Correspondente:
CPC/1973, art. 32.

Referências:
CPC/2015, art. 85; art. 87; art. 121, parágrafo único.

Parte e terceiro: a noção de *parte* contrapõe-se à de *terceiro* e vice-versa. Não há maneira segura de definir *terceiro* senão buscando um conceito por exclusão: terceiro, no procedimento civil, é quem, num determinado momento ou fase, não figurava como parte (= sujeitos da relação processual: parte *principal* – autor e réu; parte *auxiliar* e/ou parte *coadjuvante*), mas que, em instante futuro, após intervir no feito, perde a qualidade de terceiro e assume a condição de parte (ASSIS, Araken. *Processo Civil Brasileiro. Parte Geral: Institutos Fundamentais.* v. II. Tomo I. São Paulo: Editora Revista dos Tribunais, 2015. p. 578). Há, no entanto, corrente doutrinária e jurisprudencial que inadmite a atribuição da condição de parte a terceiros intervenientes, aferrando-se a uma distinção inflexível entre as duas categorias.

Indeferimento da intervenção de terceiros e verba sucumbencial: se o terceiro não obtém sucesso em seu pedido incidental para se transformar em parte, não conseguindo ser assistente, simples ou qualificado (não importa), não se terá aí, na decisão de inadmissão, capítulo de condenação sucumbencial (despesas e honorários). Veja-se que a lei sujeita o *assistente* aos mesmos ônus processuais do assistido (CPC/2015, art. 121, *caput*), o que é diferente de sujeitar o *terceiro*, ou seja, aquele que tentou ser parte, mas não alcançou o devido êxito.

Derrota do assistido e pagamento em custas: o art. 94 do CPC/2015 refere-se unicamente às *custas*, de modo que seu âmbito normativo não inclui outras despesas processuais (por exemplo: indenização de viagem, remuneração do assistente técnico, diária de testemunhas) nem os honorários de sucumbência. É certo que o art. 121 sujeita o assistente simples aos mesmos *ônus* processuais que o assistido, mas isso é irrelevante porque a imposição da condenação no custo do processo em sentença decorre de *obrigação*, e não de um ônus (CARRILHO LOPES, Bruno Vasconcelos. *Comentários ao Código de Processo Civil*. v. II. Coordenadores: José Roberto F. Gouvêa, Luis Guilherme A. Bondioli e João Francisco N. da Fonseca. São Paulo: Saraiva, 2017. p. 235). Não há, assim, conflito entre os dois dispositivos legais. Vencida a parte principal, ela e o assistente suportarão condenação em custas a partir de critério diverso da metodologia *per capita*, devendo o órgão judiciário dedicar-se a medir a própria *intensidade* da participação de ambos no feito. Por exemplo, é mais incisiva e presente a atuação do assistente que supre a lacuna deixada pela revelia do réu (CPC/2015, art. 121, parágrafo único), requerendo provas, interpondo recursos e participando de audiências. É preciso alertar que, embora igualitário o critério da condenação das custas em atenção à proporção da atividade exercida, carece ele de praticidade, isto é, impõe ao juiz pesado esforço cognitivo e dificuldades na elaboração dos fundamentos da decisão. Por fim, insista-se no fato de que o assistente (simples ou litisconsorcial) não deverá ser condenado em outras despesas (apenas em *custas*) e tampouco no pagamento da verba honorária sucumbencial – nesse sentido: STJ, RESP nº 579.739, 1ª Turma, rel. Min. José Delgado, julgamento: 17.02.2005, disponível em: www.stj.jus.br.

Assistência litisconsorcial e sucumbência: vale, para o assistente qualificado, tudo aquilo explorado no item precedente. Uma observação, porém: i) é pujante a corrente de entendimento que equipara o assistente autônomo (= assistente litisconsorcial ou qualificado) à condição de *parte principal*, ou seja, não se teria partes auxiliar e principal, e sim *litisconsortes* (= partes principais); e ii) sendo essa a perspectiva adotada, o assistente litisconsorcial se sujeitará ao regime previsto no art. 87 do CPC/2015, isto é, derrotados dois ou mais litisconsortes, responderão eles *de modo proporcional* pelo reembolso das despesas adiantadas e pelos honorários advocatícios.

— Θ —

Art. 95. Cada parte adiantará a remuneração do assistente técnico que houver indicado, sendo a do perito adiantada pela parte que houver requerido a perícia ou rateada quando a perícia for determinada de ofício ou requerida por ambas as partes.

§1º O juiz poderá determinar que a parte responsável pelo pagamento dos honorários do perito deposite em juízo o valor correspondente.

§2º A quantia recolhida em depósito bancário à ordem do juízo será corrigida monetariamente e paga de acordo com o art. 465, §4º.

§3º Quando o pagamento da perícia for de responsabilidade de beneficiário de gratuidade da justiça, ela poderá ser:

I - custeada com recursos alocados no orçamento do ente público e realizada por servidor do Poder Judiciário ou por órgão público conveniado;

II - paga com recursos alocados no orçamento da União, do Estado ou do Distrito Federal, no caso de ser realizada por particular, hipótese em que o valor será fixado conforme tabela do tribunal respectivo ou, em caso de sua omissão, do Conselho Nacional de Justiça.

§4º Na hipótese do §3º, o juiz, após o trânsito em julgado da decisão final, oficiará a Fazenda Pública para que promova, contra quem tiver sido condenado ao pagamento das despesas processuais, a execução dos valores gastos com a perícia particular ou com a utilização de servidor público ou da estrutura de órgão público, observando-se, caso o responsável pelo pagamento das despesas seja beneficiário de gratuidade da justiça, o disposto no art. 98, §2º.

§5º Para fins de aplicação do §3º, é vedada a utilização de recursos do fundo de custeio da Defensoria Pública.

Correspondente:
CPC/1973, art. 33.

Referências:
CPC/2015, art. 82, *caput* e §2º; art. 84; art. 91, §§1º e 2º; art. 98; art. 373, I e II; art. 465, §4º; art. 466, §1º.

Remuneração do assistente técnico: a *remuneração do assistente técnico* integra a categoria *despesas processuais* (CPC/2015, art. 84). O assistente técnico é profissional *de confiança da parte*, por isso atua na arena processual *com parcialidade*, não se sujeitando a impedimento ou suspeição (CPC/2015, art. 466, §1º). Incumbirá a cada parte adiantar a remuneração do assistente técnico que houver indicado (CPC/2015, art. 95, *caput*), sendo que, ao final, a sentença condenará o vencido a reembolsá-la ao vencedor (CPC/2015, art. 82, §2º). Portanto, *apesar de algum ruído doutrinário e jurisprudencial*, tem-se que os honorários do assistente técnico são considerados despesa *reembolsável*.

Remuneração do perito: a responsabilidade pelo adiantamento da remuneração do perito segue a regra geral, ou seja, incumbe às partes prover as despesas dos atos que realizarem ou requererem no processo (CPC/2015, art. 82, *caput*). Basicamente, é este o quadro normativo: i) incumbe à parte que houver requerido a prova pericial o adiantamento da remuneração do perito (CPC/2015, art. 95, *caput, primeira parte*); ii) se ambas as partes tiverem requerido a prova pericial, a remuneração do perito será rateada entre elas (CPC/2015, art. 95, *caput, segunda parte*); iii) se a prova pericial tiver sido requerida por ato de ofício do juiz, a remuneração do perito será, também nessa hipótese, rateada entre as partes (CPC/2015, art. 95, *caput, segunda parte*); e iv) as perícias requeridas pela Fazenda Pública, pelo Ministério Público ou pela Defensoria Pública seguirão o modelo previsto nos §§1º e 2º do art. 91 do CPC/2015. Importante: não se tem, nas regras que tratam do adiantamento da remuneração do perito, a imposição de *deveres* processuais, mas, sim, de *ônus*, isto é, as partes são *estimuladas* a atuar em prol da obtenção de resultados que lhes sejam úteis (= satisfação do próprio interesse, obtenção ou conservação de direitos, administração de interesses pessoais). Quem requerer perícia e, mais à frente do procedimento, recusar-se a adiantar os honorários do perito não terá praticado ato contrário ao direito. Apenas escolheu conduzir-se por um caminho (= a inércia) cujo saldo será a preclusão do direito de produzir a prova pericial. Idêntica orientação é válida para os casos nos quais a perícia for determinada de ofício ou requerida por ambas as partes: se uma das partes recusar (ou ambas as partes recusarem) a ratear o adiantamento os honorários do perito, a prova simplesmente não se realizará. Ao julgador restará decidir o feito em atenção às provas já carreadas nos autos, seguindo o norte dado pela norma de distribuição do ônus probatório (CPC/2015, art. 373, I e II).

Pagamento da remuneração do perito: o juiz poderá determinar à parte responsável o depósito em juízo dos honorários do perito (CPC/2015, art. 95, §1º), sendo lícito que autorize o pagamento de até cinquenta por cento do valor no início dos trabalhos, devendo o remanescente ser quitado apenas ao final, depois de entregue o laudo e prestados todos os esclarecimentos necessários (CPC/2015, arts. 95, §2º, e 465, §4º). A quantia recolhida em depósito bancário à ordem do juízo será corrigida monetariamente (CPC/2015, arts. 95, §2º).

Liquidação de sentença e remuneração do perito: o Superior Tribunal de Justiça, em alguns julgados, adotou entendimento avesso à regra prevista no art. 33 do revogado CPC/1973, hoje repisada pelo art. 95, *caput*, do CPC/2015. Decidiu-se que, na fase de liquidação de sentença, incumbirá ao devedor (e não a quem requerer a perícia) a antecipação dos honorários periciais (STJ, REsp nº 1.274.466, 2ª Seção, rel. Min. Paulo de Tarso Sanseverino, julgamento: 14.05.2014, disponível em: www.stj.jus.br).

Inversão do ônus da prova e honorários do perito: já se decidiu, com acerto, que a simples inversão do ônus da prova não implica obrigação de custeio das despesas com a perícia (STJ, REsp nº 1.073.688, 1ª Turma, rel. Min. Teori Albino Zavascki, julgamento: 12.05.2009, disponível em: www.stj.jus.br). Em suma: incumbe (= ônus) a quem houver requerido a perícia o adiantamento dos honorários do perito, a despeito de ter ocorrido ou não a inversão do ônus probatório. Não honrado o pagamento da verba honorária, a preclusão incidirá sobre o direito à prova.

Remuneração do perito e gratuidade da justiça: se o pagamento da perícia incumbir à parte beneficiada pela gratuidade da justiça, o custeio poderá ocorrer: i) com recursos alocados no orçamento do ente público e realizada por servidor do Poder Judiciário ou por órgão público conveniado; e ii) com recursos alocados no orçamento da União, do estado ou do Distrito Federal, no caso de ser realizada por particular, hipótese em que o valor será fixado conforme tabela do tribunal respectivo ou, havendo omissão, do Conselho Nacional de Justiça (CPC/2015, art. 95, §3º, I e II). Trata-se, portanto, de regime bastante similar àquele previsto pelo art. 91, §§1º e 2º, do CPC/2015, desenhado para regular o pagamento de trabalhos periciais cujo pedido foi formulado pela Fazenda Pública, pelo Ministério Público ou pela Defensoria Pública.

Gratuidade da justiça e reembolso dos gastos com a perícia: a parte beneficiada com a gratuidade da justiça não anteciparia despesas com a remuneração da perícia que requereu, sendo o custeio feito segundo o regime previsto no §3º, I e II, do art. 95 do CPC/2015. Em tal hipótese, transitada em julgado a decisão final, cumprirá ao juiz oficiar a Fazenda Pública para que promova, contra o litigante condenado ao pagamento das despesas processuais, a execução dos valores gastos com a perícia particular ou com a utilização de servidor público ou da estrutura de órgão público (CPC/2015, art. 95, §4º) – o procedimento executivo, vale mencionar, será o da execução fiscal. Por fim, três regras: i) sendo o responsável pelo pagamento das despesas o beneficiário da gratuidade da justiça, as obrigações decorrentes da sua sucumbência ficarão sob *condição suspensiva de exigibilidade* e somente poderão ser executadas se, nos cinco anos subsequentes ao trânsito em julgado da decisão que as certificou, o credor demonstrar que deixou de existir a situação de miserabilidade (CPC/2015, art. 95, §4º); ii) se a parte sucumbente tiver sido patrocinada pela Defensoria Pública, é proibida a utilização de recursos do seu próprio fundo de custeio para fins de reembolso da remuneração do perito (CPC/2015, art. 95, §5º); e iii) esse regime de gratuidade da justiça, dedicado ao pagamento de honorários periciais (CPC/2015, art. 95, §§3º a 5º), aplica-se também ao custeio dos emolumentos previstos no §1º, IX, do art. 98, observadas a tabela e as condições da lei estadual ou distrital respectiva (CPC/2015, art. 98, §7º).

— Θ —

Art. 96. O valor das sanções impostas ao litigante de má-fé reverterá em benefício da parte contrária, e o valor das sanções impostas aos serventuários pertencerá ao Estado ou à União.

Correspondente:
CPC/1973, art. 35.

Referências:
CPC/2015, art. 77; art. 81; art. 97.

Beneficiários dos valores oriundos de sanções processuais: a improbidade processual, que contraria deveres de lealdade e outros parâmetros ético-normativos, é punida com multas e demais sanções previstas em lei. Nunca é demais sublinhar que os chamados *deveres de probidade* recaem, ao menos em parte, sobre os ombros "de todos aqueles que de qualquer forma participem do processo" (CPC/2015, art. 77, *caput*) – devem ser, em suma, observados pelos litigantes e por seus procuradores, pelo órgão do Ministério Público, pelos juízes, assessores judiciais e auxiliares da justiça. As multas aplicáveis por *ato atentatório à dignidade da justiça* são, em regra, direcionadas em favor do estado ou da União – há, porém, uma exceção prevista no parágrafo único do art. 774 do CPC/2015. É o caso, aliás, da multa prevista no §2º do art. 77 do CPC/2015): não sendo paga em prazo fixado pelo juiz, será inscrita como dívida ativa da União ou do estado, após o trânsito em julgado da decisão que a fixou, e sua execução observará o procedimento da execução fiscal, revertendo-se aos fundos criados para a modernização do Poder Judiciário (CPC/2015, art. 77, §3º c/c art. 97). De outro lado, o valor das multas impostas ao litigante de má-fé reverterá em benefício da contraparte (CPC/2015, art. 96, *primeira parte*), salvo regra específica em sentido contrário. Normas especiais sobre a litigância de má-fé: i) sendo a multa aplicada aos serventuários da justiça, o favorecido será o estado ou a União, a depender da esfera federativa do tribunal em que tramita o processo (CPC/2015, art. 96, *segunda parte*); e ii) se o benefício da gratuidade da justiça for revogado, a parte arcará com as despesas processuais que tiver deixado de adiantar e pagará, em caso de má-fé, até o décuplo de seu valor a título de multa, que será revertida em favor da Fazenda Pública estadual ou federal e poderá ser inscrita na dívida ativa (CPC/2015, art. 100, parágrafo único). Para aprofundamento, consultar comentários aos arts. 77 e 81.

— Θ —

Art. 97. A União e os Estados podem criar fundos de modernização do Poder Judiciário, aos quais serão revertidos os valores das sanções pecuniárias processuais destinadas à União e aos Estados, e outras verbas previstas em lei.

Correspondente:
Não há correspondência no CPC/1973.

Referências:
CPC/2015, art. 77.

Lei nº 4.320/1964, art. 71; art. 72; art. 73; art. 74.

Fundos de modernização do Poder Judiciário: União e estados podem criar *fundos de modernização do Poder Judiciário*, que serão alimentados, entre outras receitas previstas em lei, com os valores das sanções processuais pecuniárias aplicadas às partes e aos serventuários. No normal das vezes, essas multas decorrem de *atos atentatórios à dignidade da justiça*, mas há outras fontes – por exemplo: CPC/2015, art. 96, *segunda parte*; art. 100, parágrafo único. Importante: o funcionamento desses fundos é ditado pelos arts. 71 a 74 da Lei nº 4.320/1964.

— Θ —

Seção IV
DA GRATUIDADE DA JUSTIÇA

Art. 98. A pessoa natural ou jurídica, brasileira ou estrangeira, com insuficiência de recursos para pagar as custas, as despesas processuais e os honorários advocatícios tem direito à gratuidade da justiça, na forma da lei.

§1º A gratuidade da justiça compreende:

I - as taxas ou as custas judiciais;

II - os selos postais;

III - as despesas com publicação na imprensa oficial, dispensando-se a publicação em outros meios;

IV - a indenização devida à testemunha que, quando empregada, receberá do empregador salário integral, como se em serviço estivesse;

V - as despesas com a realização de exame de código genético - DNA e de outros exames considerados essenciais;

VI - os honorários do advogado e do perito e a remuneração do intérprete ou do tradutor nomeado para apresentação de versão em português de documento redigido em língua estrangeira;

VII - o custo com a elaboração de memória de cálculo, quando exigida para instauração da execução;

VIII - os depósitos previstos em lei para interposição de recurso, para propositura de ação e para a prática de outros atos processuais inerentes ao exercício da ampla defesa e do contraditório;

IX - os emolumentos devidos a notários ou registradores em decorrência da prática de registro, averbação ou qualquer outro ato notarial necessário à efetivação de decisão judicial ou à continuidade de processo judicial no qual o benefício tenha sido concedido.

§2º A concessão de gratuidade não afasta a responsabilidade do beneficiário pelas despesas processuais e pelos honorários advocatícios decorrentes de sua sucumbência.

§3º Vencido o beneficiário, as obrigações decorrentes de sua sucumbência ficarão sob condição suspensiva de exigibilidade e somente poderão ser executadas se, nos 5 (cinco) anos subsequentes ao trânsito em julgado da decisão que as certificou, o credor demonstrar que deixou de existir a situação de insuficiência de recursos que justificou a concessão de gratuidade, extinguindo-se, passado esse prazo, tais obrigações do beneficiário.

§4º A concessão de gratuidade não afasta o dever de o beneficiário pagar, ao final, as multas processuais que lhe sejam impostas.

§5º A gratuidade poderá ser concedida em relação a algum ou a todos os atos processuais, ou consistir na redução percentual de despesas processuais que o beneficiário tiver de adiantar no curso do procedimento.

§6º Conforme o caso, o juiz poderá conceder direito ao parcelamento de despesas processuais que o beneficiário tiver de adiantar no curso do procedimento.

§7º Aplica-se o disposto no art. 95, §§3º a 5º, ao custeio dos emolumentos previstos no §1º, inciso IX, do presente artigo, observada a tabela e as condições da lei estadual ou distrital respectiva.

§8º Na hipótese do §1º, inciso IX, havendo dúvida fundada quanto ao preenchimento atual dos pressupostos para a concessão de gratuidade, o notário ou registrador, após praticar o ato, pode requerer, ao juízo competente para decidir questões notariais ou registrais, a revogação total ou parcial do benefício ou a sua substituição pelo parcelamento de que trata o §6º deste artigo, caso em que o beneficiário será citado para, em 15 (quinze) dias, manifestar-se sobre esse requerimento.

Correspondente:
Não há correspondência no CPC/1973.

Referências:
CF/1988, art. 3º, IV; art. 5º, *caput* e XXXV, LV, LXXIV.

CADH, art. 24.

CPC/2015, art. 85, §18; art. 98; art. 99; art. 100; art. 101; art. 102.

Súmula nº 481 (STJ). Faz jus ao benefício da justiça gratuita a pessoa jurídica com ou sem fins lucrativos que demonstrar sua impossibilidade de arcar com os encargos processuais.

Direito fundamental à assistência jurídica integral e gratuita: no Brasil, a preocupação em permitir a todos, sem distinção e de modo amplo, o acesso ao Poder Judiciário vem desde as Ordenações Filipinas, passando pelas Constituições de 1934, 1937, 1946 e 1967 (MORAES, Humberto Peña de; SILVA, José Fontenelle Teixeira da. *Assistência judiciária*: sua gênese, sua histórica e a função protetiva do Estado. 2. ed. Rio de Janeiro: Liber Juris, 1984. p. 81). Atualmente, a chamada *assistência jurídica integral e gratuita* tem por matriz normativa o art. 5º, LXXIV, da Carta Magna de 1988 ("o Estado prestará assistência jurídica integral e gratuita aos que comprovarem insuficiência de recursos"), está atrelada, sobretudo, às garantias de *acesso à justiça* (CF/1988, art. 5º, XXXV) e da igualdade processual (CF/1988, art. 5º, *caput*; CADH, art. 24), e dirige-se, em primeiro plano, ao Poder Legislativo, constrangendo-o a criar regramento legal apto para a tutela do *economicamente necessitado*, independentemente de origem, raça, sexo, cor, idade e condição social (CF/1988, art. 3º, IV), quer para orientá-lo sobre seus direitos, quer para auxiliá-lo no exercício de suas posições jurídicas, em juízo e fora dele. A assistência jurídica integral e gratuita é *categoria-gênero*, que extrapola o âmbito *endoprocessual*, não estando, portanto, restrita ao plano intestino do processo. Suas *espécies* são: i) *gratuidade da justiça* – instituto processual que coloca sob *condição suspensiva a exigibilidade* de custas, honorários e outras despesas, judiciais ou não, concernentes a atos indispensáveis ao desenvolvimento da atividade jurisdicional, à efetividade dos provimentos judiciais e à defesa dos direitos (CPC/2015, arts. 98 a 102); e ii) *assistência judiciária* – auxílio estatal destinado a hipossuficientes econômicos, o qual envolve o direito ao patrocínio gratuito de causas. O presente tópico foi elaborado com base no nosso: REDONDO, Bruno Garcia; CAMARGOS, Luciano; DELFINO, Lúcio. Gratuidade da justiça x honorários advocatícios: premissas equivocadas no art. 99, §5º, do novo CPC. *In*: *Novo Código de Processo Civil*: impactos na legislação extravagante e interdisciplinar. v. 1. Coordenação: Mirna Cianci,

Lúcio Delfino, Bruno Dantas, Fredie Didier Jr., Leonardo Carneiro da Cunha, Luiz Henrique Volpe Camargo e Bruno Garcia Redondo. São Paulo: Saraiva, 2016. pp. 166-181.

Gratuidade da justiça e alcance: a *gratuidade da justiça* é instituto processual que tem por escopo concretizar elementos do direito fundamental à assistência jurídica integral e gratuita e, *a fortiori*, das garantias do *acesso à justiça* (CF/1988, art. 5º, XXXV), do contraditório (CF/1988, art. 5º, LV), da ampla defesa (CF/1988, art. 5º, LV) e da paridade de armas (CF/1988, art. 5º, *caput*; CADH, art. 24). Dela podem se beneficiar a pessoa natural ou jurídica, brasileira ou estrangeira (residente ou não no país), e até entes despersonalizados dotados de capacidade processual – por exemplo: massa falida, espólio, instituições financeiras liquidadas extrajudicialmente, condomínios. Observação: apesar de o art. 98, *caput*, do CPC/2015 referir-se à *pessoa* (natural ou jurídica), a Constituição Federal adota perspectiva abrangente (CF/1988, art. 5º, LXXIV), sem contar que "texto sobre garantia se interpreta ampliativamente" (FONSECA COSTA, Eduardo José da. Notas para uma garantística. *Empório do Direito*, 04 jul. 2018. Disponível em: www.emporiododireito. com.br. Acesso em: 22 jan. 2021). Para quem pretender o benefício da assistência jurídica integral e gratuita – e, em especial, o da gratuidade da justiça –, há uma única condição imposta pelo constituinte: *a comprovação da insuficiência de recursos* (CF/1988, art. 5º, LXXIV). Segundo a lei, a gratuidade da justiça compreende: i) as taxas ou as custas judiciais; ii) os selos postais; iii) as despesas com publicação na imprensa oficial, dispensando-se a publicação em outros meios; iv) a indenização devida à testemunha que, quando empregada, receberá do empregador salário integral, como se em serviço estivesse; v) as despesas com a realização de exame de código genético – DNA e de outros exames considerados essenciais; vi) os honorários do advogado e do perito e a remuneração do intérprete ou do tradutor nomeado para apresentação de versão em português de documento redigido em língua estrangeira; vii) o custo com a elaboração de memória de cálculo, quando exigida para instauração da execução; viii) os depósitos previstos em lei para interposição de recurso, para propositura de ação e para a prática de outros atos processuais inerentes ao exercício da ampla defesa e do contraditório; ix) os emolumentos devidos a notários ou registradores em decorrência da prática de registro, averbação ou qualquer outro ato notarial necessário à efetivação de decisão judicial ou à continuidade de processo judicial no qual o benefício tenha sido concedido (CPC/2015, art. 98, §1º, I a IX). Trata-se, no entanto, de rol meramente *exemplificativo*.

Ainda sobre o alcance da gratuidade da justiça: concedida a gratuidade da justiça em relação a todos os atos processuais, a sua validade permanecerá até decisão final do litígio, em todas as instâncias, sendo dispensada a renovação do pedido (Lei nº 1.060/1950, art. 9º). Observações: i) admite-se a concessão da gratuidade da justiça *em relação a algum ou a todos* os atos processuais, a qual pode implicar, ainda, na redução percentual de despesas processuais que o beneficiário tiver de adiantar no curso do procedimento (CPC/2005, art. 98, §5º); ii) conforme o caso, o órgão judicial está autorizado a conceder direito ao parcelamento de despesas processuais cujo adiantamento incumbir ao beneficiário (CPC/2015, art. 98, §6º); e iii) a concessão da gratuidade da justiça não tem força retroativa, ou seja, acarreta efeitos *ex nunc*.

Comprovação da insuficiência de recursos: aquele que almeja beneficiar-se da assistência jurídica integral e gratuita deve cumprir a exigência prevista na Constituição, a saber, *comprovar insuficiência de recursos* (CF/1988, art. 5º, LXXIV). Daí a inconstitucionalidade da regra que atribui em favor da pessoa natural a *presunção de veracidade da alegação de insuficiência* (CPC/2015, art. 99, §3º). Dado que o constituinte não distingue entre pessoas *natural* e *jurídica* nem entre elas e os entes despersonalizados, incumbe a todo aquele que pretender litigar sob o pálio da gratuidade da justiça demonstrar sua qualidade de hipossuficiente econômico ou financeiro. Aliás, é curioso verificar o disposto na parte final do §5º do art. 99: i) a *presunção* de veracidade da alegação de insuficiência econômica favorece apenas a pessoa natural (CPC/2015, art. 99, §3º), mas não o advogado dela (que também é pessoa natural) nos *recursos* que versarem exclusivamente sobre o valor dos honorários advocatícios sucumbenciais; ii) do advogado da pessoa natural favorecida pela gratuidade da justiça exige-se, enfim, a *demonstração* de que é hipossuficiente econômico, embora seja ele igualmente uma pessoa natural (não lhe bastará, portanto, simplesmente alegar a sua hipossuficiência econômica); e iii) na intenção de coibir o manejo indevido do direito fundamental, trabalhou o legislador com *dois pesos e duas medidas*, malferindo a garantia da igualdade processual, quando lhe bastaria seguir a norma constitucional, que impõe a comprovação da insuficiência de recursos *a qualquer um* (pessoa natural, jurídica, ente despersonalizado) que pretenda litigar sob o pálio da gratuidade da justiça.

Pessoalidade da gratuidade da justiça: o direito à gratuidade da justiça é pessoal, concedido em atenção às particularidades daquele que o postulou e, sobretudo, para atuação no caso concreto, não sendo extensivo à litisconsorte ou sucessor do beneficiário e nem se transmite ao cessionário de direito, extinguindo-se com a morte do beneficiário (CPC/2015, art. 99, §6º c/c Lei nº 1.060/1950, art. 10). O benefício, em suma, somente acode quem formular requerimento e obter decisão favorável.

Gratuidade da justiça e emolumentos: tem-se amplo acesso à justiça somente quando o ordenamento jurídico oferece a possibilidade de até o menos abastado dos homens litigar em juízo, perante um terceiro imparcial, contra quem quer que seja. Sem dúvida que o §1º do art. 98 do CPC/2015 traz hipóteses *meramente exemplificativas*: em perspectiva constitucional, não se podem excluir da gratuidade da justiça despesas indispensáveis ao exercício dos direitos de ação e defesa no âmbito do Poder Judiciário. De todo modo, merece elogios a elaboração da longa e bem pensada listagem, pois facilita a compreensão, interpretação e aplicação do instituto. Vale aludir, em especial, ao item que inclui, entre as obrigações compreendidas pela proteção da gratuidade da justiça, "os emolumentos devidos a notários ou registradores em decorrência da prática de registro, averbação ou qualquer outro ato notarial necessário à efetivação de decisão judicial ou à continuidade de processo judicial no qual o benefício tenha sido concedido" (CPC/2015, art. 98, §1º, IX). Duas regras importantes: i) o *regime especial* de gratuidade da justiça dedicado ao pagamento de honorários periciais (CPC/2015, art. 95, §§3º a 5º) também é aplicável ao custeio dos emolumentos previstos no §1º, IX, do art. 98 do CPC/2015, observadas a tabela e as condições da lei estadual ou distrital respectiva (CPC/2015, art. 98, §7º); e ii) ainda no que diz respeito aos emolumentos e obrigações previstas no §1º, IX, do art. 98, havendo dúvida fundada quanto ao preenchimento atual dos pressupostos para a concessão da gratuidade, o notário ou registrador, conforme o caso, após efetivar o ato, poderá requerer, ao órgão judicial competente para decidir questões notariais ou registrais, a revogação total ou parcial do benefício ou a sua substituição pelo *parcelamento* (CPC/2015, art. 98, §6º), quando o beneficiário será então citado para, em quinze dias, manifestar-se sobre o requerimento.

Gratuidade da justiça e probidade processual: a concessão da gratuidade da justiça não afastará a responsabilidade do beneficiário em pagar, ao fim e ao cabo do procedimento jurisdicional, as multas que eventualmente lhe forem impostas por atentado a deveres de probidade processual (CPC/2015, art. 98, §4º). Vale a lembrança, aliás, de previsão específica endereçada à parte que, *agindo de má-fé*, favoreceu-se da gratuidade da justiça: em tal circunstância, será condenada ao pagamento das despesas processuais que tiver deixado de adiantar, além de multa a ser fixada em até o décuplo do valor delas, a ser revertida em benefício da Fazenda Pública estadual ou federal, a qual poderá ser inscrita em dívida ativa (CPC/2015, art. 100, parágrafo único).

Condição suspensiva de exigibilidade, responsabilidade do beneficiário e prescrição: a gratuidade da justiça exime a parte favorecida de *antecipar* gastos ao longo da atividade jurisdicional, mas não afasta sua eventual responsabilidade pelas despesas processuais e pelos honorários advocatícios (CPC/2015, art. 98, §2º). A lei não deixa dúvidas: vencido o beneficiário, as obrigações decorrentes da sua sucumbência permanecerão sob *condição suspensiva de exigibilidade*, sendo permitida a execução se o credor demonstrar que deixou de existir a situação de insuficiência de recursos que justificou a concessão da gratuidade (CPC/2015, art. 98, §3º). Portanto, *e tirante as hipóteses excepcionais previstas em lei*, nada justifica a ausência de condenação do beneficiário da justiça gratuita nos encargos da sucumbência (= despesas processuais e honorários advocatícios) sempre que vencido no litígio. Importante: superados cinco anos subsequentes ao trânsito em julgado da decisão certificadora das obrigações decorrentes da sucumbência em prejuízo do beneficiário da gratuidade da justiça, a prescrição se operacionalizará, extinguindo-se a obrigação (CPC/2015, art. 98, §3º).

Desnecessidade de renovação do pedido: concedida a gratuidade da justiça, cujo pedido pode ser formulado sem maiores formalidades, em qualquer tempo e grau de jurisdição, os benefícios dela oriundos compreendem, em regra, todos os atos do processo, inclusive os indispensáveis para a efetivação dos provimentos jurisdicionais, *valendo em todas as instâncias até a decisão final do litígio* (Lei nº 1.060/1950, art. 9º c/c CPC/2015, art. 99, §5º). Esmiuçando: i) para se obter a concessão ou revogação da gratuidade da justiça, exige-se *sempre* provocação ao órgão judiciário; e ii) depois de deferido o benefício da gratuidade da justiça, não haverá necessidade de formulação de pedido renovatório nas fases procedimentais posteriores.

— Θ —

Art. 99. O pedido de gratuidade da justiça pode ser formulado na petição inicial, na contestação, na petição para ingresso de terceiro no processo ou em recurso.

§1º Se superveniente à primeira manifestação da parte na instância, o pedido poderá ser formulado por petição simples, nos autos do próprio processo, e não suspenderá seu curso.

§2º O juiz somente poderá indeferir o pedido se houver nos autos elementos que evidenciem a falta dos pressupostos legais para a concessão de gratuidade, devendo, antes de indeferir o pedido, determinar à parte a comprovação do preenchimento dos referidos pressupostos.

§3º Presume-se verdadeira a alegação de insuficiência deduzida exclusivamente por pessoa natural.

§4º A assistência do requerente por advogado particular não impede a concessão de gratuidade da justiça.

§5º Na hipótese do §4º, o recurso que verse exclusivamente sobre valor de honorários de sucumbência fixados em favor do advogado de beneficiário estará sujeito a preparo, salvo se o próprio advogado demonstrar que tem direito à gratuidade.

§6º O direito à gratuidade da justiça é pessoal, não se estendendo a litisconsorte ou a sucessor do beneficiário, salvo requerimento e deferimento expressos.

§7º Requerida a concessão de gratuidade da justiça em recurso, o recorrente estará dispensado de comprovar o recolhimento do preparo, incumbindo ao relator, neste caso, apreciar o requerimento e, se indeferi-lo, fixar prazo para realização do recolhimento.

Correspondente:
Não há correspondência no CPC/1973.

Referências:
CF/1988, art. 5º, XXXV, LXXIV.

CPC/2015, art. 110, parágrafo único.

Lei Complementar nº 80/1994, art. 4º, §5º.

Súmula nº 481 (STJ). Faz jus ao benefício da justiça gratuita à pessoa jurídica com ou sem fins lucrativos que demonstrar sua impossibilidade de arcar com os encargos processuais.

Recomendação Conjunta nº 2/CGJ/2019 (TJMG).

Momento e forma: o pedido da gratuidade da justiça pode ser formulado sempre que despontar a situação de penúria econômica, seja no limiar da atividade jurisdicional, seja ainda em fase recursal mais avançada. Não há, enfim, um momento específico ditado pela lei. Por igual, a lei não impõe maiores formalidades, de modo que o pedido da gratuidade pode ser requerido na petição inicial, na contestação, na petição para ingresso de terceiro no processo ou em recurso e, se superveniente à primeira manifestação da parte na instância, nos próprios autos do processo mediante petição simples (CPC/2015, art. 99, *caput* e §1º). Aqui, o afastamento do rigor formal é orientação legislativa acertada, que presta tributo à garantia fundamental da inafastabilidade da jurisdição (CF/1988, art. 5º, XXXV), da qual a gratuidade da justiça é corolária.

Presunção de veracidade: o pedido de concessão ou revogação da gratuidade da justiça pode ser formulado em qualquer tempo e grau de jurisdição. Contudo, o órgão judiciário não está autorizado a agir de ofício, quer para conceder, quer para revogar o benefício da gratuidade, sendo indispensável a devida provocação pelo interessado (= regra da inércia). Veja-se o disposto no CPC/2015: i) o *pedido* de gratuidade da justiça somente pode ser indeferido havendo nos autos elementos que evidenciem a falta dos pressupostos legais para a sua concessão (CPC/2015, art. 99, §2º, *primeira parte*); e ii) antes de indeferir, porém, incumbe ao juiz determinar à parte que comprove o preenchimento dos pressupostos legais (CPC/2015, art. 99, §2º, *segunda parte*). São regras, enfim, indubitavelmente afinadas à previsão constitucional que condiciona a concessão da assistência jurídica integral e gratuita à *comprovação* da insuficiência de recursos (CF/1988, art. 5º, LXXIV). O §2º do art. 99, no entanto, manteve em parte orientação já prevista na Lei nº 1.060/1950 ao estabelecer que *se presume verdadeira a alegação de insuficiência deduzida exclusivamente por pessoa natural*. O CPC/2015 é apenas mais restritivo, pois a Lei nº 1.060/1950 abarcava não só as *pessoas naturais*: era considerado presumidamente pobre todo aquele que pedisse o benefício da gratuidade da justiça e *afirmasse* estar em condição de miserabilidade (Lei nº 1.060/1950, art. 4º, §1º) – é verdade, todavia, que o Superior Tribunal de Justiça posicionou-se no sentido de exigir a comprovação da insuficiência de recursos sempre que o postulante fosse *pessoa jurídica* (Súmula nº 481). Antes se tinha, a despeito da posição contrária do Superior Tribunal Federal, a *não recepção* de parcela das normas que regulavam a gratuidade da justiça, ao passo que hoje se tem a *inconstitucionalidade*. Indo ao ponto: se a Constituição, afinal de contas, não distingue entre pessoas natural e jurídica, tampouco entre elas e os entes despersonalizados, incumbe a qualquer um que pretender litigar sob o pálio da gratuidade da justiça a demonstração da sua hipossuficiência econômica ou financeira. No sentido de sugerir aos magistrados que determinem a intimação da parte interessada para que demonstre a alegada insuficiência de recursos, consultar a *Recomendação Conjunta nº 2/ CGJ/2019*, do Tribunal de Justiça de Minas Gerais.

Recuperação judicial e massa falida: a prova da situação de hipossuficiência econômica ou financeira é exigida mesmo de pessoa jurídica que está em recuperação judicial ou teve a sua falência decretada. Como já decidido, "não se pode presumir pela simples quebra o estado de miserabilidade jurídica, tanto mais que os benefícios de que pode gozar a massa falida já estão legal e expressamente previstos" (STJ, REsp nº 833.353, 1ª Turma, rel. Min. Luiz Fux, julgamento: 17.05.2017, disponível em: www.stj.jus.br).

Direito pessoal: a gratuidade da justiça é *direito pessoal*, não se estendendo a litisconsorte ou a sucessor do beneficiário. Por isso, aliás, recursos que versem *de maneira exclusiva* sobre o valor de honorários sucumbenciais, fixados em favor do advogado da parte favorecida pela benesse legal, estão sujeitos a preparo (CPC/2015, art. 99, §5º) – *afinal, a gratuidade foi concedida à parte, e não ao advogado*. Direito à gratuidade da justiça tem quem a requereu e obteve decisão favorável.

Gratuidade da justiça e recurso que verse exclusivamente sobre o valor dos honorários (1): aquele que almeja beneficiar-se da assistência jurídica integral e gratuita deve cumprir a exigência prevista na Constituição e comprovar a *insuficiência de recursos* (CF/1988, art. 5º, LXXIV). Daí a inconstitucionalidade da regra que atribui, em favor da pessoa natural, a *presunção de veracidade da alegação de insuficiência* (CPC/2015, art. 99, §3º). Dado que o constituinte não distingue entre pessoas natural e jurídica, tampouco entre elas e os entes despersonalizados, incumbe a todo aquele, sem exceções, que pretender litigar sob o pálio da gratuidade da justiça, a demonstração da sua qualidade de hipossuficiente econômico ou financeiro. Nesse rumo, é curioso verificar o disposto na parte final do §5º do art. 99: i) a *presunção* de veracidade da alegação de insuficiência econômica favorece apenas a pessoa natural (CPC/2015, art. 99, §3º), mas não o advogado dela (que também é pessoa natural) nos *recursos* que versarem exclusivamente sobre o valor dos honorários advocatícios sucumbenciais – do advogado exige-se, enfim, a demonstração de que é hipossuficiente economicamente, embora seja ele uma pessoa natural; e ii) na intenção de coibir o manejo indevido do direito fundamental, trabalhou o legislador com *dois pesos e duas medidas*, malferindo a garantia da igualdade processual, quando lhe bastaria seguir a norma constitucional, que impõe a comprovação da insuficiência de recursos *a qualquer um* (pessoa natural, jurídica, ente despersonalizado) que pretenda litigar sob o pálio da gratuidade da justiça.

Gratuidade da justiça e recurso que verse exclusivamente sobre o valor dos honorários (2): o ordenamento jurídico, em vários momentos, demonstra preocupação em evitar o uso inadvertido da gratuidade da justiça, tanto que até prevê, em desfavor do beneficiário que utilizá-la eivado de má-fé, a aplicação de multa a ser revertida à Fazenda Pública (CPC/2015, art. 100, parágrafo único). É essa, aliás, a intenção que se esconde por traz da seguinte norma: recurso que verse exclusivamente sobre valor de honorários de sucumbência fixados em favor do advogado particular do beneficiário da gratuidade da justiça estará sujeito a preparo, exceto se ele próprio demonstrar que tem direito ao benefício (CPC/2015, art. 99, §5º). *Aqui é preciso atenção a determinados* *aspectos.* Em primeiro lugar, o advérbio *exclusivamente* não deixa dúvida quanto aos limites do objeto recursal. Se o recurso for daqueles cujo mérito ultrapasse a pretensão atinente ao valor da verba honorária sucumbencial, arbitrada em prol do advogado particular daquele beneficiado com a gratuidade da justiça, nada haverá que obrigue o recorrente (ou seu advogado) a recolher o preparo. Terá aplicação a regra segundo a qual, concedida a gratuidade da justiça, os seus benefícios valerão em todas as instancias até a decisão final do litígio (Lei nº 1.060/1950, art. 9º c/c CPC/2015, art. 99, §5º). Em segundo lugar, a regra não retira da parte vencedora a legitimidade (= substituição processual) para promover o recurso, ainda que o objeto esteja restrito à questão atinente a honorários sucumbenciais – em similar sentido: STJ, REsp nº 821.247/PR, 1ª Turma, rel. Min. Denise Arruda, julgamento: 23.10.2007, disponível em: www.stj.jus.br; STJ, REsp 1.776.425, 3ª Turma, rel. Min. Paulo de Tarso Sanseverino, julgamento: 08.06.2021, disponível em: www.stj.jus.br). Bem ao contrário, exige a lei apenas o recolhimento do preparo, amparada no fato incontestável de que a gratuidade da justiça foi concedida em prol da parte, e não para atender interesses do advogado. Ou seja, eventual não conhecimento do recurso não estará relacionado com defeito de legitimidade, e sim com a não observância de pressuposto recursal de admissibilidade (= preparo). Em terceiro lugar, não está o órgão judiciário autorizado a inadmitir, de plano, o recurso por ausência de preparo. Atento ao contraditório, deverá antes oportunizar ao recorrente a possibilidade de justificar-se, ou de demonstrar que o próprio advogado tem direito à gratuidade da justiça, ou mesmo de realizar o pagamento das custas exigidas. Por último, é verdade que os honorários sucumbenciais pertencem ao advogado da parte vencedora, tendo ele direito autônomo para executá-los individualmente; isso não significa, todavia, que a aludida verba sempre pertencerá ao advogado, até porque se está a tratar de *direito disponível*, nada havendo que impeça sejam entabulados ajustes entre ele e seu cliente. Se a parte recorrente, em suma, demonstrar que os honorários pertencem a ela, e não ao seu advogado, porque ambos assim contrataram, o preparo recursal não lhe será exigido justamente porque já se encontrava sob o pálio da gratuidade da justiça.

Ausência de suspensão: o pedido de gratuidade da justiça não suspenderá o processo (CPC/2015, art. 99, §1º, *parte final*) nem haverá suspensão na hipótese de apresentação de impugnação pela contraparte insatisfeita com o deferimento do benefício legal (CPC/2015, art. 100, *caput*).

Ausência de decisão: a ausência de manifestação do Judiciário quanto ao pedido de gratuidade da justiça não implica deferimento tácito. A rigor, a concessão do benefício depende, em primeiro lugar, da demonstração de insuficiência de recursos por parte daquele que o pleiteia e, por fim, de decisão expressa e devidamente fundamentada. O Superior Tribunal de Justiça, porém, já proferiu julgado em sentido contrário (STJ, AgRg nos EAREsp nº 440.971, Corte Especial, julgamento: 03.02.2016, disponível em: www.stj.jus.br).

Assistência de advogado particular: é função da Defensoria Pública, entre outras, exercer a assistência jurídica integral e gratuita custeada ou fornecida pelo Estado (Lei Complementar nº 80/1994, art. 4º, §5º), mas isso não obsta aquele, com insuficiência de recursos, que tem direito à gratuidade da justiça, de optar pela contratação de advogado particular. Tem amplíssima liberdade para fazê-lo, até porque a relação entre advogado e cliente é muito pessoal e envolve confiança recíproca. Nos exatos termos da lei: *a assistência do requerente por advogado particular não impede a concessão de gratuidade da justiça* (CPC/2015, art. 99. §4º).

Gratuidade da justiça requerida em recurso: se o pedido de concessão da gratuidade da justiça for formulado em recurso, o recorrente estará dispensado de efetuar preparo, incumbindo ao relator apreciar o requerimento e, em caso de indeferimento, fixar prazo para a realização e comprovação do recolhimento (CPC/2015, art. 99, §7º).

— Θ —

Art. 100. Deferido o pedido, a parte contrária poderá oferecer impugnação na contestação, na réplica, nas contrarrazões de recurso ou, nos casos de pedido superveniente ou formulado por terceiro, por meio de petição simples, a ser apresentada no prazo de 15 (quinze) dias, nos autos do próprio processo, sem suspensão de seu curso.

Parágrafo único. Revogado o benefício, a parte arcará com as despesas processuais que tiver deixado de adiantar e pagará, em caso de má-fé, até o décuplo de seu valor a título de multa, que será revertida em benefício da Fazenda Pública estadual ou federal e poderá ser inscrita em dívida ativa.

Correspondente:
Não há correspondência no CPC/1973.

Referências:
CF/1988, art. 5º, LV

CPC/2015, art. 99, §1º.

Impugnação à gratuidade da justiça: segundo a sistemática legal, a contraparte não impugna o *pedido* de gratuidade da justiça, mas a própria *decisão judicial* concessiva do benefício (CPC/2015, art. 100, *caput, primeira parte*). Formalizará, em suma, pretensão em prol da *revogação* da gratuidade da justiça, e não da sua *denegação*. Deferido o pedido, abre-se oportunidade para a apresentação de impugnação, em prazo não superior a quinze dias, na contestação, na réplica, nas contrarrazões de recurso ou, ainda, na hipótese de pedido superveniente ou formulado por terceiro, por intermédio de simples petição. Observações: i) é estranho o modelo procedimental, previsto no art. 100 do CPC/2015, uma vez que não há, quando se postula a gratuidade da justiça, situação de *urgência* capaz de justificar a postecipação do contraditório; ii) havendo oportunidade, a contraparte pode refutar o pedido de gratuidade da justiça *precedentemente* à decisão, sendo até adequado que assim o faça,

ARTIGO 100 | 255

levando aos autos, *a partir do exercício do contraditório (CF/1988, art. 5º, LV)*, elementos capazes de coadjuvar futura cognição judicial – iniciado o prazo para a defesa sem que tenha o julgador apreciado o pedido de gratuidade da justiça, nada impede o réu, por exemplo, de opor-se à pretensão já em sua contestação. Por fim, não há suspensão do processo nem na formulação do pedido da gratuidade da justiça (CPC/2015, art. 99, §1º) e tampouco quando uma impugnação for apresentada (CPC/2015, art. 100, *caput*).

Revogação: sobrevindo o trânsito em julgado de decisão que revoga a gratuidade da justiça, a parte deverá efetuar, em prazo assinado pelo órgão judicial, o recolhimento de todas as despesas de cujo adiantamento foi dispensada, inclusive as relativas a eventual recurso interposto (CPC/2015, art. 100, parágrafo único c/c art. 102). Sobre as consequências do não pagamento, consultar comentários ao art. 102.

Revogação da gratuidade da justiça e litigância de má-fé: é evidente a preocupação legislativa em relação ao uso impróprio e abusivo da gratuidade da justiça. Veja-se que, caso a revogação do benefício fundar-se na prática de má-fé, a parte será condenada a pagar multa calculada até o décuplo do valor das despesas processuais que foi autorizada a não adiantar (CPC/2015, art. 100, parágrafo único).

— Θ —

Art. 101. Contra a decisão que indeferir a gratuidade ou a que acolher pedido de sua revogação caberá agravo de instrumento, exceto quando a questão for resolvida na sentença, contra a qual caberá apelação.

§1º O recorrente estará dispensado do recolhimento de custas até decisão do relator sobre a questão, preliminarmente ao julgamento do recurso.

§2º Confirmada a denegação ou a revogação da gratuidade, o relator ou o órgão colegiado determinará ao recorrente o recolhimento das custas processuais, no prazo de 5 (cinco) dias, sob pena de não conhecimento do recurso.

Correspondente:
Não há correspondência no CPC/1973.

Referências:
CPC/2015, art. 101; art. 1.015, V e parágrafo único; art. 1.009, *caput* e §1º.

Recurso cabível: cabe recurso de agravo de instrumento contra as decisões interlocutórias que versarem sobre *indeferimento do pedido de gratuidade da justiça* ou *acolhimento do pedido de sua revogação* (CPC/2015, art. 101, *caput* c/c art. 1.015, V). De outro lado, não desafia agravo de instrumento decisão interlocutória de primeiro grau de jurisdição que *concede o benefício da gratuidade,* salvo se proferida na fase de liquidação de sentença ou de cumprimento de sentença, nos processos de execução e de inventário (CPC/2015, art. 1.015, parágrafo único). Não tendo lugar o agravo de instrumento, sobrará ao interessado, portanto, o manejo da apelação (CPC/2015, art. 1.009, §1º). Se a questão relacionada ao acolhimento ou revogação for resolvida na sentença, a via recursal a se utilizar haverá de ser a *apelação* (CPC/2015, art. 101, *caput* c/c art. 1.009, *caput*). Por fim, sendo a questão decidida em grau recursal, haverá espaço para a interposição, conforme o caso, de agravo interno e até de recursos especial e extraordinário, em atenção ao disposto em lei.

Não obrigatoriedade de recolhimento das custas em grau recursal: interposto recurso contra decisão que indeferir a gratuidade ou mesmo acolher pedido de sua revogação, o recorrente estará dispensado do recolhimento de custas até decisão do relator sobre a questão, preliminarmente ao julgamento do recurso (CPC/2015, art. 101, §1º). Tem-se aqui, como já apontado pela doutrina, espécie de "efeito suspensivo provisório decorrente de lei" (DIDIER JR., Fredie; OLIVEIRA, Rafael Alexandria de. *Benefício da justiça gratuita*. 6. ed. Salvador: JusPodivm, 2016. p. 92). No entanto, confirmada a denegação ou a revogação do benefício, o relator ou o órgão colegiado determinará ao recorrente que recolha as custas processuais, em prazo não superior a cinco dias, sob pena de não conhecimento do recurso (= deserção; CPC/2015, art. 101, §2º).

— Θ —

LÚCIO DELFINO
CÓDIGO DE PROCESSO CIVIL COMENTADO

Art. 102. Sobrevindo o trânsito em julgado de decisão que revoga a gratuidade, a parte deverá efetuar o recolhimento de todas as despesas de cujo adiantamento foi dispensada, inclusive as relativas ao recurso interposto, se houver, no prazo fixado pelo juiz, sem prejuízo de aplicação das sanções previstas em lei.

Parágrafo único. Não efetuado o recolhimento, o processo será extinto sem resolução de mérito, tratando-se do autor, e, nos demais casos, não poderá ser deferida a realização de nenhum ato ou diligência requerida pela parte enquanto não efetuado o depósito.

Correspondente:
Não há correspondência no CPC/1973.

Referências:
CF/1988, art. 5º, LV.

CPC/2015, art. 100, parágrafo único; art. 102, *caput*.

Trânsito em julgado de decisão que revoga a gratuidade da justiça: sobrevindo o trânsito em julgado de decisão que *revoga* a gratuidade da justiça, incumbirá à parte efetuar, em prazo assinado pelo órgão judicial, o recolhimento de todas as despesas de cujo adiantamento foi dispensada, incluídas aquelas atinentes a recurso eventualmente interposto (CPC/2015, art. 100, parágrafo único c/c art. 102, *caput*). Não se sabe por que o legislador regulou apenas a hipótese de *revogação*, deixando em aberto casos nos quais o pedido de gratuidade da justiça é *indeferido*.

Consequências oriundas do não recolhimento das custas: transitada em julgado a decisão que revogar a gratuidade da justiça, mas não efetuado pelo autor o recolhimento das despesas de cujo adiantamento foi dispensado, o processo será extinto sem resolução de mérito (CPC/2015, art. 102, parágrafo único). Por outro lado, se a revogação da gratuidade prejudicar o réu ou interveniente, estabelece a lei que o não recolhimento das despesas implicará, enquanto não efetuado o depósito, impedimento para a realização de ato ou diligência requerida – aqui, sem dúvida, a norma ultrapassou os limites constitucionais, ferindo mortalmente contraditório e ampla defesa (CF/1988, art. 5º, LV).

— Θ —

Capítulo III
DOS PROCURADORES

Art. 103. A parte será representada em juízo por advogado regularmente inscrito na Ordem dos Advogados do Brasil.

Parágrafo único. É lícito à parte postular em causa própria quando tiver habilitação legal.

Correspondente:
CPC/1973, art. 36.

Referências:
CF/1988, art. 5º, *caput* e XXXV, LV, LXXIV; art. 133.

CPC/2015, art. 76; art. 85, §17; art. 103; art. 106, I e II.

EAOAB, art. 1º, I; art. 2º, §1º; art. 2º, §2º; art. 3º-A, *caput*; art. 4º, *caput* e parágrafo único; art. 8º.

CLT, art. 791.

Lei nº 12.153/2009, art. 27.

Lei nº 9.099/1995, art. 9º.

Lei nº 6.367/1976, art. 13.

Capacidade postulacional: determinados atos processuais devem ser praticados somente por quem possua capacidade *de postulação*, ou seja, os advogados (públicos e privados), defensores públicos e membros do Ministério Público, cada qual em consonância com as finalidades que caracterizam suas funções (BUENO, Cássio Scarpinella. *Curso Sistematizado de Direito Processual Civil. Teoria Geral do Processo Civil.* v. 1. 9. ed. São Paulo: Saraiva, 2007. p. 478). Detêm capacidade postulatória, em suma, os profissionais habilitados tecnicamente pela lei para a prática de atos *postulatórios* (exemplos:

elaborar petições iniciais, defesas, exceções *stricto sensu*, impugnação à gratuidade da justiça, impugnação ao valor da causa, recursos, etc.). Sobre a capacidade postulatória, ensina Roberto P. Campos Gouveia Filho: i) é uma capacidade *específica* exigida por lei para a prática válida de atos processuais *postulatórios*, não sendo bastante ter-se apenas a capacidade processual; ii) "o critério para definir quem a tem é técnico", pois é uma capacidade para a prática de atos que exigem do profissional conhecimentos *jurídico-dogmáticos*; iii) não se confundem *capacidade postulatória* e *atividade advocatícia*, já que esta vai muito além da postulação em juízo; e iv) é uma *qualidade jurídica*, a exemplo das demais capacidades específicas, de maneira que há em relação a ela direito subjetivo, sobretudo de tê-la reconhecida – se alguém nega a um advogado capacidade postulatória, tem ele "ação material de natureza declaratória contra o ofensor" (GOUVEIA FILHO, Roberto Pinheiro Campos. *A capacidade postulatória como uma situação jurídica processual simples*: ensaio em defesa de uma teoria das capacidades em direito. Dissertação (Mestrado em Direito) – Universidade Católica de Pernambuco. Recife, 2008. pp. 118-123).

Ius postulandi **e o advogado**: o exercício *legítimo* do poder jurisdicional está amarrado à presença de profissionais da advocacia que assistam tecnicamente as partes. As nuanças e complexidades das "coisas do foro", sempre burocráticas, formalistas e altamente técnicas, conferem irrefutável importância ao trabalho realizado pelo advogado, tanto que a própria Constituição considera-o "indispensável à administração da justiça" (CF/1988, art. 133). Trata-se, em suma, de um agente garantidor dos efetivos direitos ao contraditório e à ampla defesa, e também das demais garantias fundamentais que conferem substância ao devido processo legal e estruturam as vias procedimentais e a própria jurisdição (SOARES, Carlos Henrique. *O advogado e o processo constitucional*. Belo Horizonte: Editora Decálogo, 2004. p. 174). Sem advogados funcionando na arena processual, o ambiente de debate entre os litigantes seria bastante deficitário, quer em razão do provável desatendimento das *regras do jogo*, como riscos de excessos e abusos por parte de juízes e tribunais, quer devido à pouca influência que teriam na construção das decisões judiciais. Cite-se, em complemento, a lição clássica de Herotides da Silva Lima (em parte elaborada a partir da preleção de Manuel Aureliano de Gusmão): "(...) não é somente difícil, senão impossível à generalidade dos membros da sociedade receber um grau tal de cultura, que a cada um fosse dado possuir a precisa aptidão para, por si, cuidar de promover a reintegração ou reconhecimento judicial de seus direitos, quando violados ou ameaçados. E não é só: a complexidade e intensidade da vida social impõem a cada indivíduo uma contribuição de seu esforço para concorrer ao desenvolvimento e finalidade gerais; e tal contribuição, constituindo o seu meio de vida e a sua ocupação habitual, que exigem ininterrupto e constante exercício de atividade, não lhe permitiria acompanhar perante a justiça a defesa de seus interesses contestados ou perturbados. Por razões tais, justifica-se a necessidade da existência de pessoas honestas e habilitadas, capazes de amparar como seus, interesses de ordem material ou moral, que os próprios possuidores não poderiam defender" (LIMA, Herotides da Silva. *O ministério da advocacia. Notas de história, crítica e ética profissionais.* São Paulo: Empresa Graphica e Industrial "A Palavra", 1925. p. 101) – em semelhante sentido, conferir: STJ, REsp nº 1.027.797, 3ª Turma, rel. Min. Nancy Adrighi, julgamento: 17.02.2011, disponível em: www.stj.jus.br. É o que basta, em conclusão, para justificar a *capacidade postulatória* atribuída pela lei ao profissional da advocacia regularmente inscrito na Ordem dos Advogados do Brasil, a quem incumbe o *exercício do direito de postulação em juízo* (= capacidade postulatória) em prol daqueles lesados ou de algum modo ameaçados em seus direitos. São autoexplicativas as seguintes regras previstas no EAOAB: i) é atividade privativa de advocacia a postulação a órgãos do Poder Judiciário (art. 1º, I); ii) o advogado, no seu ministério privado, presta serviço público e exerce função social (art. 2º, §1º); iii) no procedimento jurisdicional, o advogado contribui, na postulação de decisão favorável ao seu constituinte, ao convencimento do julgador, e seus atos são considerados múnus público (art. 2º, §2º); iv) os serviços profissionais de advogado são, por sua natureza, técnicos e singulares, quando comprovada sua notória especialização, nos termos da lei (art. 3º-A, *caput*); v) são nulos os atos privativos de advogado praticados por pessoa não inscrita na OAB, e ainda os praticados por advogado impedido, suspenso, licenciado ou que passar a exercer atividade incompatível com a advocacia, sem prejuízo das sanções civis, penais e administrativas (art. 4º, *caput* e parágrafo único).

Exceções à assistência obrigatória do advogado: não se ignora que a lei, aqui, ali e acolá, a partir de *slogans* como "democratização do acesso à justiça" ou "socialização do processo", *faculta* a assistência por advogado em determinadas causas e juízos (por exemplo: Lei nº 9.099/1995, art. 9º; Lei nº 12.153.2009, art. 27; Lei nº 6.367/1976, art. 13; CLT, art. 791). Entretanto, isso apenas faz – na lição de Eduardo José da Fonseca Costa – com que o *ius postulandi* da parte se transforme em pura "demagogia processual", pois esta "não domina a ciência e técnica jurídico-probatórias", e "não raro, desassistida, produz prova inútil, ou não produz prova útil", sem contar que "muitas vezes o juiz se sente tentado a coadjuvá-la, ordenando de ofício tantas provas quantas sejam necessárias à demonstração do seu direito", ou seja, "o juiz se demite de sua neutralidade funcional e, em consequência, perde a sua imparcialidade", torna-se "um causídico togado do hipossuficiente", em prejuízo da "parte contrária, não-hipossuficiente, que igualmente faz jus a um juiz imparcial" (FONSECA COSTA, Eduardo José. A Advocacia como garantia de liberdade dos jurisdicionados. *Empório do Direito*, 09 maio 2018. Disponível em: www.emporiododireito.com.br. Acesso em: 29 jun. 2020). Conquanto seja outra a posição do Supremo Tribunal Federal (consultar: STF, ADI nº 1.127, Pleno, rel. Min. Marco Aurélio, julgamento: 10.06.2010, disponível em: www.stf. jus.br), leis que autorizam a prática do *ius postulandi* diretamente pelo jurisdicionado, em dispensa à atividade do advogado, *que transformam o indispensável em supérfluo*, ulceram de morte a Constituição, com potencialidade para quebrar as garantias do acesso à justiça, da paridade de armas, da imparcialidade judicial, do contraditório e da ampla defesa.

Advogado regularmente inscrito na OAB: só tem *capacidade postulatória* o advogado regulamente inscrito na Ordem dos Advogados do Brasil. Por outro lado, não podem atuar profissionalmente em juízo os advogados impedidos, suspensos, licenciados ou que exerçam atividade incompatível com a advocacia (EAOAB, art. 4º, parágrafo único). Importante: o Supremo Tribunal

Federal, declarando incidentalmente a inconstitucionalidade de dispositivos da EAOAB, assegurou a um advogado o exercício de sua atividade profissional na advocacia mesmo quando inadimplente no tocante à contribuição anual. Entendeu-se que a aludida inadimplência não pode conduzir à penalidade de suspensão (= interdito profissional), sob pena de afronta aos princípios da proporcionalidade, da razoabilidade e do devido processo legal. Ademais, há diversos outros meios alternativos, judiciais e extrajudiciais, para a cobrança da dívida civil sem a necessidade de obstar a percepção de verbas alimentares ou atentar contra a inviolabilidade do mínimo existencial do devedor (STF, RE nº 647.885, Seção Plenária, rel. Min. Edson Fachin, julgamento: 27.04.2020, disponível em: www.stf.jus.br). Para a inscrição como advogado, é necessário: i) capacidade civil; ii) diploma ou certidão de graduação em direito, obtido em instituição de ensino oficialmente autorizada e credenciada; iii) título de eleitor e quitação do serviço militar, se brasileiro; iv) aprovação em Exame de Ordem; v) não exercer atividade incompatível com a advocacia; vi) idoneidade moral; e vii) prestar compromisso perante o conselho (EAOAB, art. 8º, incisos I a VII). Em se tratando de estrangeiro ou brasileiro não graduado em direito no Brasil, impõe-se ao pretendente que faça prova do título de graduação, obtido em instituição estrangeira, devidamente revalidado (EAOAB, art. 8º, §2º).

Poderes substabelecidos por pessoa não habilitada: a proibição prevista no art. 103, *caput*, diz respeito apenas à atuação como advogado *em juízo* por aquele *que advogado não é* ou *que, apesar de sê-lo, esteja, por exemplo, suspenso ou licenciado*. É lembrar: quem não pode atuar em juízo na qualidade de advogado não está igualmente autorizado a praticar atos postulatórios. Segundo conceituada doutrina, a pessoa que recebeu poderes de alguma das partes não fica privada de substabelecê-los em favor de advogado legalmente habilitado (PONTES DE MIRANDA, Francisco Cavalcanti. *Comentários ao Código de Processo Civil*. v. I. Tomo I. Rio de Janeiro: Forense, 1974. p. 442).

Defensor público: não se exige a inscrição na Ordem dos Advogados do Brasil para que defensores públicos exerçam suas atividades, pois se trata de carreira sujeita a regime e estatutos próprios, que se submete à fiscalização disciplinar de órgãos específicos. Impõe-se, isto sim, a aprovação prévia em concurso público, sem a qual não será possível o exercício das funções do cargo – nesse sentido: STJ, AgInt no REsp nº 1.670.310, 2ª Turma, rel. Min. OG Fernandes, julgamento: 26.02.2019, disponível em: www.stj.jus.br.

Postulação em causa própria: merece destaque o advogado, não só por ter *capacidade postulatória*, mas por tê-la *e estar legalmente autorizado a exercê-la em nome próprio*, característica que o inclui numa casta especial e única de indivíduos dotados, salvo exceções pontuais, de *capacidade jurídica plena* (= *capacidade de direito* + *capacidade de exercício* + *capacidade de ser parte* + *capacidade de estar em juízo* + *capacidade postulatória*). Incumbe ao advogado que atuar em causa própria: i) declarar, na petição inicial ou na contestação, o endereço, seu número de inscrição na Ordem dos Advogados do Brasil e o nome da sociedade de advogados da qual participa para o recebimento de intimações; e ii) comunicar ao juízo qualquer mudança de endereço (CPC/2015, art. 106, I e II). Advogado que atua em causa própria e alcança êxito tem direito ao recebimento de honorários de sucumbência (CPC/2015, art. 85, §17).

— Θ —

Art. 104. O advogado não será admitido a postular em juízo sem procuração, salvo para evitar preclusão, decadência ou prescrição, ou para praticar ato considerado urgente.

§1º Nas hipóteses previstas no *caput*, o advogado deverá, independentemente de caução, exibir a procuração no prazo de 15 (quinze) dias, prorrogável por igual período por despacho do juiz.

§2º O ato não ratificado será considerado ineficaz relativamente àquele em cujo nome foi praticado, respondendo o advogado pelas despesas e por perdas e danos.

Correspondente:
CPC/1973, art. 37.

Referências:
CF/1988, art. 5º, LXXIV.

CPC/2015, art. 76; art. 104.

CC/2002, art. 653; art. 662.

EAOAB, art. 5º, §1º.

Lei nº 9.099/1995, art. 9º, §3º.

CLT, art. 791, §3º.

Súmula nº 644 (STF). Ao titular do cargo de procurador de autarquia não se exige a apresentação de instrumento de mandato para representá-la em juízo.

Exibição de procuração: o *contrato de mandato* caracteriza-se pela outorga de poderes para que o mandatário atue, em seu nome ou não (mandato *com representação* e mandato *sem representação*), sempre no interesse e por conta do mandante (GODOY, Cláudio Luiz Bueno de. *Código Civil Comentado. Doutrina e Jurisprudência.* Coordenador: Ministro Cezar Peluso. 8. ed. São Paulo: Editora Manole, 2014. p. 655). Dá-se o nome de *procuração* ao instrumento do mandato (CC/2002, art. 653). Enfim, a atuação do advogado em juízo na defesa dos interesses do seu cliente exige a formação de um contrato de mandato, não lhe sendo lícito, *de regra*, realizar atos de postulação sem que antes faça prova da competente procuração.

Falta de autorização para postular em juízo e ausência de capacidade postulacional: não se pode confundir *capacidade postulacional* e *ausência de procuração*. A primeira tem todo advogado regularmente inscrito na Ordem dos Advogados do Brasil. Trata-se, enfim, de uma *qualidade jurídica* inerente à profissão advocatícia. De outro lado, o advogado apenas poderá atuar na condição de *mandatário* de alguém, postulando em juízo em favor dele, caso exiba procuração, que é a prova do instrumento de mandato. Observações: i) os vícios sobre incapacidade postulacional situam-se no *plano da validade*, cabendo ao art. 76 do CPC/2015 regular o meio de sua sanação e as consequências da não sanação; e ii) já o não oferecimento de procuração, que deve ser pensado no *plano da eficácia*, é vício cujo regramento da sua sanação e consequências da não sanação encontram previsão no art. 104 do CPC/2015.

Defensores públicos e advogados dativos: os *defensores públicos* não estão obrigados a exibir instrumento de mandato para postular em juízo, *orientação normativa que se estende à advocacia pública em geral* (Lei nº 9.469/1996, art. 9º, e Súmula nº 644 do STF) – nesse sentido: STJ, AgInt no REsp nº 1.670.310, 2ª Turma, rel. Min. Og Fernandes, julgamento: 26.02.2019, disponível em: www.stj.jus.br. Sobre os advogados dativos: i) são chamados a atuar quando ausente ou deficitária a Defensoria Pública em dada região; ii) cumprem, por isso, evidente *múnus público*, ou seja, coadjuvam o Estado a concretizar a garantia fundamental de prestação de assistência jurídica integral e gratuita às pessoas economicamente hipossuficientes (CF/1988, art. 5º, LXXIV); e iii) são nomeados por ato de competência privativa do Poder Judiciário, não exercendo atividade profissional cuja base esteja fundada em contrato de mandato, razão por que não há sentido em exigir deles a oferta de procuração.

Postulação em juízo sem procuração: o advogado será admitido a postular em juízo fazendo prova do instrumento de mandato. Há exceções, porém. Assim é que poderá o profissional da advocacia atuar *provisoriamente* sem procuração para evitar *preclusão, decadência* ou *prescrição*, e ainda para praticar *ato considerado urgente* (CPC/2015, arts. 104, *caput* c/c EAOAB, art. 5º, §1º). Seja como for, cumpre ao advogado, independentemente de caução, exibir a procuração no prazo de quinze dias, prorrogável por igual período por decisão do juiz (CPC/2015, art. 104, §1º).

Independente de caução: o advogado só está autorizado a postular em juízo sem procuração para evitar preclusão, decadência ou prescrição, ou, ainda, para praticar ato considerado urgente. A lei, contudo, impõe ao profissional da advocacia a apresentação da procuração no prazo de quinze dias, prorrogável por igual período, *não se lhe exigindo a prestação de caução*. Se fosse exigível a caução, aliás, faria mais sentido o seu oferecimento já na prática do ato processual, e não quando a procuração é exibida pelo advogado.

Inexistência ou ineficácia: debateu-se muito em doutrina sobre a *natureza* do ato praticado por advogado sem procuração que não a exibe no prazo legal. Segundo a orientação do Código revogado, "os atos, não ratificados no prazo, serão havidos por *inexistentes*" (CPC/1973, art. 37, parágrafo único). Chamava atenção o paradoxo que ali se verificou, pois *não é possível ratificar o inexistente*. Tratava--se, em suma, de orientação normativa equivocada, o que levou à corrigenda da lei – o Código atual refere-se expressamente à *ineficácia* do ato (CPC/2015, art. 104, §2º). Ato praticado por advogado que não tenha mandato ou o tenha sem poderes suficientes é sempre existente e válido, porém ineficaz em relação àquele em cujo nome foi praticado (CC/2002, art. 662). E, por ser ineficaz, admite ratificação. Diversamente, é nulo ato privativo de advogado praticado por pessoa não inscrita na Ordem dos Advogados, justamente por lhe faltar capacidade postulatória. Recorde-se, em reforço, a lição de Pontes de Miranda: "A representação sem poder de representação é ineficaz. O processo ou o ato processual não tem eficácia quanto à parte que o procurador ou o advogado dizia representar. Não se trata de nulidade. Quem foi representado por advogado sem poderes não entrou no processo" (PONTES DE MIRANDA, Francisco Cavalcanti. *Comentários ao Código de Processo Civil*. v. I. Tomo I. Rio de Janeiro: Forense, 1974. p. 442).

Juntada de procuração e ratificação do ato postulatório: impõe a lei que a ratificação dos atos praticados por quem não tenha mandato ou o tenha sem poderes suficientes há de ser expressa *ou resultar de ato inequívoco*, retroagindo à data do ato (CC/2002, art. 662, parágrafo único). Salvo melhor juízo, o CPC/2015 apoiou-se nessa última alternativa, de modo que "a ratificação resultará da *simples juntada* da procuração aos autos do processo", não havendo, portanto, a "necessidade de o advogado peticionar dizendo que está ratificando o ato" (CARREIRA ALVIM, J. E. *Comentários ao Novo Código de Processo Civil*. v. II. Curitiba: Juruá, 2015. p. 159).

Início do prazo: o prazo para juntada da procuração é de quinze dias, prorrogável por igual período, e tem início já a partir da prática do ato.

Não ratificação do ato e consequências: não apresentada a procuração no prazo de quinze dias, que pode ser prorrogado por igual período, o ato praticado será considerado ineficaz relativamente àquele em cujo nome foi praticado, respondendo o advogado pelas despesas e por perdas e danos. Detalhamentos das implicações oriundas da *não ratificação do ato*: i) o processo será extinto sem o julgamento de mérito se o ato praticado for a distribuição da própria petição inicial; ii) será decretada a revelia se o ato praticado tratar-se da contestação; iii) tratando-se de ato praticado por advogado distinto daquele que representa a parte (já superada a *fase postulatória*), será ele tido por ineficaz; iv) tratando-se de terceiro pretendendo a sua intervenção, será ela indeferida; v) eventual recurso interposto não será conhecido; e vi) as contrarrazões de recurso serão tidas por ineficazes.

Responsabilidade do advogado: Responde pelas despesas e por perdas e danos o advogado que, instado a exibir procuração no prazo legal, simplesmente não o faz. Exige-se, para tanto, *ação autônoma* dedicada a apurar eventual conduta ilícita e os demais requisitos da responsabilidade civil.

— Θ —

Art. 105. A procuração geral para o foro, outorgada por instrumento público ou particular assinado pela parte, habilita o advogado a praticar todos os atos do processo, exceto receber citação, confessar, reconhecer a procedência do pedido, transigir, desistir, renunciar ao direito sobre o qual se funda a ação, receber, dar quitação, firmar compromisso e assinar declaração de hipossuficiência econômica, que devem constar de cláusula específica.

§1º A procuração pode ser assinada digitalmente, na forma da lei.

§2º A procuração deverá conter o nome do advogado, seu número de inscrição na Ordem dos Advogados do Brasil e endereço completo.

§3º Se o outorgado integrar sociedade de advogados, a procuração também deverá conter o nome dessa, seu número de registro na Ordem dos Advogados do Brasil e endereço completo.

§4º Salvo disposição expressa em sentido contrário constante do próprio instrumento, a procuração outorgada na fase de conhecimento é eficaz para todas as fases do processo, inclusive para o cumprimento de sentença.

Correspondente:
CPC/1973, art. 38.

Referências:
CPC/2015, art. 99, §3º; art. 104; art. 513, §1º, I, II, III e IV.

CC/2002, art. 654, §1º; art. 667, §4º.

Lei nº 9.099/1995, art. 9º, §3º.

CLT, art. 791, §3º.

Procuração, habilitação do advogado e requisitos: sem procuração (= instrumento do mandato), o advogado não está autorizado a postular em juízo, salvo excepcionalmente e em *caráter provisório*, para evitar preclusões, decadências, prescrições e ainda para a prática de atos urgentes (CPC/2015, art. 104). A procuração geral para o foro (= cláusula ou procuração *ad judicia*), outorgada por instrumento público ou particular assinado pela parte, habilita o advogado no exercício de todos os atos do processo, exceto receber citação, confessar, reconhecer a procedência do pedido, transigir, desistir, renunciar ao direito sobre o qual se funda a ação, receber, dar quitação, firmar compromisso e assinar declaração de hipossuficiência econômica, que devem constar de *cláusula específica* (CPC/2015, art. 105, *caput*). A ordem jurídica impõe que a procuração precisa trazer o *nome do advogado, seu número de inscrição na Ordem dos Advogados do Brasil, endereço completo* (CPC/2015, art. 105, §2º), além da *indicação do lugar onde foi passada, a qualificação do outorgante e outorgado, a data e o objetivo da outorga com a designação e a extensão dos poderes conferidos* (CC/2002, art. 654, §1º). Sendo o outorgado integrante de *sociedade de advogados*, o instrumento de mandato necessitará trazer ainda o nome dela, seu número de registro na Ordem dos Advogados e endereço completo (CPC/2015, art. 105, §3º).

Instrumento público ou particular e desnecessidade de reconhecimento de firma: a procuração *ad judicia* é instrumento idôneo para conferir poderes de representação a advogado, quer o constituinte seja capaz ou incapaz. Merece atenção a lição de Cândido Rangel Dinamarco: i) "serão necessariamente por *instrumento público* as procurações outorgadas pelo *relativamente incapaz* em concurso com seu assistente", até como maneira de resguardar ao primeiro "a plena liberdade de expressão da vontade", já que ali se terá "a participação do notário que lavra a *escritura de procuração*"; e ii) as "procurações do *absolutamente incapaz*, que são passadas por ato exclusivo do representante, são eficazes mesmo quando feitas por *instrumento particular*" (DINAMARCO, Cândido Rangel. *Instituições de Direito Processual Civil*. v. II. 7. ed. São Paulo: Malheiros, 2017. p. 335). Há, porém, caudaloso entendimento jurisprudencial afirmando a desnecessidade do instrumento público para a outorga de mandato *ad judicia* por relativamente e absolutamente incapaz. Por fim, além da lei não reclamar o reconhecimento de firma, admite-se que a procuração seja assinada digitalmente (CPC/2015, art. 105).

O instrumento de mandato pode ser, a critério do advogado e seu cliente, público ou particular (CPC/2015, art. 105, *caput*).

Mandato verbal: com fundamento nas normas que estabelecem a oralidade, simplicidade e informalidade, a Lei nº 9.099/1995 autoriza que o mandato ao advogado seja outorgado verbalmente (= outorga verbal de mandato), salvo quanto aos poderes especiais (art. 9º, §3º). Semelhante orientação normativa está prevista também no Decreto-Lei nº 5.452/1943 (CLT, art. 791, §3º).

Atos que exigem cláusula específica: a chamada *procuração geral para o foro* habilita o advogado à prática de diversos atos processuais, salvo alguns peculiares, cujo exercício dependerá, sempre, de *cláusula específica*. São eles: *receber citação, confessar, reconhecer a procedência do pedido, transigir, desistir, renunciar ao direito sobre o qual se funda a ação, receber, dar quitação, firmar compromisso e assinar declaração de hipossuficiência econômica* (CPC/2015, art. 105, *caput*). Ao fim e ao cabo, têm-se, aí, *atos de repercussão material* e *processual graves e solenes* a justificar que sejam formalizadas autorizações especiais na própria procuração (MILMAN, Fabio. *Comentários ao Código de Processo Civil*. Coordenadores: Angélica Arruda Alvim, Araken de Assis, Eduardo Arruda Alvim e George Salomão Leite. 2. ed. São Paulo: Saraiva, 2017. p. 176). Duas observações: i) as exceções previstas no *caput* do art. 105 são taxativas, não se admitindo, portanto, a sua ampliação por decisão judicial (STJ, REsp nº 914.963, 3ª Turma, rel. Min. Massami Uyeda, julgamento: 18.03.2010, disponível em: www.stj.jus.br); e ii) serão tidos por ineficazes os atos descritos no *caput* do art. 105 quando praticados por advogado sem poderes especiais, salvo se devidamente ratificados (CPC/2015, art. 104, §2º).

Declaração de hipossuficiência econômica: embora inconstitucional, o §3º do art. 99 do CPC/2015 presume verdadeira a *alegação* de insuficiência de recursos deduzida exclusivamente por pessoa natural que pretenda favorecer-se com a gratuidade da justiça. De todo modo, trata-se de declaração que deve ser feita *pessoalmente* por aquele que deseja o benefício ou, então, por seu advogado, *desde que* a procuração tenha cláusula específica autorizando-o a assinar declaração de hipossuficiência econômica (CPC/2015, art. 105, *caput*).

Substabelecimento: *substabelece* aquele que transfere para outrem os poderes que recebeu via mandato. A procuração *ad judicia* habilita o advogado a praticar muitos atos processuais, porém não todos, sendo que há os que dependem, por particularidades próprias, de *cláusula específica* a constar do próprio instrumento. E vale dizer: o *poder para substabelecer* inclui-se entre aqueles cuja prática o advogado está autorizado pela só exibição da procuração *ad judicia*, afastada a necessidade de cláusula autorizativa expressa. Tanto assim que a ele o *caput* do art. 105 não faz qualquer alusão nas ressalvas que pontua. Mais: o CC/2002 também permite o substabelecimento mesmo quando omissa a procuração, muito embora atribua responsabilidade ao procurador na hipótese de o substabelecido proceder culposamente (CC/2002, art. 667, §4º) – nessa linha, aliás, já se decidiu que "a procuração geral para o foro habilita o advogado para a prática de todos os atos do processo, a exceção daqueles para os quais se exigem poderes especiais, não incluído entre estes o de substabelecer" (STJ, REsp nº 319.325, 6ª Turma, rel. Min. Vicente Leal, julgamento: 20.11.2001, disponível em: www.stj.jus.br). Se, porém, ao advogado mandatário proibiu-se de modo expresso o substabelecimento, mas ainda assim ele o fez, os atos praticados pelo advogado substabelecido não obrigarão o mandante, salvo ratificação expressa, que retroagirá à data do ato (CC/2002, art. 667, §3º). Por fim, substabelece-se *com* ou *sem* reserva, a depender do substabelecente querer ou não reservar para si os poderes substabelecidos.

Eficácia da procuração em todas as fases do processo: se nada houver no instrumento de mandato em sentido contrário, a procuração outorgada na fase de conhecimento é eficaz para *todas* as fases do processo, inclusive para o cumprimento de sentença (CPC/2015, art. 105, §4º). Em suma, *a procuração é válida do início ao fim do procedimento jurisdicional* ou até que seja revogada pelo outorgante e mesmo renunciada pelo outorgado, sendo contrárias à lei decisões judiciais que exigem a renovação dela porque formaram-se novos autos, porque houve interposição de recurso ou, ainda, porque transcorreram anos entre a sua outorga e a decisão recorrida. Por fim, o CPC/2015 permite a inclusão, na procuração, de cláusula especial limitando os poderes ali outorgados a uma ou algumas das fases procedimentais, talvez só para atuar na fase de conhecimento, ou ainda para praticar atos específicos em grau recursal. Se, por exemplo, o instrumento de mandato não permitir que o advogado do executado preste serviços na fase de cumprimento de sentença, não terá lugar a intimação por Diário da Justiça, prevista no art. 513, §1º, I, do CPC/2015. A intimação, então, deverá ocorrer *pessoalmente*, por carta com aviso de recebimento, por meio eletrônico ou por edital, a depender do caso (CPC/2015, art. 513, §1º, I, II, III e IV).

— Θ —

Art. 106. Quando postular em causa própria, incumbe ao advogado:

I - declarar, na petição inicial ou na contestação, o endereço, seu número de inscrição na Ordem dos Advogados do Brasil e o nome da sociedade de advogados da qual participa, para o recebimento de intimações;

II - comunicar ao juízo qualquer mudança de endereço.

§1º Se o advogado descumprir o disposto no inciso I, o juiz ordenará que se supra a omissão, no prazo de 5 (cinco) dias, antes de determinar a citação do réu, sob pena de indeferimento da petição.

§2º Se o advogado infringir o previsto no inciso II, serão consideradas válidas as intimações enviadas por carta registrada ou meio eletrônico ao endereço constante dos autos.

Correspondente:
CPC/1973, art. 39.

Referências:
CF/1988, art. 5º, LXXIV.

CPC/2015, art. 77, V; art. 106; art. 319, §1º

.

Advogado que postula em causa própria: por possuir *capacidade postulatória*, é lícito ao advogado postular em favor de terceiros e também em causa própria. No primeiro caso, exige-se *contrato de mandato*, cuja prova é feita por meio da procuração, seu instrumento, e que habilita o advogado a praticar os atos no âmbito do procedimento jurisdicional. Já na última hipótese, como o advogado trabalha *em causa própria*, em prol dos seus interesses, não há sentido em se exigir dele oferta de procuração.

Advocacia em causa própria e intimações: quando se confundem as figuras de parte e advogado, ou seja, quando o último postula *em causa própria*, a lei impõe algumas exigências. Em primeiro lugar, deverá o advogado *declarar*, na *petição inicial* ou na *contestação*, o endereço (inclusive o *endereço eletrônico*), seu número de inscrição na Ordem dos Advogados do Brasil e o nome da sociedade de advogados da qual participa para o recebimento de intimações (CPC/2015, art. 106, I). É claro que ele não está isento de assim agir quando assumir a sua causa posteriormente, devendo, *mediante simples petição*, carrear ao feito as informações exigidas por lei. Ao juiz incumbe o papel de verificar as petições, de pôr em ordem peças e atos, evitar o tumultuamento nos autos e a confusão proposital ou acidental nas discussões (PONTES DE MIRANDA, Francisco Cavalcanti. *Comentários ao Código de Processo Civil*. v. I. Tomo I. Rio de Janeiro: Forense, 1974. p. 456). Assim sendo, não declaradas as informações exigidas pelo inciso I do art. 106, o julgador ordenará que a omissão seja suprida, em prazo não superior a cinco dias, antes de determinar a citação do réu, sob pena de indeferimento da petição inicial (CPC/2015, art. 106, §1º) – curiosamente, o prazo destoa daquele previsto no art. 321, que é de quinze dias. Advindo a omissão de advogado réu, será ele intimado para supri-la em cinco dias. Se, porém, insistir na inércia, não há previsão legal de consequência, de modo que as intimações a ele dirigidas far-se-ão *pessoalmente*, no endereço onde ocorreu a citação (DELLORE, Luiz. *Teoria Geral do Processo. Comentários ao CPC de 2015*. Parte Geral. Coordenadores: Fernando da Fonseca Gajardoni, Luiz Dellore, Andre Vasconcelos Roque e Zulmar Duarte de Oliveira Jr. São Paulo: Editora Método, 2015. pp. 360-361). Observações: i) nas comarcas onde a intimação do advogado é feita por publicação em nota de expediente na imprensa, a falta da indicação do endereço no qual o advogado receberá a intimação não é causa determinante da inépcia da petição inicial (STJ, REsp nº 102,117, 4ª Turma, rel. Min. Rui Rosado de Aguiar, julgamento: 19.11.1996, disponível em: www.stj.jus.br); ii) ainda para fins de intimação por publicação e nota de expediente na imprensa, faltando, por exemplo, a informação sobre o número de inscrição na OAB do advogado réu, poderá o autor requerer ao juiz diligências necessárias à sua obtenção (CPC/2015, art. 319, §1º); iii) o advogado que atua em causa própria precisa estar atento para comunicar ao juízo eventual mudança de endereço (até mesmo o *endereço eletrônico*), pois a sua omissão implicará a validade das intimações enviadas por carta registrada ou meio eletrônico ao antigo endereço constante dos autos; e iv) é *dever* das partes e de seus procuradores (e, portanto, é também dever do advogado *que atua em causa própria*) "declinar, no primeiro momento que lhes couber falar nos autos, o endereço residencial ou profissional onde receberão intimações, atualizando essa informação sempre que ocorrer qualquer modificação temporária ou definitiva" (CPC/2015, art. 77, V).

— Θ —

Art. 107. O advogado tem direito a:

I - examinar, em cartório de fórum e secretaria de tribunal, mesmo sem procuração, autos de qualquer processo, independentemente da fase de tramitação, assegurados a obtenção de cópias e o registro de anotações, salvo na hipótese de segredo de justiça, nas quais apenas o advogado constituído terá acesso aos autos;

II - requerer, como procurador, vista dos autos de qualquer processo, pelo prazo de 5 (cinco) dias;

III - retirar os autos do cartório ou da secretaria, pelo prazo legal, sempre que neles lhe couber falar por determinação do juiz, nos casos previstos em lei.

§1º Ao receber os autos, o advogado assinará carga em livro ou documento próprio.

§2º Sendo o prazo comum às partes, os procuradores poderão retirar os autos somente em conjunto ou mediante prévio ajuste, por petição nos autos.

§3º Na hipótese do §2º, é lícito ao procurador retirar os autos para obtenção de cópias, pelo prazo de 2 (duas) a 6 (seis) horas, independentemente de ajuste e sem prejuízo da continuidade do prazo.

§4º O procurador perderá no mesmo processo o direito a que se refere o §3º se não devolver os autos tempestivamente, salvo se o prazo for prorrogado pelo juiz.

§5º O disposto no inciso I do caput deste artigo aplica-se integralmente a processos eletrônicos.

Correspondente:
CPC/1973, art. 40.

Referências:
CF/1988, art. 5º, LIV e LV.

CPC/2015, art. 107; art. 189, §1º; art. 223, *caput*; art. 234, §2º; art. 404, parágrafo único; art. 773, parágrafo único.

EOAB, art. 4º, §2º; art. 7º, XV; art. 31, §§1º e 2º.

Lei nº 11.419/2006, art. 11, §7º.

Resolução nº 121/2010 do CNJ, art. 3º, *caput* e §§1º e 2º.

Prerrogativas profissionais do advogado: a legalidade robustece a independência profissional do advogado, isto é, exorta-o a agir sem receio de aborrecer quaisquer autoridades, inclusive os magistrados, e a contribuir para o prestígio da classe e da própria advocacia (EOAB, art. 31, §§1º e 2º). Daí o papel das suas prerrogativas, talhadas em lei exatamente para permitir que exerça seu ministério com destemor, cuja importância destaca-se sobretudo em benefício dos indivíduos que depositam nele confiança. Não se trata de conferir ao advogado privilégios, de conotação tipicamente corporativa, mas de assegurar-lhe o exercício profissional sem hesitação ou medo na defesa intransigente dos direitos do seu constituinte (MARTINS NETO, Braz. Ética e prerrogativas. *Revista do Advogado*, São Paulo, n. 93, pp. 19-22, 2007). É lembrar sempre a advertência de Eduardo José da Fonseca Costa: é imperioso "se vigiarem incansavelmente as prerrogativas dos advogados (EOAB, artigo 7º), sem as quais a garantia se despotencia numa quase inutilidade. No dizer de Izio Masetti, 'advogado sem prerrogativas é a mesma coisa que um soltado sem fuzil'. Elas são a condição mínima de garanticidade da advocacia. Arranhadas, mais do que se vilipendiar o advogado, vulnera-se o jurisdicionado" (FONSECA COSTA, Eduardo José. A Advocacia como garantia de liberdade dos jurisdicionados. *Empório do Direito*. 09 maio 2018. Disponível em: www.emporiododireito.com.br. Acesso em: 29 jun. 2020). Pois o que faz o art. 107 do CPC/2015 é reafirmar e especificar, em parte, o rol de prerrogativas do advogado já constantes do EAOAB e que asseguram a esse profissional condições para o exercício da defesa dos seus clientes com a plenitude esperada.

Acesso aos autos de quaisquer processos (inclusive os eletrônicos): é direito do advogado examinar, em cartório de fórum e secretaria de tribunal, *mesmo sem procuração*, os autos de qualquer processo, pouco importando a fase de tramitação, assegurados a obtenção de cópias e o registro de anotações, *salvo na hipótese de segredo de* *justiça*, hipótese em que o direito de consulta é restrito às partes e aos seus procuradores (CPC/2015, art. 107, I c/c art. 189, §1º). A regra prevista no inciso I do art. 107 aplica-se também aos *processos eletrônicos* (CPC/2015, art. 107, §5º c/c EAOAB, art. 7º, §13), de modo que é útil sublinhar três diretrizes atualmente adotadas: i) o advogado cadastrado e habilitado nos autos, as partes cadastradas e o membro do Ministério Público cadastrado terão acesso a todo o conteúdo do processo eletrônico (EAOAB, art. 4º, §2º c/c Resolução nº 121/2010 do CNJ, art. 3º, *caput*); ii) os sistemas devem possibilitar que advogados, procuradores e membros do Ministério Público cadastrados, mas não vinculados a processo previamente identificado, acessem automaticamente todos os atos e documentos processuais armazenados em meio eletrônico, *salvo os casos que correm em sigilo ou segredo de justiça*, cabendo-lhes, *apenas para fins de registro*, demonstrar o interesse (Lei nº 11.419/2006, art. 11, §7º c/c Resolução nº 121/2010 do CNJ, art. 3º, §1º); e iii) os acessos aos autos eletrônicos serão sempre registrados, até para fins de responsabilidade civil e/ou criminal (Resolução nº 121/2010 do CNJ, art. 3º, §2º).

Opção "sigilo" no PJe: têm as partes à sua disposição uma curiosa *opção* no PJe que lhes permite atribuir, por ato próprio, sigilo às suas petições e/ou aos documentos que protocolizam e juntam aos autos eletrônicos. Se uma parte faz uso da opção, o juiz e ela, com exclusividade, terão acesso à petição e/ou ao documento apresentado, enquanto a contraparte ficará simplesmente às cegas. Ao juiz incumbirá avaliar se foi indevido ou não o uso do mecanismo, decidindo, então, sobre a manutenção ou exclusão da restrição. Não há outra maneira de dizer: trata-se de uma *excrecência tecnológica*, talvez criada por gente absolutamente alheia à dinâmica do foro. É claro que o juiz deve adotar medidas que assegurem a confidencialidade de documentos e dados sigilosos (CPC/2015, art. 404, parágrafo único; art. 773, parágrafo único), mas jamais a ponto de obstruir o acesso às partes. O manejo da opção "sigilo", como é nada menos que óbvio, afronta o devido processo legal, sobretudo contraditório e ampla defesa (CF/1988, art. 5º, LIV e LV), de modo que o seu manejo eficiente (= obstrução à parte de conhecer documentos juntados aos autos) é fonte rica para o pronunciamento de nulidades futuras. Sobre o PJe, conferir: www.pje.jus.br.

Requerer vista dos autos e retirá-los da secretaria: o advogado possui direito, *na qualidade de procurador*, de ter vista dos autos de qualquer processo, pelo prazo de cinco dias, bem como de retirá-los do cartório ou da secretaria, pelo prazo legal, sempre que neles lhe couber falar por determinação do juiz (CPC/2015, art. 107, II e III c/c EAOAB, art. 7º, XV). Observações: i) ao receber os autos do processo, o advogado assinará carga em livro ou documento próprio (CPC/2015, art. 107, §1º). É indispensável que se tenha na secretaria ou cartório um *registro de retirada e devolução dos autos* em virtude das consequências de um e outro ato, com especial atenção aos termos inicial e final da contagem dos prazos, para que seja exato o apontamento da responsabilidade por eventual extravio do caderno processual ou da adulteração de seu conteúdo pelo aporte de comentários nas entrelinhas, lançamento de grifos, emendas e rasuras ou pela supressão e adulteração de documentos (MILMAN, Fabio. *Comentários ao Código de Processo Civil*. Coordenadores: Angélica Arruda Alvim, Araken de Assis, Eduardo Arruda Alvim e George Salomão Leite. 2. ed. São Paulo: Saraiva, 2017. p. 178); ii) sendo o *prazo comum* às partes, os procuradores poderão retirar os autos somente em conjunto ou mediante prévio ajuste, por petição nos autos (CPC/2015, art. 107, §2º); e iii) ainda que o prazo seja comum, ao procurador é lícito retirar os autos para obtenção de cópias, pelo prazo de duas a seis horas, *independentemente de ajuste e sem prejuízo da continuidade de prazo* (CPC/2015, art. 107, §3º), sujeitando-se a perder esse direito na hipótese de não devolvê-lo tempestivamente, salvo se o prazo for prorrogado pelo juiz (CPC/2015, art. 107, §4º). Vale lembrar que essa *consequência negativa* (= perda do direito de retirar os autos da secretaria para obtenção de cópias) terá aplicação apenas se, decorrido o prazo, o advogado, conquanto intimado a devolver os autos, não o fizer em três dias (CPC/2015, art. 234, §2º), podendo demonstrar, ainda, que não devolveu os autos por *justa causa* (CPC/2015, art. 223, *caput*).

— Θ —

Capítulo IV
DA SUCESSÃO DAS PARTES E DOS PROCURADORES

Art. 108. No curso do processo, somente é lícita a sucessão voluntária das partes nos casos expressos em lei.

Correspondente:
CPC/1973, art. 41.

Referências:
CPC/2015, art. 109; art. 110; art. 111; art. 112;
art. 240, *caput*; art. 329, I e II.

CP/1940, art. 171, II.

Estabilização subjetiva da demanda: com a citação válida, devidamente convocado(s) o(s) demandado(s), induz-se a litispendência, a coisa torna-se litigiosa, constituindo-se em mora o devedor (CPC/2015, art. 240, *caput*). Ao autor, por conseguinte, não mais será permitido aditar ou alterar o pedido e/ou a causa de pedir com liberdade, pois dependerá do consentimento do réu e, ainda assim, apenas até o saneamento do processo (CPC/2015, art. 329, I e II). Ter-se-á, ademais, a estabilização subjetiva da demanda, não se tolerando a alteração das partes litigantes, salvo em hipóteses expressamente previstas em lei.

Sucessão processual e substituição processual: tem-se a *sucessão processual* quando um indivíduo, que integra o polo ativo ou passivo da demanda, é trocado por outro. É o que ocorre na ocasião da morte de qualquer das partes, momento no qual se dará a sucessão pelo espólio ou pelos sucessores (CPC/2015, art. 110). A *substituição processual*, por sua vez, é fenômeno diverso: refere-se às circunstâncias excepcionais, previstas no ordenamento jurídico, em que alguém, em nome próprio, pode litigar em defesa do interesse de terceiro. Verifica-se a substituição processual quando o Ministério Público (ou um curador) defende os interesses do interditando em procedimento de interdição. Outro exemplo a retratar ambos os institutos: após a alienação do bem ou do direito litigioso ter-se-á, em regra, apenas a substituição processual (CPC/2015, art. 109, *caput*), mas se poderá verificar, eventualmente, a completa sucessão de parte, mediante a saída do litigante primitivo (transmitente) e entrada do novo litigante (adquirente), o que dependerá, no entanto, do consentimento da parte contrária (CPC/2015, art. 109, §1º) (THEODORO JÚNIOR, Humberto. *Curso de Direito Processual Civil*. v. I. 56. ed. Rio de Janeiro: Forense, 2015. p. 270).

Sucessão voluntária e autorização legal: no curso do processo, apenas é lícita a sucessão *voluntária* das partes, *que pode se dar por ato entre vivos ou em função da morte*, nos casos expressos em lei (CPC/2015, art. 108).

— Θ —

Art. 109. A alienação da coisa ou do direito litigioso por ato entre vivos, a título particular, não altera a legitimidade das partes.

§1º O adquirente ou cessionário não poderá ingressar em juízo, sucedendo o alienante ou cedente, sem que o consinta a parte contrária.

§2º O adquirente ou cessionário poderá intervir no processo como assistente litisconsorcial do alienante ou cedente.

§3º Estendem-se os efeitos da sentença proferida entre as partes originárias ao adquirente ou cessionário.

Correspondente:
CPC/1973, art. 42.

Referências:
CF/1988, art. 5º, LIV e LV.

CPC/2015, art. 18; art. 109; art. 778, III e §2º.

CC/2002, art. 290.

Lei nº 13.097/2015, art. 54.

CP/1940, art. 171, II.

Alienação da coisa ou do direito litigioso por ato entre vivos: ocorrendo a alienação da coisa ou do direito litigioso (= aquilo que integra o objeto processual) por ato entre vivos, a título particular, ter-se-á uma entre três possibilidades. A princípio, nada mudará em relação à legitimidade *ad causam* (= estabilização subjetiva da demanda), sendo que o alienante ou cedente permanecerá como parte, mas atuando na qualidade de *substituto processual* do adquirente ou cessionário (= substituição processual). *Defenderá, enfim, direito alheio em nome próprio* (CPC/2015, art. 18). O adquirente ou cessionário pode, todavia, pleitear seu ingresso em juízo para de fato suceder o alienante ou cedente (= sucessão processual), o que dependerá sempre do *consentimento* da parte contrária (CPC/2015, art. 109, §1º). Admitida a sucessão processual, a parte originária (alienante ou cedente) será excluída do feito e, em seu lugar, passará a atuar o adquirente ou cessionário para defender o bem litigioso que lhe foi alienado ou transferido. Por fim, ausente o consentimento, sobrará ao adquirente ou cessionário, se assim quiser, intervir no processo como assistente litisconsorcial do alienante ou cedente (CPC/2015, art. 109, §2º). Observações: i) as regras trazidas pelo art. 109 do CPC/2015 são "uma resposta equilibrada (...) à problemática dos efeitos processuais decorrentes da alienação da coisa ou do direito litigioso, com o escopo de harmonizar os interesses de todos os sujeitos envolvidos" – "quanto ao alienante, de exercer a livre disposição de seus bens, ainda que litigiosos; quanto à contraparte, de não ser prejudicada pela alienação da coisa ou direito litigioso pelo seu adversário; e, quanto ao adquirente, de poder intervir no processo influindo na formação da convicção do julgador" (LINO, Marcos dos Santos. *Reflexos processuais da alienação da coisa litigiosa*. Dissertação (Mestrado em Direito) – Universidade de São Paulo. São Paulo, 2013. p. 218); ii) a alienação da coisa ou do direito litigioso por si só não altera, como já anotado, a legitimidade das partes, não se podendo, portanto, invocá-la "para afirmar a superveniência de uma ilegitimidade *ad causam*, em razão de o alienante não ser mais o titular do direito em discussão" (CARRILHO LOPES, Bruno Vasconcelos. *Comentários ao Código de Processo Civil. Das partes e dos procuradores*. v. II. São Paulo: Saraiva, 2017. p. 284); iii) não exige a lei que a parte contrária justifique a sua discordância em relação ao pedido formulado pelo adquirente ou cessionário para suceder o alienante ou cedente; iv) a intervenção do adquirente ou cessionário como assistente litisconsorcial do alienante ou cedente independe da concordância das partes originárias; v) em se tratando de alienação ou transferência *parcial*, eventual sucessão processual será igualmente parcial, sendo mantida a legitimidade originária do alienante em relação à parcela da coisa ou do direito não alienado; vi) se o alienante permanecer como parte, haja vista a não ocorrência da sucessão processual, atuando no feito como substituto do adquirente (ou do cessionário), não poderá, pelo simples fato de não ser mais titular da coisa ou do direito, praticar atos de disposição, tais como reconhecer juridicamente o pedido, renunciar ao direito ou mesmo transacionar (LINO, Marcos dos Santos. *Reflexos processuais da alienação da coisa litigiosa.* Dissertação – Universidade de São Paulo. São Paulo, 2013. p. 107); vii) inserido na relação processual, quer porque ocorreu a troca das partes (= sucessão processual), quer porque ingressou no litígio como assistente litisconsorcial, o adquirente ou cessionário assumirá o processo *no estado em que se encontrar,* ficando "pré-excluídas as iniciativas já consumadas" – por exemplo: "ocupando o sucesso a posição de réu, não se reabre o prazo para reconvenção ou contestação" (ASSIS, Araken. *Processo Civil Brasileiro.* v. II. Tomo I. São Paulo: Revista dos Tribunais, 2015. p. 218); viii) a regra que estende os efeitos da sentença e da coisa julgada ao adquirente ou cessionário (CPC/2015, art. 109, §3º) não se aplica àquele que, embora adotando as diligências esperadas pelo *homem médio,* não logrou sucesso em identificar a litigiosidade da coisa ou do direito (= adquirente de boa-fé). Sobre o tema, consultar: ALVARO DE OLIVEIRA, Carlos Alberto. *Alienação da coisa litigiosa.* 2. ed. Rio de Janeiro: Forense, 1986; ASSIS, Araken. *Processo Civil Brasileiro.* v. II. Tomo I. São Paulo: Revista dos Tribunais, 2015; BARBI, Celso Agrícola. *Comentários ao Código de Processo Civil.* v. I. Rio de Janeiro: Forense, 1981; CARRILHO LOPES, Bruno Vasconcelos. *Comentários ao Código de Processo Civil. Das partes e dos procuradores.* v. II. São Paulo: Saraiva, 2017; COSTA E SILVA, Paula. *Um desafio à teoria geral do processo. Repensando a transmissão da coisa ou direito em litígio. Ainda um contributo para o estudo da substituição processual.* 2. ed. Coimbra: Coimbra Editora, 2009; THEODORO JÚNIOR, Humberto. *Curso de Direito Processual Civil.* v. I. 56 ed. Rio de Janeiro: Forense, 2015; DIDIER JR., Fredie. *Curso de Direito Processual Civil. Introdução ao Direito Processual Civil, Parte Geral e Processo de Conhecimento.* v. 1. 18 ed. Salvador: JusPodivm, 2016; LINO, Marcos dos Santos. *Reflexos processuais da alienação da coisa litigiosa.* Dissertação (Mestrado em Direito) – Universidade de São Paulo. São Paulo, 2013; TALAMINI, Eduardo. *Coisa julgada e sua revisão.* São Paulo: Revista dos Tribunais, 2005.

Desnecessidade de anuência em caso de execução: está o cessionário autorizado a promover execução forçada, ou nela prosseguir, em sucessão ao exequente originário, quando o direito resultante do título executivo lhe for transferido por ato entre vivos. E frise-se: *a sucessão processual independerá, em tal hipótese, do consentimento do* *executado* (CPC/2015, art. 778, III e §2º) – nesse sentido: STJ, REsp nº 1.091.443, Corte Especial, rel. Min. Maria Thereza de Assis Moura, julgamento: 02.05.2012, disponível em: www.stj.jus.br.

Extensão dos efeitos da sentença e da coisa julgada: os efeitos da sentença proferida entre as partes originárias e a própria coisa julgada se estenderão ao adquirente ou cessionário, pouco importando tenha ele sucedido o alienante ou cedente ou intervindo no feito como assistente litisconsorcial. É regra que encontra legitimidade no "risco assumido por terceiro ao adquirir o direito litigioso", no "fato de estar em jogo no processo um direito seu", na "atuação do alienante como seu substituto processual" e, por fim, na "oportunidade dada ao adquirente de intervir (...) na qualidade de assistente litisconsorcial, com poderes diferenciados" (CARRILHO LOPES, Bruno Vasconcelos. *Comentários ao Código de Processo Civil. Das partes e dos procuradores*. v. II. São Paulo: Saraiva, 2017. p. 290). E não menos importante: o §3º do art. 109 não se aplica quando o adquirente ou cessionário se tratar de indivíduo que, a despeito dos cuidados adotados, não obteve êxito em conhecer da litigiosidade (= adquirente de boa-fé). Por fim, vale mencionar que o Superior Tribunal de Justiça já decidiu que o §3º do art. 109 (antigo art. 42, §3º, do CPC/1973) é "coerente com própria lógica do sistema processual", pois se ao cessionário é dado o direito de executar eventual sentença que beneficie o cedente (CPC/2015, art. 778, III e §2º), "também ele deve, pela mesma razão e princípio, responder passivamente pelos consectários do título judicial adverso aos seus interesses" (STJ, RMS 44.560, 1ª Turma, rel. Min. Arnaldo Esteves Lima, julgamento: 01.04.2014, disponível em: www.stj.jus.br). Com isso, de todo modo, pretendeu o legislador, de um lado, assegurar a resolução definitiva do litígio, fechando as portas para uma nova demanda, e, de outro, evitar manobras extra-autos prejudiciais à contraparte.

O adquirente de boa-fé: a "pendência do processo não é óbice à fluência normal do comércio jurídico, inclusive no que concerne ao bem ou direito litigioso" (CRUZ E TUCCI, José Roberto. Alienação do direito litigioso num recente precedente do STJ. *Consultor Jurídico*, 26 maio 2020. Disponível em: www.conjur.com.br. Acesso em: 01 fev. 2021). Nada há que proíba indivíduos de negociar coisa ou direito litigioso, mas a lei deixa em manifesto que os efeitos da sentença proferida entre as partes originárias estender-se-ão ao adquirente ou cessionário (CPC/2015, art. 109, §3º). Entretanto, é preciso cuidado para não se tirarem conclusões apressadas de uma leitura normativa isolada. Não bastasse a atenção que merece o devido processo legal (CF/1988, art. 5º, LIV e LV), norma de superior hierarquia, o aludido art. 109 traz outras disposições que conferem legitimidade à previsão que impõe a dilatação dos efeitos da sentença em relação ao terceiro adquirente. Indo ao ponto: o CPC/2015 confere ao adquirente ou cessionário mecanismos para fazer valer a sua posição no processo em que tem lugar a discussão sobre a coisa ou o direito litigioso adquirido ou transmitido. Tanto assim que está autorizado a ingressar em juízo para suceder o alienante ou cedente, desde que haja consentimento da parte contrária, ou mesmo intervir na qualidade de assistente litisconsorcial, podendo fazê-lo, neste último caso, independentemente da vontade das partes originárias. A lei, portanto, é absurdamente clara em incentivar a participação do adquirente ou cessionário, motivando-o a ingressar no feito para defender aquilo que é do seu interesse. E é somente a partir dessa premissa, ajustada ao contraditório e à ampla defesa, que se pode aceitar o disposto no §3º do art. 109 do CPC/2015. Daí o problema do *terceiro adquirente de boa-fé*, isto é, aquele cuja participação no processo não ocorreu porque desconhecia a litispendência. A sua ignorância foi, assim, o fator impeditivo para o exercício da faculdade outorgada pela lei de participar e defender a sua posição jurídica. Deixou de fazê-lo, em suma, não por opção própria, mas porque não tinha ciência da litigiosidade. Por isso o acerto da lição de Marcos dos Santos Lino: "É possível que no processo judicial ocorra a alienação do bem litigioso, sem a intervenção do adquirente, e que, ao final, a sentença produza efeitos perante o terceiro adquirente porque preservado o devido processo legal"; "ou não produza efeitos perante o adquirente porque não observado o devido processo legal", sendo que "a diferença entre ambas as situações é a ciência do adquirente quanto à litigiosidade da coisa ou direito objeto da transmissão" (LINO, Marcos dos Santos. *Reflexos processuais da alienação da coisa litigiosa*. Dissertação (Mestrado em Direito) – Universidade de São Paulo. São Paulo, 2013. pp. 193-194). Observações: i) a ciência ou não da litigiosidade da coisa ou do direito "será matéria de prova, sobre a qual poderão incidir algumas presunções legais retiradas dos usos e costumes" (LINO, Marcos dos Santos. *Reflexos processuais da alienação da coisa litigiosa*. Dissertação (Mestrado em Direito) – Universidade de São Paulo. São Paulo, 2013. p. 194); ii) em primeiro lugar, é indispensável a qualquer pretenso adquirente "a verificação de existência de processos judiciais envolvendo a coisa ou direito a ser adquirido no cartório distribuidor do foro de domicílio do alienante" e também "do foro do lugar da coisa", razão por que "estabelece-se uma presunção relativa de conhecimento da litigiosidade do bem ou direito quando pendente uma ação em qualquer desses foros, a qual somente poderá ser afastada pela comprovação em juízo, por parte do adquirente, de que no momento da aquisição lhe foi impossível o acesso às informações, por qualquer razão legítima, a ser apreciada pelo julgador no caso concreto" (LINO, Marcos dos Santos. *Reflexos processuais da alienação da coisa litigiosa*. Dissertação (Mestrado em Direito) – Universidade de São Paulo. São Paulo, 2013. pp. 194-195); iii) se o bem alienado tratar-se de *imóvel*, "o adquirente deverá verificar se consta da matrícula a referência a algum processo judicial", pois a tomada dessa precaução acarreta a presunção da boa-fé do adquirente (Lei nº 13.097/2015, art. 54), "cabendo ao interessado em elidi-la demonstrar que ele tinha conhecimento do processo pendente" (CARRILHO LOPES, Bruno Vasconcelos. *Comentários ao Código de Processo Civil. Das partes e dos procuradores*. v. II. São Paulo: Saraiva, 2017. p. 291); iv) se o bem alienado for *móvel* e estiver "sujeito a registro (como é o caso dos automóveis)", bastará ao adquirente a sua consulta "para que se presuma sua boa-fé"; se, porém, o bem não estiver sujeito a registro, "o adquirente deverá pesquisar os processos pendentes em que o alienante for parte nas comarcas do domicílio do alienante e do local onde se encontra o bem" (CPC/2015, art. 792, §2º) (CARRILHO LOPES, Bruno Vasconcelos. *Comentários ao Código de Processo Civil. Das partes e dos procuradores*. v. II. São Paulo: Saraiva, 2017. p. 291); e v) na hipótese "de a alienação do direito envolver cessão de crédito ou de contrato, a diligência ordinária a ser adotada pelo adquirente do direito, até para que o negócio seja eficaz, é notificar a contraparte (CC/2002, art. 290). Realizada a notificação e quedando silente a parte notificada acerca do litígio, deve ser presumida a boa-fé do adquirente do direito. Não realizada a notificação na pendência do processo, o negócio somente será eficaz perante a contraparte após o trânsito em julgado, ficando o adquirente sujeito à eficácia da sentença e a coisa julgada. Sua inércia em adotar as providências necessárias para a aquisição do direito se tornar eficaz afasta o resguardo de seus interesses" (CARRILHO LOPES, Bruno Vasconcelos. *Comentários ao Código de Processo Civil. Das partes e dos procuradores*. v. II. São Paulo: Saraiva, 2017. pp. 291-292).

Crime de alienação de coisa litigiosa: pratica crime quem aliena coisa própria e silencia-se sobre o fato de ser ela litigiosa, podendo incorrer em pena de reclusão, de um a cinco anos, e multa (CP/1940, art. 171, II).

— Θ —

ARTIGO 110 | 291

Art. 110. Ocorrendo a morte de qualquer das partes, dar-se-á a sucessão pelo seu espólio ou pelos seus sucessores, observado o disposto no art. 313, §§1º e 2º.

Correspondente:
CPC/1973, art. 43.

Referências:
CPC/2015, art. 75; art. 313; art. 688, I e II;
art. 689; art. 690; art. 691; art. 692.

CC/2002, art. 6º.

Sucessão processual em caso de morte: com a morte, termina a existência da pessoa natural (CC/2002, art. 6º, *primeira parte*). No âmbito processual, o falecimento de quem é parte implica desaparecimento da *capacidade de ser parte* e, por resultado, da *capacidade de agir em juízo*. O morto, em suma, não pode demandar ou ser demandado. Daí a regra: *ocorrendo a morte de qualquer das partes, dar-se-á a sucessão pelo seu espólio ou pelos seus sucessores* (CPC/2015 art. 110, *primeira parte*).

Procedimento de habilitação: diante da morte de qualquer das partes, dar-se-á a sucessão pelo seu espólio ou pelos seus sucessores. Assim ocorre a partir do *procedimento de habilitação*, cujos principais detalhamentos são: i) pode ser requerido pela parte, em relação aos sucessores do falecido, ou pelos sucessores do falecido, em relação à parte (CPC/2015, art. 688, I e II); ii) a sua materialização ocorrerá nos autos do processo principal, na instância em que estiver, suspendendo-se seu curso a partir de então (CPC/2015, art. 313 c/c art. 689); iii) recebida a petição, o juiz ordenará a citação dos requeridos para se pronunciarem no prazo de cinco dias (CPC/2015, art. 690); iv) o pedido de habilitação será decidido imediatamente, exceto se for impugnado e houver necessidade de dilação probatória diversa da documental, caso em que o órgão judicial determinará a autuação em apartado e disporá sobre a instrução (CPC/2015, art. 691); e v) após o trânsito em julgado, uma cópia da sentença será juntada ao processo principal, que retomará seu curso normal (CPC/2015, art. 692).

Espólio e herdeiros: incumbe ao espólio, *enquanto não realizada a partilha*, suceder a parte falecida, a qual será representada pelo inventariante (CPC/2015, art. 75, VII). Depois de concluída a partilha, a legitimidade para a sucessão processual é dos herdeiros. Por fim, havendo a sucessão processual pelo espólio, mas no curso do processo a partilha se realizar no inventário, deverá ocorrer nova sucessão processual, com os herdeiros ingressando no lugar do espólio (CARRILHO LOPES, Bruno Vasconcelos. *Comentários ao Código de Processo Civil. Das partes e dos procuradores.* v. II. São Paulo: Saraiva, 2017. p. 292).

Não instauração do procedimento de habilitação: advindo a morte de qualquer das partes e não sendo instaurado o procedimento de habilitação, ao órgão judicial incumbirá, caso tome conhecimento dela, determinar a suspensão da atividade jurisdicional. Em seguida, dar-se-á o seguinte: i) falecido o réu, o órgão judiciário ordenará a intimação do autor para que promova a citação do respectivo espólio, de quem for o sucessor ou, se caso for, dos herdeiros, no prazo de, no mínimo, dois e, no máximo, seis meses; e ii) falecido o autor e sendo transmissível o direito em litígio, o órgão judicial determinará a intimação de seu espólio, de quem for o sucessor ou, se caso for, dos herdeiros, pelos meios de divulgação que reputar mais adequados, para que manifestem interesse na sucessão processual e promovam, no prazo designado, a respectiva habilitação, sob pena de extinção do processo sem resolução de mérito (CPC/2015, art. 313, §2º, I e II).

Suspensão do processo: suspende-se o processo pela morte ou pela perda da capacidade processual de qualquer das partes (CPC/2015, art. 313, I). De todo modo, o Superior Tribunal de Justiça tem entendido que, concluindo o órgão judicial pela desnecessidade de suspender o processo, serão considerados válidos os atos praticados, desde que não haja prejuízo aos interessados (= *nulidade relativa*) (STJ, AgRg no AgRg nos EDcl no AREsp nº 49.913, 4ª Turma, rel. Min. Marco Buzzi, julgamento: 27.08.2020, disponível em: www.stj.jus.br).

— ☉ —

Art. 111. A parte que revogar o mandato outorgado a seu advogado constituirá, no mesmo ato, outro que assuma o patrocínio da causa.

Parágrafo único. Não sendo constituído novo procurador no prazo de 15 (quinze) dias, observar-se-á o disposto no art. 76.

Correspondente:
CPC/1973, art. 44.

Referências:
CPC/2015, art. 76.

CC/2002, art. 682; art. 687.

Revogação do mandato: entre outras causas, o mandato cessa pela revogação (CC/2002, art. 682). A revogação é ato unilateral e voluntário por meio do qual o mandante (= cliente) exerce a faculdade potestativa de desconstituir o mandatário (= advogado) dos poderes que lhe foram outorgados; não exige forma especial, pode ser total ou parcial, expressa ou tácita, como se dá, em ilustração à última hipótese, nos casos em que o mandante nomeia outro mandatário para cumprir o mesmo encargo (CC/2002, art. 687) (GODOY, Claudio Luiz Bueno de. *Código Civil Comentado. Doutrina e Jurisprudência*. 8. ed. Coordenador: Ministro Cezar Peluso. São Paulo: Editora Manole, 2014. p. 655). Revogado o mandato outorgado a seu advogado, cumpre à parte, no mesmo ato, constituir novo profissional que assuma o patrocínio da causa (= sucessão de advogado) (CPC/2015, art. 111, *caput*).

Modalidades de revogação do mandato: a revogação do mandato pode ocorrer de modo expresso ou tácito. Tem-se a revogação *expressa* quando for comunicada ao advogado via notificação (CC/2002, art. 687), documento que posteriormente deve ser juntado aos autos (pelo advogado antigo ou novo, não importa). Já a revogação *tácita* é aquela que se materializa pela mera juntada aos autos de nova procuração, sem ressalva quanto aos poderes do antigo advogado – nesse sentido: STJ, AgInt no AREsp nº 1.096.126, 1ª Turma, rel. Min. Gurgel de Faria, julgamento: 24.08.2020, disponível em: www.stj.jus.br.

Não constituição de novo procurador: ao revogar o mandato, incumbe à parte constituir novo procurador que assuma o patrocínio da causa. Trata-se de previsão que somente tem sentido na hipótese em que a revogação do mandato ocorre por notificação, com a comunicação feita pelo advogado cujos poderes foram cassados (CARRILHO LOPES, Bruno Vasconcelos. *Comentários ao Código de Processo Civil. Das partes e dos procuradores*. v. II. São Paulo: Saraiva, 2017. p. 294). Não sendo constituído outro procurador no prazo de quinze dias, o órgão judicial determinará a suspensão do processo e designará prazo para que seja sanado o vício (CPC/2015, art. 76, *caput*). Descumprida a ordem, caso o processo esteja na instância originária: i) o processo será extinto, se a providência couber ao autor; ii) o réu será considerado revel, se a providência lhe couber; e iii) o terceiro será considerado revel ou excluído do processo, a depender do polo em que se encontrar (CPC/2015, art. 76, §1º, I, II e III). Se a determinação, no entanto, for descumprida em fase recursal (perante Tribunal de Justiça, Tribunal Regional Federal ou Tribunal Superior), o relator: i) não conhecerá do recurso, se a providência couber ao recorrente; e ii) determinará o desentranhamento das contrarrazões, se a providência couber ao recorrido (CPC/2015, art. 76, §2º, I, II e III).

— Θ —

Art. 112. O advogado poderá renunciar ao mandato a qualquer tempo, provando, na forma prevista neste Código, que comunicou a renúncia ao mandante, a fim de que este nomeie sucessor.

§1º Durante os 10 (dez) dias seguintes, o advogado continuará a representar o mandante, desde que necessário para lhe evitar prejuízo

§2º Dispensa-se a comunicação referida no *caput* quando a procuração tiver sido outorgada a vários advogados e a parte continuar representada por outro, apesar da renúncia.

Correspondente:
CPC/1973, art. 45.

Referências:
CPC/2015, art. 76; art. 111; art. 726.

CC/2002, art. 688.

EAOAB, art. 5º, §3º; art. 34, XI.

Renúncia de mandato: o mandato outorgado pela parte ao seu advogado tem por essência uma *ligação de confiança* que entrelaça a ambos, de modo que, desaparecendo esse traço distintivo, é até natural que um ou outro esteja autorizado a fazer cessá-lo. A lei, no entanto, vai além, pois autoriza o advogado, a qualquer tempo, *renunciar* ao mandato, *sem exigir que especifique suas motivações*. A renúncia é ato unilateral e voluntário por meio do qual o profissional da advocacia (= mandatário) desconstitui o mandato para não mais postular em juízo em favor do mandante (= parte; cliente). Há, contudo, uma condição para que se operem os efeitos: deve o advogado provar que comunicou a renúncia ao mandante a fim de que este nomeie sucessor (= sucessão de advogado) (CPC/2015, art. 112, *caput* c/c CC/2002, art. 688). A aludida comunicação estará dispensada quando a procuração tiver sido outorgada a dois ou mais advogados e a parte, apesar da renúncia, continuar representada por um deles (CPC/2015, art. 112, §2º).

Renúncia do advogado substabelecente: a renúncia ao mandato, feita pelo advogado-substabelecente *com reservas*, não faz desaparecer os poderes conferidos ao advogado-substabelecido. É da natureza do mandato, afinal de contas, a outorga de autorização para que o mandatário pratique atos em nome do mandante (CC/2002, art. 653), o que não tem aplicação apenas na hipótese de a procuração expressamente vedar poderes de substabelecimento – em sentido similar: STJ, REsp nº 556.240, 3ª Turma, rel. Min. Nancy Andrighi, julgamento: 21.10.2004, disponível em: www.stj.jus.br. Já o substabelecimento *sem reservas* implica "desligamento do antigo procurador e assunção exclusiva do substabelecido" na causa, não havendo lugar, a partir daí, até porque extinto o mandato, para que o substabelecente renuncie (ASSIS, Araken. *Processo Civil Brasileiro*. v. II. Tomo I. São Paulo: Revista dos Tribunais, 2015. p. 1.107).

Forma da comunicação de renúncia: não há exigência de forma na comunicação da renúncia ao mandato que deve ser feita pelo advogado (= mandatário) a seu cliente (= mandante). Admite-se seja realizada judicial ou extrajudicialmente, sendo comum que se dê "por via postal com aviso de recebimento" (ASSIS, Araken. *Processo Civil Brasileiro*. v. II. Tomo I. São Paulo: Revista dos Tribunais, 2015. pp. 1.106-1.107). A forma oral está proibida, porquanto a lei impõe a comprovação nos autos de que a renúncia foi devidamente comunicada ao mandante.

Manutenção temporária da representação: o advogado continuará, *durante os dez dias seguintes à notificação da renúncia*, a representar o mandante, desde que haja necessidade de assim proceder para lhe evitar prejuízo (CPC/2015, art. 112, §1º). Se o advogado-renunciante for sucedido, com o ingresso do novo advogado nos autos antes do término desse prazo, a regra obviamente não terá aplicação (EAOAB, art. 5º, §3º).

Termo inicial da contagem: ato unilateral de vontade do advogado, a renúncia não se submete à decisão judicial, sendo que a contagem do prazo de dez dias, a que faz alusão o §1º do art. 112 do CPC/2015, tem início a partir da efetiva comunicação ao cliente acerca da renúncia ao mandato.

Não constituição de novo procurador: pode ocorrer de um novo advogado *não ser constituído* tanto na hipótese de revogação do mandato como na de sua renúncia. Seja como for, apenas se verifica preocupação *específica* do legislador em relação à *revogação* do mandato: deve ser observado, em tal circunstância, o que dispõe o art. 76 (CPC/2015, art. 111, parágrafo único). Não se lê, enfim, algo semelhante na regra que cuida da *renúncia ao mandato* (CPC/2015, art. 112, §§1º e 2º). O tratamento diferenciado tem algum sentido. Se revogado o mandato outorgado a advogado sem que um novo procurador tenha sido constituído, incumbe ao órgão judicial, *antes de adotar qualquer medida extrema*, suspender o processo e determinar a intimação da parte para, em prazo razoável, sanar o vício (CPC/2015, art. 76, *caput*). É adequado que assim seja, até porque, em regra, a parte não é tecnicamente letrada, sendo manifesto o risco de suportar prejuízos. A sua intimação, exigida pela lei, é medida de cautela. Veja-se que, de outro lado, o CPC/2015 autoriza o advogado, a qualquer tempo, renunciar ao mandato, devendo, no entanto, provar que comunicou a renúncia ao seu cliente, *a fim de que este nomeie sucessor*. Se não agir assim, o mandato permanecerá inalterado. *O advogado, portanto, não pode simplesmente abandonar a causa* – aliás, constitui infração disciplinar o abandono da causa sem justo motivo ou antes de decorridos dez dias da comunicação da renúncia (EAOAB, art. 34, XI). E naquilo que interessa: aqui não faz sentido a adoção de uma postura normativa precaucional, visto que a parte já foi devidamente cientificada pelo advogado sobre a renúncia ao mandato (e, em especial, sobre a necessidade de constituição de novo profissional da advocacia), razão por que não há justificativa para a lei impor ao órgão judicial o dever de intimá-la com idêntico objetivo. É curioso observar, por fim, que o art. 112 do CPC/2015 não positivou as implicações que advirão da inércia da parte. O Superior Tribunal de Justiça tem adotado a seguinte linha de posicionamento: i) se a parte foi regularmente comunicada por seu patrono acerca da renúncia ao mandato, não se faz necessário decisão judicial para concretizar o ato; ii) decorrido o prazo de dez dias após a renúncia, devidamente notificado o constituinte, a atividade jurisdicional prosseguirá e, não tendo sido constituído novo procurador, os prazos correrão independentemente de intimação (STJ, REsp nº 61.839, 3ª Turma, rel. Min. Eduardo Ribeiro, julgamento: 29.04.1996, disponível em: www.stj.jus.br); iii) não há que se falar em nulidade por ausência de intimação dos atos subsequentes (AgInt no AREsp nº 1.025.325, 4ª Turma, rel. Min. Luis Felipe Salomão, julgamento: 06.04.2017, disponível em: www.stj.jus.br).

Renúncia quando o mandante não é encontrado: não é incomum, no cotidiano forense, casos em que o advogado, decidido a renunciar ao mandato, vê-se frustrado em suas tentativas de comunicar o cliente. E sem a prova da comunicação, a lei reputa não aperfeiçoada a declaração de renúncia – nesse sentido: STJ, AgInt no REsp nº 1.494.351, 4ª Turma, rel. Min. Luis Felipe Salomão, julgamento: 24.08.2020, disponível em: www.stj.jus.br). É desarrazoado, todavia, obrigar o advogado a trabalhar para cliente que não mais desperta nele confiança, às vezes alguém que desapareceu sem dar notícias, talvez até devendo honorários. Uma solução possível, salvo melhor juízo, é o manejo da *notificação* prevista no art. 726 do CPC/2015: o advogado manifestará formalmente a seu cliente a renúncia ao mandato, comunicando-o, *via edital*, sobre o ônus que lhe cabe de, em prazo não superior a dez dias, nomear um sucessor.

— Θ —

Título II
DO LITISCONSÓRCIO

Art. 113. Duas ou mais pessoas podem litigar, no mesmo processo, em conjunto, ativa ou passivamente, quando:

I - entre elas houver comunhão de direitos ou de obrigações relativamente à lide;

II - entre as causas houver conexão pelo pedido ou pela causa de pedir;

III - ocorrer afinidade de questões por ponto comum de fato ou de direito.

§1º O juiz poderá limitar o litisconsórcio facultativo quanto ao número de litigantes na fase de conhecimento, na liquidação de sentença ou na execução, quando este comprometer a rápida solução do litígio ou dificultar a defesa ou o cumprimento da sentença.

§2º O requerimento de limitação interrompe o prazo para manifestação ou resposta, que recomeçará da intimação da decisão que o solucionar.

Correspondente:
CPC/1973, art. 46.

Referências:
CF/1988, art. 5º, *caput* e incisos II, XXXVII,
LIII, LIV, LV e LXXVIII.

CPC/2015, art. 4º, art. 10; art. 43; art. 55; art. 73, §1º, II;
art. 114; art. 116; art. 117; art. 229; art. 339; art. 343, §4º;
art. 1.015, VII; art. 1.021.

CC/2002, art. 265; art. 275; art. 942.

CDC/1990, art. 80; art. 81.

Lei nº 4.156/1962, art. 3º; art. 4º.

Lei nº 6.938/1981, art. 3º.

Lei nº 9.338/1981, art. 3º, IV.

LACP/1985, art. 5º, I, II, III, IV e V

Lei nº 8.429/1992, art. 3º.

Lei nº 13.188/2015, art. 5º, §2º, I, II e III.

Lei nº 12.016/2019, art. 10, §2º.

Tema Repetitivo nº 315 (REsp 1.145.146). A parte autora pode eleger apenas um dos devedores solidários para figurar no polo passivo da demanda. A possibilidade de escolha de um dos devedores solidários afasta a figura do litisconsórcio compulsório necessário.

Súmula nº 631 (STF). Extingue-se o processo de mandado de segurança se o impetrante não promove, no prazo assinado, a citação do litisconsorte passivo necessário.

Tratativa do litisconsórcio: o CPC/2015, em cotejo com as codificações de antanho, conferiu tratamento normativo superior ao tema *litisconsórcio*, pois, além de posicionar-se de maneira mais técnica acerca de assuntos sensíveis, eliminou excessos e confusões redacionais. Reconheceu e distinguiu, por exemplo, as figuras litisconsórcios *necessário* e *unitário*, em atenção aos avanços alcançados pela doutrina e seus reflexos na construção jurisprudencial. Também ajustou e enxugou a lista normativa que traz as hipóteses nas quais a formação litisconsorcial é admitida.

Conceito de litisconsórcio: a palavra litisconsórcio deriva de duas expressões latinas, a saber, *lis* (*litis*), que pode ser traduzida por *litígio*, e também *consortio* (*onis*), de *cum y sors*, que significa *sorte comum* (VELLOSO, Adolfo Alvarado. *Sistema Procesal. Garantía de la Libertad*. Tomo I. Buenos Aires: Rubinzal-Culzoni Editores, 2009. p. 415). É fenômeno caracterizado pela *pluralidade de partes* (= pluralidade subjetiva; cúmulo subjetivo), esquema que vai além do *mínimo indispensável* em qualquer demanda para se ter mais de um indivíduo no polo ativo, no passivo ou, ainda, em ambos (litisconsórcio ativo, passivo e misto) (DINAMARCO, Cândido

Rangel. *Instituições de Direito Processual Civil.* v. II. 6. ed. São Paulo: Malheiros, 2009. p. 339), com variantes de tonalidades e implicações a depender do vínculo que une as partes consorciadas ou combinadas. A figura do litisconsórcio, por fim, materializa-se sempre a partir de um *único* procedimento jurisdicional, ainda que, por vezes, encampe duas ou mais demandas, com pluralidade de partes num ou em ambos os polos do litígio.

Pluralidade de partes e litisconsórcio: tenha-se em mente que há uma relação de gênero e espécie entre *pluralidade de partes* e *litisconsórcio*, de modo que o último supõe o primeiro, mas o inverso não é necessariamente verdadeiro (VELLOSO, Adolfo Alvarado. *Sistema Procesal. Garantía de la Libertad.* Tomo I. Buenos Aires: Rubinzal-Culzoni Editores, 2009. p. 416). Não há, por exemplo, formação litisconsorcial entre a parte originária e aquele que interveio no processo a fim de auxiliá-la (CPC/2015, art. 121)

Litisconsortes: tem-se uma relação litisconsorcial quando duas ou mais pessoas litigam em conjunto num mesmo processo, ativa ou passivamente, unidas ali pelo menos por uma afinidade de interesses, quando não por uma comunhão de direitos ou de obrigações (SILVA, Ovídio A. Baptista da. *Comentários ao Código de Processo Civil.* v. 1. São Paulo: Revista dos Tribunais, 2000. p. 195). Os litisconsortes são sempre partes principais – é inadequado falar-se "em parte e seu litisconsorte" – e guardam certa posição relativamente ao objeto litigioso, quer porque propuseram a demanda, quer porque, em relação a eles, a demanda foi proposta e vieram a ser citados, quer porque o juiz determinou a citação de algum como parte indispensável (= *litisconsórcio necessário*), quer ainda porque o réu chamou qualquer deles ao processo (DINAMARCO, Cândido Rangel. *Instituições de Direito Processual Civil.* v. II. 6. ed. São Paulo: Malheiros, 2009. p. 339).

Escopos do litisconsórcio: são dois os escopos que o legislador leva em conta para autorizar pluralidade de sujeitos demandando, ativa ou passivamente, a saber, *segurança jurídica* e *economia processual.* De um lado, há casos nos quais os indivíduos estão unidos por relação jurídica una e incindível, razão por que, a fim de evitar desarmonia decisória, a presença de todos é indispensável e obrigatória no processo – seria aberrante, por exemplo, decisão que se limitasse a decretar a nulidade do casamento unicamente em relação a um dos cônjuges. Não tem lá muita importância, em casos outros, o vínculo material, que pode ser delicado e, talvez, até insignificante, mas, ainda assim, a lei permite, com fundamento na contenção de despesas e gastos de energia, que duas ou mais pessoas demandem juntas num único procedimento jurisdicional. É o que ocorre, para ilustrar, quando vários contribuintes litigam contra o Estado pretendendo determinada vantagem tributária.

Iniciativa para a formação litisconsorcial facultativa: a formação do litisconsórcio facultativo, ativo ou passivo, depende da vontade do autor. Quem promove a demanda, em suma, tem liberdade para escolher se litigará sozinho ou em conjunto (= litisconsórcio facultativo ativo) e, sendo o caso, se vai acionar um ou mais indivíduos (= litisconsórcio facultativo passivo). Não tem mais respaldo legal o antigo litisconsórcio facultativo *recusável* ou *impróprio*, que tinha previsão no revogado Código de 1939 e cuja consolidação dependia de acordo entre as partes (SILVA, Ovídio A. Baptista da. *Comentários ao Código de Processo Civil*. v. 1. São Paulo: Revista dos Tribunais, 2000. p. 205). Ao(s) réu(s) admite-se, havendo inconsistência com o previsto em lei, que resista(m) à formação litisconsorcial ou mesmo a pleiteie(m), neste último caso quando ela se mostrar obrigatória. Pode(m) até pugnar, em situações menos comuns, pela extinção do feito sem resolução de mérito por ausência de integração litisconsorcial no polo ativo (= litisconsórcio ativo necessário). Também é lícito ao(s) réu(s) requerer a *limitação* do litisconsórcio facultativo (= litisconsórcio multitudinário) sempre que o número de litigantes colocar em risco a rápida solução do litígio ou dificultar a defesa ou o cumprimento de sentença (CPC/2015, art. 113, §1º). Existe, por fim, a hipótese de litisconsórcio facultativo *superveniente*: o réu argui, em contestação, a sua ilegitimidade *ad causam* e indica aquele que supostamente deveria assumir o seu lugar, mas o autor, em vez de aceitar a troca de um pelo outro, admite apenas a inclusão do último em litisconsórcio com a parte passiva originária (CPC/2015, art. 339, §2º). Contudo, não possui(em) o(s) réu(s) – insista-se no ponto – autonomia para simplesmente *recusar(em)* a relação litisconsorcial delineada na petição inicial por iniciativa do(s) autor(es).

Legitimidade *ad causam* e litisconsórcio: a verificação da *admissibilidade* de formação litisconsorcial, *em atenção às hipóteses trazidas pela lei* (CPC/2015, art. 113, I, II e III), deve ocorrer em etapa cognitiva posterior àquela dedicada ao exame da *legitimatio ad causam*. Afinal de contas, se numa demanda individual, *com autor e réu únicos*, apenas se tem *sentença definitiva* quando ambos são *legitimados*, não é diferente quando *dois ou mais indivíduos* encontram-se juntos e do mesmo lado na condição de demandantes e/ou demandados, pois, em relação ao(s) *não* legitimado(s), será prolatada decisão excluindo-o(s) do feito. Na célebre frase ponteana, "quem não pode entrar na porta, por faltar-lhe ingresso, não pode entrar indo com outrem" (PONTES DE MIRANDA, Francisco Cavalcanti. *Comentários ao Código de Processo Civil*. Tomo II. Rio de Janeiro: Forense, 1973. p. 9). Contudo, assim é somente no que diz respeito ao litisconsórcio facultativo. *É que a necessariedade do litisconsórcio já desemboca num problema atinente à legitimidade ativa ou passiva para a causa.* Em relação a determinadas causas, enfim, "a qualidade para agir ou contestar é atribuída pela lei, em conjunto, a duas ou mais pessoas, de modo que, se uma só delas propõe a ação, ou se contra uma só delas se propõe a ação, não está satisfeito esse particular pressuposto da emissão de uma sentença sobre o mérito" (BARBOSA MOREIRA, José Carlos. *Litisconsórcio unitário*. Rio de Janeiro: Forense, 1972. p. 12).

Admissibilidade do litisconsórcio: o fundamento justificador para a formação do litisconsórcio é a *ligação entre as causas*. Sem esse *elo de afinidade ou similitude, mais ou menos acentuado a depender do caso*, não haveria sentido em se admitir que duas ou mais pessoas litiguem em conjunto, no mesmo processo, ativa ou passivamente, até porque o que se pretende, a partir das regras que regulam o instituto, é evitar julgamentos desencontrados e consumo inútil de energia e dinheiro. Assim é que o CPC/2015 traz uma lista bastante minuciosa para descrever, em "escala decrescente de ligações entre as causas", as hipóteses em que o litisconsórcio está autorizado, caminhando daquela "de maior intensidade (comunhão) à de ligação mais tênue (mera afinidade)" (DINAMARCO, Cândido Rangel. *Instituições de Direito Processual Civil*. v. II. 7. ed. São Paulo: Malheiros, 2017. p. 389). A lei permite (= fontes de litisconsórcio) a constituição de *processo* *litisconsorcial* (CPC/2015, art. 113, I, II e III): i) se entre as pessoas houver comunhão de direitos ou obrigações relativamente à lide; ii) se entre as causas houver conexão pelo pedido ou pela causa de pedir; e iii) se ocorrer afinidade de questões por ponto comum de fato ou de direito. A aludida lista normativa, portanto, *faculta* que uma pluralidade de pessoas litigue num mesmo processo, ativa ou passivamente (= litisconsórcio facultativo), embora o que se tem, vez por outra, é a *obrigatoriedade* de formação litisconsorcial, quer por exigência expressa de lei, quer ainda em função da natureza da relação jurídica controvertida (= litisconsórcio necessário). Na lição de Ovídio A. Baptista da Silva, o "art. 46 [hoje art. 113] (...) tanto prevê a formação de litisconsórcio facultativo quanto casos de litisconsórcio necessário (...). Basta ter presente que seu inc. I refere-se ao litisconsórcio fundado na comunhão de direitos ou de obrigações, que é a fonte natural do litisconsórcio necessário" (SILVA, Ovídio A. Baptista da. *Comentários ao Código de Processo Civil*. v. 1. São Paulo: Revista dos Tribunais, 2000. p. 195).

Comunhão de direitos ou de obrigações relativamente à lide: a conexidade (= relação de conexidade) entre causas pode se dar por *comunhão de direitos ou obrigações*. O CPC/2015 refere-se à comunhão de direitos ou obrigações *relativamente à lide* (CPC/2015, art. 113, I), devendo-se tomar o vocábulo *lide* significando *objeto do processo*: a admissibilidade litisconsorcial em tal hipótese terá lugar exclusivamente onde dois ou vários sujeitos figurarem como credores ou devedores numa mesma relação jurídico-material, ou seja, em circunstâncias nas quais o direito é o mesmo, ou mesma é a obrigação (= *cotitularidade ativa ou passiva*), a exemplo do que se verifica no caso das obrigações solidárias (DINAMARCO, Cândido Rangel. *Instituições de Direito Processual Civil*. v. II. 7. ed. São Paulo: Malheiros, 2017. p. 179). Noutras palavras, desde que o direito seja um só, ou uma só a obrigação, e haja pluralidade subjetiva, existirá comunhão (comunhão de bens entre cônjuges, comunhão societária, condomínio, composse, etc.) (PONTES DE MIRANDA, Francisco Cavalcanti. *Comentários ao Código de Processo Civil*. Tomo II. Rio de Janeiro: Forense, 1973. p. 22). Trata-se de *fonte normativa* que comumente justifica a litisconsorciação necessária. Exemplos: i) condôminos se litisconsorciam para pleitear a restituição de determinada coisa em poder de outrem; ii) credor que promove demanda contra dois ou mais devedores comuns de obrigação solidária; iii) dois ou mais credores promovem demanda contra devedor comum de obrigação solidária; iv) demanda intentada por fiadores para obter do afiançado o valor que pagaram ao credor comum em razão da fiança; v) locador e locatário se litisconsorciam para demandar contra o esbulhador; vi) ação de indenização promovida contra cônjuges em função de ato ilícito que ambos praticaram; vii) cônjuges, casados sob o regime de comunhão de bens, reivindicam de outrem imóvel do qual são cotitulares da propriedade.

Conexão entre as causas pelo pedido ou pela causa de pedir: a *relação de conexidade entre causas* é fenômeno abrangente, como, aliás, bem ilustra o §3º do art. 55 do CPC/2015, que prevê a chamada *conexão imprópria* (ou *em sentido lato*), estribada unicamente no risco de prolação de decisões conflitantes ou contraditórias. Mas, no que diz respeito especificamente ao litisconsórcio, o que importa para a sua formação, *conforme expressa previsão legal* (CPC/2015, art. 113, II), é a existência de *conexão* entre as causas pelo pedido ou pela causa de pedir (= *conexão própria* ou *em sentido estrito*). Observação: importam apenas os aspectos *mediato do pedido* (=bem da vida, valor, utilidade ou vantagem de ordem prática que se pretende obter) e *remoto da causa de pedir* (=narrativa fática sobre a qual se apoia o pedido), capazes que são de gerar os vínculos de conexão autorizativos da litisconsorciação (OLIVEIRA, Bruno Silveira. *Breves Comentários ao Novo Código de Processo Civil*. Coordenadores: Teresa Arruda Alvim Wambier, Fredie Didier Jr., Eduardo Talamini e Bruno Dantas. São Paulo: Revista dos Tribunais, 2015. pp. 218-220). Exemplos: i) ação indenizatória promovida por duas ou mais vítimas de um único acidente automobilístico; ii) dois indivíduos beneficiados pela mesma apólice decidem demandar em litisconsórcio contra determinada seguradora.

Afinidade de questões por ponto comum de fato ou de direito: *afinidade entre causas* e *conexão entre causas* são categorias distintas, que se afastam uma da outra por uma tênue e delicada escala de intensidade. A *afinidade*, aliás, até faz lembrar bastante a *conexão imprópria* ou *em sentido lato* (CPC/2015, art. 55, §3º), porém dela se distingue por se revelar ainda menos exigente. Importa aqui exclusivamente as causas que se tangenciam por afinidade de questão *por ponto comum de fato* ou *por ponto comum de direito*, pois a formação litisconsorcial é admitida quando as causas dependerem, para serem resolvidas, da decisão de questões afins de fato *ou* de direito, não se exigindo identidade de fundamentos e, muito menos, a somatória entre fundamentos de fato e fundamentos de direito (ESTELLITA, Guilherme. *Do litisconsórcio no direito brasileiro*. Rio de Janeiro: Freitas Bastos, 1955. pp. 179-188). Na lição de Pontes de Miranda, "afinidade de questões há quando existe igualdade, por ser comum ponto de fato ou de direito, sem existir mesmidade, que implique comunhão, ou conexão" (PONTES DE MIRANDA, Francisco Cavalcanti. *Comentários ao Código de Processo Civil*. Tomo II. Rio de Janeiro: Forense, 1973. p. 7). Exemplos extraídos das doutrinas citadas: i) consumidores lesados por um mesmo produto defeituoso, porém cada um apresentando a própria história, que envolve a natureza do dano sofrido, a sua intensidade, e assim por diante; ii) dono de prédio incendiado reclamando de duas companhias, numa só demanda, o valor do seguro, com base em apólices independentes entabuladas em datas diversas; iii) inquilinos de prédios distintos, alugados cada um deles mediante contratos próprios, promovem demanda única contra o locador em razão da falta de fornecimento de água; iv) dono de fazenda invadida por gado pertencente a vários donos aciona todos em conjunto.

Litisconsórcio e cumulação de ações: *litisconsórcio* e *pluralidade de ações* são institutos distintos e que não se apresentam necessariamente imbricados, como se o primeiro sempre levasse, de forma automática, à última. Há, isto sim, situações, *de fato comuns*, em que a formação litisconsorcial implica pluralidade de ações, mas, noutras circunstâncias, *quando a relação jurídico-material que enlaça os litisconsortes é única e incindível*, o fenômeno limita-se à presença de duas ou mais partes num dos polos, ou em ambos, do procedimento jurisdicional (= cumulação subjetiva). Confira-se a doutrina de Araken de Assis: i) os institutos (cumulação de ações e litisconsórcio) "não se confundem senão extrinsecamente, promovendo modificações na disciplina da relação processual"; ii) "litisconsortes há que figuram na mesma relação jurídica substantiva, transformada em objeto litigioso", enquanto outros situam-se em relações distintas e deduzem pretensões autônomas; iii) existem laços que fazem a demanda conjunta meramente conveniente e outros que a tornam indispensável, sendo que, na última hipótese, a despeito da pluralidade de partes, ainda assim talvez se tenha objeto único; iv) "a cumulação de ações é intrínseca somente em se tratando de litisconsórcio *voluntário*"; v) se é único o objeto litigioso, inexistirá cumulação de ações, mas haverá litisconsórcio (ASSIS, Araken. *Processo Civil Brasileiro*. v. II. Tomo I. São Paulo: Revista dos Tribunais, 2015. pp. 223-224). Em suma, haverá, em toda e qualquer formação litisconsorcial, por se tratar de algo inerente à sua natureza, *cumulação subjetiva* (= pluralidade de partes), mas a *cumulação objetiva* (= pluralidade de ações; variedade de pretensões) apenas é verificável em casos de litisconsorciação simples.

Classificação: a doutrina utiliza-se de fórmulas variadas para a identificação dos muitos casos em que duas ou mais pessoas figuram conjuntamente no mesmo polo do processo. E, amiúde, são elas até agrupadas entre si, o que traz mais exatidão nos arranjos categoriais e classificatórios. Um primeiro método leva em conta a *posição em que se formou a pluralidade de partes*, daí se falando em litisconsórcio *ativo* (= dois ou mais autores), *passivo* (= dois ou mais réus) e *misto* (dois ou mais autores e réus atuando simultaneamente no feito). Outro critério considera o *momento em que se estabeleceu a pluralidade de partes*: tem-se, então, o litisconsórcio *originário* (= principia-se a partir da formação mesma do procedimento, com a distribuição da petição inicial e/ou a citação dos demandados) e *ulterior* (= deflagra-se depois que o procedimento já estiver em curso – por exemplo: ingresso de sucessores em lugar da parte primitiva que veio a falecer; ingresso de sócios em execução civil cuja responsabilidade patrimonial lhes foi atraída pela desconsideração da personalidade jurídica da empresa devedora). A doutrina também faz alusão, *em atenção ao regime de tratamento dos litisconsortes*, ao litisconsórcio *unitário* (= indivíduos unidos em função da natureza una e incindível da relação jurídica discutida em juízo) e *simples* (= indivíduos que demandam juntos em procedimento jurisdicional cujo objeto litigioso envolve várias relações jurídicas ou uma única relação cindível). Quanto à *formação obrigatória ou não*, diz-se que o litisconsórcio é *facultativo* (=

pluralidade de partes dependente apenas da vontade do autor) ou *necessário* (= pluralidade de partes obrigatória em um ou ambos os polos do processo).

Litisconsórcio multitudinário: *multitudinário* é expressão que conduz à ideia de *multidão* ou *agrupamento de várias pessoas*. Daí falar em *litisconsórcio multitudinário* quando se tem, numa ou em ambas as posições do procedimento jurisdicional, número abundante de indivíduos demandando em conjunto. O fenômeno preocupa porque pode implicar prejuízos à defesa e/ou obstáculo a uma prestação jurisdicional eficiente. A lei confere *liberdade* às partes para, em dadas circunstâncias, demandarem em agrupamento e/ou mesmo intentarem demanda tendo por alvo vários réus, mas, havendo excesso de indivíduos, o que se terá, muito provavelmente, é *quebra da isonomia* e *desordem processual*. Por isso, então, a regra que permite ao órgão judicial, nas hipóteses que prevê (= comprometimento da rápida solução do litígio e criação de dificuldades à defesa ou ao cumprimento de sentença), limitar o litisconsórcio *facultativo* (CPC/2015, art. 113, §1º). Observações: i) é de cinco dias o prazo para o réu apresentar o requerimento de limitação ou desmembramento do litisconsórcio, consequência da aplicação do que prevê o §3º do art. 218 do CPC/205 – nesse sentido: CARVALHO DIAS, Ronaldo Brêtas de. *Fundamentos e inovações do Código de Processo Civil*. Belo Horizonte: Editora D'Plácido, 2020. p. 117; DIDIER JR., Fredie. *Curso de Direito Processual Civil. Introdução ao Direito Processual Civil, Parte Geral e Processo de Conhecimento*. v. 1. 18. ed. Salvador: JusPodivm, 2016. p. 473; ii) os motivos que ensejarem o requerimento de desmembramento ou limitação do litisconsórcio devem ser alegados e demonstrados pelo réu em sua petição (CARVALHO DIAS, Ronaldo Brêtas de. *Fundamentos e inovações do Código de Processo Civil*. Belo Horizonte: Editora D'Plácido, 2020. p. 117); iii) a apresentação do requerimento de limitação litisconsorcial interrompe o prazo para manifestação ou resposta, que recomeçará a correr da intimação da decisão que o solucionar (CPC/2015, art. 113, §2º); iv) a dicção legal ("o juiz *poderá* limitar o litisconsórcio"; CPC/2015, art. 113, §1º, *primeira parte*) parece autorizar o órgão judicial a suscitar, independentemente de provocação, a questão, mas não poderá decidi-la sem antes oportunizar o contraditório

(CPC/2015, art. 10); v) em respeito à liberdade, confiando no bom senso do demandante, o legislador não impôs um teto ou balizamento objetivo ao número de litisconsortes facultativos que se admite no procedimento jurisdicional, de modo que é *caso por caso* que a verificação de eventual excesso litisconsorcial deve ser feita, com especial atenção à complexidade do feito; vi) não se aplica o art. 113 e seus parágrafos ao litisconsórcio *necessário*, mesmo porque, *como o próprio nome anuncia*, nele o regime é de *obrigatoriedade* da presença de mais de um litigante demandando em consórcio ou conjuntamente; vii) a limitação do litisconsórcio facultativo está autorizada, desde que justificável, em quaisquer procedimentos ou fases procedimentais (conhecimento, liquidação de sentença, atividades executivas); viii) a limitação da relação litisconsorcial não significa *exclusão* de litisconsortes ou *extinção do processo* em relação a alguns deles, pois o que se terá é simples desmembramento em grupos menores, com a formação de tantos novos procedimentos jurisdicionais quantos forem necessários, tudo a ocorrer ali mesmo, perante o juízo onde se deu a distribuição da demanda originária; ix) cabe *agravo de instrumento* contra decisão interlocutória que rejeitar pedido de limitação do litisconsórcio (CPC/2015, art. 1.015, VII); e x) se for do tribunal a competência originária, desafiará *agravo interno* a decisão proferida pelo relator que versar sobre pedido de limitação litisconsorcial (CPC/2015, art. 1.021).

Litisconsortes com diferentes procuradores: litisconsortes com diferentes procuradores, *de escritórios de advocacia distintos*, terão prazos contados *em dobro* para todas as suas manifestações, em qualquer juízo ou tribunal, independentemente de requerimento (CPC/2015, art. 229, *caput*). Nessa linha, aliás, a melhor orientação jurisprudencial: "A atuação dos litisconsortes por meio de advogados do mesmo escritório, peticionando de forma conjunta, tendo inclusive apresentado agravo retido assinado por um único profissional em nome de todos os litisconsortes, faz presumir a representação única e a ausência do benefício do prazo em dobro para manifestações" (STJ, AgInt no Ag em REsp nº 1.304.193, 4ª Turma, rel. Min. Maria Isabel Gallotti, julgamento: 28.09.2020, disponível em: www.stj.jus.br). Duas observações: i) o benefício do prazo em dobro aplica-se apenas a processos *físicos* (CPC/2015, art. 229, §2º); e ii) cessa a contagem do prazo em dobro se, havendo apenas dois réus, é oferecida defesa por um deles (CPC/2015, art. 229, §1º).

Revelia e litisconsórcio: havendo pluralidade de réus e algum deles contestar a ação, não se produzirá, em relação aos demais, o efeito material da revelia (= presunção de veracidade dos fatos alegados pelo autor) (CPC/2015, art. 345, I). É regramento que alcança todas as espécies de litisconsórcio. Conferir comentários ao art. 117 do CPC/2015.

Exclusão de litisconsorte e recursos: desafia *agravo de instrumento* a decisão interlocutória que versar sobre *exclusão* de litisconsorte (CPC/2015, art. 1015, VII). Se, no entanto, a exclusão ocorrer por sentença, a via adequada de ataque é a *apelação* (CPC/2015, art. 1.009, §1º). Sendo, por fim, a decisão proferida pelo relator ou órgão colegiado, terá lugar, respectivamente, o *agravo interno* (CPC/2015, art. 1.021) ou o recurso especial (CPC/2015, art. 1.029 e segs.) – desde que presentes, no último caso, os pressupostos constitucionais exigidos.

Hipótese de litisconsórcio passivo ulterior: havia, no regime processual revogado, a modalidade de intervenção de terceiro denominada *nomeação à autoria*. Era de raríssima utilização. A ideia básica: permitir que eventual desacerto relacionado à legitimidade passiva fosse corrigido a tempo, de modo que a jurisdição pudesse seguir seu trajeto sem a abrupta interrupção da sentença terminativa. O réu, devidamente citado, apresentava a contestação e nela, além de arguir sua ilegitimidade, já indicava o terceiro que, segundo a sua perspectiva, deveria estar ali, no seu lugar, integrando o polo passivo da demanda. O problema é que a nomeação à autoria, com a consequente correção do polo passivo, somente se aperfeiçoava diante do consentimento do terceiro. O suporte fático da norma, enfim, exigia a dupla concordância, do autor e do terceiro. Em outras palavras: *convidava-se* o nomeado (= terceiro) a integrar o polo passivo da demanda, mas como ninguém deseja ser réu, a nomeação à autoria frequentemente mostrava-se disfuncional. De qualquer maneira, a essência dessa modalidade interventiva restou preservada pelo CPC/2015, que adotou mecanismo mais simples e efetivo (CPC/2015, art. 339). Hoje, arguida a ilegitimidade passiva, surge para o réu o dever de, já na contestação, indicar, *desde que tenha tal conhecimento*, quem de fato deve responder a demanda. O autor será intimado e, aceitando a indicação, deverá, no prazo de quinze dias, alterar a petição inicial, quer para *trocar* o réu pelo terceiro, quer para *incluir* este último no mesmo polo do processo juntamente com aquele (= litisconsórcio passivo *ulterior*). Tornou-se, assim, despicienda a vontade do terceiro, bastando a indicação pelo réu e a aquiescência por parte do autor. O novo regramento está afinado com o art. 4º do CPC/2015 (= primazia do julgamento de mérito), cujo propósito é exortar o serviço judiciário a fornecer, sempre que possível, julgamentos *com resolução de mérito*, que pacifiquem de maneira definitiva os conflitos de interesse.

Litisconsórcio, solidariedade e casamento: não há, no normal das vezes, formação litisconsorcial obrigatória em demandas envolvendo responsabilidade solidária. A regra, porém, sofre exceção quando os devedores *forem casados entre si* (CPC/2015, art. 73, §1º, II). Como ensina Fredie Didier Jr., o "art. 942 do CC/2002 prevê a responsabilidade solidária de todos os coautores da ofensa" (solidariedade passiva por força de lei; CC/2002, art. 265), mas o fato de "serem casados entre si redefine o regime jurídico processual dessa obrigação solidária", a ponto de retirar do credor o benefício do art. 275 do Código Civil e impor a formação litisconsorcial (= litisconsórcio necessário) (DIDIER JR., Fredie. *Curso de Direito Processual Civil. Introdução ao Direito Processual Civil, Parte Geral e Processo de Conhecimento.* v. 1. 18 ed. Salvador: JusPodivm, 2016. p. 325).

Litisconsórcio facultativo e empréstimo compulsório de energia elétrica: não há litisconsorciação necessária passiva entre União e Eletrobras em demandas que versem sobre empréstimo compulsório de energia elétrica. É esse o entendimento tranquilo do Superior Tribunal de Justiça: i) "a União Federal responde solidariamente pelo valor nominal dos títulos relativos ao empréstimo compulsório instituído sobre energia elétrica, nos termos do art. 4º, §3º, da Lei 4156/1962"; ii) "a parte autora pode eleger apenas um dos devedores solidários para figurar no polo passivo da demanda, consoante previsto no art. 275 do Código Civil, que regula a solidariedade passiva" (STJ, REsp repetitivo nº 1.145.146, 1ª Seção, rel. Min. Luiz Fux, julgamento: 09.12.2009, disponível em: www.stj.jus.br).

Direito de resposta e litisconsórcio: a Lei nº 13.188/2015 dispõe sobre o *direito de resposta ou retificação* do ofendido em matéria divulgada, publicada ou transmitida por veículo de comunicação social. Há nela a previsão de uma ação judicial admitida sempre que o veículo de comunicação social ou quem por ele responda não divulgar, publicar ou transmitir a resposta ou retificação no prazo de sete dias, contado do recebimento do respectivo pedido formulado pelo ofendido. O rito é especial, devendo a demanda ser instruída com as provas do agravo e do pedido de resposta ou retificação não atendido, bem assim com o texto da resposta ou retificação a ser divulgado, publicado ou transmitido, sob pena de inépcia da petição inicial. E naquilo que interessa aqui: como maneira de evitar obstáculos ao desenvolvimento procedimental e garantir uma rápida prestação jurisdicional, estão vedados a cumulação de pedidos, a reconvenção, o *litisconsórcio*, a assistência e a intervenção de terceiros (Lei nº 13.188/2015, art. 5º, §2º, I, II, III).

Litisconsórcio em mandado de segurança: a ordem jurídica admite a formação de litisconsórcio em procedimento de mandado de segurança em suas variadas facetas e combinações (Lei nº 12.016/2019, art. 24). Aliás, já se tem entendimento sumulado no sentido de que o *mandamus* deve ser extinto quando o impetrante não promover, no prazo assinado, a citação do litisconsorte passivo necessário (Súmula nº 631 do STF). Duas observações, no entanto, mostram-se importantes. Em primeiro lugar, há regra expressa proibindo o ingresso de litisconsorte *ativo* em mandado de segurança após o despacho da petição inicial (Lei nº 12.016/2019, art. 10, §2º). Por último, permanece vivo o debate doutrinário em torno da posição assumida pela *autoridade coatora*: enquanto uns a veem como *presentante* da pessoa jurídica de direito público (= verdadeira legitimada passiva), outros defendem a sua atuação na qualidade de litisconsorte passivo necessário. Salvo melhor juízo, merece acolhida o primeiro entendimento: a autoridade coatora é nada mais que um órgão ou parte integrante da pessoa jurídica de direito público – nesse sentido: STJ, AgRg no REsp nº 255.902, 1ª Turma, rel. Min. Francisco Falcão, julgamento: 18.03.2004, disponível em: www.stj.jus.br).

Mandado de segurança contra ato judicial e necessariedade litis-consorcial: é forte o entendimento de que, em mandado de segurança impetrado contra ato judicial, deverão figurar, *na qualidade de litisconsortes necessários*, autoridade coatora (= juiz) e adversário do impetrante – nesse sentido: STJ, RMS nº 5.724, 4ª Turma, rel. Min. Bueno de Souza, julgamento: 20.10.1998, disponível em: www.stj.jus.br. Admitindo o ingresso do adversário do impetrante apenas na condição de assistente simples: SILVA, Ovídio A. Baptista da. *Comentários ao Código de Processo Civil.* v. 1. São Paulo: Revista dos Tribunais, 2000. p. 250-252.

Litisconsórcio em reconvenção: pode o réu-reconvinte, sozinho ou em conjunto com outros réus, promover ação reconvencional contra um, alguns ou todos os autores-reconvindos. Ademais, a lei admite hoje que a reconvenção seja ajuizada contra o(s) autor(es) *e terceiro* (= litisconsórcio passivo), e intentada pelo(s) réu(s)-reconvinte(s) conjuntamente *com terceiro* (= litisconsórcio ativo) (CPC/2015, art. 343, §§3º e 4º). Na hipótese, porém, de a reconvenção exigir a formação de litisconsórcio necessário, no polo ativo e/ou passivo, inexistirá a faculdade de escolher com quem e/ou contra quem demandar.

Litisconsórcio ativo em ações coletivas: permite a lei que um só legitimado promova a chamada *ação coletiva* em favor de uma diversidade de pessoas, sempre que estiverem envolvidos interesses coletivos *lato sensu* (LACP, art. 5º, I, II, III, IV e V c/c CDC/1994, arts. 81 e 82). Às vezes também se veem, na praxe forense, dois ou mais legitimados unirem esforços em torno de uma única demanda coletiva ajuizada em prol de inúmeros indivíduos – por exemplo: Ministério Público e associação de defesa de consumidores intentam ação contra a cobrança abusiva praticada por determinada operadora de plano de saúde (= litisconsórcio facultativo unitário ativo).

Litisconsórcio em ação rescisória: é firme a posição jurisprudencial no sentido de que, em ações rescisórias, devem participar, em litisconsórcio necessário, todos os que foram partes no processo cuja sentença é objeto de rescisão – conferir: STJ, AgInt nos EDcl no AREsp nº 299.670, 1ª Turma, rel. Min. Napoleão Nunes Maia Filho, julgamento: 26.08.2019, disponível em: www.stj.jus.br.

Litisconsórcio em embargos de terceiro: em embargos de terceiro será legitimado passivo o sujeito a quem o ato de constrição aproveita, assim como o será também seu adversário no processo principal, mas apenas quando for deste último a indicação do bem para a constrição judicial (= litisconsórcio necessário) (CPC/2015, art. 677, §4º).

Litisconsórcio em ação de improbidade administrativa: em muitos de seus julgados, o Superior Tribunal de Justiça tem afirmado que, em ação de improbidade administrativa, não há formação *obrigatória* de litisconsórcio no polo passivo entre agente público e terceiros beneficiados com o ato ímprobo – nesse sentido: STJ, AgRg no AREsp nº 355.372, 1ª Turma, rel. Min. Marga Tessler, julgamento: 05.03.2015, disponível em: www.stj.jus.br). Cassio Scarpinella Bueno, no entanto, alerta para o seguinte: "O entendimento deve ser interpretado com ressalvas, ao menos nos casos em que se pretender corresponsabilizar algum particular porque, para tanto, é indispensável sua participação ao lado do agente público, sem o que não se configura, na perspectiva do direito material (art. 3º da Lei nº 8.429/1992), o ato de improbidade administrativa" (BUENO, Cassio Scarpinella. *Curso Sistematizado de Direito Processual Civil. Teoria Geral do Direito Processual Civil. Parte Geral do Código de Processo Civil.* v. 1. 9. ed. São Paulo: Saraiva, 2018. p. 511).

Litisconsórcio em ação civil pública por danos ambientais: a responsabilidade por danos ambientais é solidária entre poluidor direto e indireto, de modo que a ação civil pública pode ser promovida contra *qualquer* um deles. É, portanto, *facultativo* o litisconsórcio, "conclusão que decorre da análise do inciso IV do art. 3º da Lei 6.938/1981, que considera poluidora a pessoa física ou jurídica, de direito público ou privado, responsável, direta ou indiretamente, por atividade causadora de degradação ambiental" (STJ, AgInt no AREsp nº 1.250.031, 1ª Turma, rel. Min. Gurgel de Faria, julgamento: 28.09.2020, disponível em: www.stj.jus.br).

— Θ —

ARTIGO 114 | 315

Art. 114. O litisconsórcio será necessário por disposição de lei ou quando, pela natureza da relação jurídica controvertida, a eficácia da sentença depender da citação de todos que devam ser litisconsortes.

Correspondente:
CPC/1973, art. 47.

Referências:
CF/1988, art. 5º, *caput* e incisos II, XXXV, LIV, LV e LXXVIII.

CPC/2015, art. 18; art. 43; art. 73; art. 113; art. 114, §2º; art. 115; art. 116; art. 117; art. 213; art. 229, §§1º e 2º; art. 246, §3º; art. 343, §4º; art. 485, VI; art. 575; art. 599, §2º; art. 601; art. 620, II; art. 677, §4º; art. 903, §4º; art. 1.015, VII.

CC/2002, art. 1.199.

Lei nº 4.717/1965, art. 6º.

Lei nº 6.404/1976, art. 159, §4º

LACP/1985, art. 5º, I, II, III, IV e V.

Lei nº 8.906/1994, art. 26

Lei nº 13.188/2015, art. 5º, §2º, I, II e III.

Súmula nº 263 (STF). O possuidor deve ser citado pessoalmente para a ação de usucapião.

Litisconsórcio facultativo como regra: o art. 113 do CPC/2015 traz três hipóteses nas quais duas ou mais pessoas *podem* litigar em conjunto, no mesmo processo, ativa ou passivamente. Não há, aí, nesse dispositivo, uma imposição, até porque quem *pode* não está obrigado a nada, isto é, tem *liberdade de escolha*. Contudo, isso não significa que do aludido rol seja impraticável extrair fonte normativa capaz de ensejar a *obrigatoriedade* de formação litisconsorcial, tanto que o inciso I do art. 113 (= comunhão de direitos ou de obrigações relativamente à lide) comumente justifica a litisconsorciação necessária – nesse sentido: SILVA, Ovídio A. Baptista da. *Comentários ao Código de Processo Civil*. v. 1. São Paulo: Revista dos Tribunais, 2000. p. 195). A regra geral, em suma, é sempre a formação litisconsorcial facultativa, surgindo a *necessariedade* de demandar ou de ser demandado em conjunto (= pluralidade de partes), quer por expressa disposição de lei, quer ainda quando, pela natureza da relação jurídica controvertida, a eficácia da sentença depender da citação de todos que devam figurar na qualidade de litisconsortes (CPC/2015, art. 114).

Necessariedade e unitariedade: entre os conceitos *necessariedade* e *unitariedade* inexiste equivalência obrigatória, isto é, não se confundem e tampouco um não compreende ou envolve o outro – de igual forma, aliás, não há equivalência obrigatória entre *facultatividade litisconsorcial* e *não unitariedade litisconsorcial*. Enquanto a *necessariedade* diz respeito apenas à imprescindibilidade da formação litisconsorcial, a *unitariedade* busca enfatizar indivíduos unidos, num mesmo polo do processo, em função da natureza una e indivisível da relação jurídico-material debatida em juízo, o que ensejará uma decisão de mérito uniforme a todos. Confira-se lição clássica: "O conceito de litisconsórcio unitário não coincide com o de litisconsórcio necessário nem na compreensão, nem na extensão. Quanto à primeira, basta ver que a estrutura inteligível daquela figura tem como nota típica a obrigatoriedade da decisão uniforme no mérito; a desta, a indispensabilidade da presença simultânea de duas ou mais pessoas no polo ativo ou no polo passivo do processo. Ora, evidentemente *não é o mesmo* terem de participar A e B, conjuntamente, do processo, e ter o juiz de tratar A e B de modo uniforme na sentença definitiva" (BARBOSA MOREIRA, José Carlos. *Litisconsórcio unitário*. Rio de Janeiro: Forense, 1972. p. 131). Enfim, há casos de: i) *litisconsórcio necessário simples* (exemplo: em ação de usucapião, a lei exige, no polo passivo, o titular do registro do bem e seus confinantes); ii) *litisconsórcio necessário unitário* (exemplo: ação declaratória de nulidade de casamento promovida pelo Ministério Público contra marido e mulher); e iii) *litisconsórcio facultativo unitário* (exemplo: condôminos podem demandar individualmente ou em conjunto para reivindicar contra terceiro a coisa comum). Transcreva-se, por fim, a posição divergente de Pontes de Miranda: "Litisconsórcio unitário é o litisconsórcio necessário em que é exigida a unitariedade. Todos os litisconsórcios unitários são litisconsórcios necessários, mas nem todos os litisconsórcios necessários são unitários" (PONTES DE MIRANDA, Francisco Cavalcanti. *Comentários ao Código de Processo Civil.* Tomo II. Rio de Janeiro: Forense, 1973. p. 30).

Generalidades sobre a litisconsorciação necessária: dá-se a formação de litisconsórcio necessário quando duas ou mais pessoas *devam* litigar, no mesmo processo, em conjunto, ativa ou passivamente. No direito brasileiro, enfim, o único sentido legítimo para o uso da expressão *litisconsórcio necessário* é o que se liga à *obrigatoriedade* da demanda ativa ou passivamente conjunta – nas palavras de Barbosa Moreira, "(...) necessário é o litisconsórcio quando não possa a ação deixar de ser proposta por mais ou contra mais de uma pessoa" (BARBOSA MOREIRA, José Carlos. *Litisconsórcio unitário.* Rio de Janeiro: Forense, 1972. p. 12). Haverá necessariedade litisconsorcial sempre que a lei assim o exigir expressamente ou ainda quando, pela natureza da relação jurídica controvertida (= relação jurídica incindível; litisconsórcio necessário unitário), a eficácia da sentença depender da citação de todos os cotitulares ou colegitimados (CPC/2015, art. 114). Não é correto, no entanto, misturar *causa* e *consequência* da necessariedade (e o art. 114, *em certa medida,* faz isso): o que marca a formação do litisconsórcio necessário é "a peculiaridade do direito material ou a disposição normativa que exija o litígio conjunto" (BUENO, Cassio Scarpinella. *Curso Sistematizado de Direito Processual Civil. Teoria Geral do Direito Processual Civil. Parte Geral do Código de Processo Civil.* v. 1. 9. ed. São Paulo: Saraiva, 2018. p. 514), não as implicações (eficácia, ineficácia ou nulidade) previstas em lei para os casos em que foi desatendida a obrigatoriedade litisconsorcial (CPC/2015, art. 115, I e II). Por fim, sublinhe-se que, a despeito de não se tratar de critério absoluto, pretensões e ações condenatórias amiúde acarretam litisconsórcios facultativos, enquanto pretensões e ações constitutivas, em regra, geram litisconsórcios necessários (SILVA, Ovídio A. Baptista da. *Comentários ao Código de Processo Civil.* v. 1. São Paulo: Revista dos Tribunais, 2000. p. 201).

Necessariedade por disposição legal: a *necessariedade* do litisconsórcio é mais facilmente identificada quando se tem regra específica exigindo a sua formação. O legislador *impõe* a formação litisconsorcial por razões pautadas em economia ou praticidade, ou mesmo porque, *atento à natureza incindível da relação jurídica envolvida,* a decisão de mérito deva ser uniforme a todos (CPC/2015, art. 114, *segunda parte*). Daí que, a depender da natureza da relação(ões) jurídica(s) material(is) que liga(m) os cotitulares, a constituição do litisconsórcio *por disposição legal* poderá assumir tonalidades diversas: *necessário unitário* (ver próximo tópico) ou *necessário simples* (= necessário puro, necessário não unitário). Os exemplos são inúmeros: i) exige-se a citação de ambos os cônjuges (ou ambos os companheiros) em ação que verse sobre direito real imobiliário (salvo se casados sob o regime de separação absoluta de bens) (CPC/2015, art. 73, §1º, I, e §3º); ii) exige-se a citação de ambos os cônjuges em ação resultante de fato que lhes diga respeito ou de ato praticado por eles (CPC/2015, art. 73, §1º, II, e §3º); iii) exige-se a citação de ambos os cônjuges na ação fundada em dívida contraída por um deles a bem da família (CPC/2015, art. 73, §1º, III, e §3º); iv) exige-se a citação do marido e da mulher em ação que tenha por objeto o reconhecimento, a constituição ou a extinção de ônus sobre imóvel de um deles ou de ambos (CPC/2015, art. 73, §1º, IV, e §3º); v) exige-se, em ação de dissolução parcial de sociedade, a citação da sociedade e dos sócios para, no prazo de 15 (quinze) dias, concordar com o pedido ou apresentar contestação (CPC/2015, art. 601); vi) exige-se, na ação de embargos de terceiro, a citação do sujeito a quem o ato de constrição aproveita, assim como a do seu adversário no processo principal quando for dele a indicação do bem constrito judicialmente (CPC/2015, art. 677, §4º); vii) em ação de usucapião devem assumir a posição passiva o titular do registro do bem, todos os confinantes (CPC/2015, art. 246, §3º) e eventuais possuidores (Súmula nº 263 do STF); viii) a ação popular deve ser proposta contra as autoridades, funcionários ou administradores que houverem autorizado, aprovado, ratificado ou praticado o ato impugnado ou que, por omissas, tiverem dado oportunidade à lesão, e também contra os seus beneficiários diretos (art. 6º da Lei nº 4.717/1965); ix) em processo sucessório, é exigida a participação de todos os herdeiros (CPC/2015, art. 620, II); x) em ação autônoma promovida para a invalidação da arrematação, exige-se que o arrematante ali figure como litisconsorte necessário (CPC/2015, art. 903, §4º).

Necessariedade decorrente da natureza da relação jurídica controvertida: casos há em que a *obrigatoriedade* de formação litisconsorcial decorre da própria *natureza da relação jurídica controvertida*, malgrado a existência ou não de regramento expresso. Ou seja, o consórcio entre os cotitulares, manifestado no bojo do procedimento jurisdicional, já existia antes, pois fundado exatamente numa relação jurídica subjacente ao objeto litigioso e que a todos envolve (LOPES DA COSTA, Alfredo de Araújo. *Manual Elementar de Direito Processual Civil*. 3. ed. Rio de Janeiro: Forense, 1982. p. 98). Aqui, portanto, *é a unitariedade que implica a necessariedade*: por ser una e incindível a relação jurídica material que enlaça os colegitimados, determina a lei sejam todos eles citados como condição para que a futura sentença tenha eficácia. Aí está, enfim, a base normativa para as hipóteses de *litisconsórcio necessário unitário* (CPC/2015, art. 114, *última parte* c/c art. 116). Em ação de nulidade de casamento promovida pelo Ministério Público, por exemplo, ambos os cônjuges deverão figurar como litisconsortes passivos, mesmo porque seria absurdo julgamento de mérito que atingisse um e não o outro.

Litisconsórcio ativo necessário: a míngua de solução legislativa, a doutrina sempre se debateu com problemas oriundos do chamado litisconsórcio ativo necessário. Não havia como aceitar que alguém apenas pudesse receber tutela jurisdicional de mérito quando a demanda agregasse, no polo ativo, uma pluralidade de indivíduos. Soava do mesmo modo estranho, ao menos na perspectiva do direito de antanho, que uma pessoa estivesse autorizada a obrigar o outro a demandar ativamente ao seu lado. Mediante sutil modificação na gênese do ato citatório, a questão, salvo melhor juízo, parece ter sido em definitivo sanada. A citação era, conforme previa a lei, o mecanismo pelo qual se chamava a juízo réu ou interessado para que se *defendesse* (CPC/2015, art. 213). Hoje, todavia, a citação tornou-se o ato pelo qual é convocado réu ou interessado para *integrar* a relação processual. Cita-se, portanto, não só o réu, mas também o interessado, que, às vezes, poderá ser o colegitimado ativo. E mais importante: sua finalidade vai além do chamamento para a oferta de defesa, prestando-se, outrossim, a forçar a integração do terceiro no feito. Citado, caberá ao colegitimado ativo decidir como atuar, na condição de parte ou assistente, e em qual polo da demanda, ou mesmo se vai permanecer inerte, sendo certo, no entanto, que a coisa julgada alcançará a todos – afinal, o contraditório foi oportunizado àqueles que a lei exige a participação no feito. A mudança, que é alvissareira, teve por influência as propostas de Arruda Alvim, Nelson Nery e Rosa Maria Nery, além de guardar semelhança com aquilo já previsto na Lei de Ação Popular (art. 6º, §3º). Exemplos de litisconsórcio necessário ativo: i) os cônjuges devem promover em conjunto ação de usucapião se a posse foi por ambos exercida concomitantemente (CPC/2015, art. 73, §2º); ii) se, em assembleia geral, restar deliberado que não será promovida ação de responsabilidade civil contra administrador, por prejuízos causados ao patrimônio da companhia, ainda assim a demanda poderá ser intentada, mas somente pelo conjunto de acionistas que representem cinco por cento, pelo menos, do capital social (Lei nº 6.404/1976, art. 159, §4º); iii) em ação de dissolução parcial de sociedade anônima de capital fechado, exige, no polo ativo, a presença dos acionistas que representem cinco por cento ou mais do capital social (CPC/2015, art. 599, §2º); iv) havendo recusa de qualquer das partes à negociação coletiva ou à arbitragem, é facultado a elas, *de comum acordo*, ajuizar dissídio coletivo de natureza econômica (CF/1988, art. 114, §2º); v) a lei desautoriza o advogado substabelecido com reserva de poderes a executar o provimento jurisdicional na parte que toca aos honorários sucumbenciais sem a intervenção daquele que lhe conferiu o substabelecimento (Lei nº 8.906/1994, art. 26). Sobre o tema, sugere-se a consulta: ALVIM, Arruda. *Manual de Direito Processual Civil*: Teoria Geral do Processo e Processo de Conhecimento. 17. ed. São Paulo: Revista dos Tribunais, 2017; ASSIS, Araken. *Processo Civil Brasileiro. Parte Geral: Institutos Fundamentais*. v. II. Tomo I. São Paulo: Editora Revista dos Tribunais, 2015. pp. 222-257; BARBOSA MOREIRA, José Carlos. *Litisconsórcio unitário*. Rio de Janeiro: Forense, 1972; CABRAL, Antonio do Passo. Despolarização do processo e "zonas de interesse": sobre a migração entre polos da demanda. *Revista da SJRJ*, Rio de Janeiro, n. 26, pp. 19-55, 2009; CARRILHO LOPES, Bruno Vasconcelos. *Comentários ao Código de Processo Civil. Das partes e dos procuradores*. v. II. São Paulo: Saraiva, 2017; DINAMARCO, Cândido

Rangel. *Instituições de Direito Processual Civil.* v. II. 7. ed. São Paulo: Malheiros, 2017; DIDIER JR., Fredie. *Curso de Direito Processual Civil. Introdução ao Direito Processual Civil, Parte Geral e Processo de Conhecimento.* v. 1. 18. ed. Salvador: JusPodivm, 2016; THEODORO JÚNIOR, Humberto. *Curso de Direito Processual Civil.* v. I. 56. ed. Rio de Janeiro: Forense, 2015; NERY JUNIOR, Nelson; ANDRADE NERY, Rosa Maria de. *Código de Processo Civil Comentado.* 17. ed. São Paulo: Revista dos Tribunais, 2018.

— Θ —

Art. 115. A sentença de mérito, quando proferida sem a integração do contraditório, será:

I - nula, se a decisão deveria ser uniforme em relação a todos que deveriam ter integrado o processo;

II - ineficaz, nos outros casos, apenas para os que não foram citados.

Parágrafo único. Nos casos de litisconsórcio passivo necessário, o juiz determinará ao autor que requeira a citação de todos que devam ser litisconsortes, dentro do prazo que assinar, sob pena de extinção do processo.

Correspondente:
CPC/1973, art. 47, *caput*, segunda parte.

Referências:
CF/1988, art. 5º, *caput* e incisos II, XXXV, LIV, LV e LXXVIII.

CPC/2015, art. 2º; art. 113; art. 114; art. 281; art. 319, II; art. 485, VI; art. 674; art. 1.015, IX.

CC/2002, art. 274.

Súmula nº 631 (STF). Extingue-se o processo de mandado de segurança se o impetrante não promove, no prazo assinado, a citação do litisconsorte passivo necessário.

Facultatividade e necessariedade litisconsorcial: o art. 113 do CPC/2015 traz três hipóteses em que duas ou mais pessoas *podem* litigar, no mesmo processo, em conjunto ou passivamente. Não há, aí, nesse dispositivo, uma imposição, pois quem *pode* não está obrigado a nada, isto é, tem *liberdade de escolha*, embora seja equivocada conclusão no sentido de que não se possa extrair do aludido rol fonte normativa capaz de ensejar a formação de litisconsórcio *necessário*. Importa o seguinte: a regra geral é a *facultatividade* litisconsorcial, porém, em dadas circunstâncias, a liberdade do autor cede lugar a *razões de Estado (= duração razoável e eficiência da jurisdição, repressão* *de futuras nulidades, indispensabilidade de julgamentos harmônicos*), o que faz surgir para a autoridade judicial o dever de, *mesmo ex officio*, determinar ao autor que diligencie a citação de todos os que ali *devam* figurar como litisconsortes (= litisconsórcio necessário) (CPC/2015, art. 115, parágrafo único).

Sanação do vício e a função sofreada do juiz: cumpre ao autor trazer em sua petição inicial a indicação, se for o caso, de todos os *litisconsortes passivos necessários*. É ele que decide, com absoluta liberdade, *contra quem vai demandar* (CPC/2015, art. 319, II). Havendo defeito alusivo à falta de litisconsorte necessário, o juiz determinará ao autor que *requeira* a citação de todos que ali devam estar situados na qualidade de litisconsortes, dentro do prazo que assinar, *sob pena de extinção do processo* (CPC/2015, art. 115, parágrafo único). O juiz, em suma, apenas determina ao autor que providencie o ato citatório indispensável à integração de todos os colegitimados passivos, o que é bem diferente de ordenar a imediata realização da citação. Nesse sentido, aliás, já decidiu o Superior Tribunal de Justiça: "Compete ao autor eleger com quem pretende litigar judicialmente, sob o arnês das consequências processuais advindas de erro na escolha. Mesmo no litisconsórcio necessário, limitar-se-á o juiz, assinando prazo, a ordenar a citação. Descumprida a determinação, extinguirá o processo (...). Forçar o autor a demandar com quem não deseja, não se afeiçoa à ordem processual, uma vez que, de ofício, não pode vincular subjetivamente, obrigando a integração na lide. Ordenar a citação não significa que o juiz, sem a participação do autor, determinará a sua efetivação." (STJ, REsp nº 89.720, 1ª Turma, rel. Min. Milton Luiz Pereira, julgamento: 05.06.1997, disponível em: www.stj.jus.br). Há, todavia, outro julgado que entendeu não ser causa de nulidade a citação de colegitimado passivo necessário determinada de ofício pelo juiz, mas sem a oposição do autor (STJ, REsp nº 174.466, 3ª Turma, rel. Min. Eduardo Ribeiro, julgamento: 04.03.1999, disponível em: www.stj.jus.br). Recapitulando e concluindo: i) havendo vício alusivo à falta de litisconsorte necessário, é vedado ao juiz, *de bate-pronto*, indeferir a petição inicial ou mesmo extinguir o feito sem resolução de mérito, tampouco está autorizado a determinar *diretamente* a citação de quem quer que seja; ii) não há, no direito brasileiro, permissivo legal para a integração litisconsorcial *direta*, ou seja, por iniciativa judicial *oficiosa* (= vedação da intervenção *iussu judicis*); iii) daí que o órgão judiciário tão só determina à parte autora que *requeira a citação* de todos que devam figurar no processo como litisconsortes passivos; e iv) não sendo atendida a aludida ordem judicial, o feito será extinto *sem resolução de mérito* (CPC/2015, art. 115, parágrafo único).

Recurso cabível contra decisão que ordena a integração do polo passivo: é cabível *agravo de instrumento* contra a decisão *que ordena a integração do polo passivo*. O fundamento está cravado no inciso IX do art. 1.015 do CPC/2015 ("cabe agravo de instrumento contra as decisões interlocutórias que versarem sobre admissão ou inadmissão de intervenção de terceiros"). Afinal de contas, até que a citação se materialize, o preterido é nada mais que um *terceiro* (ASSIS, Araken. *Processo Civil Brasileiro*. v. II. Tomo I. São Paulo: Revista dos Tribunais, 2015. p. 251); se a opção, contudo, for não agravar, a questão poderá ser, posteriormente, submetida ao tribunal via recurso de apelação, haja vista a inexistência, neste caso, de preclusão (DINAMARCO, Cândido Rangel. *Litisconsórcio*. 8. ed. São Paulo: Malheiros Editores, 2009. p. 244).

Desrespeito à formação litisconsorcial necessária unitária passiva: a depender da natureza do objeto litigioso, exige a lei sejam todos os colegitimados devidamente citados para que a sentença de mérito adquira eficácia (CPC/2015, art. 114, *segunda parte*). Tem-se, em casos tais, justamente porque o mérito diz respeito à *relação jurídico-material una e incindível*, a conjunção entre *necessariedade litisconsorcial* e *uniformidade de julgamento para todos os litisconsortes*. Implicações da não formação do *litisconsórcio necessário unitário passivo*: i) o ato decisório padecerá de grave vício e, por isso, a sua invalidação é admitida em qualquer tempo e grau de jurisdição, podendo ser suscitada até mesmo *ex officio* pela autoridade judicial (CPC/2014, art. 115, I) – nesse sentido: STJ, RMS nº 28.110, 6ª Turma, rel. Min. Maria Thereza de Assis Moura, julgamento: 01.03.2012, disponível em: www.stj.jus.br –; ii) a eficácia da sentença não atingirá a quem quer que seja, nem as partes e nem o(s) terceiro(s) preterido(s) que ali deveria(m) ter figurado na condição de litisconsorte(s) (= ineficácia absoluta; *inutiliter datus*; CPC/2015, art. 114); e iii) o terceiro preterido, que deveria ter integrado o feito, tem a seu dispor um leque de opções para impugnar decisão de mérito cujos efeitos lhe sejam prejudiciais – por exemplo: ação rescisória (CPC/2015, art. 966, V), embargos de terceiro (CPC/2015, art. 674 e segs.) e até *querela nullitatis* (por ausência de citação) – nesse último sentido, conferir: STJ, REsp nº 1.677.930, 3ª Turma, rel. Min. Ricardo Villas Bôas Cueva, julgamento: 10.10.2017, disponível em: www.stj.jus.br.

Desrespeito à formação litisconsorcial necessária unitária ativa: em dadas situações, haja vista a natureza da relação jurídica que atrela dois ou mais indivíduos (= relação jurídica una e incindível), o ordenamento jurídico impõe a presença de todos, *no polo ativo*, para que se tenha sentença de mérito eficaz (CPC/2015, art. 115, I). É que, sozinho, nessas raras ocasiões, o cotitular do direito indivisível "não é sujeito da relação", "quando muito é uma fração do sujeito", é "um sujeito incompleto", ou seja, falta-lhe *legitimatio ad causam* (FREIRE, Homero. *Estudo sobre o litisconsórcio necessário ativo*. Recife: Livraria Literatura Jurídica Internacional, 1954. p. 83). Trata-se de fenômeno chamado pela doutrina de legitimidade *conjunta* ou *complexa* – consultar: DINAMARCO, Cândido Rangel. *Instituições de Direito Processual Civil*. v. II. 7ª ed. São Paulo: Malheiros, 2017. p. 367; DIDIER JR., Fredie. *Curso de Direito Processual Civil. Introdução ao Direito Processual Civil, Parte Geral e Processo de Conhecimento*. v. 1. 18. ed. Salvador: JusPodivm, 2016. p. 460. A não formação do *litisconsórcio necessário unitário ativo* tem por implicações: i) o ato decisório padecerá de grave vício e, por isso, a decretação da sua nulidade é admitida em qualquer tempo e grau de jurisdição, podendo ser suscitada até mesmo *ex officio* pela autoridade judicial (CPC/2014, art. 115, I); ii) ninguém será atingido pela eficácia da sentença, nem as partes e muito menos o(s) terceiro(s) preterido(s), que ali deveria(m) ter figurado na qualidade de litisconsorte(s) ativo(s) (= ineficácia absoluta; *inutiliter datus* para todos); e iii) o terceiro preterido, que deveria ter integrado o feito, poderá a todo momento impugnar a decisão de mérito cujos efeitos lhe sejam prejudiciais, estando autorizado, até mesmo, a manejar *querela nullitatis* (por ausência de citação). Sobre o *litisconsórcio necessário ativo*, consultar comentários ao art. 114.

Desrespeito à formação litisconsorcial necessária simples: aqui interessa a "necessariedade litisconsorcial imposta pelo legislador por meras razões pragmáticas relacionadas com a economia processual ou com o desiderato do melhor aproveitamento possível dos atos processuais" (DINAMARCO, Cândido Rangel. *Instituições de Direito Processual Civil*. v. II. 6. ed. São Paulo: Malheiros, 2009. p. 414-415). Trata-se, em suma, de situações nas quais a obrigatoriedade de formação litisconsorcial dá-se exclusivamente *por força de lei* (CPC/2015, art. 114, *primeira parte*), de modo que o resultado decisório poderá, sem qualquer problema, tratar cada um dos litisconsortes de maneira diferenciada (= necessariedade *pura*, litisconsórcio necessário *não unitário*, litisconsórcio necessário *simples*). Naquilo que importa aqui: i) a sentença de mérito, quando proferida sem a integração do contraditório, será válida unicamente em relação às partes, porém ineficaz para os que não foram citados (CPC/2015, art. 115, II); ii) em relação aos litisconsortes citados, o problema é de *invalidade*, razão por que poderão impugnar a sentença de mérito a qualquer tempo, enquanto perdurar o processo, admitindo-se, por fim, a rescisão da decisão transitada em julgado no prazo de dois anos (= ação rescisória); iii) poderá o terceiro, que deveria ter sido citado a fim de figurar como litisconsorte passivo, utilizar-se de remédio processual adequado para impugnar provimento jurisdicional ainda não transitado em julgado – por exemplo: recurso manejado por terceiro prejudicado (CPC/2015, art. 996); e iv) o terceiro preterido, que deveria ter integrado o feito, tem a seu dispor um leque de opções para impugnar decisão de mérito cujos efeitos lhe sejam prejudiciais – exemplos: ação rescisória (CPC/2015, art. 966, V), embargos de terceiro (CPC/2015, art. 674 e segs.) e até *querela nullitatis* (por ausência de citação).

— Θ —

ARTIGO 116 | 327

Art. 116. O litisconsórcio será unitário quando, pela natureza da relação jurídica, o juiz tiver de decidir o mérito de modo uniforme para todos os litisconsortes.

Correspondente:
CPC/1973, art. 47, *caput*, segunda parte.

Referências:
CF/1988, art. 5º, *caput* e incisos II, LIV, LV e LXXVIII.

CPC/2015, art. 18; art. 109, §1º; art. 113; art. 114; art. 115; art. 117; art. 118; art. 506; art. 574; art. 570; art. 575, I; art. 903, §4º.

CC/2002, art. 1.199; art. 1.314; art. 1.791.

Lei nº 12.016/2009, art. 1º, §3º.

Necessariedade e unitariedade: entre os conceitos *necessariedade* e *unitariedade* inexiste equivalência obrigatória, isto é, não se confundem e tampouco um não compreende ou envolve o outro. Enquanto a *necessariedade* diz respeito apenas à imprescindibilidade da formação litisconsorcial, a *unitariedade* busca enfatizar indivíduos unidos, num mesmo polo do processo, em função da natureza una e indivisível da relação jurídico-material debatida em juízo, o que ensejará uma decisão de mérito uniforme a todos. Confira-se lição clássica: "O conceito de litisconsórcio unitário não coincide com o de litisconsórcio necessário nem na compreensão, nem na extensão. Quanto à primeira, basta ver que a estrutura inteligível daquela figura tem como nota típica a obrigatoriedade da decisão uniforme no mérito; a desta, a indispensabilidade da presença simultânea de duas ou mais pessoas no polo ativo ou no polo passivo do processo. Ora, evidentemente *não é o mesmo* terem de participar A e B, conjuntamente, do processo, e ter o juiz de tratar A e B de modo uniforme na sentença definitiva" (BARBOSA MOREIRA, José Carlos. *Litisconsórcio unitário*. Rio de Janeiro: Forense, 1972. p. 131). Enfim, há casos de: i) *litisconsórcio necessário simples* (exemplo: em ação de usucapião, a lei exige, no polo passivo, o titular do registro do bem e seus confinantes); ii) *litisconsórcio necessário unitário* (exemplo: ação declaratória de nulidade de casamento promovida pelo Ministério Público contra marido e mulher); e iii) *litisconsórcio facultativo unitário* (exemplo: condôminos podem demandar individualmente ou em conjunto para reivindicar contra terceiro a coisa comum).

Unitariedade litisconsorcial: é unitário o litisconsórcio que se constitui, ativa ou passivamente, entre pessoas para as quais a decisão de mérito, *haja vista a natureza da relação jurídica pela qual estão unidos*, há de ser, em seu conteúdo, obrigatoriamente uniforme, sendo importante frisar que "a unitariedade pressupõe o mesmo pedido e a mesma causa de pedir", não bastando que sejam apenas análogos ou semelhantes (BARBOSA MOREIRA, José Carlos. *Litisconsórcio unitário*. Rio de Janeiro: Forense, 1972. pp. 129-134). A relação litisconsorcial unitária exige "unitariedade da prestação jurisdicional" ou "mesmidade da sentença", isto é, a decisão de mérito deverá ser uniforme a todos os litisconsortes (PONTES DE MIRANDA, Francisco Cavalcanti. *Comentários ao Código de Processo Civil*. Tomo II. Rio de Janeiro: Forense, 1973. p. 15). Detalhamentos: i) havendo exigência de *litisconsorciação necessária unitária*, não se terá, sem que todos os colegitimados estejam presentes, preenchimento da *legitimatio ad causam*, ou seja, trata-se, portanto, de uma "legitimación conjunta activa ou pasiva" (MILLAN, Encarnacion Davila. *Litisconsorcio Necesario. Concepto y tratamiento procesal*. Barcelona: Bosch Casa Editorial, 1975. p. 23) – *não à toa, o art. 117 do CPC/2015 impõe, a contrario sensu, que os litisconsortes unitários não devem ser tratados, em suas relações com a parte adversa, como litigantes distintos*; ii) a litisconsorciação unitária funda-se na natureza *indivisível* (= *incindível* ou *inconsútil*) da relação jurídica que enlaça os cotitulares de direitos ou obrigações, razão por que, nessa classe especial de demanda com pluralidade de partes (= litisconsórcio unitário), "não há cumulação objetiva de lides", pois "a lide é uma só, sendo dois ou mais os sujeitos que a compõem", vale dizer, "a relação de direito material é plurissubjetiva" (SILVA, Ovídio A. Baptista da. *Comentários ao Código de Processo Civil*. v. 1. São Paulo: Revista dos Tribunais, 2000. p. 212); iii) o art. 116 do CPC/2015 trata indistintamente das hipóteses de litisconsórcio *unitário facultativo* e *unitário necessário*, até porque cinge-se a descrever a *unilateralidade* (= regime de tratamento uniforme para todos os litisconsortes); e iv) embora a unitariedade do litisconsórcio surja, de ordinário, em ações constitutivas negativas, o fenômeno não se restringe a elas (ASSIS, Araken. *Processo Civil Brasileiro*. v. II. Tomo I. São Paulo: Revista dos Tribunais, 2015. p. 248). Exemplos de litisconsórcio unitário: i) ação declaratória de nulidade de casamento promovida pelo Ministério Público contra marido e mulher; ii) ação rescisória proposta contra todos os que foram partes no processo cuja sentença é objeto de rescisão (nesse sentido: STJ, AR nº 3.234, 2ª Seção, rel. Min. Luis Felipe Salomão, julgamento: 27.11.2013, disponível em: www.stj. jus.br); iii) ação renovatória promovida pelo inquilino contra os colocadores; iv) sócios demandando para obter a dissolução de sociedade civil; v) acionistas que demandam para anular deliberação de assembleia geral; vi) ação autônoma a ser proposta para invalidar a arrematação, na qual o arrematante deverá necessariamente figurar como litisconsorte (CPC/2015, art. 903, §4º); vii) condôminos que se litisconsorciam para reivindicar de terceiro a coisa comum; viii) associação e Ministério Público (= legitimados extraordinários) em conjunto propõem *ação coletiva* contra determinada operadora de plano de saúde para reverter cobrança abusiva e obter indenização a uma infinidade de consumidores; ix) ação promovida pelos donos do imóvel comum para obrigar seu confinante a estremar os respectivos prédios, fixando novos limites entre eles ou aviventando-se os já apagados (CPC/2015, art. 575, I); x) devedores solidários promovem ação a fim de desconstituírem obrigação que lhes pesa sobre os ombros.

Unitariedade litisconsorcial facultativa: o CPC/2015 e legislações outras avalizam, com segurança, a existência da *litisconsorciação unitária facultativa*. Ou seja, em diversas hipóteses tem-se litisconsórcio voluntário, *porém unitário*. Isso significa, em suma, que cada um dos cotitulares de direito, abotoado aos demais em função de relação jurídica única e incindível, poderá, *desde que haja autorização legal*, demandar ou ser demandado *isoladamente* (= polo ativo ou passivo, a depender da previsão legal), não havendo, aí, portanto, obrigatoriedade de formação litisconsorcial. Detalhamentos: i) casos que envolvam unitariedade litisconsorcial *ativa* ensejam, *no* *normal das vezes*, litisconsórcio facultativo, *reflexo direto da garantia de inafastabilidade da jurisdição (CF/1988, art. 5º, XXXV)*, malgrado a lei imponha, em situações raras, a obrigatoriedade de formação litisconsorcial também no polo ativo (= litisconsórcio necessário unitário ativo); ii) são sensíveis à garantia de acesso à justiça (CF/1988, art. 5º, XXXV) as regras que legitimam (= legitimidade *ad causam*) o cotitular de relação jurídica una e indivisível a ajuizar *sozinho* demandas, isto é, evitam que eventuais desentendimentos entre os colegitimados embaracem, e até impeçam, a materialização de pretensões à tutela jurídica; iii) *salvo autorização legal expressa*, todos os colegitimados *passivos*, ligados por relação jurídico-material una e indivisível, deverão *necessariamente* integrar a causa em litisconsórcio (= legitimidade *ad causam* complexa), sob pena de a respectiva decisão judicial tornar-se inexequível – são escassas as regras que autorizam a *litisconsorciação unitária facultativa passiva*; e iv) a sentença faz coisa julgada *exclusivamente* às partes entre as quais é dada, mas os *efeitos* da decisão imutabilizada podem aproveitar os legitimados que não integraram o contraditório se lhes forem favoráveis – em objeção à tese de que o terceiro pode beneficiar-se da coisa julgada alheia: WAMBIER, Luiz Rodrigues; TALAMINI, Eduardo. *Curso Avançado de Processo Civil*. v. 2. 16. ed. São Paulo: Revista dos Tribunais, 2016. pp. 792-808; defendendo a extensão subjetiva da coisa julgada em benefício de terceiros: CABRAL, Antonio Passos. *Breves Comentários ao Novo Código de Processo Civil*. Coordenadores: Teresa Arruda Alvim Wambier, Fredie Didier Jr., Eduardo Talamini e Bruno Dantas. São Paulo: Revista dos Tribunais, 2015. pp. 1301-1307. Exemplos de litisconsórcio unitário facultativo: i) cada condômino, além de poder usar da coisa conforme sua destinação e sobre ela exercer todos os direitos compatíveis com a indivisão, *está autorizado a reivindicá-la de terceiro e defender a sua posse* (CC/2002, art. 1.314); ii) cada um dos credores pode demandar para exigir a obrigação indivisível por inteiro (CC/2002, art. 260); iii) se duas ou mais pessoas *possuem* a coisa indivisa, cada uma pode exercer sobre ela atos possessórios (CC/2002, art. 1.199), o que significa que o condômino está legitimado a, individualmente, pleitear em juízo o adimplemento da servidão de água (STJ, REsp nº 1.124.506, 3ª Turma, rel. Min. Nancy Andrighi, julgamento: 19.06.2012, disponível em: www.stj.jus.br); iv) qualquer um dos herdeiros pode defender, até a partilha, os bens que integram a herança (CC/2002, art. 1.791, parágrafo único); v) quando o direito ameaçado ou violado couber a vários indivíduos, qualquer deles está autorizado a requerer mandado de segurança (Lei nº 12.016/2009, art. 1º, §3º); vi) sócio que, individualmente, promove demanda para anular decisão tomada em assembleia.

— Θ —

> Art. 117. Os litisconsortes serão considerados, em suas relações com a parte adversa, como litigantes distintos, exceto no litisconsórcio unitário, caso em que os atos e as omissões de um não prejudicarão os outros, mas os poderão beneficiar.

Correspondente:
CPC/1973, art. 48.

Referências:
CF/1988, art. 5º, *caput* e incisos II, LIV, LV e LXXVIII.

CPC/2015, art. 99, §6º; art. 113; art. 114; art. 115; art. 117; art. 118; art. 344; art. 345, I; art. 1.005, parágrafo único.

Autonomia dos litisconsortes comuns e tratamento normativo independente: os litisconsortes são considerados, em suas relações com a parte adversa, como *litigantes distintos* (CPC/2015, art. 117, *primeira parte*). Trata-se de regra aplicável unicamente aos litisconsortes *simples*, ou seja, aos indivíduos que demandam ou são demandadas conjuntamente em processo cujo objeto litigioso abarca duas ou mais relações jurídicas autônomas ou, ainda, uma só relação jurídica cindível. Tem-se, aí, em suma, *cumulação de ações*. Num cenário tal, é "factível que as demandas recebam julgamento heterogêneo, favorável a um dos litisconsortes e desfavorável ao outro", sendo natural que, em regra, os atos praticados por cada um deles não beneficiem nem prejudiquem os demais (CARRILHO LOPES, Bruno Vasconcelos. *Comentários ao Código de Processo Civil. Das partes e dos procuradores*. v. II. São Paulo: Saraiva, 2017. p. 314). Exemplos: i) a desistência da ação por um dos litisconsortes não prejudicará os outros; ii) cada litisconsorte tem o direito de praticar atos processuais ou omitir-se segundo aquilo que entender oportuno (CPC/2015, art. 118); iii) o direito à gratuidade da justiça é pessoal, não se estendendo aos demais litisconsortes (CPC/2015, art. 99, §6º); iv) a confissão judicial faz prova contra o confitente, não prejudicando os litisconsortes (CPC/2015, art. 391). Para uma diferenciação entre *comportamentos determinantes* e *comportamentos alternativos* das partes, conferir: BARBOSA MOREIRA, José Carlos. *Litisconsórcio unitário*. Rio de Janeiro: Forense, 1972. pp. 153-176.

Exceções ao tratamento independente: há situações em que a exigência legal de tratamento distinto e independente dos litisconsortes simples é excepcionalizada, de modo que os atos praticados por um deles acabam por favorecer os demais. Imagine-se, por exemplo, que um dos réus tenha interposto recurso, obtendo sucesso em anular a sentença de procedência, resultado que indubitavelmente vai atingir a posição de *todos* os litisconsortes passivos.

Regime especial no litisconsórcio unitário: há casos em que os litisconsortes estão ligados por uma única e incindível relação jurídico-material (exemplos: *vínculos matrimonial, de união estável, de paternidade, de maternidade*), quando, então, o órgão judicial estará obrigado a decidir o mérito de maneira uniforme para todos. Haverá, portanto, em circunstâncias que envolvam a formação de litisconsórcio unitário, a chamada *comunhão de sortes*, não se podendo dispensar tratamento diverso aos demandantes ou demandados que litigam em conjunto (CPC/2015, art. 117, segunda parte). Daí a regra no sentido de que os atos e as omissões de um litisconsorte não prejudicarão os outros, *embora possam beneficiá-los* (= regime especial da interdependência). Exemplos: i) o reconhecimento do pedido por um dos litisconsortes unitários não prejudicará nem mesmo aquele que praticou o ato; ii) a sanção por litigância de má-fé aplicada a um dos litisconsortes unitários não prejudicará os demais; iii) o requerimento de prova feito por um dos litisconsortes unitários se estenderá aos outros; iv) o recurso interposto por um aproveitará a todos os outros litisconsortes unitários; v) ao litisconsorte unitário desistente do recurso aproveita o resultado favorável obtido pelos demais litisconsortes recorrentes (STJ, REsp nº 573.312, 1ª Turma, julgamento: 21.06.2005, disponível em: www.stj.jus.br); vi) a confissão de um litisconsorte unitário não valerá nem em relação a ele próprio (CPC/2015, art. 391, parágrafo único).

Efeito material da revelia e comunhão da prova: os litisconsortes serão considerados, em suas relações com a parte adversa, como litigantes distintos, exceto no litisconsórcio unitário, quando os atos e as omissões de um não prejudicarão os outros, mas os poderão beneficiar (CPC/2015, art. 117). Em dadas circunstâncias, contudo, a exigência legal de tratamento independente dos litisconsortes excepcionaliza-se, razão por que, *ainda que não seja caso de litisconsorciação unitária*, os atos praticados por um litisconsorte podem acabar favorecendo os demais. É o que ocorre quando, havendo pluralidade de réus, algum deles contesta a ação, não se produzindo, em relação aos outros, o efeito material da revelia (CPC/2015, art. 345, I). Tem-se, aí, regramento genérico, que, por isso, alcança todas as espécies de litisconsórcio. Teria sido mais coerente, no entanto, uma norma com conteúdo limitado: é que, em se tratando de litisconsórcio simples, o julgamento não precisará ser necessariamente uniforme para a integralidade dos litisconsortes. Por fim, fenômeno idêntico ocorre em termos de produção probatória. Afinal de contas, a prova, uma vez promovida, passa a pertencer ao processo, não tendo importância quem foi o responsável por ela (CPC/2015, art. 371), de modo que, a depender do seu conteúdo (= fato comum à pluralidade de partes), poderá beneficiar um ou alguns litisconsortes simples ou, quem sabe, até todos eles.

— Θ —

ARTIGO 118 | 335

Art. 118. Cada litisconsorte tem o direito de promover o andamento do processo, e todos devem ser intimados dos respectivos atos.

Correspondente:
CPC/1973, art. 49.

Referências:
CF/1988, art. 5º, *caput* e incisos II, LIV, LV e LXXVIII.

CPC/2015, art. 99, §6º; art. 113; art. 114; art. 115; art. 117; art. 118; art. 334, §6º.

Liberdade de litigância dos litisconsortes: compete a cada um dos litisconsortes decidir sobre quando praticar atos ou omitir-se, se faz ou não sentido observar um ônus e até se vai descumprir um dever, assumindo os riscos da postura eleita. Cada qual, em suma, será considerado, no âmbito do procedimento jurisdicional, como litigante distinto e, portanto, dotado de *autonomia*. Pois é nesse exato sentido que o CPC/2015 prescreve que cada litisconsorte, *considerado em sua individualidade*, tem o direito de promover o andamento do processo, devendo todos eles, sem distinção, receber as intimações dos respectivos atos (CPC/2015, art. 118). Tem-se, aí, enfim, normatividade que presta tributo à *liberdade de litigância* e *autorresponsabilidade* das partes. Uma coisa está umbilicalmente ligada à outra: não haveria independência e/ou liberdade para litigar se fosse suficiente a intimação de apenas um litisconsorte acerca de atos processuais que a todos têm potencialidade de influenciar. A ausência de intimação de litisconsorte implica atentado à ampla defesa, ao contraditório e à paridade de armas, desdém à regra que impõe a não surpresa (CPC/2015, arts. 9º e 10) e pouco-caso à diretriz hermenêutica da boa-fé objetiva (CPC/2015, art. 5º). Observações: i) a presença de todos os litisconsortes, na hipótese de *litisconsorciação necessária unitária*, é condição para se materializar a *legitimatio ad causam*, mas isso não significa que cada litisconsorte, ao longo do processo, esteja compelido a sempre adotar decisões acordadas com os demais, sem a possibilidade de agir com independência; ii) a lei, às vezes, exige a anuência de todos os litisconsortes para que determinado ato processual seja eficaz – por exemplo: o desinteresse na realização da audiência de conciliação ou de mediação deve ser manifestado por todos os litisconsortes (CPC/2015, art. 334, §6º) –; iii) se os litisconsortes estiverem representados por advogados distintos, *sendo desimportante a modalidade da relação litisconsorcial*, é indispensável que as intimações tragam, quando de sua publicação, os nomes das partes, de seus advogados ou das sociedades a que estes pertençam, sob pena de nulidade – já se entendeu pela nulidade da intimação que, em sua publicação, não fez constar o nome do litisconsorte passivo, representado por procurador diverso, mas apenas o uso da expressão "e outro" (STJ, REsp nº 36.897, 4ª Turma, rel. Min. Barros Monteiro, julgamento: 09.11.1993, disponível em: www.stj.jus.br).

— Θ —

REFERÊNCIAS

ABADE, Denise Neves. *Direitos fundamentais na cooperação jurídica internacional.* São Paulo: Saraiva, 2013.

ABBOUD, Georges; CARNIO, Henrique Garbellini; OLIVEIRA, Rafael Tomaz de. *Introdução à teoria e à filosofia do direito.* 3. ed. São Paulo: Editora Revista dos Tribunais, 2015.

ABBUD, André de Albuquerque Cavalcanti. *Homologação de sentenças arbitrais estrangeiras.* São Paulo: Atlas, 2008.

ADOLINA, Italo. *Cooperazione Internazionale in Matéria Giudiziaria.* Catania: Libreria Editrice Torre, 1996.

AGUIAR, Julio Cesar de. Novos paradigmas da cooperação jurídica internacional e o conceito contemporâneo de soberania. *Revista do Direito Público,* v. 12, n. 2, pp. 77-103, ago. 2017.

ANGELO, Tiago. Custas ao perdedor derrubam novas ações trabalhistas em 32%. *Consultor Jurídico,* 06 jan. 2020. Disponível em: www.conjur.com.br. Acesso em: 07 jul. 2020.

ALMEIDA JUNIOR, João Mendes de. *Direito Judiciário Brasileiro.* 2. ed. Rio de Janeiro: Typographia Baptista de Souza, 1918.

ALMEIDA SILVA, Tagore Trajano de. Capacidade de ser parte dos animais não-humanos: repensando os institutos da substituição e representação processual. *Revista Brasileira de Direito Animal – RBDA,* Salvador, v. 4, n. 05, jan./dez. 2009, pp. 323-352.

ALVARO DE OLIVEIRA, Carlos Alberto. *Alienação da coisa litigiosa.* 2. ed. Rio de Janeiro: Forense, 1986.

ALVES, Cleber Francisco; PIMENTA, Marilia Gonçalves. *Acesso à justiça em preto e branco*: retratos institucionais da Defensoria Pública. Rio de Janeiro: Lumen Juris, 2004.

ALVIM, Arruda. *Manual de Direito Processual Civil*: Teoria Geral do Processo e Processo de Conhecimento. 17. ed. São Paulo: Revista dos Tribunais, 2017.

ALVIM WAMBIER, Teresa Arruda; CONCEIÇÃO, Maria Lúcia Lins; SILVA RIBEIRA, Leonardo Ferres da; MELLO, Rogerio Licastro Torres de. *Primeiros Comentários ao Novo Código de Processo Civil.* São Paulo: Revista dos Tribunais, 2015.

ANCHIETA, Natacha. Dimensão político-constitucional do processo. *Empório do Direito,* 04 nov. 2019. Disponível em: www.emporiododireito.com.br. Acesso em: 17 dez. 2019.

ANCHIETA, Natascha. Contraditório em "sentido forte": uma forma de compensação das posturas judiciais instrumentalistas? *Empório do Direito,* 23 set. 2019. Disponível em: www.emporiododireito.com.br. Acesso em: 20 dez. 2019.

ANDRADE, Francisco Rabelo Dourado de. *Tutela de evidência, teoria da cognição e processualidade democrática.* Belo Horizonte: Fórum, 2017.

ANDRADE, Valentino Aparecido de. *Litigância de má-fé.* São Paulo: Dialética, 2004.

ARAÚJO CINTRA, Antonio Carlos de; GRINOVER, Ada Pelegrini; DINAMARCO, Cândido. *Teoria Geral do Processo*. 26. ed. São Paulo: Malheiros Editores, 2010.

ARAUJO, Nadia de. *Cooperação Jurídica Internacional no Superior Tribunal de Justiça*: Comentários à Resolução n. 09/2005. Rio de Janeiro: Renovar, 2010.

ARMELIN, Donaldo. *A legitimidade para agir no direito processual civil brasileiro.* São Paulo: Revista dos Tribunais, 1979.

ARMELIN, Donaldo. Tutela jurisdicional diferenciada. *Revista de Processo – RePro*, São Paulo: Revista dos Tribunais, n. 65, 1992, pp. 45-55.

ARMELIN, Donaldo. Alterações da jurisprudência e seus reflexos nas situações já consolidadas sob o império da orientação superada. *In*: DELFINO, Lúcio; ROSSI, Fernando; MOURÃO, Luiz Eduardo Ribeiro; CHIOVITTI, Ana Paula (Coords.). *Tendências do moderno processo civil brasileiros. Aspectos individuais e coletivos das tutelas preventivas e ressarcitórias. Estudos em homenagem ao jurista Ronaldo Cunha Campos.* Belo Horizonte: Editora Fórum, 2008. pp. 183-202.

AROCA, Juan Montero. *Proceso Civil e Ideología*: Un prefacio, una sentencia, dos cartas y quince ensayos. Coordenador: Juan Montero Aroca. Sobre el mito autoritário de la "buena fe procesal". Valencia: Tirant lo Blanch, 2006. pp. 283-356.

AROCA, Juan Montero Aroca. *La Prueba en el Proceso Civil.* 7. ed. Pamplona: Editorial Aranzadi, 2011.

AROCA, Juan Montero. Prueba y verdad en el proceso civil – un intento de aclaración de la base ideológica de determinadas posiciones pretendidamente técnica. *Proceso Democrático y Garantismo Procesal*. Coordenadores: Carlos Henrique Soares, Glauco Gumerato Ramos, Guido Aguila Grados, Móunica Bustamante Rúa, Ronaldo Brêtas de Cavalho Dias. Belo Horizonte: Arraes Editores, 2015. pp. 207-226.

AROCA, Juan Montero. Los modelos procesales civiles en el inicio del siglo XXI: entre el garantismo y el totalitarismo. *Revista Brasileira de Direito Processual – RBDPro*, Belo Horizonte, ano 25, n. 100, pp. 191-211, out./dez. 2017.

ARRUDA ALVIM, Eduardo; KRUGER THAMAY, Rennan Faria; GRANADO, Daniel Willian. *Processo constitucional*. São Paulo: Revista dos Tribunais, 2014.

ASSIS, Carlos Augusto de. Técnicas aceleratórias e devido processo legal. *Revista Brasileira de Direito Processual – RBDPro*, Belo Horizonte, ano 24, n. 95, pp. 77-93, jul./set. 2016.

ASSIS, Araken. *Processo civil brasileiro.* Parte Geral: fundamentos e distribuição de conflitos. v. I. São Paulo: Revista dos Tribunais, 2015.

ASSIS, Araken. *Processo Civil Brasileiro.* Parte Geral: institutos fundamentais. v. II. Tomo II. São Paulo: Revista dos Tribunais, 2015.

ASSIS, Araken. *Manual da Execução.* 18. ed. São Paulo: Revista dos Tribunais, 2016.

ASSUMPÇÃO NEVES, Daniel Amorim. *Manual de Direito Processual Civil.* Volume único. São Paulo: Editora Método, 2009.

ATAÍDE JÚNIOR, Jaldemiro Rodrigues de. Legalidade, incidência, motivação e controle racional das decisões judiciais. *Revista Brasileira de Direito Processual – RBDPro*, Belo Horizonte, ano 24, n. 93, pp. 95-128, jan./mar. 2016.

BALEEIRO NETO, Diógenes; DIAS, Paulo Fernando Cardoso. O novo Código de Processo Civil e a competência para o processamento da execução civil. *Revista Jurídica da Advocacia-Geral do Estado de Minas Gerais*, n. 1, jan./dez. 2015, pp. 69-74.

REFERÊNCIAS | 339

BARACHO, José Alfredo de Oliveira. *Direito Processual Constitucional*: Aspectos contemporâneos. Belo Horizonte: Fórum, 2008.

BARBI, Celso Agrícola. *Comentários ao Código de Processo Civil*. v. I. Rio de Janeiro: Forense, 1981.

BARBOSA MOREIRA, José Carlos. Apontamentos para um estudo sistemático da legitimação extraordinária. *Revista dos Tribunais*, São Paulo: Revista dos Tribunais, ano 58, v. 404, pp. 9-18, jun. 1969.

BARBOSA MOREIRA, José Carlos. Mandado de segurança e condenação em honorários de advogado. *Revista de Direito da Procuradoria Geral*, Rio de Janeiro: Procuradoria do Estado de Guanabara, n. 23, 1970, pp. 50-59.

BARBOSA MOREIRA, José Carlos. *Litisconsórcio unitário*. Rio de Janeiro: Forense, 1972.

BARCELLOS PEGINI, Adriana Regina. Reflexões acerca do processo como garantia das garantias. *Empório do Direito*, 14 out. 2019. Disponível em: www.emporiododireito.com. br. Acesso em: 17 dez. 2019.

BARROS MONTEIRO, Ralfho Waldo de. *Comentários ao Novo Código Civil*. Rio de Janeiro: Editora Forense, 2010.

BEGA, Carolina Brambila. *Curadoria especial – tutela da vulnerabilidade processual*: análise da efetividade dessa atuação. Tese (Doutorado em Direito) – Faculdade de Direito da Universidade de São Paulo. São Paulo, 2012.

BISSOLI DO BEM, Camila de Castro Barbosa; CAMPISTA, Fábio Farias; HILL, Flávia Pereira. A duração razoável do processo e os parâmetros jurisprudenciais dos tribunais internacionais de direitos humanos. *Revista Brasileira de Direito Processual – RBDPro*, Belo Horizonte, ano 25, n. 99, pp. 111-143, jul./set. 2017.

BORGES MOTTA, Francisco José; OLIVEIRA, Rafael Tomaz de. *Comentários ao Código de Processo Civil*. 2. ed. Organizadores: Lenio Luiz Streck, Dierle Nunes, Leonardo Carneiro da Cunha. São Paulo: Editora Saraiva, 2017. pp. 67-71.

BRUM, Guilherme Valle. A valoração da prova como ato político: notas sobre a (pretendida) sobrevivência do chamado "princípio do livre convencimento motivado" no Direito brasileiro. *Revista Brasileira de Direito Processual – RBDPro*, Belo Horizonte, ano 25, n. 100, pp. 153-168, out./dez. 2017.

BUENO, Cassio Scarpinella. *Curso Sistematizado de Direito Processual Civil*: Teoria Geral do Direito Processual Civil. v. 1. 9. ed. São Paulo: Editora Saraiva, 2007.

BUENO, Cassio Scarpinella. *A nova lei do mandado de segurança*: comentários sistemáticos à Lei 12.016/2009. São Paulo: Saraiva, 2009.

BUZAID, Alfredo. *A ação declaratória no direito brasileiro*. 2. ed. São Paulo: Editora Saraiva, 1986.

CABRAL, Antonio do Passo. Despolarização do processo e "zonas de interesse": sobre a migração entre polos da demanda. *Revista da SJRJ*, Rio de Janeiro, n. 26, pp. 19-55, 2009.

CABRAL, Antonio Passos. *Breves Comentários ao Novo Código de Processo Civil*. Coordenadores: Teresa Arruda Alvim Wambier, Fredie Didier Jr., Eduardo Talamini e Bruno Dantas. São Paulo: Revista dos Tribunais, 2015.

CAHALI, Yussef Said. *Honorários advocatícios*. 4. ed. São Paulo: Revista dos Tribunais, 2011.

CALVINHO, Gustavo. *El proceso con derechos humanos*: Método de debate y garantía frente al poder. Bogotá: Editorial Universidad del Rosario, 2011.

CÂMARA, Alexandre Freitas. *Lições de Direito Processual Civil*. 16. ed. v. 1. Rio de Janeiro: Lumen Juris, 2004.

CÂMARA, Alexandre Freitas. Será o fim da categoria condição da ação? Uma resposta a Fredie Didier Junior. *Revista de Processo*, São Paulo: RT, jul. 2011, v. 197, pp. 261-269.

CÂMARA, Alexandre Freitas. O princípio da primazia da resolução do mérito e o novo Código de Processo Civil. *Revista do Tribunal Regional Federal da 3ª Região*, São Paulo: Tribunal Regional Federal da 3ª Região, n. 128, 2016, pp. 19-24.

CAMPOS, Ronaldo Cunha. *Comentários ao Código de Processo Civil*. v. I. Tomo I. Rio de Janeiro: Forense, 1979.

CANÇADO TRINDADE, Antonio Augusto. *A humanização do direito internacional*. Belo Horizonte: Del Rey, 2008.

CANTEROS, Fermín. Garantismo procesal vs activismo judicial. *Revista Brasileira de Direito Processual – RBDPro*, Belo Horizonte, ano 25, n. 99, pp. 173-190, jul./set. 2017.

CANTEROS, Fermín. La doctrina de los actos propios y el pretendido "deber de coherencia" en el proceso. *Empório do Direito*, 02 dez. 2019. Disponível em: www. emporiododireito.com.br. Acesso em: 13 dez. 2019.

CAPUCIO, Camila. Dimensões da cooperação jurídica internacional: do direito à cooperação ao dever de cooperar. *Revista da Faculdade de Direito – UFPR*, Curitiba, v. 61, n. 3, set./dez. 2016, pp. 277-297.

CARNEIRO, Athos Gusmão. *Jurisdição e competência*. 14. ed. São Paulo: Saraiva, 2005.

CARNELUTTI, Francesco. *Sistema Processual Civil*. v. II. São Paulo: Classic Book Editora, 2000.

CARNELUTTI, Francesco. *A prova civil*. 4. ed. Campinas: Bookseller Editora, 2005.

CARREIRA ALVIM, J. E. Carreira. *Comentários ao novo Código de Processo Civil*. v. I. Curitiba: Juruá, 2015.

CARREIRA ALVIM, J.E. *Comentários ao novo Código de Processo Civil*. v. II. Curitiba: Juruá, 2015.

CARRILHO LOPES, Bruno Vasconcelos. *Comentários ao Código de Processo Civil. Das partes e dos procuradores*. v. II. São Paulo: Saraiva, 2017.

CARVALHO, Luciana Benassi Gomes. O "princípio" da identidade física do juiz e a garantia arquifundamental da imparcialidade. *Revista Brasileira de Direito Processual – RBDPro*, Belo Horizonte, ano 27, n. 107, pp. 227-240, jul./set. 2019.

CARVALHO, Luciani Coimbra. Cooperação Jurídica Internacional e Direitos Humanos: para além da interação rumo à harmonização. *Revista Thesis Juris – RTJ*, São Paulo, v. 4, n. 3, pp. 521-553, set./dez. 2015.

CARVALHO DIAS, Ronaldo Brêtas de. *Responsabilidade do estado pela função jurisdicional*. Belo Horizonte: Del Rey, 2004.

CARVALHO DIAS, Ronaldo Brêtas de. A garantia da fundamentação das decisões jurisdicionais no Estado Democrático de Direito. *Revista do Instituto dos Advogados de Minas Gerais*, Belo Horizonte: Editora Del Rey, n. 12, 2006, pp. 25-44.

CARVALHO DIAS, Ronaldo Brêtas de; SOARES, Carlos Henrique. *Técnica Processual*. Belo Horizonte: Del Rey, 2015.

REFERÊNCIAS | 341

CARVALHO DIAS, Ronaldo Brêtas de. Novo Código de Processo Civil e processo constitucional. *Revista Brasileira de Direito Processual – RBDPro*, Belo Horizonte, ano 23, n. 92, pp. 225-240, out./dez. 2015.

CARVALHO DIAS, Ronaldo Brêtas de. *Estudo sistemático do NCPC*. Belo Horizonte: D'Plácido, 2016.

CARVALHO DIAS, Ronaldo Brêtas de. Que é cooperação processual? *Revista Brasileira de Direito Processual – RBDPro*, Belo Horizonte, ano 25, n. 98, pp. 283-293, abr./jun. 2017.

CARVALHO DIAS, Ronaldo Brêtas de. *Processo Constitucional e Estado Democrático de Direito*. 4. ed. Belo Horizonte: Del Rey, 2018.

CARVALHO DIAS, Ronaldo Brêtas de. The constitutional process in the construction of the Law Democratic State. *Revista Brasileira de Direito Processual – RBDPro*, Belo Horizonte, ano 26, n. 103, pp. 321-333, jul./set. 2018.

CARVALHO DIAS, Ronaldo Brêtas de. O "indevido processo legal" no Código de Processo Civil. *Revista Brasileira de Direito Processual – RBDPro*, Belo Horizonte, ano 27, n. 106, pp. 299-313, abr./jun. 2019.

CARVALHO DIAS, Ronaldo Brêtas de. Fundamentos e inovações do Código de Processo Civil. Belo Horizonte: Editora D'Plácido, 2020.

CARVALHO FILHO, Antônio. Desmistificando o processo justo: pela reconstrução do devido processo legal. *Empório do Direito*, 12 ago. 2019. Disponível em: www. emporiododireito.com.br. Acesso em: 17 dez. 2019.

CARVALHO FILHO, Milton Paulo de. *Código Civil Comentado. Doutrina e Jurisprudência*. Coordenador: Ministro Cezar Peluso. 8. ed. São Paulo: Editora Manole, 2014.

CARVALHO SOUSA, Lorena Ribeiro. *O dever de fundamentação das decisões no Código de Processo Civil*. Belo Horizonte: Editora D'Plácido, 2019.

CASELLA, Paulo Borba; SANCHEZ, Rodrigo Elian. *Cooperação Judiciária Internacional*. Rio de Janeiro: Renovar, 2002.

CASTRO NEVES, José Roberto de. *Como os advogados salvaram o mundo. A história da advocacia e sua contribuição para a humanidade*. Rio de Janeiro: Editora Nova Fronteira, 2018.

CAVALCANTI CAMPOS, Eduardo Luiz. *O princípio da eficiência no processo civil brasileiro*. São Paulo: Grupo GEN, 2018.

CAVALIERI FILHO, Sérgio. *Programa de responsabilidade civil*. 2. ed. São Paulo: Malheiros, 2000.

CHOUKR, Fauzi Hassan. *Cooperação jurídica internacional*. Belo Horizonte: Fórum, 2014.

COSTA E SILVA, Paula. *Um desafio à teoria geral do processo. Repensando a transmissão da coisa ou direito em litígio. Ainda um contributo para o estudo da substituição processual*. 2. ed. Coimbra: Coimbra Editora, 2009.

COZZOLINO DE OLIVEIRA, Patrícia Elias. *A legitimidade exclusiva da defensoria pública na prestação de assistência gratuita*. Tese (Doutorado em Direito) – Pontifícia Universidade Católica de São Paulo. São Paulo, 2016.

CRAMER, Ronaldo. *Comentários ao Novo Código de Processo Civil*. Organizadores: Antonio do Passo Cabral e Ronaldo Cramer. Rio de Janeiro: Forense, 2015. pp. 1.398-1.406.

CUNHA, Leonardo Carneiro da. *Direito Intertemporal e o Novo Código de Processo Civil*. Rio de Janeiro: Editora Forense, 2016.

DAHL, Robert A. *A democracia e seus críticos*. São Paulo: Martins Fontes, 2012.

DALLA BARBA, Rafael Giorgio. O que a metaética tem a dizer ao direito processual brasileiro? Desafios metaéticos à doutrina do processo justo. *Empório do Direito*, 14 dez. 2020. Disponível em: www.emporiododireito.com.br. Acesso em: 18 dez. 2020.

DEHO, Eugenia Ariano. Proceso Civil e Ideología: Un prefacio, una sentencia, dos cartas y quince ensayos. Coordenador: Juan Montero Aroca. En los abismos de la «cultura» del proceso autoritario. Valencia: Tirant lo Blanch, 2006. pp. 353-374.

DELFINO, Lúcio. O processo democrático e a ilegitimidade de algumas decisões judiciais. *Páginas de Direito*, 22 nov. 2013. Disponível em: www.paginasdedireito.com.br. Acesso em: 22 dez. 2020.

DELFINO, Lúcio. Como construir uma interpretação garantista do processo jurisdicional? *Revista Brasileira de Direito Processual – RBDPro*, Belo Horizonte, ano 25, n. 98, pp. 207-222, abr./jun. 2017.

DELFINO, Lúcio. Poder judicial versus Garantia Fundamental à Liberdade: Recurso Ordinário em Habeas Corpus n. 99.606 (Ensaio crítico acerca do mau uso das medidas executivas atípicas). *Empório do Direito*, 05 ago. 2019. Disponível em: www.emporiododireito.com.br. Acesso em: 17 dez. 2019.

DELFINO, Lúcio. À guisa de posfácio: a narrativa de uma ablução ou purificação doutrinária. O fenômeno de diluição do processual pelo jurisdicional e o esquecimento do ser constitucional do processo. O desprezo ao direito fundamental à legalidade e o Brasil sendo assolado por decisões cujo critério de justiça é o subjetivismo do próprio intérprete. O resgate do processo como instituição de garantia e as possibilidades de controle de abusos e desvios judiciais. *Revista Brasileira de Direito Processual – RBDPro*, Belo Horizonte, ano 26, n. 101, pp. 353-371, jan./mar. 2018.

DELFINO, Lúcio. Cooperação processual: inconstitucionalidades e excessos argumentativos – Trafegando na contramão da doutrina. *RBDPro*, Belo Horizonte: Editora Fórum, n. 93, 2016, pp. 149-168.

DELFINO, Lúcio. O processo é um instrumento de justiça? (desvelando o projeto instrumentalista de poder). *Empório do Direito*, 2019. Disponível em: www.emporiododireito.com.br. Acesso em: 18 dez. 2020.

DELFINO, Lúcio; SOUSA, Diego Crevelin. A derrocada do enunciado sumular 326 do Superior Tribunal de Justiça. *Consultor Jurídico*, 05 set. 2016. Acesso em: 18 fev. 2021.

DELLORE, Luiz. *Teoria Geral do Processo. Comentários ao CPC de 2015. Parte Geral.* Coordenadores: Fernando da Fonseca Gajardoni, Luiz Dellore, Andre Vasconcelos Roque e Zulmar Duarte de Oliveira Jr. São Paulo: Editora Método, 2015.

DIAS, José Aguiar. *Da responsabilidade civil.* 9. ed. Rio de Janeiro: Forense, 1994.

DIDIER JR., Fredie. Ministério Público Federal e competência da Justiça Federal. *Revista de Processo – RePro*, 196. São Paulo: Revista dos Tribunais, 2011. pp. 463-467.

DIDIER JR., Fredie. *Curso de Direito Processual Civil.* v. 1. 18. ed. Salvador: Editora JusPodivm, 2016.

DIDIER JR., Fredie; OLIVEIRA, Rafael Alexandria de. *Benefício da justiça gratuita.* 6. ed. Salvador: JusPodivm, 2016.

DIETRICH, William Galle. Cultura constitucional em declínio e degradação do processo. *Empório do Direito*, 16 set. 2019. Disponível em: www.emporiododireito.com.br. Acesso em: 17 dez. 2019.

DINAMARCO, Cândido Rangel. *Litisconsórcio*. 8. ed. São Paulo: Malheiros Editores, 2009.

DINAMARCO, Cândido Rangel. *Comentários ao Código de Processo Civil*. v. I. Coordenadores: José Roberto F. Gouvêa, Luis Guilherme A. Bondioli e João Francisco N. da Fonseca. São Paulo: Saraiva, 2018.

DINAMARCO, Cândido Rangel. *Instituições de Direito Processual Civil*. v. II. 7. ed. São Paulo: Malheiros, 2017.

DIMOULIS, Dimitri. *Positivismo Jurídico*: Teoria da validade e da interpretação do direito. 2. ed. Porto Alegre: Editora Livraria do Advogado, 2018.

DINIZ, Maria Helena. *Lei de introdução ao código civil brasileiro interpretada*. São Paulo: Saraiva, 1994.

DUARTE, Nestor. *Código Civil Comentado*: Doutrina e Jurisprudência. 8. ed. Coordenação: Ministro Cezar Peluso. São Paulo: Manole, 2014.

DUARTE, Zulmar; MORAES, Lucas de. "Presunção" de inocência civil e a revelia: necessidade de uma releitura constitucional. *In*: *Processo e Liberdade: Estudos em Homenagem a Eduardo José da Fonseca Costa*. Organização: Adriana Regina Bercellos Pegini, Daniel Brantes Ferreira, Diego Crevelin de Sousa, Evie Nogueira e Malafaia, Glauco Gumerato Ramos, Lúcio Delfino, Mateus Costa Pereira e Roberto P. Campos Gouveia Filho. Londrina: Editora Thoth, 2019. pp. 851-867.

ESTELLITA, Guilherme. *Do litisconsórcio no direito brasileiro*. Rio de Janeiro: Freitas Bastos, 1955.

ESTEVES, Diogo; SILVA, Franklyn Roger Alves. *Princípios institucionais da Defensoria Pública*. Rio de Janeiro: Forense, 2014.

ESTEVES, Diogo; SILVA, Franklyn Roger Alves. A curadoria especial no novo Código de Processo Civil. *In*: SOUSA, José Augusto Garcia de (Coord.). *Defensoria Pública*. Salvador: JusPodivm, 2015, p. 129-163.

FABRÍCIO, Adroaldo Furtado. O interesse de agir como pressuposto processual. *Revista EMERJ*, Rio de Janeiro, v. 20, n. 1, pp. 164-195, jan./abr. 2018.

FARIA, Bento de. *Aplicação e retroatividade da lei*. Rio de Janeiro: A. Coelho Branco Filho, 1934.

FERRAJOLI, Luigi; MANERO, Juan Ruiz. *Dos modelos de constitucionalismo*: una conversación. Madrid: Editorial Trotta, 2012.

FINKELSTEIN, Cláudio. *Comentários ao Código de Processo Civil*: Arts. 1º a 317. Coordenador: Cassio Scarpinella Bueno. São Paulo: Saraiva, 2017.

FONSECA COSTA, Eduardo José da. *Processo e garantia*. Londrina: Thoth, 2021. v.1.

FONSECA COSTA, Eduardo José. A Advocacia como garantia de liberdade dos jurisdicionados. *Empório do Direito*, 09 maio 2018. Disponível em: www.emporiododireito. com.br. Acesso em: 29 jun. 2020.

FONSECA DA COSTA, Eduardo José. Algumas considerações sobre as iniciativas judiciais probatórias. *RBDPro*, Belo Horizonte: Editora Fórum, 90, 2015, pp. 153-173.

FONSECA COSTA, Eduardo José da. Ciência processual, ciência procedimental e ciência jurisdicional. *Empório do Direito*, 20 nov. 2017. Disponível em: www.emporiododireito. com.br. Acesso em: 09 fev. 2020.

FONSECA COSTA, Eduardo José da. Presunção da inocência civil: algumas reflexões no contexto brasileiro. *Revista Brasileira de Direito Processual – RBDPro*, Belo Horizonte, n. 100, out./dez. 2017, pp. 129-144.

FONSECA COSTA, Eduardo José da. O processo como instituição de garantia. *Revista Consultor Jurídico*, 16 nov. 2016. Disponível em: www.conjur.com.br. Acesso em: 12 dez. 2017.

FONSECA COSTA, Eduardo José. *Levando a imparcialidade a sério*: Proposta de um modelo interseccional entre direito processual, economia e psicologia. Salvador: JusPodivm, 2018.

FONSECA COSTA, Eduardo José. O Poder Judiciário diante da soberania popular: o impasse entre a democracia e a aristocracia. *Revista Brasileira de Direito Processual – RBDPro*, Belo Horizonte, ano 27, n. 106, pp. 351-363, abr./jun. 2019.

FONSECA COSTA, Eduardo José da. Presunção de inocência civil: algumas reflexões no contexto brasileiro. *Revista Brasileira de Direito Processual – RBDPro*, Belo Horizonte, ano 25, n. 100, pp. 129-144, out./dez. 2017.

FONSECA COSTA, Eduardo José da. A igualdade processual como problema normativo. *Empório do Direito*, 23 maio 2018. Disponível em: www.emporiododireito.com.br. Acesso em: 08 ago. 2020.

FONSECA COSTA, Eduardo José da. O fundamento do Ministério Público. *Revista Brasileira de Direito Processual – RBDPro*, Belo Horizonte, ano 27, n. 107, pp. 323-344, jul./set. 2019.

FONSECA COSTA, Eduardo José da. Processo: garantia de liberdade [freedom] e garantia de «liberdade» [liberty]. *Empório do Direito*, 21 ago. 2018. Disponível em: www.emporiododireito.com.br. Acesso em: 24 abr. 2019.

FONSECA COSTA, Eduardo José da. As garantias arquifundamentais contrajurisdicionais: não-criatividade e imparcialidade. *Empório do Direito*, 19 abr. 2018. Disponível em: www.emporiododireito.com.br. Acesso em: 27 fev. 2019.

FONSECA COSTA, Eduardo José. A motivação escrita e a escrita da motivação. *Empório do Direito*, 13 maio 2019. Disponível em: www.emporiododireito.com.br. Acesso em: 23 dez. 2019.

FONSECA COSTA, Eduardo José. Processo e razões de Estado. *Empório do Direito*, 28 out. 2019. Disponível em: www.emporiododireito.com.br. Acesso em: 14 dez. 2019.

FONSECA COSTA, Eduardo José. A natureza jurídica do processo. *Empório do Direito*, 22 abr. 2019. Disponível em: www.emporiododireito.com.br. Acesso em: 07 nov. 2019.

FONSECA COSTA, Eduardo José. Garantia: dois sentidos, duas teorias. *Empório do Direito*, 23 dez. 2019. Disponível em: www.emporiododireito.com.br. Acesso em: 23 dez. 2019.

FONSECA COSTA, Eduardo José. Instituição de Poder e Instituição de Garantia. *Empório do Direito*, 20 jan. 2020. Disponível em: www.emporiododireiro.com.br. Acesso em: 01 jul. 2020.

FERNANDES, Francisco. *Dicionário de sinônimos e antônimos*. 10. ed. São Paulo: Editora Globo, 1955.

FREIRE, Homero. *Estudo sobre o litisconsórcio necessário ativo*. Recife: Livraria Literatura Jurídica Internacional, 1954.

FURTADO COÊLHO, Marcus Vinícius. Art. 36 do CPC – Carta rogatória. *Migalhas*, 18 jul. 2019. Disponível em: www.migalhas.com.br. Acesso em: 04 nov. 2019.

FIX-ZAMUDIO, Héctor. *Constitución y processo civil em Latinoamérica*. México: Instituto de Investigaciones Juridicas, 1974.

GAJARDONI, Fernando da Fonseca; DELLORE, Luiz; ROQUE, André Vasconcelos; OLIVEIRA JR., Zulmar Duarte de. *Teoria Geral do Processo. Parte Geral. Comentários ao CPC de 2015.* v. 1. 3. ed. São Paulo: Editora Método, 2019.

GALLIEZ, Paulo César Ribeiro. *Princípios institucionais da Defensoria Pública.* 2. ed. Rio de Janeiro: Lumen Juris, 2007.

GALVÃO, Jorge Octávio. *O neoconstitucionalismo e o fim do Estado de Direito.* Tese (Doutorado em Direito) – Faculdade de Direito da USP. São Paulo, 2012.

GARCIA MEDINA, José Miguel. *Novo Código de Processo Civil Comentado.* 3. ed. São Paulo: Revista dos Tribunais, 2015.

GARCIA MEDINA, José Miguel. *Novo Código de Processo Civil Comentado.* 6. ed. São Paulo: Revista dos Tribunais, 2020.

GARGARELLA, Roberto. *La justicia frente al gobierno.* Barcelona: Editorial Ariel, 1996.

GIDDENS, Anthony. *O mundo na era da globalização.* 6. ed. Lisboa: Editorial Presença, 2006.

GODINHO, Robson Renault. *Comentários ao Novo Código de Processo Civil.* Coordenadores: Antonio do Passo Cabral e Ronaldo Cramer. Forense: Rio de Janeiro: 2015.

GODOY, Cláudio Luiz Bueno de. *Código Civil Comentado. Doutrina e Jurisprudência.* Coordenador: Ministro Cezar Peluso. 8. ed. São Paulo: Editora Manole, 2014.

GONÇALVES FILHO, Edilson Santana. Súmula do STJ sobre honorários para Defensoria deve ser revista. *Consultor Jurídico*, 18 out. 2016. Disponível em: www.conjur.com.br. Acesso em: 28 nov. 2020.

GORDILHO, Heron; ATAIDE JUNIOR, Vicente de Paula. A capacidade processual dos animais no Brasil e na América Latina. *Revista Eletrônica do Curso de Direito da UFSM*, Santa Maria, v. 15, n. 2, 2020, pp. 1-19.

GOUVEIA FILHO, Roberto Pinheiro Campos. *A capacidade postulatória como uma situação jurídica processual simples*: ensaio em defesa de uma teoria das capacidades em direito. Dissertação (Mestrado em Direito) – Universidade Católica de Pernambuco. Recife, 2008.

GOUVEIA FILHO, Roberto P. Campos. Uma crítica analítica à ideia de relação processual entre as partes. *Revista Brasileira de Direito Processual – RBDPro*, Belo Horizonte, ano 24, n. 93, pp. 255-270, jan./mar. 2016.

GOUVEIA, Lúcio Grassi de; PEREIRA, Mateus Costa; LUNA, Rafael Alves de. (Im) possibilidade jurídica: pedido (de)mérito; estudo de caso. *Revista Brasileira de Direito Processual – RBDPro*, Belo Horizonte, ano 26, n. 102, pp. 299-316, abr./jun. 2018.

GOUVEIA, Lúcio Grassi de; PEREIRA, Mateus Costa; ALVES, Pedro Spíndola Bezerra. Fundamentação adequada: da impossibilidade de projetar a sombra de nossos óculos sobre paisagens antigas e de acorrentar novas paisagens em sombras passadas. *Revista Brasileira de Direito Processual – RBDPro*, Belo Horizonte, ano 24, n. 95, pp. 175-201, jul./set. 2016.

GOUVÊA MEDINA, Paulo Roberto de. *Teoria Geral do Processo.* 2. ed. Salvador: JusPodivm, 2016.

GOUVÊA MEDINA, Paulo Roberto de. *Iura Notiv Curia*: A Máxima e o Mito. Salvador: JusPodivm, 2020.

LÚCIO DELFINO
CÓDIGO DE PROCESSO CIVIL COMENTADO

GRECO, Leonardo. A *translatio iudicci* e a reassunção do processo. *Revista de Processo – REPro*, São Paulo: Revista dos Tribunais, ano 33, n. 166, dez. 2008, pp. 9-26.

GRECO, Leonardo. *Instituições de Processo Civil*: Introdução ao Direito Processual Civil. v. I. 2. ed. Rio de Janeiro: Editora Forense, 2010.

GRECO FILHO, Vicente. *Homologação de sentença estrangeira*. São Paulo: Saraiva, 1978.

GRECO FILHO, Vicente. *Direito processual civil brasileiro*. v. 1. 17. ed. São Paulo: Saraiva, 2003.

GRINOVER, Ada Pellegrini. O princípio do juiz natural e sua dupla garantia. *Revista de Processo – RePro*, São Paulo: Editora Revista dos Tribunais, n. 29, 1983, pp. 11-33.

GUIMARÃES, Luiz Machado. *Estudos de Direito Processual Civil*. Rio de Janeiro: Editora Jurídica e Universitária Ltda., 1969.

GUTIER, Murillo; GUTIER, Santo. *Introdução ao direito processual civil*. Florianópolis: Trindade, 2018.

HAACK, Susan. Toda la verdad y nada mas que la verdad. *Cuadernos de Filosofia del Derecho*, Alicante: Universidad de Alicante, n. 35, 2012, pp. 571-587.

HAACK, Susan. Justice, truth, and proof: not so simple, after all. *Revista Brasileira de Direito Processual - RBDPro*, Belo Horizonte, ano 25, n. 99, pp. 15-41, jul./set. 2017.

HACHEM, Daniel Wunder; GUSSOLI, Felipe Klein. Animais são sujeitos de direito no ordenamento jurídico brasileiro? *Revista Brasileira de Direito Animal – RBDA*, Salvador, v. 13, n. 03, set./dez. 2017, pp. 141-172.

ISAIA, Cristiano Becker; SITO, Santiago Artur Berger. Hermenêutica filosófica no direito: por que é preciso compreender hermeneuticamente o processo judicial. *Revista Brasileira de Direito Processual – RBDPro*, Belo Horizonte, ano 26, n. 103, pp. 87-107, jul./set. 2018.

JOBIM, Marco Félix. *As funções da eficiência no processo civil brasileiro*. São Paulo: Revista dos Tribunais, 2017.

KETTERMANN, Patrícia. *Defensoria Pública*. São Paulo: Estúdio Editores, 2015.

KLIPPEL, Rodrigo; BASTOS, Antonio Adonias. *Manual de Processo Civil*. Rio de Janeiro: Lumen Juris, 2011.

LAURENTIIS, Lucas Catib de. *A proporcionalidade no Direito Constitucional*. São Paulo: Malheiros, 2017.

LEAL, André Cordeiro. *Instrumentalidade do processo em crise*. Belo Horizonte: Mandamentos, 2008.

LEAL, Rosemiro Pereira. *Teoria Geral do Processo*: Primeiros Estudos. 7. ed. Porto Alegre: Síntese, 2008.

LEAL, Rosemiro Pereira. *Teoria Geral do Processo*: Primeiros Estudos. 9. ed. Rio de Janeiro: Editora Forense, 2010.

LEAL, Rosemiro Pereira. Fundamentos democráticos da imparcialidade judicial no direito brasileiro. *Revista Brasileira de Direito Processual – RBDPro*, Belo Horizonte, ano 24, n. 93, pp. 271-274, jan./mar. 2016.

LEAL, Rosemiro Pereira. Fundamentos democráticos da imparcialidade judicial no direito brasileiro. *Revista Brasileira de Direito Processual – RBDPro*, Belo Horizonte, ano 24, n. 93, pp. 271-274, jan./mar. 2016.

REFERÊNCIAS | 347

LEAL, Rosemiro Pereira. A questão dos precedentes e o devido processo. *Revista Brasileira de Direito Processual – RBDPro*, Belo Horizonte, ano 25, n. 98, pp. 295- 313, abr./jun. 2017.

LIEBMAN, Enrico Tullio. *Estudos sôbre o processo civil brasileiro*. São Paulo: Saraiva, 1947.

LIEBMAN, Enrico Tullio. *Manuale di Diritto Processuale Civile*. v. 1. 3. ed. Milão: Giuffrè, 1973.

LIMA, Alcides de Mendonça. *Probidade processual e finalidade do processo*. Uberaba: Editora Vitória, 1978.

LIMA, Frederico Rodrigues Viana de. *Defensoria Pública*. 2. ed. Salvador: JusPodivm, 2011.

LIMA, Herotides da Silva. *O ministério da advocacia. Notas de história, crítica e ética profissionais*. São Paulo: Empresa Graphica e Industrial "A Palavra", 1925.

LINO, Marcos dos Santos. *Reflexos processuais da alienação da coisa litigiosa*. Dissertação (Mestrado em Direito) – Universidade de São Paulo. São Paulo, 2013.

LOPES DA COSTA, Alfredo Araújo. *Manual Elementar de Direito Processual Civil*. Revisor e atualizador: Sálvio de Figueiredo Teixeira. 3. ed. Rio de Janeiro: Forense, 1982.

LOPES, João Batista. *Curso de Direito Processual Civil*. v. III. São Paulo: Atlas, 2008.

LUCCA, Rodrigo Ramina de. *O dever de motivação das decisões judiciais*: Estado de Direito, segurança jurídica e teoria dos precedentes. Salvador: JusPodivm, 2019.

MACHADO, A. Paupério. *Introdução ao estudo do direito*. 7. ed. Rio de Janeiro: Forense, 1986.

MARCHI LEVADA, Felipe Antônio. *Direito Intertemporal e a Proteção do Direito Adquirido*. Curitiba: Editora Juruá, 2011.

MARINONI, Luiz Guilherme. *Processo Cautelar*. São Paulo: Revista dos Tribunais, 2008.

MARINONI, Luiz Guilherme; ARENHART, Sérgio Cruz; MITIDIERO, Daniel. *Novo Curso de Processo Civil*. São Paulo: Revista dos Tribunais, 2015.

MARTINS, Leonardo. *Liberdade e Estado Constitucional. Leitura jurídico-dogmática de uma complexa relação a partir da teoria liberal dos direitos fundamentais*. São Paulo: Editora Atlas, 2012.

MARTINS VASCONCELOS, Breno Ferreira; DADONA MATTHIESEN, Maria Raphaela. A Fazenda Pública pode litigar sem riscos. *Jota*, 12 jan. 2021. Disponível em: www.jota. com.br. Acesso em: 18 fev. 2021.

MARTINS, Victor A. A. *Comentários ao Código de Processo Civil*. v. 12. São Paulo: Revista dos Tribunais, 2000.

MARTINS NETO, Braz. Ética e prerrogativas. *Revista do Advogado*, São Paulo, n. 93, p. 19-22, 2007.

MEDINA, José Miguel Garcia. *Direito Processual Civil Moderno*. São Paulo: Revista dos Tribunais, 2015.

MEIRELES, Edilton. Cooperação judiciária nacional. *Revista de Processo – REPro*, São Paulo: Revista dos Tribunais, n. 249, pp. 59-80.

MENEES, Wagner. *Direito Internacional Privado e a Nova Cooperação Jurídica Internacional*. Belo Horizonte: Arraes Editores, 2015.

MELLO, Marco Aurélio. *Comentários ao Código de Processo Civil*. 2. ed. Coordenadores: Angélica Arruda Alvim, Araken de Assis, Eduardo Arruda Alvim e George Salomão Leite. São Paulo: Saraiva, 2017.

MELLO, Marcos Bernardes de. Achegas para uma teoria das capacidades em direito. *Revista de Direito Privado*, São Paulo, v. 1, n. 3, pp. 9-34, jul./set. 2000.

MILLAN, Encarnacion Davila. *Litisconsorcio Necesario. Concepto y tratamiento procesal.* Barcelona: Bosch Casa Editorial, 1975.

MILMAN, Fábio. *Improbidade processual. Comportamento das partes e de seus procuradores no processo civil.* Rio de Janeiro: Forense, 2007.

MILMAN, Fabio. *Comentários ao Código de Processo Civil.* Coordenadores: Angélica Arruda Alvim, Araken de Assis, Eduardo Arruda Alvim e George Salomão Leite. 2. ed. São Paulo: São Paulo, 2017.

MIRANDA, Néstor H. Gutiérrez. El momento actual del sistema acusatorio en Latinoamérica: Principales logros, perspectivas y problemas que adopta su incorporación. *Revista Brasileira de Direito Processual – RBDPro*, Belo Horizonte, ano 26, n. 102, pp. 317-335, abr./jun. 2018.

MITIDIERO, Daniel. *Breves Comentários ao Novo Código de Processo Civil.* São Paulo: Revista dos Tribunais, 2015. p. 775.

MONTEIRO, André Luís; VERÇOSA, Fabiane. *Breves Comentários ao Novo Código de Processo Civil.* Organizadores: Teresa Arruda Alvim Wambier, Fredie Didier Jr., Eduardo Talamini e Bruno Dantas. São Paulo: Revista dos Tribunais, 2015. pp. 121-122.

MONTES DE OLIVEIRA, Pedro González. Não se deve "nomear" a Defensoria Pública como curador especial. *Consultor Jurídico*, 15 dez. 2015. Disponível em: www.conjur.com. br. Acesso em: 24 nov. 2020.

MONTORO, André Franco. *Introdução à ciência do direito.* v. 2. 4. ed. São Paulo: Martins, 1973.

MORAES, Sílvio Roberto Mello. *Princípios institucionais da Defensoria Pública*: Lei complementar 80, de 12/1/1994 anotada. São Paulo: Editora Revista dos Tribunais, 1995.

MOREIRA, José Carlos. Apontamentos para um estudo sistemático da legitimação extraordinária. *Revista dos Tribunais*, São Paulo: Revista dos Tribunais, n. 404, v. 39, 1985.

MOURÃO, Luiz Eduardo Ribeiro. As quatro espécies de coisa julgada no novo CPC. *Revista Brasileira de Direito Processual – RBDPro*, Belo Horizonte, ano 26, n. 101, pp. 247-266, jan./mar. 2018.

MOUZALAS, Rinaldo. *Comentários ao Código de Processo Civil.* Coordenadores: ALVIM, Angélica Arruda; ASSIS, Araken; ALVIM, Eduardo Arruda; LEITE, George Salomão. 2. ed. São Paulo: Saraiva, 2017.

MÜLLER, Friedrich. *Teoria Estruturante do Direito.* v. I. 3. ed. São Paulo: Revista dos Tribunais, 2011.

NAVARRETE, Antonio María Lorca. El derecho procesal como sistema de garantias. *Boletin Mexicano de Derecho Comparado*, Nueva serie, año XXXVI, n. 107, mayo/ago. 2003, pp. 531-557.

NEGRÃO, Theotonio; F. GOUVÊA, José Roberto; A. BONDIOLI, Luis Guilherme; N. DA FONSECA, João Francisco. *Código de Processo Civil e legislação processual em vigor.* 50 ed. São Paulo: Saraiva, 2019.

NERY JUNIOR, Nelson; ANDRADE NERY, Rosa Maria. *Código de Processo Civil Comentado.* 17. ed. São Paulo: Revista dos Tribunais, 2015.

REFERÊNCIAS | 349

NERY JUNIOR, Nelson; ANDRADE NERY, Rosa Maria de. *Código de Processo Civil Comentado*. 17 ed. São Paulo: Revista dos Tribunais, 2018.

NERY JUNIOR, Nelson; ABBOUD, Georges. *Direito Constitucional Brasileiro*: Curso Completo. São Paulo: Revista dos Tribunais, 2016.

NERY JUNIOR, Nelson; ABBOUD, Georges. O CPC/2015 e o risco de uma juristocracia: a correta compreensão da função dos tribunais superiores entre o ativismo abstrato das teses e o julgamento do caso concreto. *Revista Brasileira de Direito Processual – RBDPro*, Belo Horizonte, ano 24, n. 93, pp. 225-254, jan./mar. 2016.

OAKLEY, Hugo Botto. O pressuposto do processo denominado imparcialidade: requisito apenas jurídico ou também psicológico? *Ativismo judicial e Garantismo Processual*. Coordenação: Fredie Didier Jr., José Renato Nalini, Glauco Gumerato Ramos e Wilson Levy. São Paulo: JusPodivm, 2013. pp. 303-312.

OLIVEIRA, Bruno Silveira. *Breves Comentários ao Novo Código de Processo Civil*. Coordenadores: Teresa Arruda Alvim Wambier, Fredie Didier Jr., Eduardo Talamini e Bruno Dantas. São Paulo: Revista dos Tribunais, 2015.

PACHECO, José da Silva. *O atentado no processo civil*. Rio de Janeiro: Editor Borsoi, 1958.

PALACIO, Lino Enrique. *Manual de Derecho Procesal Civil*. Tomo I. 4. ed. Buenos Aires: Abeledo Perrot, 1976.

PALADINO, Carolina de Freitas. A recepção dos tratados de direitos humanos, uma velha discussão com uma nova roupagem após a reforma do Judiciário advinda com a emenda constitucional n. 45 de 2004. *Revista Direito & Justiça*, Porto Alegre, v. 34, n. 2, pp. 82-97, jul./dez. 2008.

PASSOS, José Joaquim Calmon. Em torno das condições da ação: a possibilidade jurídica do pedido. *Revista de Direito Processual Civil*, Rio de Janeiro: Saraiva, v. 4, pp. 61-62, 1964.

PEREIRA, Caio Mário. *Instituições de direito civil*. Rio de Janeiro: Forense, 1974.

PEREIRA, Hélio do Valle. *Manual de Direito Processual Civil*: Processo de Conhecimento. 2. ed. Campinas: Conceito Editorial, 2008.

PEREIRA, Luciano Meneguetti. A cooperação jurídica internacional no Novo Código de Processo Civil. *Revista CEJ*, Brasília, ano XIX, n. 67, pp. 18-34, set./dez. 2015.

PEREIRA, Mateus Costa. *A teoria geral do Processo e seu tripé fundamental*: racionalismo, pensamento sistemático e conceitualismo. Florianópolis: Tirant lo Blanch, 2018.

PEREIRA, Mateus Costa. Processo e ideologia (em sentido amplo e estrito): um novo horizonte à compreensão do fenômeno processual. *Revista Brasileira de Direito Processual – RBDPro*, Belo Horizonte, ano 26, n. 103, pp. 283-296, jul./set. 2018.

PEREIRA, Mateus Costa. Da Teoria "Geral" à Teoria "Unitária" do Processo (bases): um diálogo com Eduardo Costa, Igor Raatz e Natascha Anchieta; uma resposta a Fredie Didier Jr. *Revista Brasileira de Direito Processual – RBDPro*, Belo Horizonte, ano 27, n. 105, pp. 219-238, jan./mar. 2019.

PEREIRA, Mateus Costa. Sobre o mito autoritário do livre convencimento motivado: em defesa da intersubjetividade na valoração da prova pelo homo sapiens-demens. *Revista Brasileira de Direito Processual – RBDPro*, Belo Horizonte, ano 25, n. 100, pp. 229-251, out./dez. 2017.

PEREIRA, Mateus Costa. A paridade de armas sob a óptica do garantismo processual. *Revista Brasileira de Direito Processual – RBDPro*, Belo Horizonte, ano 25, n. 98, p. 247-265, abr./jun. 2017.

PEREIRA, Mateus Costa. Processualidade, jurisdicionalidade e procedimentalidade (I): algumas reflexões sobre as origens da ciência processual e do paradigma instrumentalista. *Empório do Direito*, 11 mar. 2019. Disponível em: www.emporiododireito.com.br. Acesso em: 17 dez. 2019.

PEREIRA, Mateus Costa. Processualidade, jurisdicionalidade e procedimentalidade (II): a cooperação como "garantia" avessa ao processo. *Empório do Direito*, 07 out. 2019. Disponível em: www.emporiododireito.com.br. Acesso em: 17 dez. 2019.

PINHEIRO CARNEIRO, Paulo Cezar. *Acesso* à *justiça*: Juizados Especiais cíveis e ação civil pública. 2. ed. Rio de Janeiro: Editora Forense, 2000.

PIOVESAN, Flávia. *Direitos humanos e justiça internacional*. São Paulo: Saraiva, 2010.

PIZZOL, Patrícia Miranda. *Comentários ao Código de Processo Civil*: Arts. 1º a 317 – Parte Geral. Coordenador: Cassio Scarpinella Bueno. São Paulo: Saraiva, 2017.

PIZZOL, Patrícia Miranda. Legitimidade extraordinária e sua abrangência. *Revista do Instituto de Pesquisa e Estudos*, Bauru: Instituição Toledo de Ensinos, pp. 157-214, abr./jul. 1999.

PONTES DE MIRANDA, Francisco Cavalcanti. *Comentários ao Código de Processo Civil.* v. I. Tomo I. Rio de Janeiro: Forense, 1974.

PONTES DE MIRANDA, Francisco Cavalcanti. *Comentários ao Código de Processo Civil.* v. I. Tomo II. Rio de Janeiro: Forense, 1974.

PONTES DE MIRANDA, Francisco Cavalcanti. *Tratado das Ações.* Tomo 1. Atualizado por Vilson Rodrigues Alves. São Paulo: Bookseller, 1998.

PORCHAT, Reynaldo. *Da retroactividade das leis civis.* São Paulo: Duprat & Comp, 1909.

PORTANOVA, Rui. *Princípios do Processo Civil.* 6. ed. Porto Alegre: Editora Livraria do Advogado, 2005.

PRATA, Edson. Jurisdição. *Revista Brasileira de Direito Processual*, Rio de Janeiro: Editora Forense, n. 27, 1981, pp. 39-71.

RAMOS, Glauco Gumerato. Garantismo processual em debate. *Empório do Direito*, 25 fev. 2019. Disponível em: www.emporiododireito.com.br. Acesso em: 17 dez. 2019.

RAMOS, Glauco Gumerato. Repensando la pureba de oficio. *Proceso Democrático y Garantismo Procesal*. Coordenadores: Carlos Henrique Soares, Glauco Gumerato Ramos, Guido Aguila Grados, Móunica Bustamante Rúa, Ronaldo Brêtas de Cavalho Dias. Belo Horizonte: Arraes Editores, 2015. pp. 181-197.

RAMOS, Glauco Gumerato. O deslegitimante ativismo judicial do juiz constitucional. *Revista Brasileira de Direito Processual – RBDPro*, Belo Horizonte, ano 25, n. 100, pp. 145-152, out./dez. 2017.

RAMOS, Glauco Gumerato. Carta de Jundiaí: pela compreensão e concretização do garantismo processual. *Revista Brasileira de Direito Processual – RBDPro*, Belo Horizonte, ano 25, n. 100, pp. 309-314, out./dez. 2017.

RAATZ, Igor. A resistência instrumentalista e o surgimento da doutrina brasileira do garantismo processual: uma breve análise em dois atos. *Empório do Direito*, 02 set. 2019. Disponível em: www.emporiododireito.com.br. Acesso em: 17 dez. 2019.

RAATZ, Igor. *Tutelas provisórias no Processo Civil brasileiro.* Porto Alegre: Livraria do Advogado, 2018.

REFERÊNCIAS | 351

RAATZ, Igor. O processo como direito fundamental. *Empório do Direito*, 21 out. 2019. Disponível em: www.emporiododireito.com.br. Acesso em: 25 jan. 2020.

RAATZ, Igor. O juiz defensor da moral, o juiz defensor da verdade e o juiz defensor da lei: instrumentalismo, cooperativismo e garantismo processual. *Empório do Direito*, 01 abr. 2019. Disponível em: www.emporiododireito.com.br. Acesso em: 17 dez. 2019.

RAATZ, Igor. Processo, liberdade e direitos fundamentais. *Revista de Processo – RePro*, São Paulo: Revista dos Tribunais, n. 288, 2019, pp. 21-52.

RAATZ, Igor. Revisitando a "colaboração processual": uma autocrítica tardia, porém necessária. *Revista do Processo – RePro*, São Paulo: Revista dos Tribunais, n. 309, 2020, pp. 41-71.

RAMOS, André de Carvalho. Cooperação jurídica internacional e o diálogo das fontes no direito internacional privado contemporâneo. *Revista de la Secretaría del Tribunal Permanente de Revisión*, Paraguay, ano 5, n. 10, pp. 56-72, out. 2017.

REDENTI, Enrico. *Derecho Procesal Civil*. Tomo I. Ediciones Juridicas Europa-America: Buenos Aires, 1957.

REDONDO, Bruno Garcia; OLIVEIRA, Guilherme Peres de; CRAMER, Ronaldo. *Mandado de segurança*: comentários à Lei 12.016/2009. São Paulo: Editora Método, 2009.

ROCHA, Amélia Soares da. *Defensoria Pública*: fundamentos, organização e funcionamento. São Paulo: Atlas, 2013.

ROCHA, Marcelo Hugo da; JOBIM, Marco Félix. As escolas de Processo Civil e a influência das editoras jurídicas. *Revista Brasileira de Direito Processual – RBDPro*, Belo Horizonte, ano 24, n. 94, pp. 159-183, abr./jun. 2016.

RODRIGUES, Sílvio. *Direito Civil*: Parte Geral. v. 1. 32. ed. São Paulo: Saraiva, 2002.

ROSSI, Júlio Cesar. O garantismo estrutural. *Empório do Direito*, 27 maio 2019. Disponível em: www.emporiododireito.com.br. Acesso em: 17 dez. 2019.

SAADI, Ricardo Andrade. *Cartilha Cooperação Jurídica Internacional em Matéria Cível*. Brasília: Secretaria Nacional de Justiça, 2014.

SACCONI, Luiz Antonio. *Grande Dicionário Sacconi da língua portuguesa. Comentado, crítico e enciclopédico*. São Paulo: Editora Nova Geração, 2010.

SALLES, Carlos Alberto. *Comentários ao Código de Processo Civil*. Coordenador: Cassio Scarpinella Bueno. v. 1. São Paulo: Editora Saraiva, 2017.

SANT'ANNA, Lara Freire Bezerra de. *Judiciário como guardião da Constituição*: democracia ou guardiania? Rio de Janeiro: Lumen Juris, 2014.

SANTOS, Moacyr Amaral. *Primeiras Linhas de Direito Processual Civil*. v. 1. 5. ed. São Paulo: Saraiva, 1977.

SANTOS, Moacyr Amaral. *Primeiras Linhas de Direito Processual Civil*. v. 2. 23. ed. São Paulo: Saraiva, 2004.

SCHMITZ, Leonard Ziesemer. *Fundamentação das decisões judiciais*: A crise na construção de respostas no processo civil. São Paulo: Revista dos Tribunais, 2015.

SILVA, Beclaute Oliveira. Verdade como objeto do negócio jurídico processual. *Negócios processuais*. Coordenação: Antonio do Passo Cabral e Pedro Henrique Nogueira. Salvador: JusPodivm, 2015. pp. 387-407.

SILVA, José Afonso da. *Comentário Contextual à Constituição*. 7. ed. São Paulo: Malheiros, 2010.

SILVA, Ovídio A. Baptista da. *Do Processo Cautelar*. Rio de Janeiro: Forense, 1996.

SILVA, Ovídio A. Baptista da. *Comentários ao Código de Processo Civil*. v. 1. São Paulo: Revista dos Tribunais, 2000.

SOARES, Carlos Henrique. *O advogado e o processo constitucional*. Belo Horizonte: Editora Decálogo, 2004.

SOUSA, Diego Crevelin de; DELFINO, Lúcio. As associações de magistrados e o veto do NCPC no tocante ao contraditório e ao dever de fundamentação – O que está em jogo? *Empório do Direito*, 11 mar. 2015. Disponível em: www.emporiododireito.com.br. Acesso em: 23 dez. 2019.

SOUSA, Diego Crevelin de; DELFINO, Lúcio. Levando a imparcialidade a sério: o (mau) exemplo da Súmula n. 252 do Supremo Tribunal Federal (e do art. 971, parágrafo único, do Código de Processo Civil). *Revista Brasileira de Direito Processual – RBDPro*, Belo Horizonte, ano 26, n. 101, pp. 49-69, jan./mar. 2018.

SOUSA, Diego Crevelin. *Impartialidade*: a divisão funcional de trabalho entre partes e juiz a partir do contraditório. Belo Horizonte: Grupo Editorial Letramento, 2020.

SOUSA, Diego Crevelin de. *O contraditório como critério para a definição das suas funções processuais*: a divisão funcional de trabalho entre partes e juiz. Dissertação (Mestrado em Direito) – Universidade Federal do Espírito Santo. Vitória, 2020.

SOUZA, Gelson Amaro. Litigância de má-fé e o direito de defesa. *Revista Bonijuris*, n. 550, pp. 5-11, 2009.

SOARES, André Mattos. *Direito Intertemporal e o Novo Processo Civil*: Atualidades e Polêmicas. 2. ed. Curitiba: Editora Juruá, 2015.

SOARES, Carlos Henrique. *O advogado e o processo constitucional*. Belo Horizonte: Decágolo Editora, 2004.

SOBRINHO, Elicio de Cresci. *Dever de veracidade das partes no processo civil*. Porto Alegre: Sergio Antonio Fabris Editor, 1988.

SOUSA, Diego Crevelin. Distinção entre impedimento e suspeição? *Empório do Direito*, 29 jul. 2019. Disponível em: www.emporiododireito.com.br. Acesso em: 12 dez. 2019.

SOUSA, Diego Crevelin de. O caráter mítico da cooperação processual. *Empório do Direito*, 06 dez. 2017. Disponível em: www.emporiododireito.com.br. Acesso em: 17 dez. 2019.

SOUSA, Diego Crevelin de. Do dever de auxílio do juiz com as partes ao dever de auxílio do juiz com o processo: um giro de 360º. *Empório do Direito*, 17 jun. 2019. Disponível em: www.emporiododireito.com.br. Acesso em: 17 dez. 2019.

SOUSA, Diego Crevelin de; ROSSI, Júlio Cesar; DIETRICH, William Galle. Afinal, o que se deve compreender a respeito da discricionariedade judicial e do garantismo processual? *Empório do Direito*, 19 ago. 2019. Disponível em: www.emporiododireito.com.br. Acesso em: 12 jan. 2020.

SOUZA, Gelson Amaro de. *Coisa julgada*: teoria geral e temas específicos. Curitiba: CRV, 2016.

STOCO, Rui. *Abuso do Direito e Má-fé Processual*. São Paulo: Revista dos Tribunais, 2002.

REFERÊNCIAS | 353

STRECK, Lenio Luiz. *Jurisdição constitucional e decisão judicial*. 3. ed. São Paulo: Revista dos Tribunais, 2013.

STRECK, Lenio Luiz. *Verdade e Consenso*. 5. ed. São Paulo: Editora Saraiva, 2014.

STRECK, Lenio Luiz; DELFINO, Lúcio; DALLA BARBA, Rafael Giorgio; LOPES, Ziel. O "bom litigante": riscos da moralização do processo pelo dever de cooperação do novo CPC. *RBDPro*, Belo Horizonte: Editora Fórum, n. 90, 2015.

STRECK, Lenio Luiz; DELFINO, Lúcio. Arbitramento de honorários sucumbenciais em casos de improcedência. *Consultor Jurídico*, 10 out. 2016. Disponível em: www.conjur. com.br. Acesso em: 17 fev. 2021.

STRECK, Lenio Luiz; DELFINO, Lúcio; SOUSA, Diego Crevelin de. Tutela provisória e contraditório: uma evidente inconstitucionalidade. *Consultor Jurídico*, 15 maio 2017. Disponível em: www.conjur.com.br. Acesso em: 29 abr. 2019.

STRECK, Lenio Luiz; DELFINO, Lúcio; LOPES, Ziel Ferreira. Ainda sobre o livre convencimento: resistência dos tribunais ao novo CPC. *In*: ALVIM, Teresa Arruda; CIANCI, Mirna; DELFINO, Lúcio (Orgs.). *Novo CPC aplicado*: visto por processualistas. São Paulo: Revista dos Tribunais, 2017. pp. 193-212.

TALAMINI, Eduardo. *Coisa julgada e sua revisão*. São Paulo: Revista dos Tribunais, 2005.

THEODORO JUNIOR, Humberto. *Curso de Direito Processual Civil*: Teoria Geral do Direito Processual Civil e Processo de Conhecimento. v. I. 47. ed. Rio de Janeiro: Forense, 2007.

THEODORO JÚNIOR, Humberto. *Curso de Direito Processual Civil*. v. I. 56. ed. Rio de Janeiro: Forense, 2015.

THEODORO JUNIOR, Humberto; NUNES, Dierle; FRANCO BAHIA, Alexandre; PEDRON, Flávio Quinaud. *Novo CPC*: Fundamentos e Sistematização. 2. ed. Rio de Janeiro: Forense, 2015.

THIBAU, Vinícius Lott. *Garantismo e Processualidade Democrática*. Belo Horizonte: Editora D'Plácido, 2018.

TUCCI, José Roberto. Alienação do direito litigioso num recente precedente do STJ. *Consultor Jurídico*, 26 maio 2020. Disponível em: www.conjur.com.br. Acesso em: 01 fev. 2021.

VALLADÃO NOGUEIRA, Luiz Fernando. *Recursos e procedimentos nos tribunais*. 6. ed. Belo Horizonte: D'Plácido, 2020.

VALLADÃO NOGUEIRA, Luiz Fernando. *Recurso especial no CPC. Doutrina, prática e jurisprudência*. 5. ed. Belo Horizonte: Del Rey, 2019.

VELLOSO, Adolfo Alvarado. *Garantismo Processual versus Prueba judicial oficiosa*. Rosário: Editorial Juris, 2006.

VELLOSO, Adolfo Alvarado. *Sistema Procesal. Garantía de la Libertad*. Tomo I. Buenos Aires: Rubinzal-Culzoni Editores, 2009.

VELLOSO, Adolfo Alvarado. *El garantismo procesal*. Rosário: Editorial Juris, 2010.

VELLOSO, Adolfo Alvarado. Proceso y verdad. *Revista Brasileira de Direito Processual – RBDPro*, Belo Horizonte, ano 26, n. 103, pp. 17-42, jul./set. 2018.

VELLOSO, Adolfo Alvarado. O garantismo processual. Tradução: Glauco Gumerato Ramos. *In*: FREIRE, Alexandre; DELFINO, Lúcio; OLIVEIRA, Pedro Miranda de; RIBEIRO, Sérgio Luiz de Almeida (Coords.). *Processo Civil nas tradições brasileira e iberoamericana*. Florianópolis: Editora Conceito, 2014. pp. 18-30.

VIANA, Salomão. *Breves Comentários ao Novo Código de Processo Civil*. Organizadores: Teresa Arruda Alvim Wambier, Fredie Didier Jr., Eduardo Talamini e Bruno Dantas. São Paulo: Revista dos Tribunais, 2015.

VOLPE CAMARGO, Luiz Henrique. *Breves Comentários ao Novo Código de Processo Civil*. Coordenadores: Teresa Arruda Alvim Wambier, Fredie Didier Jr., Eduardo Talamini e Bruno Dantas. São Paulo: Revista dos Tribunais, 2015.

WALDRON, Jeremy. *A dignidade da legislação*. São Paulo: Martins Fontes, 2003.

WAMBIER, Luiz Rodrigues; TALAMINI, Eduardo. *Curso Avançado de Processo Civil. Teoria Geral do Processo*. v. 1. 5. ed. São Paulo: Revista dos Tribunais, 2016.

WAMBIER, Luiz Rodrigues; TALAMINI, Eduardo. *Curso Avançado de Processo Civil*. v. 2. 16. ed. São Paulo: Revista dos Tribunais, 2016.

WAMBIER, Luiz Rodrigues. Controvérsias sobre o Código de Processo Civil, após o primeiro ano de sua vigência. *Revista Brasileira de Direito Processual – RBDPro*, Belo Horizonte, ano 26, n. 101, pp. 267-282, jan./mar. 2018.

YARSHELL, Flávio Luiz. Brevíssimas reflexões sobe a aplicação subsidiária do CPC 2015 ao processo dos Juizados Especiais Federais. *Revista Novos Estudos Jurídicos*, Governador Valadares: UNIVALE, v. 15, 2010, pp. 65-69.

ZAVASCKI, Teori Albino. Sentenças declaratórias, sentenças condenatórias e eficácia dos julgados. *Revista de Processo – RePro*, São Paulo, n. 109, jan./mar. 2003, pp. 45-56.

ZAVASCKI, Teori Albino. Ação civil pública: competência para a causa e repartição de atribuições entre os órgãos do Ministério Público. *Páginas de Direito*, 07 abr. 2004. Disponível em: www.paginasdedireito.com.br. Acesso em: 18 jul. 2020.

ZULMAR, Duarte. A difícil conciliação entre o Novo CPC e a Lei de Mediação. *Revista Jota*. Disponível em: www.jota.info. Acesso em: 12 ago. 2019.